U0637119

抗日战争时期中国人口伤亡和财产损失调研丛书

主　编　张树军　李忠杰
副主编　蒋建农　霍海丹
　　　　李　蓉　姚金果

河北省抗日战争时期人口伤亡和财产损失

河北省委党史研究室　编

中共党史出版社

图书在版编目（CIP）数据

河北省抗日战争时期人口伤亡和财产损失 / 河北省委党史研究室编 . -- 北京 : 中共党史出版社 , 2019.9
（抗日战争时期中国人口伤亡和财产损失调研丛书 / 张树军 , 李忠杰主编）

ISBN 978-7-5098-4835-7

Ⅰ . ①河… Ⅱ . ①河… Ⅲ . ①抗日战争—损失—史料—河北 Ⅳ . ① K265.06

中国版本图书馆 CIP 数据核字 (2018) 第 208918 号

出版发行：**中共党史出版社**
协调编辑：陈海平
协理编辑：姚建萍
责任编辑：姚建萍
复　　审：陈海平
终　　审：汪晓军
责任校对：龚秀华
责任印制：段文超
责任监制：贺冬英
社　　址：北京市海淀区芙蓉里南街 6 号院 1 号楼
邮　　编：100080
网　　址：www.dscbs.com
经　　销：新华书店
印　　刷：北京君升印刷有限公司
开　　本：170mm × 240mm　1/16
字　　数：515 千字
印　　张：24.5　20 面前插
印　　数：1—3050 册
版　　次：2019 年 9 月第 1 版
印　　次：2019 年 9 月第 1 次印刷
ISBN 978-7-5098-4835-7
定　　价：78.00 元

此书如有印制质量问题，请与中共党史出版社出版业务部联系
电话：010-82517197

《抗日战争时期中国人口伤亡和财产损失调研丛书》

本课题在中共中央党史研究室室委会领导下进行。先后四位时任主任孙英、李景田、欧阳淞、曲青山对本课题给予了重要指导。

主　编　张树军　李忠杰
副主编　蒋建农　霍海丹　李　蓉　姚金果

参加审稿的领导和专家：

一、中共中央党史研究室领导和专家

曲青山　孙　英　龙新民　陈　威　石仲泉
谷安林　张树军　黄小同　黄如军　李向前
陈　夕　任贵祥　郑　谦　王　淇　黄修荣
刘益涛　韩泰华

二、有关部门和单位的专家

李景田（第十二届全国人大常委、民族委员会主任
　　　　委员；中共中央党史研究室原主任；中共
　　　　中央党校原常务副校长）

何　理（中国人民解放军国防大学少将、教授、中
　　　　国抗日战争史学会会长）

支绍曾（中国人民解放军军事科学院少将、原军事

历史研究部副部长、研究员）

罗焕章（中国人民解放军军事科学院研究员）

刘庭华（中国人民解放军军事科学院原军事历史研究部研究室主任、研究员、博士生导师、首席军史专家）

阮家新（中国人民革命军事博物馆原副馆长、研究员）

步　平（中国社会科学院近代史研究所原所长、研究员）

汤重南（中国社会科学院世界历史研究所研究员、中国日本史学会名誉会长）

姜　涛（中国社会科学院近代史研究所研究员）

荣维木（《抗日战争研究》原主编）

郭德宏（中共中央党校党史教研部原主任、教授、博士生导师）

肖一平（中共中央党校党史教研部教授）

杨圣清（中共中央党校党史教研部教授）

李东朗（中共中央党校党史教研部教授、博士生导师）

徐　勇（北京大学历史系教授、博士生导师）

李良志（中国人民大学中共党史系教授）

王桧林（北京师范大学教授、博士生导师）

谢忠厚（河北省社会科学院原现代史研究所所长、历史研究所顾问、研究员）

中共中央党史研究室课题组成员

李忠杰　霍海丹　李　蓉　姚金果　李　颖
王志刚　王树林　杨　凯

《抗日战争时期中国人口伤亡和
财产损失调研丛书》

总　序

中共中央党史研究室副主任　李忠杰

　　发生在 20 世纪三四十年代的中国人民抗日战争，是中华民族抵抗日本帝国主义侵略的一场规模巨大的战争，是世界反法西斯战争的重要组成部分和东方主战场，是近代以来中国反对外敌入侵第一次取得完全胜利的民族解放战争。中国人民抗日战争的胜利，成为中华民族由衰败走向振兴的重大转折点，也对世界各国人民取得反法西斯战争的胜利、争取世界和平的伟大事业产生了巨大影响。

　　这场战争，作为世界反法西斯战争的一部分，从根本上来说，是反法西斯正义力量与法西斯侵略势力之间的一场大决战，是文明与野蛮的一场大搏斗。日本侵略者，站在法西斯阵营一边，不仅与中国人民为敌，而且与世界人民为敌，肆意践踏人类的公理和正义，企图以残暴杀戮的手段，将中华民族置于自己的铁蹄之下。日本侵略者先后占领了中国、东南亚、南亚、大洋洲许多国家的领土，杀害居民，掠夺物资，强征劳工，施放毒气，蹂躏妇女和儿童，毁坏和窃取文物，造成了大量人员和财产的损失，给中国人民和亚洲其他许多国家人民留下了巨大的创伤，给世界文明造成了空前的破坏。

　　中国是受战争摧残最为严重的国家。从 1931 年到 1945 年的 14 年间，日本侵略者先后占领了东北、华北、华中、华南等大片中国最重要的经济政治文化战略地区。在整个战争进程中，日军到处屠杀、焚烧、抢掠、奸淫，使中国人民的生命财产惨遭蹂躏；大量使用生化武器，进行残酷的细菌战和化学战；把大批中国平民和俘虏当作细菌和毒气的试验品；对无辜的中国平民施放毒气，或在河流、湖泊、水井中投毒；掠走大批中国劳工，强迫他们筑路、开矿、拓荒，从事大型军事工程，使其大批冻、饿、病、累而死；强征中国妇女作为"慰安妇"，严重残害妇女的身心健康；对抗日根据地实行"烧光、杀光、抢光"政策，企图摧毁抗战军民起码的生存条件；在许多地方还制造了一系列触目惊心的大惨案。直至今天，日本侵略所造成的后果还难以完全消除，日军遗留的毒气弹还不时地威胁着中国人民的生命安全。

日本侵略者的罪行，违背了起码的人类良知和国际公法，不仅是对人权和人道主义的践踏，而且是对人类文明的挑战。它决不是如某些日本右翼分子所说是解放亚洲和太平洋地区人民的行动，而是亚洲和太平洋地区历史上最黑暗的一幕，是人类文明史上的一场浩劫。第二次世界大战结束后，根据《波茨坦公告》的规定，远东国际军事法庭在东京对日本首要战犯进行了国际审判，确认侵略战争为国际法上的犯罪，策划、准备、发动或进行侵略战争者为甲级战犯。此外，盟军还在马尼拉、新加坡、仰光、西贡、伯力等地，对日本的乙、丙级战犯进行了审判。中国也先后对日本的有关战犯进行了审判。这些审判，与欧洲的纽伦堡审判一起，使发动侵略战争的罪犯受到了应有的惩处，代表了全世界一切爱好和平人民的共同愿望。这是正义的审判，历史的审判！这一审判的结果是不容挑战的！

策划和制造当年这场战争的，是一小撮日本军国主义和法西斯分子。而日本人民，从根本上来说，也是受害者。所以，日本人民也用不同方式对这场战争进行了抵制和反抗。不少参加侵华战争的士兵认识到战争的性质，幡然悔悟，积极参加了国际和日本国内的反战活动。战后，很多人勇敢面对历史事实，以见证人的身份揭露了日本军国主义的罪行。还有很多当年的士兵，真诚忏悔战争的罪行，以实际行动推动世界和平和中日友好，做了很多有益的工作。他们的良知和勇气，应该得到充分的肯定和赞赏。

相反，日本国内一些右翼势力，直到今天仍然否认侵略战争的性质和罪行，竭力推卸侵略战争的责任。对早已由当年远东国际军事法庭作出严正判决的南京大屠杀一案，始终企图翻案。历史不容改变，事实岂能抹杀！企图歪曲历史，掩盖罪行，这是中国人民绝对不能同意的！

中国人民在当年那场战争中的胜利，是正义战胜邪恶、光明战胜黑暗、进步战胜反动的伟大胜利！是正义的胜利、人民的胜利、和平的胜利！既是中华民族永远值得纪念的胜利，也是世界人民永远值得纪念的胜利！但是，在纪念胜利的同时，我们不要忘记，这一胜利是用极为惨重的代价换来的。在这一伟大胜利的背后，是中华民族遭受的巨大人员伤亡和财产损失！中华民族，既为这场战争的胜利作出了巨大的贡献，也在这场战争中付出了巨大的民族牺牲。

1995 年，江泽民同志在首都各界纪念抗日战争暨世界反法西斯战争胜利 50 周年大会上，对当年日本侵略中国造成巨大人口伤亡和财产损失的基本数据作出了重要表述。2005 年，胡锦涛同志在纪念中国人民抗日战争暨世界反法西斯战争胜利 60 周年大会的讲话中，再次郑重宣布，据不完全统计，在抗日战争期间，中国军民死伤 3500 多万人；按 1937 年的比值折算，中国直接经济损失 1000 多亿美元，间接经济损失 5000 多亿美元。中国领导人公开宣布的基本数据，从整体上揭示了中国人口伤亡和财产损失的规模，有力地揭露了日本军国主义侵略的罪行。

数据，是历史的抽象。数据的背后，是大量的事实、确凿的证据，是无数人们的惨痛记忆和血泪控诉。为了更直接、更具体、更全面、更系统、更立体地还原当年的历史，展示中国人民遭受的灾难和损失，揭露日本军国主义的罪行，驳斥日本右翼势力否认侵略罪行的种种言论，我们必须通过更多档案资料的展示、历史文书的挖掘、具体事实的考查、当事人的证词证言、各种各样的物证书证，等等，将侵略者的罪行昭告天下。因此，作为炎黄子孙，作为郑重的历史工作者，有必要、有责任、有义务、也有权利对战争期间中国的人口伤亡和财产损失进行更加系统、详尽、具体的调查研究，将当年中国人民的巨大牺牲和惨重损失永远地记载下来。

这项调查研究工作，本来在抗日战争结束之后，或者在新中国成立时，就应该进行。但由于种种历史原因，未能系统、全面地进行。由于年代久远，资料散失，在世的证人越来越少，现在进行这方面的调查和研究已经有很大困难。但是，无论早晚，这项工作总得有人来做。现在才做，已经晚了几十年。但如果现在再不做，将来就更晚，也更困难了。所以，无论再困难，做，都是必要的。做好这项调研，是对历史负责、对人民负责、对当年的牺牲殉难者负责、对我们的子孙后代负责。根本上，是对整个中华民族负责，也是对国际社会和人类文明负责。

因此，2004 年，中央党史研究室决定开展《抗日战争时期中国人口伤亡和财产损失》的课题调研。从 2005 年开始，组织全国党史部门围绕这一重大课题，开展了系统深入的调研工作。其基本任务，是按照实事求是的原则，调查更加详实、有力、具体、准确的档案、材料、事实，更加清楚准确地掌握日本军国主义的侵略罪行，更加清楚准确地掌握日本侵略在各个不同领域、地区和方面对中国造成的破坏和损失。其中包括：各个省、自治区、直辖市在抗战中的人口伤亡和财产损失情况；历次重大战役战斗中中国军队伤亡的情况；日本从中国掠走各种资源的情况；日本从中国掠走和破坏文物的情况；日军在中国制造的一系列重大惨案；中国劳工的损失情况；中国妇女遭受日军性侵犯的情况，包括"慰安妇"的情况；日军在中国使用细菌武器、化学武器及其造成伤害的情况；日本侵略在其他方面给中国造成破坏的情况；等等。

课题调研的整体布局，实行块块和条条的结合。每个省、自治区、直辖市党史研究室，主要负责把本区域内的情况调查清楚。也可根据实际情况，选择一些重点，进行专题性的调研，形成专题性的研究成果。一些重要专题，单靠某个省（自治区、直辖市）做不了，就采取条条的办法，组织专题性的调研。还有一些，则是条条与块块相结合。如毒气，日军在不同区域使用过，有关的省（自治区、直辖市）都调查。但作为一个专题，由相关的区域进行协调，配合开展调研工作，并形成专项的调研成果。如劳工、性侵犯等，就大致属于这种类型。

课题调研的方式方法，主要是查阅和搜集档案文献资料，包括不同历史时期的统计报表。同时查阅当时有关的报刊资料，查阅多年来涉及有关地方、有关课题的研究成果。对一些特殊的重大事件，特别是重大惨案等，也同时进行社会调查，对当事人、知情人、有关研究人员等进行走访，记录证词证言。对于特别重要的事件，有条件的，还进行必要的司法公证，如南京大屠杀、潘家峪惨案等，使这些调查都成为在法律上可以采信的证据。根据需要与可能，也到国外境外包括台湾地区查阅搜集档案资料。

中央党史研究室进行了大量组织和指导工作。在课题确定前，首先进行了必要的论证，得到了许多专家的支持。随后，制定了详细的工作方案，向各省、自治区、直辖市党史研究室发出正式通知和实施意见，明确了工作的指导思想、组织领导、调研项目、工作步骤、基本要求、注意事项等等。为了提高认识，振奋精神，交流经验，落实措施，专门召开了工作培训会议，就课题的总体规划、调研方法、需要把握的问题等，作了全面部署，特别是提出了把调研工作做成"基础工程、精品工程、警世工程、传世工程"的要求。多年来，一直分阶段、有步骤地把这项课题调研推向前进。有关领导和专家分别到各地参加会议，指导培训，提出要求，统一规格，解答疑难问题。在调研过程中，随时就有关问题进行具体指导。工作班子及时编发简报和简讯，交流情况和经验。

各级党委和政府高度重视。多数地方成立了由党史研究室领导负责的课题组。各地先后召开工作会议、电话会议等，培训人员，落实任务。许多地方形成了由党史研究室牵头，档案、民政、财政、司法、地方志、社科院以及高校等部门单位联合攻关的局面，保证了调研工作扎扎实实、有计划有步骤地向前推进。

《抗日战争时期中国人口伤亡和财产损失》课题调研先后经历了六个阶段。第一，酝酿启动。第二，全面调研。这是最重要的阶段。各地组织专门人员，查询档案，实地走访，搜集了大量资料。第三，起草报告。凡参加调研的县以上单位，都要在搜集整理、考证研究档案文献资料和进行实地调查的基础上，写出调研报告，全面、准确地反映调研成果。同时，将调研中搜集的档案文献资料进行分类整理，制作统计表、大事记和人员伤亡名录等。第四，分级验收。为保证调研成果的科学性、准确性、严肃性，各省、自治区、直辖市调研报告都要经过四级验收。首先由课题领导小组审查通过，然后聘请所在省份资深专家审读验收，合格后报送中央党史研究室课题组。中央党史研究室课题组审读各省、自治区、直辖市的调研报告及相关调研成果，认为合格后，再聘请有全国影响的专家审读，写出书面意见并亲笔署名。根据审读意见，各地都要反复认真进行修改，只有达到规定要求才能通过验收。第五，上报成果。完成调研工作的省、自治区、直辖市，都按统一要求，将调研中收集的档案文献资料等所有文件，精心整理，分类成册，向中央党史研究室提交调研成果。各市县也要逐级向省级报送。第六，反复审核。中央党史研究室召开审稿会，组织各省、自治区、直辖市按照标准自审，相互间互审，将各种材料进行比对，将有关数据核实，解决带有共性的问题，进一步统一标准、统一规范、统一格式。

这项课题调研，作为一项浩大的工程，到目前为止，进行了将近 10 年之久。前后共有 60 多万党史工作者、史学工作者和其他各类有关人员参加。将近 10 年来，各个地方都周密组织，采取有力措施推动工作开展，保证调研质量。如山东省，先在 30 个县（市、区）进行试点，然后在全省普遍推开，形成了纵向省市县乡村五级联动、步调一致，横向十几个部门优势互补、携手攻关的工作格局。课题调研期间，山东省参加工作的同志共查阅档案 238742 卷，复印档案资料 406912 页，查阅抗战期间及战后出版的书刊 61301 册（期），复制文献资料 220177 页。走访调查 8 万余个行政村、609 万名 70 岁以上（即 1937 年全国性抗战爆发以前出生）老人中的 507 万余人，收集证言证词 79 万余份。拍摄照片资料 7376 幅、录像资料 49678 分钟，制作光盘 2037 张。全省 1931 个乡镇，每个乡镇都建立了包括证人证言证词、伤亡人员名录、财产损失清单、人员伤亡和财产损失数字统计、人员伤亡和财产损失大事记、重大惨案证据材料以及证人和知情人口述录音、录像、照片等内容的抗战时期人口伤亡和财产损失材料卷宗，共 12892 个。

这项课题调研，也得到了社会各界特别是档案图书部门、专家学者的普遍支持。许多档案馆、图书馆为这次调研提供各种方便。不少专家学者在教学科研任务繁重、经费困难的情况下，承担专题研究任务。有的外请专家利用学校假期全力以赴做课题，缺少交通工具，就以自行车代步或徒步，到档案馆和图书馆查阅文献资料。

为了扩大搜寻面，中央党史研究室还组织查档小组，分赴美国、俄罗斯、日本，搜集了许多抗战史料。很多地方的课题组都到台湾查档。在台北"国史馆"、中国国民党党史馆、"中央研究院"近代史研究所档案馆等，找到了数量巨大、整理比较细致的抗战档案。台北"国史馆"馆藏的国民党在大陆统治时期行政院赔偿委员会档案，涉及抗战时期中国人口伤亡和财产损失的有8924卷，内容十分翔实具体。既有中央机关、军队系统人口伤亡和财产损失情况，也有地方省、市、县、区和个人填报的资料，包括台湾地区和华侨的档案资料。新疆防空委员会也报送有财产损失材料，如修筑防空工事、疏散费等财产损失。重庆市报送有日机空袭慰恤重伤难胞姓名卡，上面有卡号、伤员姓名、性别、年龄、籍贯、受伤时间、受伤地点、犒金额、发犒金时期、所住医院名称、医院地址、入院时间等，受伤部位还配有图片加以说明。所有这些，为查明当时各方面的人口伤亡和财产损失，提供了重要证据。

这项重大课题调研的成果，均编成《抗日战争时期中国人口伤亡和财产损失调研丛书》公开出版，为国内外学者提供并为子孙后代留下一份关于抗战时期中国人口伤亡和财产损失的系统资料。经过验收、审核合格的调研报告和主要档案文献资料，都按统一体例，编辑成为丛书的A、B两个系列。A系列为各省、自治区、直辖市各一本调研成果，以及若干重要专题的调研成果，由中央党史研究室负责审核。B系列为各省、自治区、直辖市的其他大量调研成果，由各省、自治区、直辖市党史研究室负责审核。全部成果统一设计、统一规格、统一版式、统一编号，由中共党史出版社统一出版。全部出齐之后，将有300本左右。

为了集中反映日本侵略者在中国制造的各种重大惨案，我们专门编纂了一套《抗日战争时期全国重大惨案》，收录抗战时期死伤平民（或以平民为主）800人以上的重大惨案100多个，配以档案、文献、口述及照片等作为历史证据。日本一些右翼分子，常常攻击中国为什么不拿出伤亡人员名单。我们专门安排了一个省，即山东省，公布该省具体的伤亡人员名录（第一批先公布该省100个县〈市、区〉的死难人员名录），包括姓名、籍贯、年龄、性别、伤亡时间等多项要素。以此说明，中国的伤亡人员都是有根有据、铁证如山的。

历史的生命在于真实、客观、准确。《抗日战争时期中国人口伤亡和财产损失》这一课题调研的生命也在于真实、客观、准确。所以，在开展这一课题调研的过程中，我们始终把保证调研质量，保证所有材料、事实、成果的真实性、客观性和准确性放在第一位，并在五个重要环节上严格要求、严格把关。第一，严格要求。一开始就明确规定，课题调研工作坚持实事求是的原则和科学严谨的态度。整个调研工作必须尊重历史事实。档案怎么记录的，就怎么记载，不能随意改变。当事人、知情人怎么说的，就怎么记录，不能随意加工。所有的材料、事实都要经得起法律上和学术上的质证。在需要与可能的情况下，对当事人、知情人的证词证言要进行司法公证。各种数据，都要确有根据，不能随便编排、采信。不许追求任何高数字、高指标。第二，统一规范。对课题调研的项目、内容，都做了认真细致的研究，提出了统一要求和严格规范。对全部调研项目设计了统一的表格，对调研报告的内容和格式做了统一规定。每个数字的内涵外延，包括如何计算、如何换算等等，都有明确的规定。事前对调研人员进行了培训。调研过程中，对没有理解的问题、疑难的问题等，都由专家给予统一的解释、说明。第三，责任到人。对所有参与课题调研的人员，都实行责任制。查档的、笔录的、整理的、起草调研报告的、审读的……，每个环节的人员都要签名，以对这一环节自己的工作负责，对子孙后代负责。明确规定，今后凡遇到质疑，有关环节的调研人员都要能够站出来进行证明、解释和辩论。第四，客观撰写。在汇总情况、起草调研报告阶段，要求所有的数据统计都必须客观、真实、准确。一律用事实说话，材料要具体、实在。不允许像写文艺作品那样来写调研报告；不允许作任何想象、编造和煽情性的描写；不允许刻意追求语言的生动华美；不允许使用任何带有夸张性、主观推断性的文字；不允许用"不计其数"、"无恶不作"这类抽象的形容词来概括相关内容；经过调研，凡是能够说清的事实、数字都予采用，但仍然说不清的情况、数据，就客观地说明未查核清楚，在汇总和整理数据时充分考虑这些因素，绝对不得编造数字。第五，逐级验收。除了在调研过程中由特聘的专家随时给予指导外，对各地提交的调研报告和相关材料，都实行逐级验收制度。其中，对省级调研成果实行由地方到中央的四级验收，其他调研成果由有关省、自治区、直辖市党史研究室组织验收。每一验收环节都要有专家审读、签字。凡存在问题和不符合要求之处，都要退回重新核查和修改。

经过艰苦努力，到 2010 年底，我们在深入调研的基础上，初步编出了几十本成果，先行印制了少量样本作为内部工作用书，组织力量作进一步的研究、审读、复查、校核。从 2014 年初开始，我们又组织展开了新一轮较大规模的审核工作。第一，召开有关省、自治区、直辖市党史部门参加的审稿会，进一步提高认识，明确规范，听取相互评审以及从社会各方面听到的意见，对审核工作提出要求，进行部署。第二，开展自审、复核、修改，确保准确无误。同时在各省、自治区、直辖市党史部门之间交叉审读，相互间进行比较、核对、衔接。自审互审完成后，都要确认是否具备正式出版的质量水准，签署是否同意交付出版的意见。第三，由中央党史研究室组织专家，对所有拟第一批出版的成果（书稿）进行六个环节的审读、检查、修改、校对，不仅检查是否还有表述不够准确或不够清楚的地方，而且对各本书稿之间、每本书稿各个部分之间的内容、叙述、时间、数字等进行统筹检查，排除表述不一致的内容。第四，如实客观地说明我们工作尽最大努力后达到的程度。始终强调，凡是已经清楚的，就清楚表述。还没有搞清楚的，就如实说明还没有搞清楚。某些数据、结论与其他书籍资料不完全一致的，则说明我们是依据什么材料、从什么角度得出和叙述的，不强求一致。第五，组织各地党史部门继续参与审核。凡有疑问的，都与有关地方党史部门联系、查核。多数省、自治区、直辖市都派专人来京参与审核、修改、校对。审核完毕后，又组织各地党史部门对自己书稿的清样再次进行审核。然后再按出版流程交付印制。今年以来对这些成果再次进行如此繁密、细致的复核工作，都是为了进一步保证成果的质量，保证历史事实的真实性和准确性。

特别需要强调的是，开展这项调研，不是为了简单汇总、计算这样那样的数据，而是为了寻找、展示更多的档案、更多的材料、更多的人证物证、更多的历史事实，用具体的事实来反映当年中华民族遭受的巨大灾难，揭露日本侵略者反人类的罪行。时隔几十年，很多数据难以查清，很多数据可能不很吻合，而且数据的分类、统计、核算都极为复杂，远远不是简单做一做加法就能算出来的。所以，我们在数据上采取了十分谨慎的态度。能统计出来的就统计出来，难以统计的也不强求。统计的口径、结果相互有差别的，也注意说明。今后，我们将会对数据问题作进一步研究。因此，目前的研究还只是阶段性的，不能说已经包罗万象，更不是最终的结论。总体上，还是在为今后更加综合性的研究提供一个详尽、扎实的基础。

由于自始至终都高度重视和强调调研的质量，所以，对于这一项目的真实性、客观性、准确性，我们有充分的信心。当然，无论如何，历史已经过去了六七十年，很多当事人已经去世，很多档案资料已经散失。现在再对发生在六七十年前的灾难进行大规模的调查，其困难是可想而知的。所以，即使做了最大的努力，我们仍然充分预计在调研成果及有关材料中，还是会有不足和差错之处，出版之后，肯定会有不同意见。所以，我们真诚地欢迎所有看到这些调研成果的人们，对其中的内容、材料、数据等进行审查、讨论。如此，必将有更多的人们关心和参与对当年那场灾难的调查，必将会提供和发现更多的档案、更多的资料、更多的见证，必将对我们调研成果中的很多内容进行不断的推敲琢磨，从而使我们能够更加准确、系统地展示当年中国的人口伤亡和财产损失，使我们为子孙后代留下的资料更为完整、更为丰富。我们也欢迎日本和其他国家的人们对这些调研成果进行阅读、审查、讨论、质疑。如此，将会有更多的国家和人们关注中国当年所遭受的灾难，也将会有更多的存留于国外境外的档案资料出现在公众面前，也将会使对当年这段历史和灾难的记录、研究更加准确和科学。

《抗日战争时期中国人口伤亡和财产损失》课题调研，是一项学术性的工作。开展这项课题调研，是为了更加准确和详尽地记录这场战争和灾难的历史，更加充分和有力地揭露日本军国主义的侵略罪行、反击日本右翼势力否认侵略战争的言行，更加充分和有效地进行爱国主义教育，毋忘国耻、振兴中华，更加积极地促进两岸交流、推进祖国和平统一进程，同时，也是为了给全世界所有关注当年这场战争和灾难的国家、政府和人们一个更加负责任的交代，为子孙后代继续研究当年中国人民抗日战争和日本军国主义的侵略罪行留下一笔丰富翔实的历史遗产。因此，虽然是学术性调研，但具有重大的历史意义、现实意义、国际意义、政治意义。作为历史工作者，我们有责任、有义务，实事求是地把中华民族在那场战争中蒙受的巨大灾难和损失尽可能完整地记载下来。推动和开展这项课题调研，是良心所在，是责任所在！每每读到那些令人震颤的历史事实，每每想到那数千万死难者的冤魂亡灵，每每掂量我们今人特别是历史工作者的责任，我们都禁不住潸然泪下。将近10年来，所有调研人员本着对历史和民族负责的精神，殚精竭虑，无私奉献，千方百计寻找各种线索，逐字逐页翻阅档案资料。为了做好对当事人、知情人的调查取证工作，顶酷暑，冒严寒，深入村镇，一家一户进行走访。也许，随着时间的流逝，这样的调研工作，以后再也不可能如此全面深入大规模地进行了。所以，对于能够基本完成这一课题的调研，我们极为欣慰，对能够取得今天这样的成果，我们极为珍惜。将近10年来，调研工作遇到过重重困难，调研人员付出了巨大心血，但只要能够对国家、对民族、对人民有一个负责任的交代，我们所有的努力、辛劳甚至痛苦都是值得的！

现在，《抗日战争时期中国人口伤亡和财产损失调研丛书》A系列第一批成果就要正式出版了，随后我们还将根据工作进程陆续出版第二批、第三批……B系列丛书的编纂和出版工作也将同时推进。而且，这项课题调研工作远没有结束。截至目前课题调研取得的成果，都还是阶段性的、部分的、不完全的成果。很多专题性调研还要继续进行，对大量档案资料还要进行分析研究。所有这些，都还需要我们继续不懈地努力。我们将以对历史负责的精神，一如既往地将这项课题调研工作做好。

历史，是现实的基础，更是未来的起点。打开尘封的记忆，重温昔日的往事，我们可以得到很多的启示和教诲，增长很多的聪明和智慧。所以，研究历史，形式上是向后看，但根本目的是向前看。作为一种科学的研究，我们调查历史的真相，记录历史的灾难，不是为了延续旧时的仇恨，不是为了扩大中日之间的裂痕，不是为了煽动狭隘民族主义的情绪，而是为了以史为鉴，不让历史的悲剧重演；面向未来，书写更加友好合作的美好篇章。经历了太多的苦难和挫折之后，我们更加坚定地热爱和平，更加执着地追求正义，更加珍惜国家的主权与独立，也更加关注世界的文明发展和进步。我们真诚地希望，世界各国能够携手努力，平等协商，求同存异，友好相处，共同推进世界的发展，共享人类文明的成果；我们真诚地希望，中日两国人民能够更多地加强交流、理解和合作，共同开辟中日关系的新局面，使中日关系更加健康稳定地向前发展，使中日两国人民真正世世代代地友好下去；我们真诚地希望，中华民族能够始终以坚韧不拔的努力，坚定不移地走和平发展之路，在中国特色社会主义旗帜下全面建设小康社会，努力实现社会主义现代化，为推动建设一个和平发展、文明进步的世界作出自己的贡献！

2014 年 4 月 30 日

《抗日战争时期中国人口伤亡和财产损失》课题①调研工作规范和要求

2004 年，中共中央党史研究室决定开展《抗日战争时期中国人口伤亡和财产损失》课题调研。2005 年向全国各省、自治区、直辖市党史研究室发出开展此项工作的正式通知，进行相应部署，着重说明工作的指导思想、调查项目、实施步骤及规范和要求。以后又随着课题调研的深入开展，对规范和要求进行了补充和完善。

一、课题调研的基本任务

抗战损失课题调研的目的和任务是深化对抗日战争时期中国人口伤亡和财产损失的研究。1995 年，在首都各界纪念抗日战争暨世界反法西斯战争胜利 50 周年之际，江泽民同志曾经对 20 世纪三四十年代日本侵略中国造成巨大人口伤亡和财产损失的基本数据做出了重要表述。2005 年，在纪念中国人民抗日战争暨世界反法西斯战争胜利 60 周年大会的讲话中，胡锦涛同志再次郑重宣布，据不完全统计，在抗日战争期间，中国军民伤亡 3500 多万人；按 1937 年的比值折算，中国直接经济损失 1000 多亿美元、间接经济损失 5000 多亿美元。中共中央党史研究室组织开展的课题调研，旨在全面详尽调查有关抗日战争时期中国人口伤亡和财产损失的具体事实，为这组基本数据提供强有力的史实支撑，并不是简单地做数据统计。

---

① 本课题亦简称为抗战损失课题或抗损课题。因为抗日战争时期及抗战胜利后国民政府统计人口伤亡和财产损失多采用"抗战损失"等概括性提法，其中将人口伤亡也称作抗战损失之一种，与财产损失并提，故沿用这一表述。

课题调研的基本任务是：按照实事求是的原则，经过广泛、全面、深入细致的调查研究，包括查阅搜集档案资料、对统计数据进行分析等，获得更多的证据，以更加全面和准确地揭露日本帝国主义侵略中国的罪行及其对中国人民造成的伤害。

课题调研的主要内容包括：（1）各个省、自治区、直辖市在抗战中的人口伤亡和财产损失情况；（2）历次重大战役战斗中中国军队伤亡的情况；（3）日本从中国掠走各种资源的情况；（4）日本从中国掠走和破坏文物的情况；（5）日军在中国制造的一系列重大惨案；（6）中国劳工的损失情况；（7）中国妇女遭受日军性侵犯的情况，包括"慰安妇"的情况；（8）日军在中国使用细菌武器、化学武器及其造成伤害的情况；（9）日本侵略在其他方面给中国造成破坏的情况；等等。

二、课题调研的方式和方法

主要是组织有关人员查阅和搜集档案馆、图书馆和其他文博单位以及民间保存的有关中国抗战人口伤亡和财产损失的档案资料、报刊杂志、历年出版的专题资料集和发表的研究成果。对一些特殊、重大的事件如重大惨案，则走访当事人、知情人和有关研究人员，进行录音录像，整理和保存证人证言，有条件的还进行司法公证，努力使这些调查材料成为在法律上可以采信的证据。有些省份的课题组还到境外的有关机构查阅相关档案资料，作为对大陆保存的档案资料的丰富和补充。这次课题调研的整体布局，实行块块和条条相结合。每个省、自治区、直辖市党史研究室在负责开展地区性的广泛调研的同时，也从实际出发开展一些专题性调研。一些重要的、涉及多个地方的带有全局性的专题，则另组织专家进行调研。

三、对搜集档案资料的要求

1. 明确搜集档案资料的范围。搜集档案资料是本课题调研工作的基础，调研成果的质量也主要决定于档案资料是否翔实，是否尽可能完整和全面。所以，凡相关内容的档案资料，不论是直接反映人口伤亡和财产损失的，还是间接反映的（如关于人口状况、财产状况、生产能力、各类资源情况等资料），都尽量搜集，作为撰写调研报告的客观的历史依据。搜集的要件有：档案、报刊、史志、时人日记、专著专论、实地调查报告、图片、影像资料以及出版、发表的研究成果等。

2. 认真整理原始档案和资料。对于搜集到的档案资料，不论是来自原始的档案，还是来自报刊、史志、日记、图书、专题论文等，都认真整理，每份每件都注明保存的地点、单位、文件卷号、出版或发表处等，然后分类汇总，妥善保存。档案资料使用时一律保持原貌，必要时作注释说明，不允许对原件内容增改、涂抹。对搜集到的档案资料要在分门别类整理的基础上进行必要的考证、鉴别和研究。整理后的档案资料，不仅是有关课题承担者撰写课题调研报告的重要依据，其主要内容也作为附件收入有关的调研成果之中。

四、有关数据统计中的几个问题

1. 根据搜集、掌握资料的情况，抗日战争时期中国的人口伤亡分为直接伤亡和间接伤亡两大类。直接伤亡，一般是指日本侵略中国的战争直接导致的中国方面人员的死、伤、失踪等；间接伤亡，一般是指在日本侵略中国的战争包括特定战争环境中造成的中国方面被俘捕人员、灾民、难民、劳工等的伤亡。抗战期间，被俘捕人员、灾民、难民、劳工等伤亡很大，但由于其流动性大等复杂原因，很难形成具体数据资料，统计起来十分困难。因此，本课题调研中，将已确定属于死、伤或失踪的被俘捕人员、灾民、难民、劳工的数据归入有关地方间接伤亡统计数据；无法确定是否伤亡失踪的，可视情况单列相关数据并加以说明。需要补充说明的是，在战争中失踪者，按通常惯例归为死亡。

2. 抗日战争时期中国的财产损失分为直接损失和间接损失两大类。直接损失，一般是指在日军攻击、轰炸或掠夺中直接造成的社会财产损失。居民财产损失列为直接损失。间接损失，一般包括：(1)政府机关等因抗战需要而增加的费用，如迁移费、防空设备费、疏散费、救济费、抚恤费等；(2)各种营业活动可获利润额的减少及由于成本上升等增加的费用；(3)有关伤亡人员的医药、埋葬等费用；(4)为抗战捐献的物资和钱财；(5)有关人力资源的损失。总之，一切因战争造成的间接财产损失均包括在内。

3. 在财产损失中所列的人力资源类损失，包括了被俘捕人员、劳工等在财产方面的损失。中国各级政府所组织的劳役，例如为战争修筑公路、机场、军事工事等抽调民工，都算作人力资源损失。但中国方面征用民工和日本侵略军强征劳工有所区别。日军强征劳工的伤亡率很高，和中国方面征用民工民夫的情况区别很大，因此要分别统计和说明，不能混淆。

4. 中国军队在重大战役战斗中的人员伤亡，分别情况加以统计处理。此次课题调研以统计平民伤亡为主。有关省（自治区、直辖市）如发现有本地发生过军队人员伤亡的重要资料，可以搜集整理并在调研报告中说明，但不计入本地人口伤亡总数。若是本地籍军人的伤亡，则计入本地人口伤亡总数。

5. 海外华侨拥有中国国籍，因此在计算抗日战争时期中国人口伤亡和财产损失时，华侨人口伤亡和财产损失均计算在内。各有关地方在计算本地人口伤亡和财产损失时，视情况可以将本地籍华侨的伤亡、损失计入统计数据总数，亦可单列数据并加以说明。

6. 工厂、学校、机关团体等由于战争原因搬迁造成的损失，算作间接损失，原则上由工厂、学校、机关团体等原所在地方统计。如果原所在地方缺少相关资料，新迁移处具备资料条件，也可由后者统计。为避免交叉和重复，遇到这类情况须特别加以说明。

7. 政党、政府机构的财产损失，归入公用事业的社会团体类财产损失一并计算。

8. 被日军、日本占领当局无偿征用、占用的中国耕地，按农作物的产量及其价值计算财产损失。

9. 伪军、伪政府的人员伤亡和财产损失，一般计入中国人口伤亡和财产损失。

10. 由战争原因导致的如黄河花园口决堤一类重大事件所造成的人口伤亡和财产损失，计算在间接人口伤亡和财产损失中。

11. 重大的财产损失，均以相应数额的货币反映价值。反映财产损失的货币一般要注明币种。

12. 通常用于抗日战争时期财产损失统计的货币（主要是法币），币值问题非常复杂。本课题调研中，涉及财产损失统计的货币数据，有条件进行折算的，一般按1937年即全国抗战爆发当年通用货币法币的币值进行折算，并说明折算的方式方法。因条件不具备，保留原始数据未作折算的，则注明有关数据中用以反映财产损失的货币系何种货币、何年币值。

五、关于撰写课题调研报告的要求

本次课题调研，有关课题组和承担专门课题的专家均按要求撰写出调研报告。

1. 各省、自治区、直辖市课题组撰写调研报告，内容大致分为概述、主体、结论三部分。

概述部分主要包括：介绍课题调研工作的基本情况，如：投入多少力量，到过什么地方查阅搜集档案资料，搜集了多少档案资料等。反映本地的自然地理概况，抗战爆发前的经济社会发展和人口状况，以及在抗战时期是重灾区还是大后方，是沦陷区还是根据地等。叙述日本侵略者在本地的主要罪行。还可简略回顾以往相关课题的资料和研究情况。

主体部分主要包括：分析说明本地人口伤亡和财产损失情

况。根据现掌握资料，将本地抗战时期人口伤亡分为直接伤亡和间接伤亡，将本地财产损失分为直接损失和间接损失，并分别说明主要的史料依据和分析结果。

结论部分，汇总本地人口伤亡数据、财产损失数据。据实说明迄今所掌握资料的局限性、本地遭受人口伤亡和财产损失的特点、影响等。

撰写调研报告依据的主要资料以及调研中同步完成的专题研究报告等，作为调研报告的附件，纳入课题调研成果中。

2. 由一批专家承担的全局性专门课题，如抗日战争时期重大惨案、劳工问题、"慰安妇"问题、细菌战、化学战、文化损失、海外华侨人口伤亡和财产损失、中国军队伤亡、重要战役战斗伤亡等，其调研报告的撰写和附件的收录，参照以上要求进行。

六、对调研成果的验收

在各省、自治区、直辖市课题调研工作结束后，完成的包括课题调研报告在内的省级调研成果和市、县等调研成果，要装订成册，通过审阅和验收，逐级上报，送交各省、自治区、直辖市党史研究室和中共中央党史研究室分别保存。

为确保质量，在调研过程中形成的各省、自治区、直辖市A、B两个系列书稿（省级调研成果为A系列书稿，市、县等调研成果为B系列书稿），要分别通过验收。其中，省级调研成果要通过由地方到中央的四级验收，市、县等调研成果则在有关省、自治区、直辖市内验收。

省级调研成果上报验收前，课题组先认真进行自审，以保证内容的完整准确，特别是调研报告和有关专题研究报告、资料、大事记的内容和数据要互相补充、印证，不能互相矛盾。课题组完成自审后，省级调研成果首先报送省级抗战损失课题领导小组验收。省级课题领导小组审查通过后，送省级专家验收组验收。省级专家验收组参加验收的专家一般为3—5人，人选来自党史系统、社会科学院和社科联系统、档案史志部门、高等院校等方面，为较有影响力、权威性的专家。省级专家验收组在本省（自治区、直辖市）课题领导小组的指导下，按照学术规范的严格要求和有关规定审读、验收本省（自治区、直辖市）拟提交中共中央党史研究室的省级调研成果。验收的主要标准和目的是确保调研成果的准确性、可靠性。对于验收中指出的问题、提出的意见和建议，各省（自治区、直辖市）课题组须采取有效措施解决和落实。对一次验收不合格的，修改、完善之后进行第二次以至多次验收，直到合格为止。省级专家验收组验收合格后，填写《A系列书稿验收报告表》。填写的报告表和书稿同时报送中共中央党史研究室课题组。

中共中央党史研究室课题组收到经省级专家验收组验收合格的省级调研成果后，先进行验收。认为合格后，再聘请国内知名专家进行验收，并填写《A系列书稿验收报告表》。验收中所提修改意见，由有关省、自治区、直辖市课题组予以逐条落实，对调研成果做出相应修改或者说明相关情况。

由一批专家承担的全局性专题研究成果，最后形成的书稿也纳入A系列，其验收也参照上述程序和要求，由中共中央党史研究室课题组组织有关专家进行。对于验收中提出的意见，承担课题的专家要逐条落实，对调研成果进行修改完善直至合格为止。

最后，中共中央党史研究室课题组对经过反复修改形成的省级调研成果和全局性专门课题调研成果进行复核。完成各项程序并符合要求的调研成果，包括通过四级验收的A系列书稿和由有关省、自治区、直辖市党史研究室组织验收并合格的B系列书稿，分批次送交中共党史出版社付印出版。

中共中央党史研究室课题组

《河北省抗日战争时期人口伤亡和财产损失》编委会

主　　任　张福建
副 主 任　赵胜军　宋学民　姚建敏
委　　员　高卫燕　张立君　王建平　潘　杰　刘胜祥
　　　　　韩志宽　李丙申　刘德峰　王文正　赵　伟
　　　　　王德政

《河北省抗日战争时期人口伤亡和财产损失》编辑部

主　　编　宋学民
副 主 编　丁建同　贾景辉　阎　丽　王晓平　郭　冰
编　　辑（按姓氏笔画为序）
　　　　　于艳波　王　刚　王洪卫　田　超　刘京华
　　　　　刘　禹　李志杰　运树华　易坚林　武春霞

侵华日军占领热河(今承德)围场沟煤矿,掠夺矿产资源。

1933年1月2日,山海关中国驻军抵抗日军入侵。

1937年8月9日,日本关东军三个旅团编成察哈尔兵团,由参谋长东条英机指挥侵略中国西部,8月27日占领张家口。

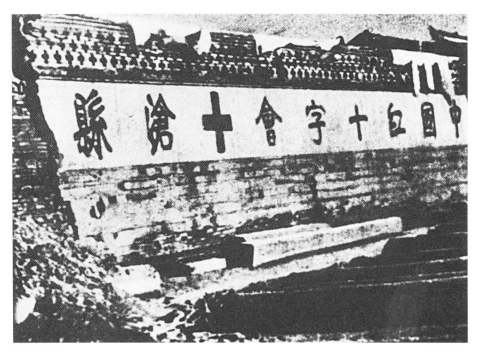

1937年8月底,遭日军轰炸后的沧县红十字会。

1937 年 9 月 24 日，日军攻占保定城。

1937 年 10 月，日军炮击历史文化名城正定。

1937 年 10 月 6 日至 10 日，日军制造正定惨案。正定县岸下村徐二改家的井中，曾被日军逼迫跳下 28 名妇女和 6 个孩子。图为徐二改家的水井。

正定惨案幸存者张黑妮（1909 年生，左二）讲述惨案经过。

1937 年 10 月初，遭日军轰炸后的石家庄。

河北省藁城县(今石家庄市藁城区)梅花惨案。

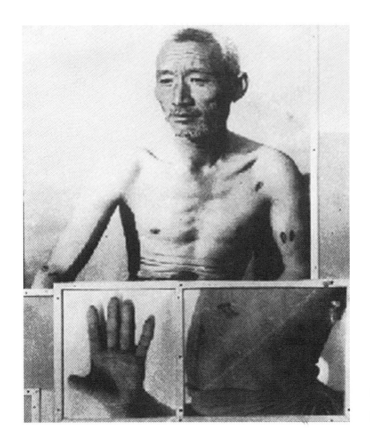

梅花惨案幸存者张玉振及其身上的伤疤。

日军攻陷石家庄后,立即成立了特务机关,派一名日本女人(右一)强迫中国妇女组织所谓"宣抚班",实际就是做日军"慰安妇"。

　　1937年10月23日,日军攻打成安县城,将指挥部设在城北曲村凤凰台(图为1930年时凤凰台照片)。期间,日军对曲村老百姓进行大屠杀,把没有逃走的30多人绑到图中两棵树下全部杀死,并烧毁房屋百余间。

1937年10月26日,日军岩久部队入侵赞皇县城。

邱城惨案(发生时间1937年11月15日)纪念碑和知情人李王氏、张保国。

邱城惨案知情人(前排左起)谷振华、赵英贤、蒋梦杯、申金明、郭书申。

1937年,日本侵略者驻山海关的大东公司在冀东遣送大批华工前往东北和日本做苦工。

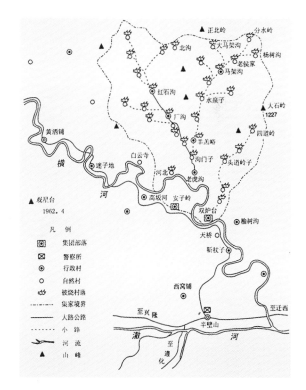

1939年11月,日军在兴隆县安子岭、双炉台实施第一次"集家"行动范围示意图。

日军在冀中地区修建的巨型碉堡。　　　　　潘家峪惨案村民遗骨。

1942 年 1 月 25 日潘家峪惨案发生后的惨景。

北疃惨案(发生时间 1942 年 5 月 27 日—28 日)遇难者遗骨。

滦南潘家戴庄惨案(发生时间 1942 年 12 月 5 日)中被烧毁的房屋。

潘家戴庄惨案幸存者周树恩1956年出席中华人民共和国最高人民法院特别军事法庭作证时的照片。

1943年9月被日军惨杀的平阳民众遗体。

平山县王坡乡樊土沟村西大山黄金寨日军碉堡群遗址。1943年冬至1944年春，日军在黄金寨、北顶、王母观北山修建了三组堡垒。在修建堡垒过程中，日军抓来的民夫被杀害和虐待致死1800余人。

平山县王坡乡樊土沟村日军修建堡垒中的暴行目击者杨狗子。

井陉县老虎洞惨案(发生时间 1943 年 11 月 14 日)幸存者范羊羔在老虎洞洞口。

日军在承德滦平修建的"集团部落"(老百姓称之为"人圈")遗址一角。

日军建立的赤城县碾子沟"部落"东门。

当年生活在"无人区"内衣不遮体的妇女儿童。

日军在隆化县蓝旗营黑山嘴村建立的"部落"围墙遗址。

隆化县旧屯乡新兴庄村王玉昌家的"部落"房屋遗存。

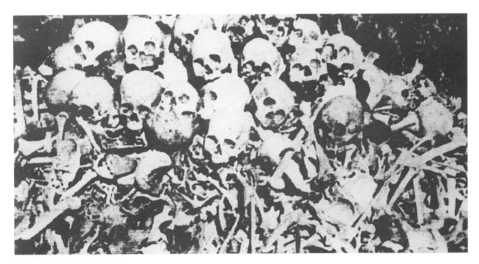

1945年11月,承德市水泉沟"万人坑"遗址遇难同胞的遗骨被迁出安葬。

日军对抗日根据地频繁"扫荡",残害根据地人民。图为人民群众为躲避日军,被迫到深山里过着穴居生活。

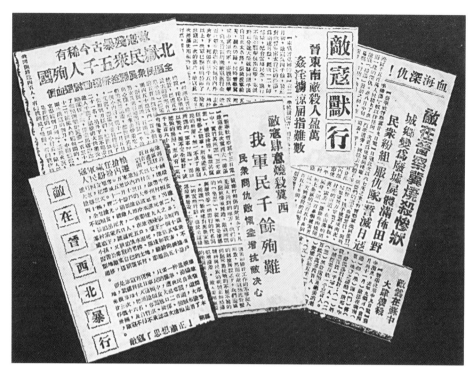

当年记录日军暴行的《晋察冀日报》。

1946 年 2 月 1 日《晋察冀日报》刊载的边区人民抗战损失统计。

　　侵华战争期间，日军在石家庄建立了残害中国人民的集中营。图为石家庄集中营蒙难同胞纪念碑。

　　1957 年，张家口人民为纪念1945年在张北县狼窝沟与日军作战牺牲的苏蒙联军烈士而修建的烈士墓。

河北省委党史研究室抗战损失课题调研小组在平山县西回舍村进行调研。

石家庄市征集的关于侵华日军强征劳工的资料。

目　　录

三、资料

一、河北省抗日战争时期人口伤亡和财产损失调研报告

河北省委党史研究室抗战损失调研课题组

（一）课题调研工作的基本情况

2005年12月，中央党史研究室召开抗日战争时期中国人口伤亡和财产损失课题调研工作会议。经过半年的调研和准备，2006年6月7日，河北省召开抗战损失课题调研工作第一次电视电话会议，全省的课题调研工作全面启动。截至2007年年底，河北省各市、县（市、区）已经完成了调研成果上报工作，报送调研资料2006卷。

1. 主要做法

河北省的课题调研工作十分艰巨。与全国比较，除东北三省外，河北省遭受日本军国主义蹂躏时间最长，调研工作强度大；历史上行政区划复杂，调研工作难度大；各类资料缺乏，工作任务重。在全省课题调研过程中，我们以最大的努力克服困难，推动工作的深入开展。

（1）全面动员部署，积极协调督导。全省电视电话会议召开后，各市均在短期内召开会议进行动员部署，并按照要求，结合各市实际制订下发了实施方案，全省各县（市、区）也召开会议，并制订了实施方案。各市、县（市、区）比照省课题调研工作领导小组的设置，相应成立了课题调研工作领导小组和办公室。在中央党史研究室的支持下，河北省课题调研工作领导小组办公室组织全省市县两级200余名调研骨干参加了培训，并制订下发了《抗战时期河北省人口伤亡和财产损失课题调研工作手册》。为协调各部门关系和各市课题调研工作，河北省课题调研工作领导小组办公室先后两次在石家庄市和沧州市组织召开工作会议，并在唐山市召开了现场会。在课题调研进行过程中，河北省

课题调研工作领导小组办公室与省委督查室对全省的调研工作进行了一次联合督查，保证了人、财、物的及时配置到位和工作的顺利开展。

2007年8月底，中央党史研究室在泰安举办的课题调研专题培训会议结束后，河北省又召开了第二次抗战损失课题调研工作电视电话会议和各市业务人员参加的培训会议，对调研报告的撰写、资料的利用、大事记和专题资料的规范、调研成果的装订和上报等具体工作内容，进行了详细的说明。

（2）在全省范围内进行广泛深入的实地调查。由于年代久远，档案资料缺乏，在课题调研初期，我们就制定了实地调查与查阅档案文献资料相结合的工作方法。按照"村不漏户、户不漏人"的原则，市、县两级发动了近8万人走访当事人和知情人，在全省范围内对人口伤亡和财产损失情况逐村进行登记，收集了许多有价值的证言证词，获取了大量的第一手资料，极大地弥补了档案资料的不足，为此次课题调研的成功提供了有力的保证。

（3）在全国范围内广泛搜集查找有关档案文献资料。为收集档案材料，调研人员从省到县走遍了全省每一个档案馆，还到南京、天津、内蒙古、山西、山东、河南、北京等地查阅了档案、文献等各类资料，河北省课题组还对省图书馆、省政协文史委、省地方志和党史研究室系统的有关资料进行了查阅整理。

2. 课题调研工作的特点

（1）河北省委领导高度重视。2006年3月底，河北省委党史研究室将《关于开展〈抗战时期河北人口伤亡和财产损失〉课题调研的报告》上报省委后，省委领导做出了重要批示，对此项工作高度重视、十分支持，并要求我们把此项课题调研工作作为一项关乎中国国格的政治任务，以对历史负责、对人民负责的态度认真做好工作。5月，经省委批准，成立了河北省抗战损失课题调研工作领导小组，省委常委、秘书长张力任组长。6月，张力参加了河北省抗战损失课题调研工作第一次电视电话会并讲话，并于7月给各市委书记和市长发出指示信，要求各市领导重视和支持此项工作。8月21日，张力到石家庄就此项工作的进展进行了调研，并作《用强烈的历史责任心和历史责任感做好抗战时期河北省人口伤亡和财产损失课题调研工作》的讲话。2007年4月3日，省委书记白克明对河北省的课题调研工作作出重要批示。8月30日，省委副书记张毅参加河北省抗战损失课题调研工作第二次电视电话会议，并作重要讲话。省委领导的高度重视和大力支持，是对课题调研工作顺利开展的重要保证。

（2）动员深入、参加调研人员众多。调研工作开展之初，河北省课题调研工作领导小组办公室就通过会议、文件等形式从省到市、到县（市、区），一直到乡镇进行了充分、广泛的发动，使各级领导和参与人员认识到了此项工作的政治意义和历史意义，从思想上真正重视起来。经过动员，以县、乡为基础，课题调研一村一户不落地展开。由于党史部门人员有限，许多地方请来了退休的老干部、老教师、暑期休假的大学生来参与这项工作。在到村入户的调查中，许多群众积极性很高，不但主动提供自己所知道的情况，而且还帮助联系其他知情人员。据统计，在此项调查中，全省参加调研的人员达到 79648人，被采访人员超过 34 万人。

（3）措施得力、组织严密。课题调研工作在全面启动之前，在各级领导的支持下，省、市、县都成立了课题调研工作领导小组办公室，对全省的调研工作进行组织协调。办公室下的课题组又设督导小组，负责上传下达，沟通全省信息。省课题调研工作领导小组办公室编发简报 33 期，保障了全省调研工作正常运转。除此之外，根据实际情况，还对调研工作任务及时进行调整。如发现档案缺乏，明确提出开展到村入户实地调研工作；针对村级人口伤亡登记分散的情况，要求各地以县为单位，统一登记伤亡名单等。

（4）各部门联合攻关，协调配合。这次课题调研工作虽然以党史部门为主，但离不开各部门的密切配合。河北省档案、政协文史、地方志、图书馆、社会科学院等部门都积极配合，给予了很大的支持。他们有的在培训会上对工作进行了耐心指导，对可能存在的问题及时提醒，有的提供出有价值的资料。正是由于各部门的积极配合，才使课题调研工作顺利进行。

（5）调研成果显著。在这次调研中，我们对全省档案馆、图书、文史、地方志等部门及我省周边省市的档案资料进行了比较彻底的查阅，对全省各村（居委会）均进行了到村入户调查走访，查阅到了大批有价值的档案资料。据统计，在调研过程中，全省查阅档案资料 9 万余卷，复印有价值文献资料 22.2万余页，扫描万余页，查阅抗战期间及战后出版的书报刊物 1.5 万余种，拍摄照片资料 9000 余份，收集证言证词 12 万余份。到 2007 年年底，各市调研成果上报工作基本完成，共上报成果 2006 卷。

本次课题调研的覆盖范围，为今河北省行政管辖区域。

（二）抗日战争前及战争中河北省情概况

1. 河北省自然地理条件

河北省是中国北部一个傍山面海的省份，总的地形走势是西北高东南低。西北部山峦迭起，东南部平原展布。河北省山地与平原面积各约占全省总面积的40%多，高原面积不到10%。高原面积虽小，但对畜牧业发展具有重要意义。平原广阔，土质肥厚，对发展农业极为有利。至于山地和盆地，则是发展林业和牧业的良好地带。

2. 河北建省及政区沿革

1928年，南京国民政府宣布"统一告成"，结束"军政时期"，开始"训政时期"，并开始筹划直隶、京津地区的政区变更。经国民党中央政治会议决议，直隶省改为河北省，旧京兆特别区各县概并入河北省。北京易名为北平，以北平、天津为特别市。1928年7月4日，河北省政府在天津正式宣告成立。

河北省是在原直隶省和京兆特别区的基础上建立起来的。建省时，原京兆特别区所属20县划归河北省。1928年9月17日，南京国民政府将热河、察哈尔二特别区改建为行省，即热河省、察哈尔省。热河省区域不变，原直隶省的10个县划归察哈尔省管辖。1930年8月，河北省增置兴隆县，12月又增置都山设治局，至此，全省共辖130个县另1设治局。其中一等县22个，二等县34个，三等县（局）75个。

随着国内政局的演变，河北省政区亦逐步有所变化。1931年至1932年，日本帝国主义通过九一八事变侵占中国东北全境后，又按既定方针向关内侵略。1933年一二月间，日军相继发动榆关（今秦皇岛市海关区）事变和热河事变。1933年5月31日，国民党当局与日军签订《塘沽协定》，把冀东22县划为"非武装区"，不许中国军队驻扎，河北省政府由此不能对冀东地区实行有效管辖。1935年初夏，日军又策动张北事件和河北事件，使冀、察两省的主权受到严重危害。接着日本又策动"华北自治运动"，该阴谋虽然最终未能得逞，但却唆使原河北省滦榆区行政督察专员殷汝耕在通县成立了"冀东防共自治委员会"（后改为"冀东防共自治政府"），使冀东20余县沦于日伪的统治之下。南京国民政府为缓和日本对华北的压力，于是年 12 月在北平成立了以宋哲元为首的冀察政务委员会，管辖冀察平津地区的军政事务。冀察政务委员会虽仍隶属于南京国民政府，但有相当的独立性。

在华北政局多变，冀、察两省主权受到严重侵害的情况下，河北省政府已无法直接领辖各县。而南京国民政府为整饬吏治，绥靖地方，增进行政效率起见，于 1936 年颁布了《行政督察专员公署组织暂行条例》，要求全国各省区都划分若干行政督察区，设专员公署，作为省政府的常设辅助机关。根据南京政府行政院令，河北省政府于 1936 年 3 月至 1937 年 2 月间，在全省相继设立 10 个行政督察区，每区设行政督察专员一人。本拟再增设 6 个行政督察区，并拟对已设 10 个行政督察区所辖各县略加增减，但南京政府行政院以河北省所设行政区与《行政督察专员公署组织暂行条例》的规定不合之点甚多为由，令河北省政府暂时停止行政督察区之变更。1937 年 3 月，河北省政府再次颁令，将全省划分为 17 个行政督察区。

抗日战争时期河北省大部分地区沦陷，流亡在外的河北省政府奉国民政府行政院令，仍规划和颁布了全省行政建置，将全省划分为 18 个行政督察区。除将冀东的 12 县局划为第一、二行政督察区外，原来各行政督察区及其所辖县份亦有所变更。

由于国内政局的变化及其他原因，河北省省会曾几度搬迁。1928 年 10 月中旬，省会自天津市移驻北平市（今北京市）。1930 年 10 月 15 日，又从北平市迁回天津市。1935 年春，日军策动河北事件，迫令南京国民政府罢免河北省政府主席于学忠，并将平津地区的国民党党部及于学忠统辖的第 51 军等部撤至保定以南。南京政府再次妥协退让，遂于当年 6 月初将河北省省会由天津市迁至保定市，直至全国抗日战争爆发。

1937 年全国抗日战争爆发后，包括省会所在地保定在内的河北省大部分地区迅速沦陷。国民党河北省政府成为流亡省政府，迁到河南、陕西等地。直到抗日战争胜利后，国民党河北省政府才于 1946 年 7 月迁回保定市。

抗日战争中，中国共产党领导的八路军深入华北敌后，发动群众，创建了广大的敌后抗日根据地。河北省北部、中部属于晋察冀边区，包括北岳（冀西、察南）、冀中、冀东等战略区；南部属于晋冀鲁豫边区，包括平汉铁路以西的太行区和路东的冀南区；东南部的冀鲁边区后发展为渤海区，属于山东抗日根据地。

3. 河北省的人口状况

据南京国民政府内政部 1931 年编印的《民国十七年各省市户口调查统计报告》称,1928 年河北省共有居民 5452347 户,总人口 31232131 人,其中男性 17274341 人,女性 13957790 人。

1937 年抗战全面爆发时,河北省人口为 26836701 人。战争初期,由于驻河北的国民党军政人员及部分学生和其他人员的南撤、日军的残杀等因素,全省总人口有所减少,到 1940 年为 2321 万人,1943 年为 2608 万人①。从整个战争期间来看,日军侵略残杀是造成人口减少一个重要原因。如,日军在长城沿线制造"无人区",致使青龙县全县人口由 1934 年的 28 万人下降到 1945 年的 25 万人;滦平县由 1933 年的 24 万人下降到 1945 年的 21 万人;兴隆县由 1932 年的 15 万人,下降到 1945 年的不足 10 万人。抗战时期,河北省全境大部分时间内,日、伪军占据城市、交通要道和多数县城,共产党领导的根据地主要是广大农村。而农村既有根据地、游击区,还有敌占区,这三种区域又不断变化,所以各区域的人口没有准确的统计数字。

从抗日战争后期到解放战争,河北的人口开始逐步增长。1947 年,河北人口约 2808 万人,到 1949 年,全省人口达到 3086 万人②。

4. 河北省的经济状况

(1)农业方面。作为农业大省,河北省的作物栽培种类比较丰富,某些农作物的种植面积、种植水平和总产量也相对较高。如小麦、玉米、高粱、棉花等农作物的产量,抗日战争前夕在全国各省区中位居前列,其他各种杂粮和经济作物的品种亦较为繁多,一些蔬菜、林果的产量在全国亦较靠前。20 世纪 30 年代,河北的冬小麦、玉米、谷子、甘薯、棉花等作物种植面积和总产量都有大幅度的提高。河北省经济作物品种比较繁多,棉花、油料、蔬菜、林果等各种经济作物应有尽有,棉花、花生、芝麻等作物的种植面积和总含量比 20 年代都有大幅度提高,其产量居于全国各省市前列。

日军在对河北省的侵略过程中,不断进行大规模的烧杀抢掠,给农业生产和农民造成极大的破坏和摧残。遭战争洗劫的农村,土地荒芜,生产资料丧失,

---

① 河北省地方志编纂委员会编:《河北省志·人口志》,河北人民出版社 1991 年版,第 21—22 页。
② 河北省地方志编纂委员会编:《河北省志·人口志》,河北人民出版社 1991 年版,第 23 页。

农民流离失所，生产力不足，加之天灾不断，农业生产迅速衰退。如 1933 年日军下令"铁路附近公路两侧 50—100 米以内禁种高秆庄稼"。1934 年 3 月，伪热河公署强令青龙县农民种植鸦片，到 1936 年，青龙县罂粟面积达到 8171 亩。1935 年，"冀东防共自治政府"成立伪华北棉花协会，在抚宁、昌黎、卢龙等县划出粮田 12 万公顷，供日本"兴中公司"种植棉花，并制定一系列法令，对棉花生产、价格、销售和输出实行严格的统制。这些举措都对农民生产、生活产生了严重影响，使当地农民的生活水平急剧下降。另据满铁调查部对平汉路沿线的涿州、保定、徐水等地的不完全统计，小米、棉花、高粱及各种农作物收成平均损失达近 60%，各种牲畜、家禽、车马、农具被掠和强征达 70%—80% 以上，农舍民房破坏严重。日本统治时期，对河北的粮棉实行统制，强迫华北农民种植棉花，大肆掠夺棉花和粮食，造成河北普遍粮荒。在日本侵占的河北各地修筑碉堡和封锁沟墙，不仅破坏了自然环境，而且占据大量耕地，直接影响了农业生产。

（2）工业方面。20 世纪 30 年代前后，河北省的民族工业主要是私人资本的发展。1933 年底以前，河北省的工厂数为 182 家，资本总数为 52894247 元（币种不详），占全国总数的 7.5% 和 13%。但是，由于日本的侵略和掠夺，1931—1934 年河北省经济发展开始停滞，新设立的企业很少，中小企业和大型企业经营都十分困难。全国抗战爆发后，河北省的民族工业进一步陷入困境，或破产倒闭，或被国内金融机构接管，或被外资兼并。如唐山的工业遭受到空前的摧残与掠夺。1938 年，日军发布了"占领区治安实施要领"，剥夺工人生存权利，改变工厂生产计划，造成"营业不振，赔累过甚"，工人的收入比全国抗战前减少了 28%。1941 年，日军天津特务机关长山下诱迫开滦煤矿总经理英国人那森爱德，"一旦发生战争，须将开滦和平移交日本"。在 12 月 8 日太平洋战争爆发当天，日军华北派遣军司令部接管开滦矿务局，对唐山机车车辆厂、启新水泥厂、华新纺织厂、大清河盐厂等大型厂矿强行控制，唐山的工交系统也全部服从于日军需要。他们在市区周围设置了封锁沟和封锁门，在工厂修筑了炮楼和铁丝网，对工人实行法西斯统治，对工业资源进行掠夺性开采。日本在抗战期间以华北株式会社为龙头，对华北的资源如煤炭、铁矿、盐业、金矿、瓷土矿、钨锰矿等，进行疯狂掠夺，造成河北自然资源的流失和自然环境的严重破坏。1937 年底日本侵占宣化后，成立了"龙烟铁矿株式会社"，开始大肆掠夺这里的铁矿资源，从 1937 年到 1944 年，日本侵略者从龙烟铁矿共掠夺优质矿石 300 多万吨，其中一半以上运往日本。

（3）商业方面。1928 年河北省政府成立后的几年中，由于政府当局采取了一些有利于工商业发展的政策措施，局势相对稳定，以及广大工商业者的努力，这一时期河北商业呈现发展的势头。沿海、沿铁路线的一些城镇，商业贸易的发展更快。

居于平汉铁路、正太铁路交叉枢纽的石家庄市，20 世纪 30 年代初期城区面积已发展到 43 平方华里，人口已达 6.3 万多人。市内有各种商贸服务业计 40 余行，经营日用工业品的有百数十家，其中绸缎布匹业 30 家，洋广杂货业 43 家，首饰业 8 家，自行车业 12 家，鞋帽业 28 家，钟表业 21 家，电料业 4 家，新衣业 9 家。粮油业 50 多家，供应全市 6 万余人的生活必需。医药业 50 家。其他如棉花行、煤店、银钱业、餐饮服务业等都比较兴旺。

同样是平汉线上的保定市，由于久为省会，消费浩繁，更是商旅云集，店铺众多。30 年代中期，保定有各类工商户 1500 多家，参加商会者达 800 余户，从业人员达 7000 多人。平汉线上的邢台、邯郸等市镇，此时商贸也比较发达，成为冀南地区重要的商品集散中心。北宁线上的唐山，为河北工业重镇，20 世纪二三十年代这里的商业随着工业的发展也愈加兴盛。作为平绥铁路、张库公路交通重镇的张家口市，20 年代末的商业贸易也很兴旺。综上所述，20 年代末 30 年代初，河北城镇商业贸易比北洋政府统治时期均有不同程度的发展，城镇商贸活动日趋繁盛。

全国抗战爆发后，日军在其占领区进行疯狂的经济掠夺。如日军侵占保定后，大部分商店被洗劫一空。东大街同和兴麻绳铺、转运业同茂隆、全胜公、庆纪、忠义、玉丰永，西大街中英药房、中外制药局等被查封。日本的几个财团凭借军事力量的庇护，将魔爪伸向保定各个经济部门，搜刮和直接控制工业原料及农副产品。日军为了控制各种物资，在保定成立"保定移出入组合联合会"等控制物资的机构，使保定的物价猛涨，物资缺乏，大批工商业因无法经营而倒闭。此外，日军还在保定周围乡村大肆进行经济掠夺。清苑县王盘镇是有 4 家杂货铺、3 家绸缎庄、6 家饭店、2 家银楼、2 家客栈，还有鞋店、盐店共 28 家商号的大集镇，资本总额达 20 多亿元（币种不详）。日军侵占张登（距王盘十几华里）后就对王盘商号进行了 6 次赤裸裸的抢掠，致使 22 家商号倒闭。而衡水沦陷后，日军对各行业严加控制，指定收购，统治生产及流通环节，不许私人经营，致各行业均大为亏本，无法经营，只好关门外逃避难，成为衡水商业发展史上最凋零衰败的时期。

日军占领时期，采取从工业源头破坏的手法，将河北传统的商品市场和贸易摧毁，从而达到控制物资、推销本国产品的目的。在这种境况下，华北原来非常繁荣的面粉业、烟草业、织布业、毛皮业等纷纷凋零，华北的殖民地经济日益明显。

总之，日本的侵略严重打断了河北省的发展进程，其侵占和掠夺给河北省的工农商业造成了极大的损失。

（三）日本侵略者在河北的主要罪行

1933年1月，日军炮轰山海关，成为侵占河北的开始，热河很快沦陷。从1937年7月卢沟桥事变到当年11月，河北各地相继沦陷，成为全国抗战爆发后最早被日军占领控制的地区。由于河北地域广阔、位置特殊，沦陷时期的河北被日本侵略者人为分割成三块区域：一是属于伪中华民国临时政府，后并于汪伪中华民国政府中的河北省；二是属于伪蒙疆政府的河北一部，其首府在张家口；三是长城外以承德为中心的热河。至抗战胜利，河北遭受日本侵略长达十二年零八个月。日本侵略者在此期间对河北人民进行了残暴的统治，犯下了累累罪行，充分暴露了日本帝国主义的猖狂性和野蛮性。概括如下：

第一，残酷屠杀平民，制造大量惨案

从1933年炮轰山海关开始，日军就在今秦皇岛，唐山迁西、丰润、滦县一带炮轰居民村落。1933年4月，在迁西县泗河桥、三屯营一带炸伤居民73人；5月，在迁西干柴峪村，炸死居民38人。1937年河北沦陷后，日本侵略者在长达八年的占领期间，对河北进行了最野蛮、最残暴的大破坏、大屠杀。侵华日军在河北各地制造的惨案，数量巨大，残杀人数众多，手段极其残忍。仅1937年，日军在河北境内制造的100人以上的惨案至少28起，其中800人以上的惨案至少有10起。如1937年9月保定惨案，日军杀害居民3000余人；1937年10月正定惨案，日军杀害居民1609人；1937年10月藁城梅花惨案，日军杀害本镇居民1547人，占全镇人口的60%；1937年10月24日至12月初的成安惨案，日军杀害成安城内外居民5200余人。

抗战进入相持阶段后，地处华北腹地的河北就成为日军的重点进攻目标之一。从1938年起，日军就不断调集重兵围攻、"扫荡"、分割、封锁和"蚕食"河北各抗日根据地。自1938年11月至1939年4月，日军对冀中抗日根据地连

续进行五次大规模的"围攻";1939年初至1940年春,又对河北各根据地连续发动大规模的"治安肃正"作战;1940年起采取了恶毒的"蚕食"政策;从1941年起,在河北各地又连续五次实行所谓"治安强化"运动,抗日斗争进入了异常残酷的时期。在这一阶段,日本侵略者为扑灭抗日根据地的斗争烈火,摧毁抗日组织,恐吓人民,制造了大量惨案。据不完全统计,仅在保定地区(不含定州)1937年日军制造的一次性屠杀100人以上的惨案超过6起,最多的保定惨案死亡人数超过3000人。1938年一次性屠杀30人以上的超过10起,1939年一次性屠杀30人以上的超过11起,1940年一次性屠杀30人以上的有7起,1941年一次性屠杀30人以上的惨案9起。这一阶段的惨案,时间集中,发生频繁,有大量的惨案是日军报复性屠杀而致。如1941年1月的潘家峪大惨案,残杀百姓1301人,烧毁房屋1100多间,就是潘家峪人民反对日军"治安强化"、抵制保甲制度,拒向敌人交粮柴,而遭日军屠杀的。1941年8月的曲阳野北惨案和1941年11月的唐县岗北平沟惨案,就是人民反对日军第二、三次"治安强化"运动而遭敌人报复的。

1942年4月以后,河北各抗日根据地进入了严重困难时期,这也是日军制造惨案比较集中的阶段。日军对冀南的四二九大"扫荡",使该区基层组织50%以上被破坏,区连以上干部损失四五千人。日军集5万之众,对冀中区进行规模空前的五一大"扫荡",致使区以上干部牺牲三分之一,5万群众被杀、被抓。日军在冀中区增设据点、碉堡,修筑公路、挖封锁沟,将冀中分割成2670余小块。在冀鲁边区,日、伪军纠集2万多兵力,进行六九大"扫荡"。在冀热边,日军发动了三期大规模"扫荡"。这阶段发生了大量的重大惨案。如1942年12月的滦南潘家戴庄惨案,残杀百姓1280余人;1943年9月至12月的平山惨案,累计死亡百姓2966人。日军还肆无忌惮地违反国际法,使用化学武器毒杀抗日军民,对河北人民犯下了累累罪行。1942年5月27日,日军在定县(今定州市)北疃,用施放毒气、枪杀、刺杀、砍杀、烧杀等手段,制造了残杀抗日军民800余人的重大惨案。除此之外,日军在河北大肆推行建立"集团部落""集家并村""无人区""封锁沟",进行频繁的"扫荡",在长城两侧、热南山区制造了千里"无人区","禁止一切活动、禁止居住、禁止耕作"。这一带村庄全部变成一片废墟。日军在兴隆县制造"无人区"的3年时间里,全县有1.54万人被杀,1.5万人被抓走,7万多间房屋被烧,3万多头牲口被抢。据统计,日军在制造"无人区"的过程中,共屠杀和虐待致死群众约有35万人,抓走劳工15万人。

在这个时期，侵华日军疯狂实行烧光、杀光、抢光的"三光"政策，所到之处，财物被抢光，村庄被烧毁，无辜群众被任意抓捕、杀戮，妇女遭受非人的奸淫残害，其手段之凶狠，达到登峰造极的地步。

第二，扶持傀儡政权，建立汉奸组织

日军侵占河北期间，在政治上，扶植和强化汉奸傀儡政权，建立和发展汉奸、特务组织。1937 年 9 月，日军以张家口为中心，成立了伪察南自治政府，后与其他伪政权合并组成伪蒙疆联合委员会。1939 年 3 月，日本侵略者将伪河北省公署由天津移往保定。省以下设道、市、县，并任命道尹、市长、县知事。为巩固其殖民统治，在县以下也广泛建立伪政权：在较大的村镇建伪大乡，成立伪乡公所；在各村建立维持会，普遍建立"保甲制"，实行连坐，一户"通八路"，"全甲同罪"；为各户建立户口门牌，按人发放"良民证"，建立"防共自卫团"（棍团）、"新民会"，采取"以华治华"的政策，极力收买汉奸，豢养特务，不断强化保甲制，通过保甲制，征收粮款，拉夫抓丁，并让各村不断向据点汇报情况。各据点的日、伪军，每天互相串通情报，经常采取联合行动，到处搜捕八路军及抗日干部。从 1941 年起，侵华日军将重点放在华北抗日根据地。在华北地区实行极为残暴的"扫荡""蚕食"和"清乡"，先后推行了五次"治安强化运动"，使河北各抗日根据地进入到严重困难时期，一直持续到 1943 年上半年。其基本内容是实行军事、政治、经济文化、交通为一体的总力战；强化伪军、伪组织，推行保甲制；进行欺骗宣传，离间抗日武装与民众的关系。

第三，疯狂掠夺和破坏经济

日军侵占河北后，对河北的资源进行了疯狂的掠夺。在经济上，大肆掠夺占领区的物资和财富，建立所谓"长期自给体制"。在敌占区，一是金融方面，日军首先没收了中国官办、民办的银行，停止使用法币、冀钞、察钞。1937 年 10 月，在张家口成立"蒙疆银行"，发行蒙疆券，打击边币，掠夺沦陷区物资，为日军侵华提供经费。另外还建立了"察南实业银行""蒙疆实业银行"，后合并为"同和实业银行"，各县设分行，由日本指导官控制。伪满洲国"中央银行"、日本横滨"正金银行"也在张家口设分行，用以搜刮中国人民的财富，实现"以战养战"的目的。二是工矿交通业方面，1938 年 11 月，日本成立"华北开发公司"，在河北设立井陉煤矿、龙烟铁矿等分公司，疯狂掠夺各种战略物资。对矿产实行掠夺性开采，开采出来的大部分矿产资源运往日本。仅开滦煤矿自1941年12月被日军接管到抗战胜利，被掠夺煤炭2260万吨。龙烟煤矿的铁矿石几乎全被掠夺走。三是农业方面，日本对农业的掠夺采取强占农田、开辟农场，无偿征用或低价收购粮棉，实行粮棉统制。作为军需品的棉花，由日本的专门机构收购经营，农民只得到极低的收棉款，名为收购，实为抢劫。日军还在粮食收获时强设"公共打粮场"，在其监督下将收打的粮食全部运往日军粮仓"保管"，由农民按月领取少量口粮，或只留给农民一个月口粮，其余全部夺走。四是巧立名目，滥征各种税收，千方百计进行搜刮。如以"支持大东亚战争"为名，强令中国人献金购买飞机，献纳铜铁。逢日本天皇生日和日本节日，要中国人出资"庆贺"，经常征敛"慰问金"。五是对河北文物的劫掠。比如日军对避暑山庄及周围寺庙中具有极高价值的古建筑进行疯狂劫掠、破坏，以各种借口甚至明目张胆地对避暑山庄及周围寺庙内的珍贵文物、珍宝、古玩、书画等进行劫掠。据不完全统计，日军在承德掠夺的各种镀金、镀银佛像143尊；各类装饰品120件；满文《大藏经》一部；《古今图书集成》一部；《丹珠经》一部；《甘珠经》一部。对于抗日根据地，更是采取彻底摧毁和严密封锁两种办法。在"扫荡"中大肆抢掠粮食、牲畜和其他财物，并在麦收、秋收季节集中抢劫粮食。同时严密搜查和收缴军粮、军械、军服等军用物资，彻底摧毁根据地军民生存的物质条件，给人民生活造成极大的困难。

第四，加强文化统治，实行精神奴役

日军侵略河北期间，在文化上推行"奴化"政策，控制舆论工具，实施"奴化"教育，妄图摧残中国人民的民族意识，甘心当亡国奴。一是制造侵华理论，提出"中日亲善""同文同种""大东亚圣战""共存共荣"等口号，借以欺骗人民。二是利用学校教育和社会教育贯彻奴化思想。在河北沦陷区中小学增设日语课，委派日语教官，强令学校把日本语定为必修的"国语"课，中小学每周上日文课7至10节，对青少年进行"奴化"教育。成立"蒙疆学院""新民学院"，专门培养高级汉奸人才，如"蒙疆学院""察南学院"等大中专学校校长由日本人担任，中小学有日本教官监视。三是严格控制舆论工具，查禁进步报刊。如日伪在张家口设立了"蒙疆新闻社""蒙疆通讯总局"，大量发行《蒙疆新闻》《蒙疆通讯》《蒙文新报》等，鼓吹"亲日反共""日蒙亲善"，建立"大东亚共荣圈"。

第五，奴役劳工，掠夺人力资源

抗战期间，日本侵略者从河北各地利用招募、摊派、强征、抓捕等手段掳掠大批民众充当劳工。他们除了被强制从事修筑铁路、公路，开采铁矿、金矿、煤矿等繁重的体力劳动外，许多人还被强掳到东北的辽宁、黑龙江、吉林以及日本的北海道等地，受尽了奴役和迫害。恶劣的工作环境，繁重的体力劳动，非人的折磨和迫害，使众多劳工死在了异国他乡。据不完全统计，日本在河北地区共抓捕青壮年劳工达到 440648 人以上。

（四）河北省人口伤亡情况

1. 人口伤亡数据统计和汇总的原则

全省各县（区、市）普遍以档案、文献资料为基础，以实地调研的数据为补充，经综合分析形成各县（区、市）的统计结果；档案、文献资料缺乏或全面缺失的县（区、市）以实地调研的数据为依据，形成统计结果。这是本次课题调研中全省各地人口伤亡数据统计的总原则，也是全省数据汇总的基础。

全省所属 11 个市中，有 9 个市（石家庄、唐山、衡水、邯郸、邢台、保定、廊坊、承德、张家口）以所属各县（区、市）数据为基础，合并为全市人口伤亡数据（有的市根据档案、文献资料和实地调研数据，对汇总数据进行了补充，故全市的数据并不完全等于所辖各县、区、市数据的总和）。另有 2 个市（沧州、秦皇岛）由于档案、文献资料中有比较全面的整体数据，并未直接汇总所属各县（区、市）的数据，而在总体上采用了档案、文献资料的数据，并补充进此次实地调研的相关数据，形成全市的汇总结果。

省课题组首先对全省 11 个市及所属各县（市、区）使用的档案、文献资料是否合乎调研要求，采用与汇总数据的原则是否科学，统计汇总过程和结果是否正确等方面进行审核。对发现错误的数据，以档案、文献资料、实地调研为依据，进行了补充、修改或剔除。在此基础上汇总各市数据，形成全省人口伤亡数据。

2. 各市人口伤亡数据

石家庄市： 石家庄市抗战时期人口伤亡数据是所属各县（市、区）人口伤亡数据的汇总。其中，辛集市、正定县、井陉县、元氏县、灵寿县、赞皇县等主要依据了《晋察冀边区冀晋四专区八年来敌伪烧杀抢掠统计表》（原件未署作者、时间)①、《六专署八年来敌伪烧杀抢掠统计表》（原件未署作者、时间)②、《日寇八年来对灵寿人民的暴行》（原件未署作者、时间)③、《八年来日本法西斯摧残太行区人民的概述》（原件未署作者、时间)④ 等档案文献资料，对于档案资料中未记载而实地调研获得的人口伤亡信息则采用实地调研数据予以补充。鹿泉市、无极县、晋州市、深泽县、长安区、桥西区等由于相关档案资料缺失或模糊，而采用了 2006 年实地入户调查数据。井陉矿区抗战时期人口伤亡数字依据日人井陉矿 1939 年、1941 年两年矿工伤亡、减员情况调查统计资料推断出井陉矿八年的矿工伤亡总数，并参照山西大同煤矿抗战八年期间矿工死亡数据推断出井陉矿区矿工死亡数据。石家庄市抗战时期人口伤亡总数为 155482 人，其中直接伤亡 90973 人、间接伤亡 64509 人。

承德市： 承德市 8 县 3 区以《冀热辽区八年来抗战损失中人口损失及灾难民统计》（原件未署作者、时间)⑤、《晋察冀边区八年来敌伪烧杀抢掠统计》（原件未署作者、时间)⑥、《典型灾情调查》（1946 年 1 月，原件未署作者)⑦ 资料；新中国成立后各专署、县政府所抓捕的日、伪军政人员所供述和交代的资料以及《日本侵略华北罪行档案》⑧《伪满洲国史》⑨《伪满史料丛书——伪满军事》⑩ 等文献资料的记载为基础，补充以此次实地调研的数据，得出人口直接和间接伤亡数据。汇总各县（区）人口伤亡数据，并补充、修改有关数字，得出全市的结果。承德市抗战时期人口伤亡总数为 230678 人，其中直接伤亡 69810 人、间接伤亡 160868 人。

张家口市： 张家口市所属各县（区）依据档案《张家口市人民八年来遭敌伪蹂躏》⑪《张家口人民民主运动概况》（原件未署作者、时间)⑫，文献《日本侵略华北罪行档案》⑬ 所记载，并结合此次实地调研结果得出各县、区的人口

---

① 河北省档案馆馆藏档案，档案号：119-1-18-1。
② 献县档案馆馆藏档案，档案号：008-001-001。
③ 河北省档案馆馆藏档案，档案号：236-1-14-7。
④ 河北省档案馆馆藏档案，档案号：92-1-187-1。
⑤ 河北省档案馆馆藏档案，档案号：48-1-32-2。
⑥ 河北省档案馆馆藏档案，档案号：48-1-32-2。
⑦ 河北省档案馆馆藏档案，档案号：581-1-12-1。
⑧ 田苏苏、李翠艳主编：《日本侵略华北罪行档案》，河北人民出版社 2005 年版。
⑨ 姜念东著：《伪满洲国史》，吉林人民出版社 1980 年版。
⑩ 孙邦主编：《伪满史料丛书——伪满军事》，吉林人民出版社 1993 年版。
⑪ 《察哈尔日报》第二版，1946 年 2 月 19 日。
⑫ 张家口市档案馆馆藏档案，中共张家口市委卷，S18-1-15。
⑬ 田苏苏、李翠艳主编：《日本侵略华北罪行档案》，河北人民出版社 2005 年版。

伤亡数据。汇总各县（区）人口伤亡数据，并结合有关档案、文献补充有关数字，得出全市的结果。张家口市抗战时期人口伤亡总数为57715人，其中直接伤亡14713人、间接伤亡43002人。

秦皇岛市：秦皇岛市以《冀东区八年来敌伪烧杀抢掠损失表》（原件未署作者、时间）①、《榆关抗战》②《秦皇岛工人运动史》③《秦皇岛地区抗日战争志》④ 中的记载为主要依据，并以此次实地调研的结果进行了补充，得出全市人口伤亡的数据。秦皇岛市抗战时期人口伤亡总数为45236人，其中直接伤亡22902人、间接伤亡22334人。

唐山市：唐山市各县（市、区）的人口伤亡数据来源于《冀东区八年来敌伪烧杀抢掠损失表》（原件未署作者、时间）⑤、《晋察冀边区八年敌伪烧杀抢掠统计表》（原件未署作者、时间）⑥ 等档案和《冀东革命史》⑦，并补充以此次实地调研的结果。汇总各县（市、区）人口伤亡数据，并补充有关数字，得出全市的结果。唐山市抗战时期人口伤亡总数为132635人，其中直接伤亡43516人、间接伤亡89119人。

廊坊市：廊坊市根据档案《冀东区八年来敌伪烧杀抢劫统计表》（原件未署作者、时间）和《冀东区各县灾民分类统计表》（原件未署作者、时间）⑧、《永清县抗日、解放战争时期日伪罪行统计表》（原件未署作者、时间）⑨、《抗日战争时期日寇杀人毁坏房屋等罪行统计表》（原件未署作者、时间）⑩，文献《大厂回族自治县人民革命史》⑪《安次广阳人民革命史》⑫《固安革命史》⑬

---

① 河北省档案馆馆藏档案，档案号：48-1-32-2。
② 王岳辰编：《榆关抗战》，中央文献出版社2002年版。
③ 王庆普编著：《秦皇岛工人运动史》，大连海运出版社1989年版。
④ 中共秦皇岛市委宣传部、秦皇岛市地方志办公室编：《秦皇岛地区抗日战争志》，中共党史出版社2005年版。
⑤ 河北省档案馆馆藏档案，档案号：48-1-32-2。
⑥ 河北省档案馆馆藏档案，档案号：48-1-32-2。
⑦ 中共唐山市委党史研究室编：《冀东革命史》，中共党史出版社1993年版。
⑧ 河北省档案馆馆藏档案，档案号：48-1-32-2。
⑨ 中共永清县委党史研究室存资料，全宗号2-7。
⑩ 中共霸州市委史志办存党史资料，第12卷第63。
⑪ 中共大厂回族自治县委党史研究室编：《大厂回族自治县人民革命史》，解放军出版社2005年版。
⑫ 中共安次区委党史研究室、中共广阳区委党史研究室编著：《安次广阳人民革命史》，解放军出版社2003年版。
⑬ 中共固安县委党史研究室编著：《固安革命史》，甘肃人民出版社1999年版。

《大城县志》①《文安人民革命史》② 中的记载并补充以此次实地调研的数据，得出各县（市、区）的人口伤亡数据。廊坊市抗战时期人口伤亡总数为60010人，其中直接伤亡40042人、间接伤亡19968人。

保定市：保定市抗战时期人口伤亡数据是所属各县（市、区）人口伤亡数据的汇总。其中，阜平县、涞源县、高阳县、清苑县、曲阳县、顺平县等人口伤亡数据主要依据《阜平县抗日战争期间寇灾损失统计表》（1947年9月，原件未署作者）③、《抗战八年来各县遭受敌寇各种损失调查统计表》（原件未署作者、时间）④ 等档案资料。高碑店市、蠡县、满城县、涞水县、定兴县、博野县、雄县等，由于相关档案较少或缺失，主要采用了2006年实地入户调查数据。而唐县经过综合分析，人口直接伤亡数据采用了该县1982年相关统计的伤亡数字，间接人口伤亡由于没有资料记载，而采用了2006年实地入户调查所得的数据。易县根据自身实际情况，确定直接人口伤亡中死伤数据采用2006年实地入户调查数据，失踪数据采用档案数据，间接伤亡中被俘捕和灾民采用档案文献数据，劳工采用2006年实地入户调查数据。保定市抗战时期人口伤亡总数为140700人，其中直接伤亡131692人、间接伤亡9008人。

沧州市：沧州市抗战时期人口伤亡数据是依据《渤海区第一专署战争损失损害统计表》（1946年，原件未署作者)⑤、《（冀中）八专区八年来敌伪烧杀抢掠统计表》（1946年3月25日，原件未署作者)⑥ 这两份历史档案及1985年调查形成的《任丘县抗日战争时期各类情况统计表》（中共任丘县委党史资料征集委员会制作)⑦、《任丘县抗日战争时期惨案登记表》及说明（中共任县委党史资料征集委员会制作)⑧ 汇总而来。以上这些档案、资料基本涵盖了沧州市的现辖区，并且内容涉及的损失数据项目比较全、比较细，可信度较高，能够反映沧州抗战时期的人口伤亡情况。并且，由于各县认定的抗战时期人口伤亡数据依据不一，加之历史上区划变化频繁等原因，故对各县抗战时期人口伤亡认定数据未直接汇总。沧州市抗战时期人口伤亡总数为88633人，其中直接伤

① 大城县地方志编纂委员会编：《大城县志》，华夏出版社1995年版。
② 中共文安县委党史研究室编著：《文安人民革命史》，中国戏剧出版社2001年版。
③ 阜平县档案馆馆藏档案，档案号：总60卷宗第20卷。
④ 河北省档案馆馆藏档案，档案号：116-1-12-11。
⑤ 山东省档案馆馆藏档案，档案号：34-1-159-1。
⑥ 武强县档案馆馆藏档案，档案号：1-1-3。
⑦ 原件存于中共任丘市委党史研究室。
⑧ 中共沧州市委党史研究室资料室存，分类号：B414（2）19。

亡88633人、间接伤亡人员没有统计数字（由于原档案中涉及的相关人员不能明确生死，故未进行统计）。

衡水市：衡水市抗战时期人口伤亡数据是所属各县（市、区）人口伤亡数据的汇总。其中，桃城区、冀州市、枣强县、武邑县、景县、阜城县主要依据的是《冀南第五专区各县八年来遭受敌灾损失调查统计表》（原件未署作者、时间）①，深州市、武强县、饶阳县、安平县等主要依据的是《（冀中）六专署八年来敌伪烧杀抢掠统计表》（1946年3月3日，原件未署作者）②、《（冀中）七专区几种灾情初步统计》（1946年4月10日，原件未署作者）③、《（冀中）八专区八年来敌伪烧杀抢掠统计表》（1946年3月25日，原件未署作者）④。这些档案对各县人口伤亡项目统计数据较为翔实、完备，可信度较高。而故城县无档案资料，人口伤亡数据采用2006年实地入户调研数据。衡水市抗战时期人口伤亡总数为270884人，其中直接伤亡249040人、间接伤亡21844人。

邢台市：邢台市抗战时期人口伤亡数据是所属各县（市、区）人口伤亡数据的汇总。其中，邢台、沙河、临城、内邱主要依据档案《太行区八年来抗战被敌直接残害与间接影响下死亡之人口统计》（1946年2月26日，原件未署作者）⑤，对于档案中没有记载的，如"失踪"人数等则采用实地调查数据作为补充。隆尧、威县、南宫、广宗、新河主要依据《冀南第四专署南宫县八年敌祸天灾调查统计表》（原件未署作者、时间）⑥、《广宗县敌祸天灾损失调查统计表》（原件未署作者、时间）⑦、《冀南第四专署新河县八年敌祸天灾调查统计表》（1946年5月29日，原件未署作者）⑧、《冀南第四专署威县八年敌祸调查统计表》（原件未署作者、时间）⑨、《冀南第四专区隆平县八年敌祸调查统计表》（原件未署作者、时间）⑩ 等，对于档案中的缺项"失踪"和"劳工"等，则采取实地调查数据。南和县主要依据《南和县人口损失调查表》（1946年6

---

① 河北省档案馆馆藏档案，档案号：40-1-18-15。
② 河北省档案馆馆藏档案，档案号：136-1-25-2。
③ 河北省档案馆馆藏档案，档案号：10-1-5-1。
④ 武强县档案馆馆藏档案，档案号：1-1-3。
⑤ 山西省档案馆馆藏档案，档案号：A52-2-106-24。
⑥ 南宫市档案馆馆藏档案，档案号：6-9-27。
⑦ 中共广宗县委党史研究室存，分类号：卷宗33-A2214319-1。
⑧ 河北省档案馆馆藏档案，档案号：38-1-50-4。
⑨ 威县档案馆馆藏档案，档案号：革命历史档案第13卷。
⑩ 河北省档案馆馆藏档案，档案号：38-1-7-15。

月 8 日，原件未署作者)①，宁晋县（含大曹庄管理区）主要依据《六专署八年来敌伪烧杀抢掠统计表》（1946 年 3 月 3 日，原件未署作者)②，档案中未显示的死伤项目则用实地调研数据予以补充。清河县主要依据《清河县日伪灾祸财产人口损失调查表》（原件未署作者、时间)③，由于此档案只涉及该县 162 个村，故该县其余的 158 个村庄采用了实地调研数据。桥东区主要依据《日寇践踏下邢台市人民八年的一笔血账》（邢台市政府，1946 年 3 月 19 日)④ 及分区调查表。柏乡、巨鹿、任县、临西、平乡 5 个县在人口伤亡方面无档案资料可据，人口伤亡则依据 2006 年入户实地调查数据。邢台市抗战时期人口伤亡总数为 152307 人，其中直接伤亡 120139 人、间接伤亡 32168 人。

邯郸市：邯郸市抗战时期人口伤亡数据是所属各县（市、区）的人口伤亡数据的汇总。其中，鸡泽县、邯郸县、邯山区、复兴区主要依据《（冀南三专署）敌祸天灾损失调查统计表》（1946 年 3 月 1 日，原件未署作者)⑤，武安市、磁县、峰峰矿区、马头工业城、涉县、曲周、成安、临漳、丛台区、永年、肥乡、魏县、大名、邱县以《八年来日本法西斯摧残太行区人民的概述》（中共太行区委，1946 年)⑥、《磁县八年来战争损失及今后建设计划》（原件未署作者、时间)⑦、《涉县八年战争人口伤亡统计表》（1946 年 5 月，原件未署作者)⑧、《第六专区各县八年来人口损失统计表》（1946 年 3 月，原件未署作者)⑨ 等档案为基础，以实地调研数据为补充。馆陶、广平、经济开发区，由于没有较全面的档案资料，采用 2006 年实地调研数据。邯郸市抗战时期人口伤亡总数为 724185 人，其中直接伤亡 662795 人、间接伤亡 61390 人。

3. 河北全省人口伤亡数据

根据 11 个市的人口伤亡数据汇总得出全省人口伤亡数据（下列数据不含中国军人伤亡）。

河北全省抗战时期人口伤亡总数为 2058465 人（具体为死亡 1022603 人、

---

① 南和县档案馆馆藏档案，档案号：5-2-1-2。
② 献县档案馆馆藏档案，档案号：008-001-001。
③ 清河县档案馆馆藏档案，档案号：1-1-2-22。
④ 邢台市档案馆馆藏档案，档案号：017-001-121。
⑤ 河北省档案馆馆藏档案，档案号：35-1-81-16。
⑥ 河北省档案馆馆藏档案，档案号：92-1-187-1。
⑦ 原件存中共磁县县委党史研究室。
⑧ 涉县档案馆馆藏档案，档案号：1-1-97。
⑨ 山西省档案馆馆藏档案，档案号：A128-2-7-7。

受伤 971542 人，失踪 64320 人），其中直接伤亡 1534255 人（具体为死亡 585704 人、受伤 884231 人、失踪 64320 人）、间接伤亡 524210 人（具体为死亡 436899 人、受伤 87311 人）。

需要说明的是，各县（市、区）、各市、全省的人口伤亡数据，是基于我们所掌握的档案、文献资料和实地调研结果得出的一个初步的数据。同时，由于档案文献资料里间接人口伤亡分类模糊，所以另有大量不能明确死伤状况的被俘捕人员、灾民、劳工没有被记入间接伤亡人口总数，导致间接人口伤亡数字明显偏少。全省不能明确死伤状况的被俘捕人员有 240719 人、灾民有 2629311 人、劳工有 326532 人，共计 3196562 人。随着资料的进一步挖掘、研究的继续深入，有关的统计数据将会逐步完善。

（五）河北省财产损失情况

1. 财产损失统计汇总的原则

抗战时期，河北省是日本侵略的重点地区，日军实行残暴的"三光"政策，致使河北省的财产损失十分严重。在进行全省财产损失的统计过程中，我们采取的原则首先是要充分利用既有的档案和文献资料，在档案和文献资料没有或缺少的情况下，辅之以实地调研的资料。现报告以各市财产损失数据为基本依据，同时对各市个别错误数据及明显遗漏统计的数据和物品资料进行修订和补充。但有些数据我们感到可能存在异议，又找不到可靠数据。因此，保留各市上报的有文献资料依据或实地调研依据的数据。需要特别指出的是，部分档案中财产损失涉及热河省和察哈尔省，而这两个省的数据无法分割，所以河北省的调研结果中包含这两省的部分财产损失。

2. 财产损失统计中对一些问题的处理情况

抗战时期晋冀鲁豫解放区的范围，包括了今河北省的 36 个县市。1946 年晋冀鲁豫解放区的统计表大多将财产损失分为"损失""对敌负担"和"天灾损失"三个大项，"损失"系被抢被毁之物，有房屋、土地、粮食、牲口、猪羊、鸡鸭、器具、树木、衣物、车辆等；"对敌负担"指被派征之物，有小麦、杂粮、棉花、税款和被敲诈勒索物等；"天灾损失"统计因水、旱、虫灾所造成的被害土地和减产粮食数。根据现有调研要求，前两者中除税款外，应归入居民财产损失一类。而税款等损失，应归入社会财产损失一类；天灾则不属于此次调研范围。在冀东和冀中等其他解放区的统计中，也有类似的情况。因此，省调研课题组根据此次调研要求作了相应的处理。

此次抗损课题调研，从现有掌握的财产损失材料看，既零碎又复杂，其表现的方式也是五花八门。比如，粮食损失，各市上报的有的不分门类，统称为粮食，有的分门别类，列举小麦、小米、谷子等。同时，计量单位也不统一。比如，有"斤""公斤""吨""担""石""斗"等。面对如此纷杂的财产损失表现形式，要想得到一个汇总数据是非常困难的。但是，根据中央党史研究室关于抗损课题的有关规定，财产损失应有一个以货币统一计算汇总的数据。因此，我们多方查证，反复对比，认为唐山抗损课题组提供的《唐山市1937年左右有关物品价目表》（《抗战时期中国人口伤亡和财产损失课题调研成果唐山综合卷(1)》调研报告）比较科学合理。我们就采用此表对河北省财产损失的主要物品和主要项目进行了折算，统一折算成1937年的法币价值。但有些物品没有量化的，如36车粮食、2处药堂、1座图书馆、2025件文物、5万部经卷等，还有一些零碎的物品，无法进行折算，我们就没有进行折算和估价，也就没有统计在汇总数据中。另外，此次抗损课题调研中，财产损失金额计算的另一个表现形式是货币的多样性，主要涉及的有："冀南币""大洋""联银币""联银券""法币""英镑""满洲币""美元""人民币""银元""日币""伪币""边区票""旧币""联合币""联合票""鲁西币""日币联合票""蒙疆币""国民交通币""日元""日本准备票""中日联合银行币"等，还有一些不知属于什么币种。由于这些货币不能确定所反映损失的确切时间，如果换算，按何时的比值进行换算，难以定夺。如果按随机判定的时间进行换算，我们认为不太科学。因此，我们在汇总中，保持了原来的币种。能够确定损失时间的货币，我们都进行了说明，不能确定损失时间的货币，由于太多，所以我们就没有进行加注说明，特此解释。

下面将全省11个市抗战时期的财产损失情况分别进行简述，并在此基础上汇总出河北省总的财产损失数据。

（1）石家庄市财产损失情况。

石家庄市地处河北省中南部，为华北腹地，东部与衡水接壤，西部与山西省相邻，是河北省政治、经济、文化中心。1937年10月，日军侵入石家庄后，将其作为南下的重要军事基地，推行政治、军事、经济和文化为一体的总力战和五次

"治安强化运动"，烧杀抢掠、横征暴敛，致使石家庄地区的人民财产遭到十分严重的损失。据1946年9月8日解放区调查《冀西十县八年来损失目前急需救济和恢复的物资需要》（注：此件的作者，原档案中没有署名；我们根据其他类似档案判断应为中国解放区救济委员会晋冀鲁豫边区分会，成文时间为1946年9月8日）① 统计，井陉、元氏、获鹿、高邑、赞皇等5县，被日军烧毁房屋分别为15174间、64100间、61569间、1289间、25000间。抢烧粮分别为287170石、112000石、54027石、113000石、200797石。对敌负担487506石、1675000石、592400石、51000石、3972525石。抢烧被服分别为374352件、413000件、512040件、287000件、331500件。抢烧家具及其他财物分别为324784000元、623000000元、432024000元、5410000元、470199000元（洋）。抢烧农具分别为2005件、138455件、21233件、25546件、85667件。牲口损失分别为2647头、5005头、2254头、2845头、4523头。商业损失分别为256000000元、242000000元、130000000元、128000000元、135000000元（洋）。羊的损失分别为2320只、13565只、2400只、3415只、10205只。猪的损失分别为466口、645口、458口、522口、605口。鸡的损失分别为19223只、20052只、34255只、28200只、34644只。蜂的损失分别为94窝、63窝、165窝、76窝、149窝。另据1946年3月3日解放区进行的《冀中六专署八年来敌伪烧杀抢掠统计表》（注：原件没有作者，我们据有关资料判断为解放区进行的统计；每项损失的数据都没有单位，原件如此，我们根据其他档案资料，推断加上了单位）② 显示，深县、束鹿、束北、晋县、藁城、栾城、获鹿、辛集、赵县等粮食损失共722362864斤、牲口损失27000头（只）、农具家具损失2132358件、被服损失2346358件、敌抓走壮丁21187人、碉堡公路沟墙占地1105858亩、抓夫要工39065550人、房产损失85664间、猪羊损失67267头（只）。对各县的损失，解放区也有比较详尽的统计。如1946年6月13日，《建屏县在抗战八年中各种损失数字统计表》《杂货铺户统计表》《粮店损失统计表》《其他各种损失》《建屏县文化教育事业抗战八年敌伪破坏损失》《杂货行损失统计》（以上档案原件均没有署作者）等非常详尽地列举了日军给建屏（今平山县一部）人民财产所造成的损失③。

---

① 山西省档案馆馆藏档案，档案号：A128-2-9-3。
② 河北省档案馆馆藏档案，档案号：136-1-25-2。
③ 河北省档案馆馆藏档案，档案号：236-1-13-1。

建屏县在抗战八年中各种损失数字统计表

物名 \ 数字项别	数目	单位（平均）（币种不详）	合价（币种不详）	备考
人口死亡	6200 人			在大的惨案中被敌直接屠杀人数未包括在内
粮食损失	383840 万	20000 元	7676800000 元	指抢走烧毁的粮食
猪	5321 只	5600 元	29797600 元	
减产粮食数	326021 石	20000 元	6520420000 元	未包括敌人抢走烧毁的粮食
农具	137560 件	750 元	10247000 元	
房屋	69329 间	55000 元	3813095000 元	
家具	151300 件	3000 元	453900000 元	是指柜、缸等用具
被服	657200 件	3500 元	2300200000 元	
抓去壮丁	1300 人			
抓夫要工数	49626200 个	1000 元	49626200000 元	
羊	8894 只	3500 元	31129000 元	
鸡	3576 只	200 元	715200 元	
驴	8500 个	52000 元	442000000 元	
骡	856 个	85000 元	72760000 元	
牛、马	250 个	85000 元	21250000 元	
合计			7099123600 元	

杂货铺户统计表

粮店杂货铺	109 户	油果铺	28 户	钢货行	3 户	花房	16 户	药铺	37 户
饭铺	18 户	卷子房	15 户	粉房	8 户	山货转动站	2 户	染房	10 户
店房	18 户	磨面	40 户	油房	34 户	格帛坊	1 户		
备考	说明：以上各铺户是经常的而言，临时性的未统计在内。								

粮店损失统计表

铺名	小麦	小米	单价（币种不详）	合价（币种不详）	备注
王顺魁	300 石	85 石	22000 元	8470000 元	
同义公	510 石	110 石	22000 元	13640000 元	

铺名	小麦	小米	单价（币种不详）	合价（币种不详）	备注
王积昌	3500 石	120 石	22000 元	33200000 元	
元和恒	515 石	100 石	22000 元	13530000 元	
张新成	1200 石	120 石	22000 元	29040000 元	
本利生	600 石	100 石	22000 元	14500000 元	
和致祥	125 石		22000 元	2750000 元	
和生德	185 石		22000 元	4070000 元	
天成永	215 石		22000 元	4730000 元	
口和德	550 石	145 石	22000 元	15290000 元	
和义同	215 石		22000 元	4730000 元	
齐庆祥	235 石		22000 元	2970000 元	
张目新	185 石		22000 元	4070000 元	
其他中小商户	515 石	830 石	22000 元	22590000 元	
合计	6750 石	1190 石		183480000 元	
备考	说明：单价一栏是小麦与小米相加平均每石的价值。				

其他各种损失统计

物名	数目	单位（币种不详）	合价（币种不详）	备考
羊毛	338785 斤	350 元	118574750 元	
桃仁	200000 斤	300 元	60000000 元	
花椒	350000 斤	200 元	70000000 元	
黄苓	85000 斤	150 元	12850000 元	
大麻子	15775 石	25000 元	837375000 元	
花坊	3 户		1500000 元	
店房	18 户		1157654 元	
粉坊	6 户		310000 元	
芽铺	30 个		13737000 元	
钢货铺	2 户		380415000 元	
其他杂货铺	98 户		97800000 元	
合计			1077823240 元	
备考				

杂货行损失统计

物名	数目	单价（币种不详）	合价（币种不详）	备注
煤油	3130 桶	20000 元	62600000 元	
洋布	3940 疋	80000 元	315200000 元	
各色土布	3889 疋	10000 元	38890000 元	
绸缎	686 疋	120000 元	82320000 元	
裙子	859 件	15000 元	12885000 元	
绸缎袄裤	880 件	13000 元	11440000 元	
十林布	15300 疋	120000 元	183600000 元	
火柴	760 箱	100000 元	76000000 元	
红西冰糖	12856 斤	3000 元	38568000 元	
纸	859 领	50000 元	42950000 元	包括大板纸及粉连纸及各种杂纸货
碱	26540 斤	650 元	27251000 元	
食盐	220000 斤	80 元	17600000	
烟卷	19980 条	1500 元	29220000 元	
茶叶	34560 斤	600 元	20736000 元	
棉花	299870 斤	2000 元	599740000 元	
麻	298760 斤	600 元	179256000 元	
磁器	25750 件	3000 元	77250000 元	包括水壶碗等
茶叶	13852 斤	3200 元	49726400 元	
鞋子	4512 对	2500 元	11278000 元	
合计			1876510400 元	
备考				

建屏县文化教育事业抗战八年敌伪破坏损失

项别\数字\受灾部分		校舍		文具实物				仪器	
		间数	折价（元）（币种不详）	桌凳		文具	折价（元）（币种不详）	图书	折价（元）（币种不详）
县立	师范（二高）	82	656	542 套			180		280
	三完（胡）	12	96	180 套		40	16.2		

数\项 字别 受灾部分		校舍		文具实物			仪器	
		间数	折价（元）（币种不详）	桌凳	文具	折价（元）（币种不详）	图书	折价（元）（币种不详）
一区	各初小	225	1800	2094 套	541	1012		80
二区	各初小	81	648	399 套	342	423.7		
三区	各初小	85	680	603 套	908	395		12
四区	各初小	40	320	460 套	177	235		18.8
五区	各初小	75	600	523 套	230	251.5		
六区	各初小	29	232	384 套	283	202		1
七区	各初小	16	128	77 套	150	46		
合计		645	5160	5165	2671	2771.6		391.8

灵寿县的损失档案资料也有比较翔实的记载[①]。如：

灵寿县农具损失

项别	水车	耧	耙	耙	大小锄	镰	锹	镢	犁	其他农具	共计件数
计	132	13200	38250	2312	200000	231850	89320	71215	1250	1250000	1897320[②]

灵寿县发行伪钞夺取物资表

八年来敌寇以伪钞夺取物资主要为棉布粮等共数	
共计	450000000（原文没有货币单位，币种亦不详）

灵寿县医药卫生损失表

诊疗所		药铺		备考
所	资	户	资	
2	50000000（原文没有货币单位，币种亦不详）	118	22560000（原文没有货币单位，币种亦不详）	

---

① 灵寿县档案馆馆藏档案，档案号：政府卷一六（一）0018。（原档案没有大标题，只有分标题。没有作者及成文时间。没有货币单位及币种。）

② 应为1897529。

项目	讲室	宿舍	桌凳	仪器	图书	游艺器具	应用家俱	统计
数量	55	156	2975 件	84 件	360	63	460	4553
共计	550	786	1530	1516	1358	530	885	7155
备考	折价因数目太大故以万为单位（原文如此，没有货币单位，币种亦不详）							

灵寿县房屋衣服被褥器具损失统计

	烧毁房屋	衣服	被褥	瓮	锅	碗	柜箱	桌椅	其他
数字	512696	1300000	232500	60000	41342	132150	82685	35280	18888000
备考	器具损失共 19611535 件								

同时，石家庄市财产损失还反映在《晋察冀边区晋冀四专区八年来敌伪烧杀抢掠统计表》①（1946 年 3 月 1 日，原件未署作者）、《七专区几种灾情初步统计》②（1946 年 4 月 10 日，原件未署作者）等档案资料中。此外，石家庄市还广泛开展了实地调研活动，由县乡镇组织乡村干部参加，与知情人、当事人面对面走访座谈。调查内容全面，详细。取得了大量的证人证言，为财产损失提供了有力证据。以档案资料为主以实地调研数据为辅作为大前提，档案资料相对丰富，资料又能相互印证的市县基本采用档案数据，主要有灵寿、元氏、正定、辛集；档案资料不完整有缺项的市县大都以档案资料为基础，缺失项用实地调研数据补充，主要有鹿泉、井陉、矿区、高邑、无极、赵县、深泽、藁城、行唐、晋州、矿区、平山；档案资料匮乏，甚至没有档案资料的县区就采用实地调研数据，主要有赞皇和市内五区。综合各县（市、区）数据，石家庄市抗战时期财产损失汇总数据如下：

社会财产损失。

直接损失：工业类，损失工厂、作坊 2338 家，轧花厂 12 间，烧棺材厂 2000 立方木材，毁铁铺 6 间，抢铁货 400 吨。激进纱厂 1 座，磨房 3 处。工具 4304 件，损失织布厂、生活用品制造厂、大成烧锅等工厂 4 座。煤炭 8808220 吨，大兴纱厂损失厂房 3 间，共被攫取利润 17520 万元法币，损失纱锭 2.5 万枚，钢丝车 70 台。损失厂房、机械价值 107078 元法币（1946 年 8 月 10 日调

---

① 河北省档案馆馆藏档案，档案号：130-1-13-3。
② 河北省档案馆馆藏档案，档案号：10-1-5-1。

查）。8 座瓮窑，12 个石灰窑停产。农业类，井 12692 眼，毁坏青苗 1500 顷，树 672630 棵。水灾减收 63655 吨，谷 70 斗。土地 54726.96 亩，314 头牲畜，其他 170 万元人民币（2006 年实地调研数据）。农业试验场 2 处，渠 27 道，造成粮、棉、枣减产分别为 170 万石、3.6 万石、86.7 万石。房 16 间，水车 3 架，棉花 2000 斤，苗圃 1 处。林业类，3 处林场 20 亩。商业类，损失商号店铺 2785 户。茶铺 6 间，盐店 3 间，药店 2 间。3 家粮栈遭破坏。小作坊、磨房 615 户，粉坊 160 户，酒坊 13 户，铁匠铺 35 户，油坊 82 户，砖瓦窑 53 户，纸坊 3 户，皮坊 16 户，毡坊 5 户，花坊 135 户，染坊 45 户，造车坊 23 户，副业如纺车 53452 户，织布机 1856 架。损失 24200 万元法币，3603 万元边币①。金融类，损失银号 44 座，8400 元大洋，用捐税形式征索各种财物折边币 485364 万元。文化类，损失 2 座戏院、3 座说书馆。大寺 1 座，家堂 2 座，家庙 3 间，寺庙 9 间，大铁钟 120 斤（建于 1812 年），古迹 29 处，天主堂损失 1196 元法币。家具 11693 件、文具 11526 件，损毁庙 8 座，金銮殿 1 座。明朝大钟 1 口、明朝石碑 1 块。图书馆 2 座，图书 78.5 万册，其他 1766 件。被毁古迹有：行唐县东瓦仁九节塔、县城香莲寺各 1 座。赵王台一座，隋代铜佛像 10 尊，炸毁赵州桥关帝庙 1 座，6 家书店停办。1 座玉皇庙被毁。教育类，损失学校 1034 所。学校房屋 2994 间。桌凳 13755 件。因寇灾不能上学的 8066 人，失学 2127 人。图书 760 册，仪器 84 种，游艺器具 63 件，家具 112445 件，图书文具 258089 件。医药卫生类，损失诊所药铺 245 所，药 28821 斤，仪器 4987 件。卫生院 1 所。邮政，17133954 元法币。交通，骡马大车 12 套。毁坏 3 座桥，1 条公路，汽车 6 辆，民船 6 只，马车 6000 辆，脚踏车 1500 辆，独轮车 13200 辆，公路 165 里。公共事业类，公房 309 间，布 100 匹。公共体育场 1 座。机关商店共损失 211894 件，折价 827293 万元法币。人力资源类，274982891 个工。其他损失，铁炮 30 枚（共重 3000 斤），砖 87 万块，白灰 40 吨，寨门 4 付。另有副食 3 万多斤、军草 4 万多斤、军鞋 8 万多双、担架 7000 多付等。渠道 2 万米、抽水机 3 个，电话机 31 架，电线 2.4 万斤，收音机 4 台。

间接损失：矿井 1 口，土地 3856 亩，煤炭 4560 万吨。

---

① 边币，又称边区票，晋察冀边区政府发行的一种货币。晋察冀边区政府成立后，为了统一晋察冀三省货币，沟通三省经济，对敌进行货币斗争，于 1938 年由晋察冀边区银行发行 5 种纸币。当初发行时与法币的比值是 1∶1。1948 年停止发行。

居民财产损失。

房屋 1134667 间。树木 4151300 棵，2000 方，150 亩树苗，36 根檩条。禽畜 2174816 头（只）。粮食 19 袋、23 车、17 担、5966545 石，4399004098.4 斤，小麦 34044 市担、杂谷 53085 市担、其他 592556 市担。服饰 250230902 件，服饰 6 丈，被褥 10 床。生产工具 18491618 件。生活用品 423009960 件，门板 163 块，4 个柜。土地 1374267.75 亩，碉堡沟墙占地 116282 公亩，山药 1 亩，芝麻豆子 2 亩，花生 3 亩。棉花 8 车，3 间房多的棉花，141762459 斤，棉絮 350 斤。油 27 缸，花生油 8260 斤，香油 1500 斤。煤油 2 万斤，花生米 4000 斤，大枣 1500 斤。车辆 1044 辆，水车 6758 辆，船 2 只。榨油机 1 台，纺布机 1 台，压棉花机 1 台。大门 19 付，木板 18 块，木材 5 方，木材 122 立方。木料 1439376 根，木炭 5000 公斤，木大梁 20 根，棺材 2 付，席子 360 领，布 366 匹、7854 丈、16400 尺。75 车布匹，金银首饰 9 付，金戒指 4 个，椽子 2000 根，砖 190 万块，水井 50 口，750 户土墙，干草 10500 斤，草 68 车，烧柴 12937097 斤。书 5 箱，铁 6 斤，12 家所有财产烧光。药材，一个药铺的 360 味中草药被烧光，大珍珠 108 颗，小珍珠 260 颗，羚羊角 1 对，熊胆 1 个。月饼 50 斤，古瓷瓶 2 个，烧秋场 20 个，肉 100 斤，铜钱 1 缸，蜂 165 窝，蜜蜂 97 箱，锅 41342 口，碗 132150 个，柜箱 82685 个，桌椅 35280 个，文物 120 件，其他损失 323 件（套），40.3 万块砖，上千户房沿砖，碾棚 1 个，油房 1 个，130 条船，自行车 2 辆。矿工少收入 4003736 元（1940 年伪联券①）。631062419 元法币，8600 元国民交通币②（2006 年新乐县实地调研的数据），4250 元日元，2478810 元人民币（2006 年辛集市实地调研的数据），2951086 元边区票，6831 万元（见档案记载，币种不详），21605 块大洋，4 万元日本准备票，20900 元旧币③，私人财产损失 17918 元法币，5 吊铜钱。

（2）承德市财产损失情况。

承德市位于河北省的东北部，东与辽宁省接壤，西南与北京市、天津市相邻，东南与秦皇岛、唐山市连接，北与内蒙古自治区毗邻，地理位置十分重要，

---

① 伪联券，又称准备票、联准券、联银券、联银币、联合票、联合币、中日联合银行币、日本准备票。它是在 1938 年 2 月由日伪扶持的"中国联合准备银行"发行的钞票。1945 年 8 月日本投降后，"中国联合准备银行"随即结束，国民党政府规定伪联券 5 元兑换法币 1 元。

② 国民交通币，系 2006 年河北省"抗损"课题实地调研中，由地方群众提供资料及相关情况时反映的币种。此币种发行情况及与其当时主要货币的比值情况至今未查阅到相关资料。

③ 旧币，系 2006 年河北省"抗损"课题实地调研中，由地方群众提供资料及相关情况时反映的币名。此币名究竟指何币种，其发行情况及与当时主要货币的比值情况至今未查阅到相关资料。

不仅是沟通关内外的咽喉，还是联结东北与华北的交通枢纽。

1933 年 2 月 21 日，日本关东军第六师团、第八师团和骑兵第四旅团以及伪满军一部约 10 万余人，以锦州为基地分三路向热河省大举进攻，3 月 3 日首先占领平泉县城，3 月 4 日上午 11 时 50 分，日军川原旅团先头部队仅以 128 骑兵占领热河省省会承德市，除兴隆县于 4 月 21 日沦陷外，日军在不到一个月的时间里，先后占领了承德、滦平、隆化、围场、宽城、丰宁等现承德市所辖所有县区。从此，日军开始了对承德长达近 13 年之久的殖民统治。由于承德地处伪满洲国"西南国境"，是联结东北与华北地区的战略通道。因此，日伪当局在这里屯集重兵，严密布控，实行了极为残酷的政治和军事统治。

1942 年至 1944 年间，日军加紧实施"治安肃政"策略，并将实施"特别肃政"重点县扩大，连续 3 年在"无人区"重点地域兴隆、滦平、承德、青龙（含宽城）、丰宁等县进行"大检举""大搜捕"。日军在长城沿线制造的"无人区"是日军在侵华期间所犯下的重大罪行之一。据调查统计，在日军制造千里"无人区"的 25 个县中，现承德境内的 8 县 3 区全部在"无人区"的范围之内，约占千里"无人区"县总数的三分之一。其中，日军在伪满洲国西南"国境"划定的"无人区"重点县兴隆、滦平、丰宁、承德、青龙（含现宽城县全境）绝大部分在现承德境内。从 1939 年秋至 1945 年日本投降，日军在承德境内共修建"人圈" 1897 个。在日伪统治时期，日本侵略者通过实行伪满洲国"经济统制""粮谷出荷"等殖民经济政策，强行摊派名目繁多的苛捐杂税，强迫大面积种植罂粟，贩卖鸦片，掠夺性地开采矿山，从承德市掠走了大批粮食、皮毛、木材、黄麻、蚕茧、鸦片，以及黄金、白银、铁精粉、煤炭、莹石等重要战略性物资。强迫"集家并村"，制造大片"无人区"，拆毁大量居民住房，焚毁大面积山林，毁坏许多居民的生活用品，从而给承德市及承德人民造成了重大的财产损失和深重的历史灾难。

据中共冀热辽分局关于热河战灾损失给中央局的报告（报告原件所署的日期只有 1 月 28 日，没有年份）：根据敌伪材料及我方初步（县）和典型（村）调查估计，承德、滦平、隆化、丰宁、围场、赤峰、建平、乌丹、新惠、平泉、凌源 11 个县合计：（一）共被敌俘走人口 116552 人；（二）被抢走粮食据敌公布 1942—1944 三年为 204 百万斤（兴隆、青龙在内）。实际从 1941 年起，每年抢夺约占全收获量 60%，即约为 141 百万斤（兴、青除外）；（三）抢走牲畜（滦平除外）敌公布 1944 年数字，耕畜为 27638 头，实约达 116902 头，羊敌公布为 14767 头，实约 235315 头，猪（丰、围、泉、凌、隆化）为 2434 头，实约 86586 头（11 个县合计）；（四）被征服劳役人口 1941—1945 年六年间约 924771 人，共夺去 118197 个无偿劳动日；（五）被毁房屋（赤峰、乌丹、新惠除外）仅被集家一项，拆烧毁者约 38671 间，估价为粮食 1933355 石；（六）历年被杀害人口（军不在内）杀死为 35964 人，杀伤为 5140 人；（七）现全省急待救济的人口估计为 500976 人（或食衣住三项全缺或至少缺二项）；（八）回乡及急待回乡难民约十万至十一万人；（九）缺衣服的热河六百万人中有四百万人①。

种植大烟是承德县的特点。据辽宁省档案馆收藏的资料显示，自 1935 年日伪政权强令承德县百姓种罂粟，全县每年种植 240 顷，按 5 年计算为 12 万亩，每亩地产粮按 300 斤、每斤按 0.04 元满洲币②计算，计损失 144 万元满洲币。另据当年国民政府统计的《战时公路损失》记载，热河省被破坏公路 2330 公里，办公用房和器具损失估价合计为 6750 元法币③。中国第二历史档案馆收藏的档案记载，承德邮票损失总计 313072 元法币④。其他的档案文献资料有，1946 年春冀热辽救济分会公布的《滦平县抗战损失初步调查》《平泉县志》（平泉县地方志编纂委员会编，作家出版社 2000 年版）、《平泉县革命斗争史》（中共平泉县委党史研究室编，2005 年内部出版）、《典型灾情调查》（原件未署作者及时间)⑤、《日本侵略华北罪行档案》⑥、《承德市志》（承德市地方志编纂委员会编，新华出版社 2009 年版）、《承德文史文库》（承德市文史资料委员会编，中国文史出版社 1998 年版）、《宽城县志》（宽城县志编纂委员会编，河北人民出版社 1990 年版）、《承德抗日斗争史料选》（承德市老区建设促进会、中共承德市委党史研究室编，人民日报出版社 1997 年版）、《暴行与血泪》（中共承德地委党史资料征集办公室编，1985 年内部出版）、《隆化县志》（隆化县地方志编纂委员会编，河北人民出版社 2001 年版）、《隆化县粮食志》（隆化县粮食局编，1998 年内部出版）、《中国共产党隆化县历史》（中共隆化县委党史

① 河北省档案馆馆藏档案，档案号：584-1-29-1。
② 满洲币，日本发动九一八事变后，侵占了中国东北全境，即扶持其傀儡伪满洲国，并于 1932 年 7 月成立"满洲中央银行"，发行纸币及白铜和青铜硬币，即伪满洲国币，简称满洲币，日本投降后即行结束。
③ 《战时公务损失》，中国第二历史档案馆馆藏档案，档案号：06-02-247。
④ 《抗战损失调查实施要点及方法，北京、天津、石家庄等地接收委员会办事处抗战损失调查报告》，1946 年 3 月 17 日，中国第二历史档案馆馆藏档案，档案号：212-1677。
⑤ 《典型灾情调查》，河北省档案馆馆藏档案，档案号：581-1-12-1。
⑥ 谢忠厚、张瑞智、田苏苏主编：《日本侵略华北罪行档案》（1），河北人民出版社 2005 年版。

研究室编，2005年内部出版）等。

关于承德避暑山庄及周围寺庙的损失情况，有必要重点记述。该群建筑始建于1709年（康熙四十二年），历经清代康熙、乾隆皇帝89年之久才建筑完工。避暑山庄及周围寺庙是集我国南北多民族建筑风格之大成，闻名中外的我国现存最大的皇家园林和寺庙群，具有很高的文物价值。1994年12月，避暑山庄及周围寺庙被联合国教科文组织列入世界文化遗产名录。1933年3月4日日军侵占承德以后，立即将避暑山庄变为它的军营，先后将日本关东军第八师团司令部及西南防卫司令部、陆军承德医院等机构迁入园内。占领承德当日，日军为庆祝"胜利"，还故意纵火烧毁了避暑山庄东宫勤政殿北面的一处已有179年历史、面阔5间、别具特色的古建筑——卷阿胜境殿；在此之后，又将位于避暑山庄西北部的西湖（亦称内湖）强行填平作为日军新兵训练用的打靶场。此外，还把位于避暑山庄西北部建于1774年（乾隆三十九年），面积约1300平方米，具有很高艺术价值的罗汉堂改作军火库，使这座仿造江南名寺安国寺而修建的圣洁之地也变成为日军屠杀中国人民服务的工具①。宗镜阁位于避暑山庄内风景秀丽的松林峪与梨树峪之间半山坡上的珠源寺内，与北京清漪园（今颐和园）内万寿山的宝云阁同铸于乾隆二十六年（1761年），被人称之为"孪生姊妹"。该殿高2丈2尺6寸，呈正方形；不但造型精美，而且制作工艺复杂。该殿共用青铜207吨，耗工料合银68660余两，实为世界罕见之艺术珍品。1944年，日伪当局以"金属献纳"为理由到处掠夺铜器、铜件（连铜鞋拔子、铜锁吊也不放过），以解其军工原料匮乏之急需。因此，全部用青铜铸成的宗镜阁自然被视为猎取对象。当年10月间，日军派工兵丧心病狂地拆毁了宗镜阁铜殿。被拆毁的宗镜阁铜构件共装26大箱、30抬（捆），约500余件，被拆毁的铜殿用汽车及马车运至承德火车站，转运至沈阳兵工厂熔化后做成枪炮子弹，屠杀中国人民②。日军除了对避暑山庄及周围寺庙中具有极高价值的古建筑进行疯狂地劫掠、破坏外，还以各种借口甚至明目张胆地对避暑山庄及周围寺庙内的珍贵文物、珍宝、古玩、书画等进行劫掠。据统计，日军在承德掠夺的各种镀金、镀银佛像143尊；各类装饰品120件；满文《大藏经》一部；

① 中国人民政治协商会议承德市委员会文史资料委员会编：《承德文史文库》（第1卷），中国文史出版社1998年版，第344—345页。

② 中国人民政治协商会议承德市委员会文史资料委员会编：《承德文史文库》（第1卷），中国文史出版社1998年版，第345—346页。

《古今图书集成》一部；《丹珠经》《甘珠经》两部①。此外，驻青龙县日、伪军还于1942年春，突然袭击位于都山的迁（西）青（龙）平（泉）联合县的秘密办公地址——王老化庙。由于中共地下党得到消息后迅速撤离，使日、伪军扑了空。恼羞成怒的敌人便放火烧毁了包括王老化庙、望海娘庙、玉皇庙、阎王庙、喇嘛老爷庙、太上老君庙等大小7座始建于清代、具有较高文物价值的庙宇，使这7座庙宇全部变成废墟②。

承德市还进行了广泛和扎实的实地调研工作，得到了珍贵的损失资料。综合档案资料和实地调研情况，承德市抗战时期的财产损失情况如下：

社会财产损失。

直接损失：工业损失，避雷机16台、高压变电器8台；矿业损失，121180元满洲币；大庙铁矿掠走高品位矿石14.4万吨。大庙特铁矿损失30KM高线车，50KM高压电付送，100辆小轨运矿车，大、小电动机（300HP）及其附件；双头山选矿场损失1米宽运送皮带1.5万米，电动开闭器及代器等500件，大小传动皮带1万米，各种油类2万加仑，各种电机20000HP。莹石71149700公斤。金矿石43500吨。日伪开采矿区49处，日本人在苏武庙村西沟开采莹石矿3年，造成损失60万元满洲币。掠夺煤炭达2357200吨。黄金9900多公斤、3万两，工业及公用事业损失295000美元。农业中损失农场19所，折价98000万元满洲币，蚕茧6785斤，蚕丝0.76吨，鸡蛋126611个，活牛21808头，土地5632亩。日伪政府、军警、村公所建房635间。农业其他损失，小米8010万斤。林业损失178550亩。牧业损失折价64800万元满洲币。手工作坊243所，损失折价703938600元满洲币，关闭店铺135个，商业损失31842654.5元满洲币。取缔私塾121家。学校停课36所，损失文物10263件，封闭邮路3条，邮票损失数额313072元法币。邮政电讯中，损失邮政所11个，发信机2部，手摇电话机1600个，收音机50部，发报机25部，自行车300辆，邮运汽车3辆，电话线路300公里，电讯修理工具20套；征收鸦片税732375.72元满洲币，掠走鸦片614.4万两。罂粟共258352亩。种植鸦片造成损失786184元满洲币。损失承德市避暑山庄的卷阿胜境殿。税收财政损失，2813082.97元满洲币，强制农户入股建合作社47666元满洲币，强制农户向农事合作社入股3万元满洲币。损失43169元银元，兴业银行全部银元。交通公路损失2330公

① 中国人民政治协商会议承德市委员会文史资料委员会编：《承德文史文库》（第1卷），中国文史出版社1998年版，第347—348页。
② 宽城满族自治县抗损课题调研到村入户调查中，汤道河镇大冰沟村王振林、王振祥的证言。

里，折价 1864 万元满洲币，独轮车 600 辆，铁路 462 公里路基，公路桥梁 37 座，铁路机车 58 台，胶皮大车 1025 辆。铁轮大车 1.5 万辆，脚踏车 1500 辆，木船 500 艘；外贸损失皮毛 29 万张、羊皮 4375060 张、牛皮 146765 张、羊毛 11058601 斤。

公共事业中，机关损失办公房及家具折价 6750 元满洲币。损失防疫所 2 家、诊所 66 家、诊所床位 10 个，医院损失床位 245 个，育婴院 10 所，折款 106475000 元满洲币。各公路局房屋损失为 4500 间，折价 6750 元法币。人力资源 55281904 个工。

间接损失：煤矿 1 处，莹石 300 多公斤，金融损失 3 万元满洲币，税收损失 16789511 元满洲币，其他 8985280 元满洲币，农业损失土地 435596.5 亩，公共事业，医院损失 100 瓶白猴血清。麻 50 吨、大麻 4 万吨。挤垮商号 21 家，损失树 4965228 棵。

居民财产损失。

土地 3588235.2 亩，房屋 1504677.5 间，树 965151 棵，树木 3250 万斤，禽畜 811241 头（只），粮食 407977136 斤、26058627 斗，木柜 9000 个，生活用品 54969 件，生产工具 10209 件，服饰 2043 件。其他 22615846 元满洲币，修建部落房子、日军岗楼砍伐树木 21776 立方米。税收 4009788 元满洲币，日伪强征畜皮 75548 张，日伪强征畜毛 1084527.5 斤，麻干 219117 斤，棉干 1085 斤，日伪政府强迫居民储蓄 780 万元满洲币。羊毛 597501 斤，肉类 2963650 斤，蜜蜂 100 箱。牛羊皮总数为 146543 张。柴草 18.5 万斤，牲畜棚舍、铁锅等其他用品 428 个。修建 3 座木桥，所用木材也没有资料记载。其他损失，日伪每年从围扬掠夺大量线麻、大麻、修桥用木材等，因没有详细的数据无法计算，所以没有统计①。

（3）张家口市财产损失情况。

张家口位于河北省西北部，地处京、冀、晋、内蒙古四省市区交界处，东

① 需要说明的是，承德市在对原热河省档案的利用过程中，出现了一些错误。主要有，公路损失 2480 公里，档案数为 2330 公里；羊毛 11058.6 斤，档案数为 11058601 斤。汇总时全部以档案数据为准。对各县区损失数据中的问题，也进行了相应的纠正和修订。如《冀热辽区敌灾天祸损失统计》（一）（注：原件未署作者及成文时间）中热河省水利损失折价 111061124 万元满洲币，这一项是荒芜土地和农场损失的总和，农场损失已有统计，土地损失没有计算，这一项可以删掉。丰宁县将牛马驴骡合计数误为 16019 头，实为 15956 头；猪羊数误为 70387 只，实为 70306 只，总的实际为 242491 头（只）。宽城县社会财产损失统计表中民夫为 3869000 人次，应作为人力资源损失进行统计。据 1946 年 1 月《冀察热辽典型调查滦平县战灾损失初步调查》（原件注：原件未署作者），滦平县毁坏房屋 1231200 间，损失牛羊皮总数为 146543 张，大米 14118000 斤、杂粮 147292800 斤。

临首都北京，西连煤都大同，北靠内蒙古草原，南接华北腹地，是沟通中原与北疆、连接中西部资源产区与东部经济带的重要纽带。1933 年，日军侵占坝上的沽源、康保两县，开始对张家口进行全面占领。1935 年，制造了"察东事件"和"张北事件"，后侵占了察北 7 县。1937 年，日军占领了张家口。日军侵占张家口长达 12 年之久，在这期间，日军在政治、军事、经济和文化等方面对张家口实行残酷的法西斯殖民统治，给张家口人民造成了严重的财产损失。据《日本侵略华北罪行档案》一书收录的《解放区三个市（其中有张家口市）在抗战中损失的初步统计》《晋察冀边战时工业损失统计》和《晋察冀边区抗战期间商业损失》①调查一览表记载，社会财产损失：工业方面，损失 250 吨紫碱，374 万吨矿石，造纸、制革、食品、化工、电力等机器设备原料损失估价 37523732 美元；71 家（60 家皮毛作坊停业，1 家化工厂被烧，日在宣化开 10 家工厂）。矿业方面损失 5 处煤矿，其中大昌、花园、宝兴、厚丰损失 99440 吨煤；缸房 6 家；油坊、碾房各 1 座。农业损失葡萄 192 亩。牧业损失兽皮损失 31180 美元。交通，其中公路损失为拉夫修路 429700 美元；航空损失献金 1847 美元，邮政，损失邮政储金 298 美元。商业，5650 家商号歇业，折合损失 114679050.47 美元②，另商业损失 233655239 美元；70 家民营企业倒闭；毡帽损失 17320 美元。1 处药房被炸。金融损失 944 美元（献金 598 美元，储金 110 美元，人寿保险 236 美元）。文化，挂图 103 幅，图书损失 3 套另 500 本。文物方面土木显忠祠 1 处，城墙 7.5 万方丈，2 处古墓（镇西将军贾高山墓被盗，武德将军王振睿祖茔被毁，价值无法估计），古迹 28 处（庙宇）。公共事业，损失折合 39489.2 万元边币。人力资源：23097739 个工。其他：414747 美元（暴利处罚、国防献金等），700 辆次（运送军粮）。另据《各省市县公私立各级学校及教育机关损失历年损失合计》（原件未署作者、时间）统计，察哈尔省教育损失 2523027572 元法币（1937 年至 1945 年损失）③。战时公路损失 2167 公里、公路局办公房屋器具损失 6750 元法币④。间接损失：农业杂粮损失 5094 美元。

---

① 谢忠厚、张瑞智、田苏苏主编：《日本侵略华北罪行档案》（1），河北人民出版社 2005 年版。

② 据《日本侵略华北罪行档案》（1）（谢忠厚、张瑞智、田苏苏主编，河北人民出版社 2005 年版）收录的《敌伪摧残商业损失调查表》记载，赤城、延庆、怀来、龙关、崇礼、蔚县、阳高、广灵、怀安、万全、天镇 11 县共歇业数 5400 家，损失资金 106931244 美元，因不能分割，采取平均分配原则为张家口市各县所得数据、各县所得数据相加即为损失总数。

③ 《各省市县公私立各级学校及教育机构损失》，中国第二历史档案馆馆藏档案，档案号：5-2-584。

④ 《战时公路损失》，中国第二历史档案馆馆藏档案，档案号：06-02-247。

居民财产损失。

土地 2891793 亩。房屋 70806 间，55 个村庄。树木 2004 棵。禽畜大牲畜 18573 头，猪羊 2200 只，家禽 18280 只。粮食 115067056 公斤，2082 石，4270012 斗粮食。猪牛羊肉 2032.5 公斤，麻油 10 公斤，月饼 3.5 公斤，鸡蛋 25 公斤（7 个 1 斤），西瓜 70 个，山药 25 公斤。服饰 23 包服装，500 件皮衣，呢制服 1 套，羊皮袄 1 件，灰鼠大褂 1 件，军鞋袜 27000 双，皮鞋 1 双。生产工具 51120 件，1 辆车。生活用品，大缸 840 口，桌柜 180 个，白麻 4650 捆，纸烟 44 条，手表 1 块，花布 3 丈，被面 2 床。担架 1000 付，留声机 1 台，银盾 1 个，干草 40 万公斤，烟土 1.5 公斤。损失 7450 万元法币，64458.9 元蒙疆币①，358550 块银元，538.6 万美元。3 支步枪。蜂蜜房 31 间，烧 122 箱蜂。

张家口市还进行了扎实的实地调研活动，从中也得到了非常真实的财产损失数据。结合以上的档案和实地调研数据，张家口市抗战时期总的财产损失为：

社会财产损失。

直接损失：工业方面损失，250 吨紫碱，37523732 美元（包括造纸、制革、食品、化工、电力等机器设备原料损失），71 家作坊、工厂（60 家皮毛作坊停业，1 家化工厂被烧，日在宣化开 10 家工厂）。矿业方面，损失 5 处煤矿，其中大昌、花园、宝兴、厚丰损失 99440 吨煤，天兴损失不详，374 万吨矿石；2 万立方米云母矿石；22800 吨锰矿石。缸房 6 家；油坊、碾房各 1 座。农业方面，损失葡萄 192 亩。牧业方面，损失兽皮 31180 美元。交通，其中公路损失为拉夫修路 429700 美元；航空损失献金 1847 美元。教育损失 2523027572 元法币。战时公路损失 2167 公里、公路局办公房屋器具损失 6750 元法币。邮政损失邮政储金 298 美元。商业，5650 家商号歇业折合损失 114679050.47 美元，另损失 233655239 美元（晋察冀辖区 1946 年商业损失调查）；110 家民营企业倒闭；毡帽损失 17320 美元。2 处药堂（1 处被炸、1 处被抢）。金融损失 944 美元（献金 598 美元，储金 110 美元，人寿保险 236 美元）。文化，图书方面损失古书 1 部，3 套另 500 本，挂图 103 幅。文物方面 3 件（其中，玉桌 1 个，玉碗 2 个），土木显忠祠 1 处，城墙 7.5 万方丈，2 处（镇西将军贾高山墓被盗，武

---

① 蒙疆币，日本侵占察哈尔省后，于 1937 年 12 月在张家口成立"蒙疆银行"，发行多种纸币和金属币，即蒙疆币。1945 年日本投降后，"蒙疆银行"随即结束，国民党政府规定，1 元蒙疆币兑换 4 角法币。

德将军王振睿祖茔被毁，价值无法估计），清真寺物品若干。古迹60处（古塔、庙宇、教堂）。戏台6座。公共事业，10间机关用房，另损失折合39489.2万元边币。人力资源：25931402个（劳工日）。其他：414747美元（暴利处罚、国防献金等）。17090辆次（运送军粮）。

间接损失：损失杂粮5094美元。

居民财产损失。

土地2913979亩。房屋122989间，二层小楼一座，55个村庄。树木120691棵，579方，50亩，板材40块（儿）。禽畜大牲畜54661头，猪羊26159只，家禽48746只。粮食317149016斤和5余车。猪牛羊肉2032.5公斤，麻油3385公斤，月饼3.5公斤，鸡蛋90公斤，西瓜70个，山药25公斤，另620亩庄稼被毁1年。服饰1072件，10箱戏装，27包另20套服装，皮衣500件，呢制服1套，羊皮袄1件，灰鼠大褂1件，军鞋袜28330双，皮鞋1双，6件首饰，金手镯1对，玉镯2对。生产工具52179件，17辆车，石磨3付，井绳5盘。生活用品35129件，1287口锅缸，桌柜子250个，凳子10个，被子105套，被面5床，土布12个，布匹13丈，布料50件，布24卷，瓷娃娃1对（古），手表3块，掸瓶1对，烟18箱，纸烟44条，水果糖100公斤，缝纫机2台，抬歌箱8架，戏箱子半付，大葱103公斤；麻650公斤，另有5垛，另有4650捆。其他，担架1000付，棺材10口，棺材板2付，门楼18个，铺房4个，檩条57根，柱子220根，门1付，门窗11扇，牲口圈41个；药材2000公斤；草909500公斤，另5余车；牛羊棚1500间；留声机1架；3支步枪；银盾1个；蜂蜜房31间，烧122箱蜂；大烟土983.5公斤，种大烟385亩；古文物22件；损失元宝4个，铜子4吊，363868块银元，177458.9元蒙疆币，7450万元法币，1.2万元法币，538.6万美元，400元边币。

（4）秦皇岛市财产损失情况。

秦皇岛市位于河北省东北部，北依燕山，南临渤海，东接辽宁，西距北京280公里，是连接华北与东北的咽喉要冲。1933年1月1日，日军发动了侵占榆关（山海关）战役，3日占领榆关，之后陆续侵占了秦皇岛全境，开始了长达13年的残暴统治，秦皇岛作为河北省日军占领时间最长的地区之一，也成为日军犯下种种罪行的重灾区之一，人民的财产遭到了惨重损失。

社会财产损失。工业方面直接损失，据《山海关桥梁厂志》记载，1933年，山海关铁工厂（现山海关桥梁厂）由于战争造成工厂停产5个月和日军军管造成减产，二者总计损失为 326.3 万元大洋①。《秦皇岛市志》第一卷（河北省秦皇岛市地方志编纂委员会编，方志出版社 1999 年版）记载，1936 年后，中日合办耀华玻璃厂，利润损失 2752.84 万元联银币。工业间接损失：据昌黎县进村入户调查，1931 年至 1937 年有 4 个布厂损失布 46680 匹。矿业损失，直接损失：据《秦皇岛地区抗日战争志》②《秦皇岛港口志》③《柳江煤矿志》（该煤矿志为一个资料集，编者及印行时间不详）等记载，1935 年至 1945 年，日军强占柳江及长城等煤矿，从秦皇岛港掠走煤炭 571.4 万吨④。《秦皇岛市志》记载，抗战期间，日本从青龙掠夺黄金 1700 公斤。间接损失：据青龙县进村入户调查，损失 11 座金、汞矿。据昌黎县进村入户调查，造成 2 个铁工厂歇业，财产损失折合大洋 7560 元。林业损失，据河北省档案馆收藏的档案记载，抚宁西关县立农场损失林木 3490 株⑤。铁路损失，据《七七事变前输送日本军队军品及日韩人走私货物运费损失》记载⑥，民国 25、26 年，输送日本军队军品及日韩人走私货物运费损失：秦皇岛 741130 元，山海关 682299 元，昌黎 2.85 元，三项总计 1423431.85 元联银券。《秦皇岛地区抗日战争志》记载，1943 年，中国的第一条旅游专用铁路支线——北宁铁路北戴河海滨支线被日军强行拆除⑦。邮政损失，据《河北邮区因事变遗失邮票清单》记载（1931 年九一八事变后，原件未署作者）⑧，1931 年后，临榆县邮票损失数额 1000 元法币，卢龙县邮票损失数额 217 元法币。两项总计损失 1217 元法币。电讯损失，1937 年 10 月至 11 月，临榆县损失五门总机 1 部，话机 1 部，价值 180 元法币

---

① 田荫宽主编：《山海关桥梁厂志》，辽宁人民出版社 1994 年版，第 2 页，山桥厂（即山海关桥梁厂，下同）的财产损失。1933 年 1 月，日军发动"榆关事变"之后，山桥厂被迫停产时间达 5 个月。当时山桥厂，固定资产净值为 120 万两（银元），固定资产利用率约为 25%（1949 为 26.15%）。因此，总的损失为 120×25%×（5/12）= 12.5 万两（银元）。日军占领期间（1937 年 8 月—1945 年 9 月）利润损失参照停厂损失算法：150（八年固定资产平均净值）×26.5%×8 = 313.80 万两（银元）。根据二者，山桥厂的总的损失为：326.3 万两（银元）。

② 中共秦皇岛市委宣传部、秦皇岛市地方志办公室编：《秦皇岛地区抗日战争志》，中共党史出版社 2005 年版，第 142、158 页。

③ 王庆普主编：《秦皇岛港口志》，大连海事大学出版社 1996 年版，第 100 页。

④ 煤炭资源损失形成过程自 1935 年起至 1945 年，日军从秦皇岛港掠夺煤炭资源 2151.1 万吨。其中有开滦煤 1579.7 万吨，剔除开滦煤，即从秦皇岛掠夺煤炭 571.4 万吨。

⑤ 《华北各县农业损失》，河北省档案馆藏档案，档案号：618-2-1386。

⑥ 《七七事变前输送日本军队军品及日韩人走私货物运费损失》，中国第二历史档案馆藏档案，档案号：212-1677（8）。

⑦ 中共秦皇岛市委宣传部、秦皇岛市地方志办公室编：《秦皇岛地区抗日战争志》，中共党史出版社 2005 年版，第 17 页。

⑧ 中国第二历史档案馆馆藏档案，档案号：137-5-2790。

（1937 年 10 月至 11 月时的币值），卢龙县损失五门总机 1 部，话机 1 部，价值 180 元法币（1937 年 10 月至 11 月时的币值），抚宁、留守营、台头营（今抚宁台营）损失二号湾磁瓶 1 个，五门总机 3752 部，话机 3 部，价值 1230 元法币（1937 年 10 月至 11 月时的币值），昌黎县损失五门总机 3750 部，话机 1 部，十二号镀锌铁线 140 盘，价值 14325 元法币（1937 年 10 月至 11 月时的币值）。以上合计 15915 元法币（1937 年 10 月至 11 月时的币值）①。

商业方面直接损失，据《榆关抗战》（王岳辰编，中央文献出版社 2002 年版）记载，1933 年，山海关 500 家店铺被毁。据昌黎县进村入户调查，有 40 家店铺损失。间接损失，据《秦皇岛商业志》（侯振瀛编著，1991 年内部出版）记载，1944 年至 1945 年，秦皇岛市有 39 家店铺歇业。税收损失，据《秦皇岛市志》记载②，1932 年日本人走私 2356322 元法币，据《大公报》记载，1933 年走私 600 万元法币，《秦皇岛革命史》（中共秦皇岛市委党史资料征集办公室编，1986 年内部出版）记载，1935 年税收损失 25606946 元法币，《秦皇岛地区抗日战争志》记载，1936 年走私 5000 万元法币，1938 年截留关税 2489 万元联银券，《秦皇岛文史资料选辑》（秦皇岛市政协文史资料研究委员会编，1988 年内部出版）记载，1941 年掠走关税 7223 万元联银券。抚宁县统计显示，税赋损失 7693405 元法币。昌黎县统计显示，税赋损失 8218911 元法币。卢龙县统计显示，税赋损失 7828887 元法币。文物损失，据《秦皇岛地区抗日战争志》记载，1933 年山海关"天下第一关"牌匾被掠夺到日本。据昌黎县进村入户调查，葛条岗乡西沙河村 1 棵生长 200 到 300 年的大古树被毁。据抚宁县进村入户调查，民众有 100 件文物损失。古迹损失，据《秦皇岛文史资料选辑》和《榆关抗战》（王岳辰编，中央文献出版社 2002 年版）记载，1933 年，山海关城楼 3 座被毁于战火。据昌黎县进村入户调查，1942 年，刘台庄镇大葛庄 1 座大庙被毁。教育直接损失，据青龙县进村入户调查，3 所小学毁于战火。间接损失，据昌黎县进村入户调查，学校有 20 个铁炉及部分教具损毁。医疗卫生损失，据南京国民政府统计记载，1936 年 5 月 20 日，日军宪兵队强行将中国红十字会山海关分会全部药品、器械及设备没收③。人力资源损失，据《日本侵略华北罪行档案》中"抗战八年来敌伪烧杀抢掠统计表"记载，秦皇岛市总计抓

---

①　《财产损失报告单》，1946 年 7 月，河北省档案馆馆藏档案，档案号：618-1-832。
②　王岳辰、齐家珞主编：《秦皇岛市志》第一卷，天津人民出版社 1994 年版，第 36 页。
③　中国红十字会山海关分会：《中国红十字会光复区分会战时实际损害调查表》，1946 年 5 月 20 日，中国第二历史档案馆馆藏档案，档案号：000476-002899。

丁要夫共计 343 万个工。其中，抚宁 90 万个，昌黎 18 万个，卢龙 70 万个，青龙 85 万个，临榆 80 万个①。

居民财产损失。

日本占领秦皇岛期间，人民的个人财产也遭受了严重的损失。《日本侵略华北罪行档案》中"抗战八年来敌伪烧杀抢掠统计表"记录了抚宁县、昌黎县、卢龙县、临榆县（现秦皇岛市区）四县的居民财产损失，《暴行与血泪》（中共承德地委党史资料征集办公室编，1985 年内部出版）和《青龙文史资料》（政协青龙县文史资料征集委员会编，2012 年出版），则记载了青龙县的居民财产损失。主要损失为：土地 219450 亩，房屋 117396 间，树木 1.8 万株，禽畜 535800 头（只），粮食 802666835 斤，服饰 275779 件，生产工具 30073 件，生活用品 87600 件，籽棉 30 万斤，毛皮损失 9 万张。另外，日、伪军强迫秦皇岛港口工人捐献作战飞机 2 架。秦皇岛市还进村入户调查，得到居民财产损失为：土地 115898 亩，房屋 70675 间，树木 598867 株，禽畜 220439 头（只），粮食 6874500 斤，服饰 2825 件，生产工具 42312 件，生活用品 108616 件。居民财产损失有其特殊性。一方面，居民财产事关千家万户，与广大人民群众关联紧密，群众了解得就比较清楚，掌握得也比较全面，因此，进村入户调查的数据可以补充档案统计资料的不足，在一定程度上就显得非常重要。另一方面，居民财产涉及方方面面，比较细小和繁杂，往往容易被人忽略而失传，加之年代久远，好多当事人已经故去和统计过程中的不确定性，进村入户调查数据又可能存在着不全面性，这种不全面性决定在一定情况下，又依赖于档案资料。正因为它的两面性，所以，它的认定原则与社会财产损失的认定原则就有不同。在认定中过程中，要充分地分析研究，区别对待。经过分析认定，树木、生产工具、生活用品三项采用进村入户调查数字。因为以上三项的档案数据显然存在着统计不全问题，如树木损失，档案记载只有昌黎县的损失数，这明显不够全面和准确。其余各项均采用档案数字。因为进村入户调查的不全面性，致使这些方面的入户调查数字不够全面，与实际损失数相差较大，经过分析研究，档案数据更为接近真实数据，因此采用档案数据。因此，秦皇岛市居民财产损失为：土地 219450 亩，房屋 117396 间，树木 598867 株，禽畜 535800 头（只），粮食 802666835 斤，服饰 275779 件，生产工具 42312 件，生活用品 108616 件，籽棉 30 万斤，毛皮 9 万张，日伪强迫秦皇岛港口工人捐献作战飞机 2 架。

---

① 谢忠厚、张瑞智、田苏苏主编：《日本侵略华北罪行档案》（1），河北人民出版社 2005 年版。

综上所述，秦皇岛市在日军占领期间，财产遭到了严重损失。主要有：

社会财产损失。

直接损失：工业，326.3 万元大洋、2752.84 万元联银币。矿业，煤炭571.4 万吨；黄金 1700 公斤。林木 3490 株。铁路交通，1423431.85 元联银券，中国的第一条旅游专用铁路支线——北宁铁路北戴河海滨支线被日军强行拆除。邮政 1217 元法币，电讯，15915 元法币。商业，540 家店铺被毁。财政税收损失 107704471 元法币，另有 2489 万元（币种不详），72238 万元联银券。文物损失，山海关"天下第一关"牌匾被掠夺到日本。1 棵生长 200 年到 300 年的大古树被毁，100 件文物。古迹损失，山海关城楼 3 座毁于战火。1 座大庙被毁。小学损失 3 所，学校 20 个铁炉及部分教具损毁。医疗卫生，中国红十字会山海关分会全部药品、器械及设备被毁。人力资源：343 万个工。

间接损失：工业，布 46680 匹，11 座金、汞矿，2 个铁工厂歇业，财产损失折合大洋 7560 元，39 家商店。

居民财产损失。

土地 219450 亩，房屋 117396 间，树木 598867 株，禽畜 535800 头（只），粮食 802666835 斤，服饰 275779 件，生产工具 42312 件，生活用品 108616 件，籽棉 30 万斤，毛皮 9 万张，日伪强迫秦皇岛港口工人捐献作战飞机 2 架。

（5）唐山市财产损失情况。

唐山市位于河北省东部，毗邻京津、连接东北，史称"神京肘腋"、兵家要地，战略地位十分重要。1933 年 4 月初，长城抗战失败，日、伪军约 7000 兵力向滦东大举进攻，国民党军队弃唐西退，5 月 17 日，唐山沦陷。5 月 31 日，日军威逼国民党政府就范，签订了极不平等的《塘沽协定》，冀东 22 县化为"非军事区"，中国军队一律撤出冀东地区，"将其施政一切，随时申报日军"，社会治安交由随日军入侵的战区特警总队负责。1934 年 2 月，日军开始向唐山的厂矿渗透，企图控制唐山的工矿企业。1935 年日军在唐山、滦县设置领事馆和宪兵队，在唐山、丰润、滦县地区部署了兵力，进行"剿共"、制造分裂。是年 6 月，国民党军政当局和日军头目签订了"何梅协定""秦土协定"，开始策动"华北自治"。1935 年 11 月，日军唆使大汉奸殷汝耕成立伪冀东防共自治政府，迫使唐山及各县"实行自治"。七七事变后，日军迅速向唐山地区增兵，在唐山地区进行连续的"清剿""清乡"、肃正作战，制造"无人区"。致使唐山大地兵匪横行、战火纷飞，完全笼罩在战争的阴霾之中。在日军占领唐山的12 年期间，在唐山烧杀抢掠，无恶不作，以致成千上万的无辜群众惨遭杀害，美丽富饶的家园毁于战火，多年积累的财富落入敌手，唐山人民陷入有史以来最严重的灾难之中。

据河北省档案馆收藏的档案记载，1941年11月，滦县古冶镇刘晓峰被日军拆毁住宅正房3间，厢房8间，墙垣4丈。1944年6月，刘晓峰被日军侵占南院住宅一所计正房5间，厢房3间，拆毁南大门及北墙并损毁正房房顶山墙又破坏厢房1间。两年日军侵占刘晓峰土地24.5亩。1941年11月，日军拆毁古冶镇刘子清北院住宅正房3间，厢房1间，墙垣4丈。1944年6月，日军侵占刘子清南院住宅一所计正房5间，厢房8间。两年日军侵占刘子清土地8.4亩①。另据档案记载，日铁矿公司在滦县铁石山开矿占民地73.89亩②。唐山市档案馆收藏的档案中，唐山市商会整理委员会呈瑞生成等26家财产损失报告单记载：1943年11月间日寇强夺唐山瑞生成南号42大福股纱2包、42栗子股纱2包、42水月股纱2包、42飞马股纱2包、32八马纱4包等；强夺唐山宏昌纱布庄190金刚石土林60疋，三燕海昌蓝80疋，三黄红土林60疋等等。唐山城子庄小学教员侯中汉呈财产损失报告单记载的损失情况为：棉被14床，平房25间，瓦房13间，粗布60疋，古玩器2箱，棉花1200斤，古字画2箱，银首饰60两，柴草2万斤等。唐山商会呈送会员商店宝顺兴五金电料、万盛号、德华书局财产损失报告单记载的损失情况为：漆布338尺，石子16854斤，花油2200斤，花椒4500斤，地球铅笔230罗等③。河北省私立丰滦中学抗战损失调查表记载的损失情况为：平房1间，车棚8间，书桌200件，木凳300件，茶几10件等④。遵化鲁家峪张义华抗战时期财产损失报告表记载的损失情况为：房屋草棚猪圈12间，寿材1具，建筑木材50棵。据《七七事变前输送日本军队军品及日韩人走私货物运费损失清册》（原件未署作者、时间）统计，唐山损失运费83097.2元联银券⑤。

唐山市汇总各县（区、市）档案文献资料与实地调研相结合得到了唐山市

---

① 河北省第一区行政督察专员兼保安司令刘培初：《为前日商北陆组强租之唐山雷庄子民地可否准由本署按照清理办法分别发还请鉴核示遵由》，1946年1月30日，河北省档案馆馆藏档案，档案号：615-2-1445-1446。

② 河北省档案馆馆藏档案，档案号：615-2-1445-1446。

③ 唐山城子庄小学教员侯中汉：《为呈报私人财产损失伏祈汇转由》，1946年3月3日；唐山商会理事长刘锦亭：《为呈送会员商店财产损失报告单第九份请》，1946年4月27日。唐山市档案馆馆藏档案，档案号：M007-6-98。

④ 河北省私立丰滦中学校长王又得：《为呈送学校抗战损失查报表由》，1946年3月6日，唐山市档案馆馆藏档案，档案号：M007-11-105。

⑤ 中国第二历史档案馆馆藏档案，档案号：212-1677。

抗战时期财产损失最终认定数据：

社会财产损失。

直接损失：工业 231 家工厂，89 间厂房，9000 枚手榴弹，2 万吨矾土，另有 5880311.3 元法币。矿业 1.8 万吨金矿石，3000 吨石灰，63.2 万克黄金，11 万吨铁矿石，10 万吨矿石，1655679 吨水泥，2260 万吨煤炭，2860031.765 元英镑，349294120.19 美元，37 万吨原盐，基地 72 亩，仓库、宿舍、办公室 30 间，仓库、宿舍、办公室 1406 平方米。麻袋 3.4 万条，生铁、炉条 300 根，耐火钢砖 2500 块，棕绳 3 根（每根 400 斤），水井 2 眼，垫木 600 根，精盐 15635 袋，开滦 1.2 号煤 100 吨，原盐 1500 市担，另有钢锭 337 吨，钢材 998 吨。

农业，4401621 斤粮食，574774.39 亩，178 座土坟，另有 350430 元法币。林业，树 1032320 棵和 100 亩地，8 万石木材，1000 亩果园，另有 20750 元法币。牧业 71120 头。渔业直接损失 2000 元法币。其他 49450 件，另有 200 万元法币。交通，公路 164350 米，5 座桥。水运 320 只船，其他 4200 辆脚踏车，83097.2 元联银券，另有 302.8 万元法币。邮政，4 台 620 棵电杆，另有 455.55 元法币。商业，826 家商号，10 间民房，另有 2846297.55 元法币。其他有 1750 家粮坊烧锅铁匠铺等。财政税收，5 间税关，另有 108447420 元法币。金融银行，37 万元法币，钱庄 116467.1 元法币，其他 3000 元法币。文化，图书 8000 册，另有 486793.4 元法币。文物 285 件，206 尊铜佛。古迹 110 间庙，23 座庙，其他 160 间，另有 2604.2 元法币。3 个供香碗，6 个铁钟，1640 件文物，3500 米长城，1 座古城，1 座城楼，4 座楼台，1 座古塔，1 座将军墓。教育，损失各类学校 658 所及 125 间房屋和 100 套桌椅，另有 32025.5 元法币。公共事业，机关 89 间房子，1.63 万斤小麦、面粉，4000 斤小米；团体 3 个单位，其他 531 件，另有 100 元法币。人力资源 13400962 工日，另有 100 万元法币。其他 351023.71 元法币。

间接损失：工业，2 家工厂，342475 元法币。农业，478550 斤粮食，3589.28 元法币。林业，树 192000 棵。牧业 61290 头。渔业 4186840 元法币，其他 6572 件，68 亩。交通，公路 3.5 万米，1360800 元法币，水运 872.9 万元法币，其他 73.94 元法币。邮政，78 万元法币。商业 2104869 元法币。财政税收 13200 元法币。金融银行 14 万元法币，钱庄 27.2 万元法币，其他 22944 元法币。文化 127974 元法币。教育，小学 7 处。公共事业机关 900200 元法币，9400 公斤粮食，团体 3094.18 元法币，其他 500 件，2302728.43 元法币，丧葬费 31752954.98 元法币。人力资源间接损失 390637 工日。

居民财产损失。

土地 486587.664 亩，另有林地 6500 亩。房屋 158054.5 间。树木 4051717 棵。禽畜 665255 头（只）。粮食 650782511.5 斤。服饰被褥 6117814 件（套），另有首饰 9049 件。生产工具 244385 件。生活用品 577378 件，35956401 元法币，其他有铜 498.4 万斤，锡 5486 斤，金 5666 两，枪 6000 支，银元 16051315.5 元，联合票 3636412 元，美金券（即美元）84 万元，法币 2000 万元。棉花 4000 斤，水井 4 眼，土坯 2000 块，苇草 40 万斤，柴草 885599 斤，干鲜果品 70 万斤，子弹 2 万发，步枪 5 支，粗布 6130 斤，猪圈 2 间，石头 120 车，砖 4.5 万块，建材 1249 立方米，油 40 斤，坟墓 4 座，坟地 1 亩，手表 11 块，麻 2348.5 万斤，门板 40 扇，大药房 1 座，深宅 1 座，炸药 800 斤，染料 200 斤，砖窑 1 座，玉白菜 1 棵，凤冠 1 顶，30 斤重银饼一个。

（6）廊坊市财产损失情况。

廊坊市紧邻京津，由于其特殊的地理位置，七七事变后很快就被日军侵占。日军占领期间，对这一地区实行了惨无人道的"三光"政策和极其野蛮的五次"治安强化运动"，使这一地区的人民财产遭受了严重的损失。

关于社会财产损失情况。根据《河北省各县农业损失估计表》（原件未署作者、时间）统计，廊坊市农业损失共计 50299 万元（档案未标明币种）[1]。根据《河北省公私文物损失数量及估价目录》（原件未署作者、时间）记载，廊坊市邮政损失 5444 元法币；《七七事变前输送日本军队军品及日韩人走私货物运费损失清册》（原件未署作者、时间）中记载，廊坊市交通运费为 496.25 元联银券[2]。据《冀东区八年来敌伪烧杀抢劫统计表二》（原件未署作者、时间）记载，三河县抓工要夫 71 万个、碉堡公路沟墙占地 3.2 万亩，香河县抓工要夫 19 万个、碉堡公路沟墙占地 9900 亩[3]。另据《三河革命史》记载，损失公路桥 1 座[4]；据《河北省公私文物损失数量及估价目录》（原件未署作者、时间）记载，安次、广阳区被拆毁古迹 1 座，价值 1 万元（币种不详）[5]。中共固安县委党史研究室编《抗日战争、解放战争敌人暴行情况》中记载固安人力资源损失

---

① 河北省档案馆馆藏档案，档案号：618-2-1386。
② 中国第二历史档案馆馆藏档案，档案号：212-1677。
③ 河北省档案馆馆藏档案，档案号：48-1-32-2。
④ 杨宝柱、王惠中等编著：《三河革命史（1933—1949）》，中国言实出版社 2000 年版，第 105 页。
⑤ 中国第二历史档案馆馆藏档案，档案号：5-11703。

87007 人，损坏公路 2723 里①；在中共文安县委党史研究室编著的《文安人民革命史》中我们清楚看到，文安（包括原新镇）赈灾款 30 万元边币、群众捐献边币 4.4 万余元②。

此外，廊坊市还进行了实地调研，得到了一些可贵的财产损失情况。大厂回族自治县纳税，日、伪军炮楼占地等损失粮食 3267 万斤，被摊派枪支 3560 枝，日、伪军修建炮楼等用工 43.8 万个，毁坏房屋 432 间。安次、广阳区损失小学校舍 8 间房，村公所二层办公楼 1 座。霸州损失白酒 72 万斤，粮食 1087924089 斤，损毁土地 57722.6 亩，损毁公路 14 公里，拆毁、炸毁小学校 4 所、庙宇 88 间、店铺 15 间，人力资源损失 563243 个工。文安人力资源损失 24735 个。

关于居民财产，廊坊的损失也是很严重的。据《冀东区八年来敌伪烧杀抢劫统计表一》（原件未署作者、时间）记载，三河县损失房屋 2935 间、被服 22 万件、抢掠勒索粮食 10136 万斤、禽畜 8800 头、生产工具 14500 件③、被服 22 万件。香河损失房屋 2935 间、被服 8.4 万件、抢掠勒索粮食 11400 万斤、禽畜 7910 头（只）、生产工具 8600 件，被服 8.4 万件认定为生活用品④。还有《冀东各河决口情形及被灾损失调查表》（原件未署作者、时间）记载，河流决口致使三河县粮食减产折合 550 万斤⑤，香河县粮食减产折合 2555 万斤⑥。另据《三河县志》记载，损失树木 3000 棵⑦，据《三河革命史》载筹集抗日款 100 万银元⑧。据《中共香河党史（1931—1949）》载，赎尸金 5000 银元⑨。从《安次广阳人民革命史》中所记载的相关内容得知，安次、广阳区损失树木 12.6 万棵，房屋 7311 间，禽畜 773 头，粮食 17 万斤⑩，《安次区文史资料》记载，从码头镇抢走银元 3830 元、钞票 24920 元⑪。根据永清县档案馆藏《永清

---

① 中共固安县委党史研究室编：《党史资料选编》第 12 期，1983 年 9 月印行。

② 中共文安县委党史研究室编著：《文安人民革命史》，中国戏剧出版社 2001 年版，第 337、371 页。

③ 河北省档案馆藏档案，档案号：48-1-32-2。

④ 河北省档案馆藏档案，档案号：48-1-32-2。

⑤ 《冀东各河决口情形及被灾损失调查表》，河北省档案馆藏档案，档案号：48-1-328-11。

⑥ 《冀东各河决口情形及被灾损失调查表》，河北省档案馆藏档案，档案号：48-1-328-11。

⑦ 河北省三河县志编纂委员会编：《三河县志》，学苑出版社 1988 年版，第 532 页。

⑧ 杨宝柱、王惠中等编著：《三河革命史（1933—1949）》，中国言实出版社 2000 年版，第 29 页。

⑨ 中共香河县委党史资料征集办公室编：《中共香河党史（1931—1949）》，1988 年 12 月印行，第 34 页。

⑩ 中共安次区委党史研究室、中共广阳区委党史研究室编著：《安次广阳人民革命史》，解放军出版社 2003 年版，第 138、157-161 页。

⑪ 中国人民政治协商会议廊坊市安次区委员会：《安次区文史资料》第一辑，1992 年印行，第 22 页。

县抗日、解放战争时期日伪罪行统计表》（中共永清县委党史资料征集办公室，1983 年 11 月）统计，损失房屋 7637 间，树木 162957 棵，禽畜 1372 头，庄稼被毁 72256 亩，车辆 273 辆。据中共固安县委党史研究室编《党史资料汇编》第 12 期（1983 年 9 月印行）记载，被烧房屋 9902 间，同一单位编著的《固安革命史》记载，被日军吃掉禽畜 1 万多只（头）①。据中共文安县委党史研究室编著的《文安人民革命史》记载，文安县粮食被抢 5000 余万斤②，《文安文史资料》第 6 辑载 1939 年日军扒堤造成水灾倒塌房屋 4 万余间③，烧毁、倒塌房屋共计至少 5 万间，另据两份资料零星记载被毁房屋 3875 间，共计房屋被毁 53875 间。据《大城百年大事录》记载，大城县 1939 年水灾冲毁庄稼、1941 年毁坏庄稼共 604500 亩、1942 年强征粮食总计损失折合粮食 704 万斤，大水冲垮房屋 22953 间，生铁 44 万斤④，据《大城县志》载 8 年中被烧房屋 23503 间⑤。

实地调研也是查询日军造成损失的重要途径和手段，情况属实可靠。主要情况有，三河县损失首饰 400 件。香河县损毁土地 12060 亩，树木 550 棵，服饰 400 件、被掠文物瓷器 10 件。大厂县损失土地 2 亩、房屋 20 间、禽畜 3 头、200 元伪币。安次、广阳区损失大车 9 辆、50 元银元、干草 3000 斤，钞票 24920 元伪币。永清县损失土地 1130 亩，禽畜 3223 头（只），粮食 2850 亩另加 158480 斤，服饰 5098 件，生产工具 1409 件，生活用品 3600 件。固安损失土地 7123 亩，树木 305653 棵，粮食 1438800 斤，服饰 2030 件，生产工具 3906 件，生活用品 12973 件，砖 2.1 万块。霸州市损毁房屋 9572 间，树木 38206 棵，抢走牲畜等 11320 只（头），服饰 10290 件，生产工具 3086 件，大车 25 辆，生活用品 47853 件，砖 10.6 万块，檩 100 根，31478 元银元，粮食 1087924089 斤。文安县损失土地 5822.2 亩，树木 11954 棵，禽畜 11635 头（只），服饰 6010 件，生产工具 4530 件，生活用品 28048 件（套），银元 4000 元，洋线 2 包，苇薄 1 垛，粉条 2 包，郑板桥画 1 张，船 3 只，大车棚 2 间，砖 2000 块。大城县损失土地 28133 亩，树木 114860 棵，禽畜 38362 头（只），粮食 8229304 斤，服饰 58871 件，生产工具 31642 件，生活用品 191708 件（套），砖 578 万块，

---

① 中共固安县委党史研究室编著：《固安革命史》，甘肃人民出版社 1999 年版，第 28 页。
② 中共文安县委党史研究室编著：《文安人民革命史》，中国戏剧出版社 2001 年版，第 371 页。
③ 中国人民政治协商会议文安县委员会文史资料研究委员会编：《文安文史资料》第 6 辑，1997 年 11 月印行，第 57 页。
④ 李印刚主编：《大城百年大事录》，中国文史出版社 2004 年版，第 11、14、15、17 页。
⑤ 大城县地方志编纂委员会编：《大城县志》，华夏出版社 1995 年版，第 345 页。

金条 20 根，柴草 2 万斤。

综上所述，廊坊市在日军占领期间，人民财产遭受了极其严重的损失。归纳起来为：

社会财产损失。

直接损失：农业 50299 万元法币。粮食 1087924089 斤。土地 99622.6 亩。邮政损失 5444 元法币。交通运费 496.25 元联银券。白酒 72 万斤。公路 2751 里，桥 1 座。店铺 5 间。古迹 88 间，古迹 1 座价值 1 万元法币。小学 8 间房、4 所，2 层楼。人力资源 2012985 个工。

间接损失：粮食 3267 万斤，赈灾款 30 万元边币，房屋 432 间，枪 3560 枝。

居民财产损失。

土地 54270.2 亩。房屋 140643 间。树木 763180 棵。牲畜 92026 头（只）。粮食 313446584 斤，庄稼 676756 亩。服饰 82699 件（套）。生产工具 67980 件（套）。生活用品 588582 件（套）。砖 590.9 万块，金条 20 根，铁 44 万斤，柴草 2.3 万斤，1044358 块银元，4.4 万元边币，伪币 25120 元。瓷器 10 件，檩 100 根，苇薄 1 垛，粉条 2 包，洋线 2 包。船 3 只。大车棚 2 间。郑板桥画 1 张。

（7）保定市财产损失情况。

保定市位于河北省中部。西踞太行山脉，与山西、张家口接壤；东临"华北明珠"白洋淀，与廊坊、沧州为邻；北扼京津，素有"京都南大门"之称；南接冀中平原，与石家庄、衡水相连。保定作为冀中地区的政治、经济、文化中心，与京津呈三足鼎立之势，地理位置重要。

1937 年 7 月，卢沟桥事变爆发，抗日战争全面展开。自 7 月底，日军连续向保定城内进行狂轰滥炸，9 月 16 日，日军飞机轰塌西门北城墙一段，保定火车站的月台、站房均被炸毁，17 日晨 6 时，日军飞机 13 架再次飞临保定上空，市内最繁盛的西大街商业区成为主要轰炸目标，许多楼房中弹倒塌，许多居民惨遭其祸。24 日，保定城沦陷。日军侵占保定后，其铁蹄开始在保定的广大农村肆意践踏，并且以古往今来少有的残酷手段，推行灭绝人性的烧光、杀光、抢光的"三光"政策。日军在侵占保定期间，不断进行大规模的烧杀抢掠，给农业生产和农民造成极大的破坏和摧残。据满铁调查部对平汉路沿线的涿州、保定、徐水等地的不完全统计，小米、棉花、高粱及各种农作物收成平均损失达近 60%，各种牲畜、家禽、车马、农具被掠和强征达 70%—80% 以上，农舍民房破坏严重。日军侵占保定，对一些工厂以"军管"名义强行劫夺。先后实行物资统制和物价统制，从钢铁、棉麻、煤炭等生产物资到粮油、布帛、盐碱乃至火柴等生活资料，概加管制。日用必需品按户籍微量"配给"。尤其日方推行"强化治安"时，民营工商户更是朝不保夕，加上日、伪军政人员及维持会、商会、新民会等组织，以多种名义，随时筹资敛款、收缴物资、拉兵派夫，致民营铺户整日惊惶不安。1944年因无法经营而陆续歇业者达225户，工业日趋衰退。明、清时期，保定的棉纺织业已开始兴盛。到1937年七七事变前，保定城内拥有布机1500多台，从业人数达2000多名，年产布3万匹。保定被日军侵占后，纺织业开始衰落，到1948年保定解放前夕，全市仅有纺织作坊9家，布机231台。

日军在进行军事进攻的同时，还疯狂进行经济掠夺。日军侵占保定后，大部分商店被洗劫一空。东大街同和兴麻绳铺、转运业同茂隆、全胜公、庆纪、忠义、玉丰永，西大街中英药房、中外制药局等被查封。日军还在保定周围乡村大肆进行经济掠夺。清苑县王盘镇是有4家杂货铺、3家绸缎庄、6家饭店、2家银楼、2家客栈，还有鞋店、盐店共28家商号的大集镇，资本总额达20多亿元（币种不详）。日军侵占张登（距王盘十几华里）后就对王盘商号进行了6次赤裸裸的抢掠，致使22家商号倒闭。据1947年9月统计，资本总额锐减到386万元（法币），损失总计706190万元（法币）。抗日战争前夕，保定的布纱、杂货、煤炭、五金等行业较为发达。布纱业100多户，其中25人以上的专营批发商就有17户。1934年，保定（含清苑、满城县）有商店2098家，全年行销纸烟10.7万箱，煤油20.4万桶，清苑销洋布（平布）80万匹，电料2000万件。1936年清苑县输入面粉45.5万袋，输出40万袋。日军侵占保定后，扩大统税征收范围，更有甚者捐比税大。据1944年工商联合会底册记载，保定全年纳税86万元（币种不详），而交捐为3367万元（币种不详）。1938年10月，日伪设立伪中国联合准备银行，总行在北平，在保定设立中国联合准备银行保定分行。银行成立之初，即在保定发行300多万元（币种不详）。日伪为榨取被占领区人民的血汗，滥发纸币，实行通货膨胀政策。据统计，伪中国联合准备银行1933年底发行联银券1.62亿元，1941年增至9.66亿元，1944年增至162.25亿元，到1945年被接收时发行额高达1951亿元。

另据《华北大扫荡》记载，仅1941年秋季反"扫荡"中物资损失，满城、徐水、定兴、阜平、曲阳、唐县、完县、定北、望都等县不完全统计，烧毁房屋 14351 间，损失 117738 元票洋①，粮食 10986839 斤，用具 122526 件，农具 25483 件②。据解放区 1946 年 6 月 18 日《曲阳县八年来被敌人烧杀损失调查表统计》（原件总题目为《曲阳县抗战八年来损失灾情报告》，其中包括以下 6 个损失调查统计表，时间均为 1946 年 6 月，作者均为曲阳县救灾委员会，以下损失调查统计表就不再一一注明）记载，被敌人烧毁房屋 80102 间，损失衣服 1390395 件，抓壮丁抓夫 4018616 个。《曲阳县八年来农副业损失调查统计表》记载，损失农具 496938 件，耕畜 8781 头，家禽 107883 只，家畜 77885 只，堡沟墙占地 42100 亩，粮食 143705616 斤，另外还有蜂群、纺车、粉房、油房、磨房、纸房等的损失。其他的损失如《曲阳县八年来工矿业损失调查统计表》《曲阳城内商业损失调查统计表》《曲阳县八年来文化教育损失调查统计表》《曲阳县八年来交通工具损失调查统计表》等等都有详细记载③。解放区统计 1941 年《秋季反扫荡中敌寇抢烧群众物品调查表》（作者为中共晋察冀北岳区一分区地委，时间为 1941 年 11 月）记载，易县损失衣服等 461619 件，布匹 35525，棉花 5373，房屋 1015 间，粮食 120307 斤，小米 5000 斤，小麦 3193 斤，杂粮 8842 斤④。国民政府 1946 年 1 月有关《涿县第一区境内沦陷之际损失调查概况表》记载的项目多达 56 项，其中房屋 330 间，粮食 1581640 斤，棉花 261539 斤，麻子 18864 斤，甘草 178317 斤，现款 2.5 万元法币，砖 357305 块，铜 1043 斤，铁 211 斤，人力车 3 辆，缝纫机 2 架，纸 48000 张，首饰 154 件，表 40 只，医药费 4.5 万元法币，埋葬费 2500 元法币，药品器具约 15 万元法币，制服器物约 20 万元法币，板凳 270 条，铜盆 91 个，被褥 3845 条，大车 150 辆，粮食 1581640 斤，钟 40 只，衣服 6514 件等⑤。据《安国县志》（安国市地方志编纂委员会编，方志出版社 1996 年版）记载，日军侵占安国后，境内有 354 户企业倒闭，财政税收损失 122.99 万银元。据《河北省定县专区阜平县抗日战争期间寇灾损失统计表》（1947 年 9 月，原件未署作者）统计，阜平县

---

① 此处损失票洋金额，引自中央档案馆、中国第二历史档案馆、吉林省社会科学院编的《日本帝国主义侵华档案资料选编·华北大"扫荡"》（中华书局 1998 年版）一书第 488 页中一九四一年秋季反"扫荡"物资损失统计表的记载。该书没有对票洋进行说明。票洋是何种货币，其发行情况及与当时主要货币的比值情况至今未查阅到相关资料。

② 中央档案馆、中国第二历史档案馆、吉林省社会科学院编：《日本帝国主义侵华档案资料选编·华北大"扫荡"》，中华书局 1998 年版。

③ 曲阳县救灾委员会：《曲阳县抗战八年来损失灾情报告》，1946 年，曲阳县档案馆藏档案，档案号：革命历史档案第 14 号卷。

④ 《一九四一年秋季反"扫荡"总结》，河北省档案馆藏档案，档案号：72-1-4-1。

⑤ 中国第二历史档案馆藏档案，档案号：257-368。

被日军直接掠夺粮食 159095306 市石，因敌破坏减产粮食 249163 市石，损失羊 39259 只，房屋 25432 间①。顺平县档案馆藏《抗战时期各种数字统计表》（1943 年至 1945 年，原件未署作者）记载，损失工商业织布机 1132 辆，纺车 8180 辆，烧酒坊 2 座，康房 7 座；文化教育损失：学校房屋 914 间，教学仪器 5929 件，失学儿童 9260 人；交通损失：大车 510 辆，小车 1909 辆，脚踏车 269 辆；人力资源 17112366 个工②。保定市其他损失，依据 1986 年征集的抗日战争时期和解放战争时期各种损失调查统计，还有《完县支队抗日斗争略史材料》（晋察冀抗日斗争史编辑委员会三分会，1983 年内部印制）以及各县市志等文献记载。由于各种原因，保定市档案资料极度匮乏，因此，近三分之二的县（市）不得不使用 20 多年前的口述资料及当前实地调研的数据，全市 320 多个乡镇、6270 多个行政村，每个村都有调研人员在走访，在记录，力求这次调研工作的完整性和彻底性。

总之，经过认真分析论证，最后形成的保定市抗战时期财产损失数据如下：

社会财产损失。

直接损失：工业，3 个香厂，4 个炭窑。水车 1 架，小车 334 辆，织布机 18 架，纺车 2236 辆，铁锅 5000 多个，盘元钢等 6835 斤，铁板等 32476 斤，铅丝 15069 斤，榔头 4 个 40 镑，平铅铁 50 张，新砖 10 万块，新瓦 3 万块，条石 20 丈，白灰 2 万斤。铅钢管 11 根，高升吸水机 1 件。县立工厂及恒记工厂：铁轮机 8 个、织机 6 个、轴车 11 辆、芙车 7 辆、整径机 2 台。煤井 12 口、发动机一台、球磨 2 台、水泵 1 个、锅炉 2 个，细磁窑 3 座，铁棍 3000 根，灰窑 14 座。2308550 元法币、10 万元法币，300.3 万美元。其他损失，敌伪抢掠征索 8902280 万元边币。

农业，土地 375584 亩，粮食 16945730 斤，小麦 1190854 市担，杂谷 38 万市担，1 个容纳万斤粮食的粮店。为支援抗战，八年来共征集公粮 1600 万斤。圆木长 1 公尺至 3 公尺中径 20 公分至 20.5 公分，共用 1.5 万根，木板长 1 公尺至 2 公尺厚 5 公分至 3 公分共用 2 万块。55700 万元法币。林业，毁林 1709 亩，178321 棵，25 公分直径的大树，果树 108640 棵，其他折价 456940919 元边币。牧业，损失 11 个牧场，8 间房屋。农事试验场，大车一辆、骡驴 2 头、水车 1 辆、牲畜 15 头，其他折价 20 万元边币。

---

① 阜平县档案馆馆藏档案，档案号：总 60 卷宗第 20、21 卷。
② 《抗战时期各种数字统计表》，顺平县档案馆馆藏档案，档案号：革命历史档案第一号卷一类一号。

教育，学校 303 所，房屋 4083 间，家具 13903 件，图书文具 23287 件，桌凳 2773 把，教具 58 个（包括风琴、科学仪器），体育用具 5 个，石印机 6 架。图书 178690 册；教学仪器 5929 件；失学儿童 9260 人。37.5 万元法币。文化文物，戏服 4 套、8 箱，古钟 2 座，铜佛 72 座，金佛 1 座，寺庙 45 座，古庙 251 间，教堂 8 座，文物 7000 万元人民币，损失 1 个唐代时期的大古钟，拆陵 2 座，毁古塔 1 座，损毁寺庙、教堂、供销社 7 处，文物 1 件（永乐沙石佛），经卷 5 万部，两个戏班子全部道具、服装。

交通，道路 12 公里，村路 4 里，桥梁 9 座，4.435 公里铁路，挖掘县界封锁沟 130 华里，乡间公路 18 条。损坏 500 米长的 1 节铁轨，大车 600 辆，小车 1909 辆，脚踏车 861 辆，车子 2 辆。1 万元法币。商业，损坏 550 间商业门脸，354 户企业倒闭，商铺 50 家，织机 68321 台，商店 198 家，桌凳椅 200 套，中外制药局 7181 万元法币，中药房 2 家及全部中药，纺车 8180 辆，烧酒坊 2 座，糖房 7 座，商店 2 家（其中药铺 1 家、商铺 1 家），粮庄 1 座，捐献现金 3257376 元法币，5137886.05 元法币，200 万元法币，面粉 200 万袋，小麦 65275 市担，麻袋 32576 条，损失 10452.7 万元边币，175897 万元法币，24653309 银元。财政金融，86 万元法币，137.615 万元法币，钱庄 2 座。邮政，邮袋 180 个，邮包 75 个，天平 2 个，用具 150 个，电话机 11 部，1337239.5 元法币。公共事业，牢狱 1 座，容城建立碉堡据点 32 处，1544697 元法币，182882550 元法币。军城白求恩墓和纪念塔遭日军的严重破坏。人力资源 171381286 个工。

间接损失：工业 57110575.4 元法币，30 余家大小染坊，50 余家印花厂；农业 6200 万元法币，8977 石粮食，交通 1 万元法币；药业 97281.505 元法币，3417 万元法币，60 多家布线庄、布店全部停业倒闭，资金损失达二三千万元以上，其他 108976 元法币，1946090 元法币，铜 10 斤；金融其他 166 万元法币；教育 1491.51 元法币；公共事业机关 5948653.8 元法币，86640 万元法币，谷米 9 石；其他 250 元法币。

居民财产损失。

土地 1095283.79 亩，830 亩庄稼被毁，庄稼 13660 亩，粮食 159367728.5 市石，3383595 斗，13364185 担，284255842470 斤。房屋 653351 间。牲畜 1432132 头（只），生产工具 3175558 件，被服 7868121 件，生活用品 4837022 件。树木 3331088 棵，100 亩树木被毁，服饰 18109228 件，铜钱衣物布匹 110 车，古字画 120 幅、瓷器 40 件。其他物品 12187 件，核桃 28750 斤，梨 1.5 万

斤，蜂 54 箱，车棚 1 间，干柴 30780500 斤，柴禾 5 万斤。猪油 200 斤。支前人力 3966 次，军鞋 34606 双，军衣 2000 件，军袜 600 双，军粮 1 万斤。鸡蛋 18438 斤，278152 个。果类 555720 斤；蔬菜 471917 斤。油 22777 斤，棉 172604 斤，木门扇 2000 块。絮棉 172 吨，木料 2137000 立方尺，木材 2622.8 立方米，房木料 11 间，木材 10 方；木头 2661 根，洋钉 34 吨，棉花 3847120 斤，棉布 350 匹，布匹 775018 尺，177.7 万公尺，4883.5 匹，抢烧土布 140 匹，柿子 4000 斤，金银首饰 9 件，铜钱 4 桶，蜜蜂 35 箱。车棚 3 间，砖 10213962 块，花生 91250 斤，大枣 480 斤，柿子 2150 斤，烟叶 150 斤，柴草 234200 斤，蜜蜂 15 箱，镐 433 把。修炮楼抢土坯 21.5 万块，摊派食油 2410 斤，肉 4500 斤，抢财物 410 大车（粮和物）。铜钱一箱，不明物品 2002 件，棚子 3 间，院子 3 个，麻子 18864 斤，荞麦 3000 斤，谷子 4800 斤，甘草 178317 斤，被服 10359 件，线麻 1100 斤，首饰 155 件，枣 5 万斤、30 余石。棉被褥 547 床，门 220 扇，砖墙 13.7 丈，包金镯 4 付，大沙杆 2230 根，苇席 2402 领，竹杆 195 根，灌绳 247 条，四二线 25 斤，木箱 2 个，白线 7 块，土白线 50 斤，加倍青 1 桶，硫化碱 3 桶，白灰 3 万斤，青灰 6000 斤，麻刀 6000 斤，麦糠 1 万斤，滑秸 5000 斤，苇箔 200 块。大枪 232 支，土炮 50 尊，子弹 11900 发。铜 1949 斤，铁 211 斤，纸 4.8 万张，煤 785905 吨，抢陈甲凯字画 1 幅，明清字画 20 幅，大洋 113580 块，917225 元法币，边区票 554574789 元，伪币①15119509 元，人民币 2340.1 万元，支前捐款 3592976 元旧币，中日联合银行币 172660 元，200061900 联合币，另有 102 万元不知系何币种。

（8）沧州市财产损失情况。

沧州地处华北中部，北靠京津，东临渤海湾。日军占领京津后，南下侵占沧州。在日军占领期间，给沧州人民造成了巨大的财产损失。根据 1946 年《渤海区第一专署战争损失损害统计表》（1946 年，原件未署作者）② 和冀中《八专区八年来敌伪烧杀抢掠统计表》（1946 年 3 月 25 日，原件未署作者）③ 及 1985 年 5 月《任丘县抗日战争时期各类情况统计表》（中共任丘县委党史资料征集委员会制表）④ 中的任丘市财产损失情况，合计如下：社会财产损失，农

---

① 伪币，系 2006 年河北省"抗损"课题实地调研中，由地方群众提供资料及相关情况时反映的币名。此币名究竟指何币种，其发行情况及与当时主要货币的比值情况至今未查阅到相关资料。
② 山东省档案馆馆藏档案，档案号：34-1-159-1。
③ 武强县档案馆馆藏档案，档案号：1-1-3。
④ 原件存中共任丘市委党史研究室。

业，14875498 亩。交通，桥 2 座。教育，师范 1 所。人力资源（抓夫要工），132559274 个（工）。其他，城墙 4 座。居民财产损失为，房屋 185023 间。树木 522100 棵。禽畜 2233577 头（匹、只）。粮食 1934906252 斤。服饰 8714186 件。生产农具 2280472 件，大车 2763 辆，小车 887 辆。生活用品 1546337 件。另外，任丘县被抢东西 200 余车，据《渤海区第一专署战争损失损害统计表》（原件未署作者、时间）记载，敲诈勒索款数 20706 万元（币种不详），棉花 3904.3 万斤，花生 10715600 斤，油 134.3 万斤，铁 1749 万斤，金银 14940，自行车 4970 辆。

沧州市在实地调研中，得到社会财产损失情况：交通，桥 13 座，店铺 14 个。文物 1 件（明代石雕）。古迹包括古庙 7 处、尼姑庵 1 处、清真寺 2 处、祠堂 10 处、天主教堂 10 间。教育，小学 14 所。居民财产损失为，古瓷画 19 件，古书画 1 箱，船 42 只，凌爬 13 只。

综上所述，沧州市抗战时期财产损失总的情况如下：

社会财产损失。

农业 14875498 亩。交通：桥 15 座。教育：师范 1 所、小学 14 所。商业：店铺 14 个。文化：文物 1 件（明代石雕），古迹包括古庙 7 处、尼姑庵 1 处、清真寺 2 处、祠堂 10 处、天主教堂 10 间。人力资源：132559274 个工。其他：城墙 4 座。

居民财产损失。

房屋 185023 间，树木 522100 棵，禽畜 2233577 头（匹、只），其中牲畜 71371 头（匹）、猪羊 221783 头（只）、鸡 1940423 只。粮食 1934906252 斤。服饰 8714186 件。生产工具 2280472 件，大车 2763 辆，小车 887 辆。生活用品 1546337 件。任丘县被抢东西 200 余车；《渤海区第一专署战争损失损害统计表》（1946 年，原件未署作者）记载，敲诈勒索款数 20706 万元（币种不详，1946 年统计），棉花 3904.3 万斤，花生 10715600 斤，油 134.3 万斤，铁 1749 万斤，金银 14940（单位不明），自行车 4970 辆，古瓷画 19 件，古书画 1 箱，船 42 只。

（9）衡水市财产损失情况。

衡水市位于河北省东南部，东南与山东接壤。1937 年七七事变后，日军占领平津，沿津浦线南下。9 月 26 日日军飞机轰炸景县县城，开始对衡水全境进行侵占，直至抗日战争结束，日军在衡水进行了八年的残暴统治。连续进行"扫荡""清剿"，推行"三光"政策，致使衡水人民的财产遭到了极为严重的损失。据 1946 年 3 月解放区《冀南第五专区各县八年来遭受敌灾损失调查统计表》(1946 年 3 月 15 日，原件未署作者)①、《六专署八年来敌伪烧杀抢掠统计表》(1946 年 3 月 3 日，原件未署作者)② 和《七专区几种灾情初步统计》(原件未署作者、时间)③ 与《八专区八年来敌伪烧杀抢掠统计表》(1946 年 3 月 25 日，原件未署作者)④ 统计，抗战期间衡水市各项财产损失为：

社会财产损失。

粮食 1124156155.6 斤，土地 16340434 亩，救济粮食 1202349 斤，淹没资财 162686869 元法币，苛税杂捐 1074393731 元法币，伪钞流通 280548851 元法币，敲诈 40844216889 元法币，勒索 10295882818.95 元法币，教育，图书 11200 册，2 所小学，乡师 1 所，学校仪器 5 件，桌椅 10950 件。天主教会桌椅 8 件，房屋 67 间。人力资源 36756989 个工，老石桥 1 座。

居民财产损失。

粮食 515994536.7 斤，房屋 277488 间，土地 1459409 亩，资财损失 4124330576 元法币，禽畜 98898 头，农具 21719243 件，棉花 4313725 斤，五金 12669033.5 斤，木材 750988 根，门窗 8996 件，生产工具 7163 件，生活用品 9126 件，其他：棺材 4 口，3 间房木料，木料 6 方，水车 1825 辆，衣服被褥 1285705 件⑤。

(10) 邢台市财产损失情况。

邢台市地处河北省南部的太行山脉东麓，西边与山西省毗邻。1937 年 10 月 10 日，日军空袭临城县城和邢台城区、郊区，开始对邢台各地进行狂轰滥炸，随后，沿平汉线南下，占领邢台、隆尧、临城等地。在不到 3 个月时间里，日军就侵占了邢台大部地区。日军所到之处，烧杀抢掠，无恶不作。在侵占的

---

① 河北省档案馆馆藏档案，档案号：40-1-18-5。
② 河北省档案馆馆藏档案，档案号：136-1-25-2。
③ 河北省档案馆馆藏档案，档案号：10-1-5-1。
④ 武强县档案馆馆藏档案，档案号：1-1-3。
⑤ 河北省抗战损失课题调研组发现，衡水市所用的档案中有的汇总数字是错误的。如《冀南第五专区各县八年来遭受敌人损失调查统计表》(1946 年 3 月 15 日，原件未署作者) 记载，衡水市所辖 6 市县被敌人占有荒芜土地 828738 亩，实际应为 1360539 亩；被抢粮食 35887142 斤，实际应为 35887194 斤。麦 14814888.3 斤，实际应为 14811808.3 斤；棉花 6113625 斤，实际应为 4313725 斤。另外，据 1946 年 3 月 25 日《八专区八年来敌伪烧杀抢掠统计表》(原件未署作者) 记载，饶阳、武强损失被褥分别为 386127 件和 307722 件。1946 年 3 月 3 日《六专区八年来敌伪烧杀抢掠统计表》(原件未署作者) 中记载：深县和冀县损失被服分别为 424680 件和 139268 件。将故城县损失服饰 10010 件以及饶阳、武强、深县和冀县损失衣服被褥 1275695 件进行汇总，共计 1285705 件。

8年时间里，据不完全统计，共制造了80余起惨案，致使邢台人民遭到了十分严重的财产损失。

社会财产损失方面，据国民政府进行的《河北省各县农业损失估计表》（原件未署作者、时间）① 所涉及的邢台市15个县（市）来看，八年农业损失价值622925000元法币。另外，通过实地调查，林业、渔业和牧业的相应损失为，树木16766棵，牲畜2581只；鱼类2500斤。工厂方面损失，从档案《南宫旧城几个工厂业被敌伪破坏损失情形调查统计表》（原件未署作者、时间）②、《被敌破坏工业建设损失调查统计表》（原件未署作者、时间）中我们了解到，南宫市和桥东区工业损失情况，两地损失工厂23家，价值6218.1万元法币。据档案1946年3月《第一专区各县工业商业矿业损失统计表》（原件未署作者）③，对临城县的工业损失估值为300万元法币（1946年3月时的币值）。以上三地的工业损失共计6518.1万元法币。矿业损失方面，据国民政府1947年3月统计，1938年9月10日日军强迫没收河北省内邱县西邵明裕华煤矿财产损失报告单④及1946年9月统计《冀西十县八年来损失目前急需救济和恢复的需要》（1946年9月8日，原件未署作者）⑤ 和1946年统计《邢台县八年敌灾损失调查》（原件未署作者）⑥，内邱、临城、沙河、邢台县等矿业损失价值1013016162元法币。商业方面，只有邢台县、沙河市、临城县、内邱县等冀西四县和桥东区的调查统计表有相关记载，数量为246家（桥东区），共计211124764150元法币。邮电电讯上的损失，据《河北省电信管理局旧属之机关暨所属人员抗战期间损失财产报告单》（河北省电信管理局，1946年8月9日）⑦ 统计，巨鹿、南和、南宫、隆尧、广宗、内邱、任县、宁晋、清河、新河和邢台办事处等11个地方损失总机、话机共20部，磁瓶26700个，铜线3.1万磅。共值2.3万元法币。

交通损失，据实地调查，邢台市被日军毁损桥梁12座，木桥2座，官船1条。教育损失，据南宫县《被敌破坏工业建设损失调查统计表》（原件未署

---

① 河北省档案馆馆藏档案，档案号：618-2-1386。
② 南宫市档案馆馆藏档案，档案号：6-9-27。
③ 山西省档案馆馆藏档案，档案号：A128-2-7-10。
④ 河北省档案馆馆藏档案，档案号：618-2-1383。
⑤ 山西省档案馆馆藏档案，档案号：A164-1-19-1。
⑥ 邢台县档案馆馆藏档案，革命历史档案第24号。
⑦ 河北省档案馆馆藏档案，档案号：618-1-832。

作者、时间)①、《南和县文化教育事业损失统计表》(1946 年 6 月 8 日，原件未署作者)②、《邢台县八年来敌灾损失调查》(1946 年，原件未署作者)③以及其他档案记载和实地调查，邢台市八年日伪当局祸害教育事业造成的损失有：小学（包括初小、高小）309 所，另有 480 间校舍。中学 1 所，价值 33103500 元法币。中专 3 所，价值 21226798072 元法币。其他方面，档案记南宫被毁 2 座县学，图书馆被毁房屋 7 间④，南和被毁 1 座图书馆，共值 145 万元法币。机关部门方面损失，南宫和桥东区的档案上分别有记载，共有 8 座，另外有 333 间房屋毁于日军之手。事业单位方面，共有 28 家，其中有 5 家医院和 1 座教堂。

文化古迹损失则全部通过实地调查而来，损失 26 处古迹和 7 座牌坊。财政、金融损失，日军占领期间，邢台各地的税收大都流入日伪政权手中，社会财政因此蒙受了极大损失。据 1946 年太行区所做的《第一专区各县对敌负担统计》(1946 年 3 月，原件未署作者)⑤，邢台（东）县、内邱、临城等三县八年来对敌负担款项高达 246863218 元法币，可以理解为被派征的赋税数。冀南四专署"被征税款"一项，各县分别为广宗 4180 万元，威县 4880 万元，隆尧（隆平）2460 万元，新河 3280 万元，南宫 4380 万元。共计 19180 万元法币。桥东区财政损失为 2847580285 元（包括出款、伪钞、集款等）。以上各项合计总数为 3286243503 元法币。人力资源损失是社会财产损失的一个重要方面。根据《第一专区各县对敌负担统计》(1946 年 3 月，原件未署作者)⑥、《六专署八年来敌伪烧杀抢掠统计表》(1946 年 3 月 3 日，原件未署作者)⑦、《南和县民力消耗调查表》(1946 年 6 月 8 日，原件未署作者)⑧、《邢台市群众战争损失统计表》(邢台市政府，1946 年 3 月 19 日)⑨ 和冀南四专署五个县的统计表及实地调查，邢台市被征劳役的人数为 58214468 个工。

关于居民财产损失，据《冀西十县八年来损失目前急需救济和恢复的物

① 南宫市档案馆馆藏档案，档案号：6-9-27。
② 南和县档案馆馆藏档案，档案号：5-2-1-3。
③ 邢台县档案馆馆藏档案，革命历史档案第 24 号。
④ 南宫市档案馆馆藏档案，档案号：6-9-27。
⑤ 山西省档案馆馆藏档案，档案号：A128-2-7-10。
⑥ 山西省档案馆馆藏档案，档案号：A128-2-7-10。
⑦ 献县档案馆馆藏档案，档案号：008-001-001。
⑧ 南和县档案馆馆藏档案，档案号：5-2-1-3。
⑨ 邢台市档案馆馆藏档案，档案号：017-001-121。

资需要》（1946年9月8日，原件未署作者）〔注：此件在一些人口伤亡数据上有不准确之处，但不能以偏概全；在《太行区八年来抗战被敌直接残害与间接影响下死亡之人口统计》（1946年2月26日，原件未署作者）没有记载财产损失的情况下，它还是研究财产损失的重要依据〕、《冀南第四专署南宫县八年敌祸天灾调查统计表》（原件未署作者、时间）、《广宗县敌祸天灾损失调查统计表》（1946年3月1日，原件未署作者）、《冀南第四专署新河县八年敌祸天灾调查统计表》（原件未署作者、时间）、《冀南第四专署威县八年敌祸调查统计表》（原件未署作者、时间）、《冀南第四专区隆平县八年敌祸调查统计表》（原件未署作者、时间）、《南和县财产损失调查表》（1946年6月8日，原件未署作者）①、《六专署八年来敌伪烧杀抢掠统计表》（1946年3月3日，原件未署作者）、《清河县日伪灾祸财产人口损失调查表》（原件未署作者、时间）和《邢台市群众战争损失统计表》（邢台市政府，1946年3月19日），及相关实地调查结果，邢台县等13县（市、区）抗战时期居民财产损失项目统计如下表所示。

---

① 南和县档案馆馆藏档案，档案号：5-2-1-1。

县别＼类别	土地（亩）	房屋（间）	树木（棵）	粮食（斤）	畜禽（头、只）	备注
邢台县	20278	59839	101482	1711304 石	44324	冀西四县粮食损失档案数折米后以石计。邢台县土地损失数根据《邢台县八年敌灾损失调查》而来（1946 年，原件未署作者）
沙河市	10350.09	42154	58660	1014520 石	39238	
临城县	5234	12139	42356	485266 石	22228	
内邱县	9750.6	18484	78953	390343 石 + 42038300 斤	157852	
南宫市	203035	22557	113882	104439493	385440	
广宗县	403000	18154	27813	58938000	362840	系遭受蝗灾的亩数
新河县	152336	16892	85280	103166908	288640	
威县	6122	25132	126884	116350668	428988	
清河县	7381.4 亩 + 10326 万元	3249 间 + 3819.47 万元	61780 + 37000 元	454853 石 + 8 斗 + 15 袋 + 1 石 + 5965234 元	1770 头 + 2035690 元	
桥东区	36683.16	3908	—	2823136	769	土地数包括被征用和荒芜数
隆尧县	10227	14133	67660	59479825	223280	
宁晋县	199119	22781	77988	75505146	112369	
南和县	97640	6255	4939	69789152	5100	"畜禽"只系牲口
合计	1161156.25 亩 + 103260000 元	265677 + 38194700 元	10732252 + 37000 元	389412259 + 3601434 石 + 15 袋 + 8 斗 + 5965234 元	2302051 + 2035690 元	

邢台县等 13 县（市、区）抗战时期居民财产其他项目损失统计如下：

类别	数量
棉花	2222786 斤
服饰	2569232 件，被子 154229 床，布匹 94.5 丈另 700 匹，另折 19930339 元
生产工具	生产工具 472021 件，另有大车 6880 辆
生活用品	1641789 件，另折 1409018100 元
被敲诈勒索	725796300 元
其他	蜂 1068 窝；珠宝 8002 件，玉镯 1 对，另有折价 5000 元法币；自行车 132 辆；羊绒 10 吨；麻布 850 匹；药品 945 件，中药 3000 斤；椅子 1420 把，桌子 477 张；食用油 14600 斤，棉油 35 斤；食盐 68440 斤；古籍 230 本；被抢银元 59430 块，铜钱 40 万贯，大洋折价 18169960 元法币，法币 7216583 元；烟 200 斤；酒 7000 斤；鸡蛋 4000 斤；蔬菜 139000 斤；砖 1908600 块；船 2 条；渔料 25 斤；铁 100 斤；枪 2 支；麦垛 18 个；席 800 令；其他如麻、药品等 2366 件

需要说明的是，"其他"一栏项目繁杂，主要来源于清河县和桥东区档案及本次实地调查。对于威县的两种档案，以早出的档案为依据，但参考 1974 年表，补充进了被褥损失 92021 条。

邢台市其他各县的居民财产损失如柏乡、巨鹿、任县、临西、平乡等，主要是实地调研的结果，计有：土地 547236 亩，房屋 131027 间，树木 250708 棵，畜禽 111671 头（只），粮食 110350941 斤，服饰 37659 件，生产工具 18210 件，生活用品 183513 件，金银珠宝 2697 件，其他 2366 件，食用油 8.9 万斤，食盐 50300 斤，蔬菜 13.9 万斤，大洋 2000 块。

综上所述，邢台市在八年日军占领期间，遭受了重大的财产损失，总计主要有：

社会财产损失。

直接损失：农业价值 62292.5 万元法币。通过本次实地调研，公用土地损失 84537 亩，粮食损失 2388350 斤，损失树木 16766 棵，损失牲畜 2581 只，损失鱼类 2500 斤。工业损失 6518.1 万元，工厂损失 184 家。矿业损失 1013016162 元法币，23 家，被征铜铁 768244 斤。商业损失 211124764150 元法币，253 家商铺。邮电损失总机、话机共20部，磁瓶26700个，铜线3.1万磅，共值2.3万元法币。实地调研交通毁损桥梁12座，木桥2座，官船1条。教育，小学（包括初小、高小）306所，另有480间校舍。中学1所，价值33103500元法币。中专3所，价值21226798072元法币。被毁2座县学、图书馆房屋7间、1座图书馆，共值145万元法币。机关部门损失8座，另外有333间房屋。事业单位损失28家，其中有5家医院和1座教堂。文化古迹方面，损失26处古迹和7座牌坊。财政金融损失3286243503元法币。人力资源损失58214468个工。

间接损失：土地62680亩，粮食1000斤，文物1处，小学3所。

居民财产损失。

土地1708392.25亩，房屋396704间，树木10982960棵，畜禽2224509头（只），粮食1322601938斤，服饰（包括鞋）2606891件，被子155088床，布匹94.5丈另700匹，生产工具496984件，生活用品1825302件，另有1409018100元法币。其他方面，棉花2190446斤；蜂1068窝；珠宝8082件，玉镯1对，另有折价5000元法币；自行车132辆；羊绒10吨；麻匹850匹；药品945件，中药3000斤；椅子1420把，桌子477张；食用油14.6万斤，棉油35斤；食盐68440斤；古籍230本；被抢银元59430块，铜钱40万贯，大洋折价18169960元法币，7216583元法币；烟200斤；酒7000斤；鸡蛋4000斤；蔬菜13.9万斤；砖1908600块；船2条；渔料25斤；铁100斤；枪2支；麦垛18个；席800令；麻、药品等2366件，木材654方。另外，民众被敲诈勒索共计698121323元法币①。

（11）邯郸市财产损失情况。

邯郸市位于河北省南端，西倚太行山脉，东接华北平原，处于晋鲁豫三省交界。从1937年10月16日日军轰炸邯郸城开始，至1945年9月中旬日军投降撤出邯郸，八年来，日军实行的种种惨无人道的罪恶活动，使邯郸人

---

① 广宗县统计报告的畜禽损失数量为402840头（只），在统计时遗漏（见《广宗县敌祸天灾损失调查统计表》，1946年3月1日，广宗县档案馆馆藏档案，档案号：33-A2211419-1），应加上。另外还有：棉花数量统计错误，应将2222786改为2190446斤；被子应将154229改为155088床；生产工具将车辆统计入内，改为478774件，另有524350800元法币漏统计；被敲诈勒索数由725796300元应改为698121323元法币；珠宝由8002改为5385件；食用油14600改为57000斤；食盐由68440改为18440斤；食用油146000斤写成了14600斤，蔬菜139000斤和其他如麻药品等2366件放错了位置，应删除；漏统计宁晋县的木材654方。

民财产遭受了特别严重的损失。1946年3月1日，解放区调研的冀南第三专署《敌祸天灾损失调查统计表》（原件未署作者）①记载，鸡泽、广平、邯郸、成安、肥乡、永年、曲周、大名、魏县、元城（今已并入大名县）被烧毁房屋共276034间，被抢粮食522290960斤，被抢牲畜97775头，衣服被褥544944件，被抢鸡鸭4175390只，被毁器具4141029件，被毁树木1332517棵，被抢猪309470头，被抢羊24320头，被抢车辆25359辆，被征小麦8509.8万斤，被征杂粮66217万斤，被征棉花489.5万斤，被征钢铁2145080斤，被征税款55600万元法币，敲诈勒索6699万元法币。据1946年5月调查《磁县八年来战争损失及今后建设计划》（原件未署作者）统计，磁县工业损失20221910元大洋；矿业损失30603.6万元大洋；钢铁锡损失1098566斤；商业损失30897164.56元大洋；粮食损失3120580.3石；食盐损失27708812.5斤；封锁沟、炮楼占地损失4341亩；公路占地损失9160亩；人力资源损失32701562个工；对敌负担款219078481.8元大洋等。实地调研得到的损失为：林区损失400亩；树木损失113599棵；木材损失22方；鱼损失32吨；铁路损失9.7公里；文物、古迹损失78间房、5个石碑、2座庙；学校损失22间房；石料损失100立方；砖瓦损失12.1万块；水井损失2眼。根据《河北省公私文物损失数量及估价目录》（原件未署作者、时间）记载，邯郸市邮政方面的损失1342元法币②。据《中共太行区党委八年来日本法西斯摧毁太行区人民的概述》（中共太行区委，1946年）③和《涉县八年来战争损失统计表》（1946年5月、原件未署作者）④显示，涉县商业损失77425864元冀南币⑤。武安、曲周、魏县、磁县、峰峰矿区、馆陶、广平、经济开发区从实地调研中得到了社会财产损失的数据。居民财产损失，各县查档所得基本项目如土地、房屋、树木、粮食、禽畜、服饰、被子、生产工具等，制表如下：

---

① 河北省档案馆馆藏档案，档案号：35-1-81-16。
② 中国第二历史档案馆馆藏档案，档案号：212-1677。
③ 河北省档案馆馆藏档案，档案号：92-1-187-1。
④ 涉县档案馆馆藏档案，档案号：1-1-97。
⑤ 冀南币，由晋冀鲁豫边区政府的冀南银行发行的货币。1939年10月开始发行，流通于晋冀鲁豫边区。因边区内各地区不统一，在冀南币上还印有"太行""太岳""平原""鲁西"等字样，分区使用。1948年12月停止发行，按100元折合旧人民币1元的比价收兑。

序号	县别	土地（亩）	房屋（间）	树木（棵）	禽畜	粮食	服饰、被子	生产工具
1	武安	5887.78	11361	53433	牲口8514头，羊8410只，猪1148头，鸡45882只，蜂311箱	2977851石	1180857件	农具63810件
2	鸡泽	152510	13693	108681	229080头（只）	63420651斤	衣服被褥27664件	
3	邱县	3045	2779	2908	大牲畜403头，羊250只，家禽4841只，猪23头	745136斤	服饰852件，鞋10000双	生产工具397件，大车15辆，农机4件
4	永年		33072	116485	牧畜8288头，鸡鸭348992只，猪22310头，羊1874只	粮食4345728斤，小麦7158000斤，杂粮5600000斤	46592件	2247件
5	曲周	102543	37174		牲口13752头	38902123斤	674751件（条）	大车：1888辆
6	邯郸县		15264		牲畜5335头，鸡鸭230895只，猪14760头，羊2040只	70674965斤	30825件	车辆：1531件
7	肥乡	3578	12145	250848，经济林9亩	牛7955头，猪24983头，鸡鸭334920只，羊1707只	41892105斤	150115件	5346件
8	馆陶	7575	6916	33506	家禽36515只，牲畜1998头	1665711斤	9888件	6987件
9	涉县		179838	50000	9543只	57758329石	655760件	1111572件
10	广平	34625	5256	28868	31060头、只	364913斤	9652件	4284件，车13辆
11	成安	1659.5	32657	28813	53.19万只（头）	61766499斤	65936件	8387件，车3176辆
12	魏县	11931	57577	290681	鸡鸭870922只，牲畜20683头；羊3829只；猪64955头	109020473斤	116272条、件	771834件，被抢车辆：3594辆

序号	县别	土地（亩）	房屋（间）	树木（棵）	禽畜	粮食	服饰、被子	生产工具
13	磁县		22480		牲口4666头、猪羊5153头只、鸡20809只	359204.9石	1154482件	48814件
14	临漳	29500	178762	21937	132002头	2199806斤，粮食8车	1262542件、20条被子、嫁妆130件	11397件
15	大名县	164374	67568	341120	牲畜23913头、鸡鸭1022048只、猪81156头、羊5740只	303721632斤	衣服、被褥136448件	车6935辆
16	丛台区	520	1311	6601	21734只（头）	2480402斤	2648件	18514件
17	复兴区		978	4926	342头、猪946头、羊130、鸡鸭14801只	1851046斤	1976件	车辆98辆
18	邯山区		1096	5517	18166头	2073172斤	2213件	15474件
19	峰峰矿区	5101	7585	42617	牲畜1573头、家禽8029只	4545797石	369018件	15515件
20	马头		3636	7952	2213头	48146石	85393件	3591件
21	经济开发区	570	80	4240	牛85头、鸡2640只、骡子25头、猪6头		被子30条	纺织工具150台

实地调研也有部分比较详细的受害户主和村庄的损失，对档案数据起到印证作用，弥补档案资料部分项目缺乏的不足，加以采用。

综上所述，邯郸市依据档案文献资料和实地调研资料，汇总出全市抗战时期财产损失情况如下：

社会财产损失。

直接损失：工业损失，瓷窑 165 座，煤炭 199.3 万吨、煤矿设备 245 台，钢铁 1701366 斤、钢铁锡 1831304 斤，41976 万元法币、120418378 元冀南币、326257910 块大洋。农业损失，粮食 814296233 斤，棉花 1376614 斤。林业损失，树木 851527 棵，梨 4000 斤，22 方木材。牧业损失，2463 头（只）。渔业损失，250 亩、32 吨鱼。其他损失，756178.5 亩土地、因水旱虫灾绝收 1612957 亩、草 1 万斤、634 万元法币。交通损失，铁路 27.7 公里，公路 43 公里、土公路 5 条。其他，桥梁 6 座。商业损失，13200 万元法币、123551194 元冀南币、30897164.56 元大洋、门市 41 间，食用油 1500 斤、食盐 49157394.5 斤。财政损失，523136750 元法币，对敌负担 219078481.8 元大洋、5215 万元冀南币。文化损失，图书：10 万元冀南币。文物：陈于陛陵墓牌坊石人、石马，价值 10 亿冀南币、大铜佛 1 座价值 50 万元日币、5 个石碑。古迹：563 间、寺庙 7 处、凌霄塔 1 座、教堂 1 座。其他：3 处、78 间房、28 所。教育损失，小学：13982 间房、19 所。公共事业损失，18 个窑洞、2434 间房屋。邮政损失，1342 元法币。人力资源损失，94385403 个工。其他损失，烈士棺材费 24.27 万元冀南币、八路军供给处 1 处、银元 240 元、鸡蛋 500 斤、柴 2 万斤、生活物品 10030 件、29373 元法币、205440 块大洋、石料 100 立方、砖瓦 12.4

万块、水井 2 眼、126327724 元冀南币①。

居民财产损失。

土地 525344.28 亩；房屋 500029 间；树木 1349033 棵，经济林 9 亩；牲口 231121 头，羊 15570 只，猪 214292 头，家禽 2890641 只，牛 8040 头，骡子 25 头，禽畜 813774（头、只）；粮食（4953147.9 石、744424362 斤、8 车），小麦 715.8 万斤，杂粮 5600 万斤；服饰 4147941 件（条），鞋 1 万双；生产工具 912581 件，车 17250 辆；生活用品 178897795 件，首饰 12441 件，1317117133 元大洋；其他：5333397260 元法币，17173035720 元冀南币，1000 元鲁西币②，100 元日币（联合票），680 块大洋，棉花 2465776 斤，砖 3235600 块，布 23 匹，8600 米，4414.7 丈，被毁器具 193450 件，商业工具 53781 件，粮食衣物等 8 车，银器 20 件，钢铁 118859 斤，糖 1300 斤，蜜蜂 109 窝、麻子食油 10505 斤，鸡蛋 1280 斤，柿子 250 斤，木材 755 方，油蜜 80 桶，炮楼 4 座、6 支枪、7 眼井、医院和油房各一个。

---

① 河北省抗战损失课题调研组发现，邯郸市在汇总各县人力资源项目中，错误地将被征劳役数据和劳动日数据分开，由于二者是同一性质，因此没有采用其数据，而是分析研究各县数据。据 1946 年冀南第三专署《敌祸天灾损失调查统计表》记载，邯郸县被征劳役为 69450 个工。因当时邯郸县还包括现在的四个区，按照邯郸市确定的比例，邯郸县占 78% 计算应为 54171 个工，复兴区被征劳役 2480 个工；峰峰矿区的人力资源损失应为 32879810 个工作日〔注：峰峰矿区的情况比较特殊，其统计数据由三部分组成，即，档案资料《磁县八年来战争损失及今后建设计划》（1946 年 5 月，原件未署作者）记载人力资源劳役 10443090 工作日，因为档案资料数字中没有包括今峰峰矿区的和村镇、大社镇两镇的 28 个村和峰峰煤矿的数字，故在档案数字的基础上，加上了以上两镇 28 个村和今冀中能源峰峰集团有限公司统计的数字 1175 万个工作日、劳役 10686720 个劳动日，这样峰峰矿区的人力资源劳工总计为 32879810 个工作日〕；临漳县实地调研人力资源损失 123840 个工；魏县人力资源损失 50981 个工；成安县实地调研人力资源损失为 6013346 个工；广平县人力资源损失为 49600 个工；鸡泽县被征劳役为 26738 个工（鸡泽县，在分析过程中，将档案资料人口项中的被抓壮丁和被征劳役从人口伤亡表中析出，归列今日之财产表二中"人力资源"项；这种做法是错误的，省课题组在汇总时，只采用被征劳役的数据，即 26738 个工）；武安市人力资源损失 2198978 工时（有三个数据，全部为实地调研的数据；针对这种情况，省课题组经过与邯郸市联系，确认三个数据之间不存在重复问题，只是说法不同，进行了分列，因此武安的人力资源数据最后确认为三个数据之和，即，2198978 工时）。另外，有的档案资料和各市县数据有抄错的情况。如 1946 年 3 月 1 日，《敌祸天灾损失调查统计表》（原件未署作者）记载，魏县被征税款应为 111800000 元法币，错误的写为 11800000 元法币，敲诈勒索款应为 13975000 元法币，错误地写为 1397500 元法币。省课题组还补充了邯郸市邮政方面的损失 1342 元法币。

② 鲁西币（亦称鲁钞），由敌后抗日根据地冀鲁豫边区政府的鲁西银行发行。开始于 1940 年初，5 月首先在鲁西一带（山东西部与河北交界）流通。1941 年 9 月，鲁西区与冀鲁豫区合并后，开始在冀南区流通。1946 年 1 月，根据中共晋冀鲁豫中央局统一发行管理指示，鲁西币停止发行。

3. 河北全省财产损失

通过对上述全省 11 个市财产损失数据进行汇总、考证、补充和修订，得到抗战时期河北省社会财产的损失数据如下：

（1）社会财产损失。

社会财产直接损失。

工业类：工厂、作坊 2753 家，轧花厂 12 间，毁铁铺 6 间，抢铁货 400 吨。毁坏纱厂 1 座，磨房 3 处，工具 4304 件，损失织布厂、生活用品制造厂、大成烧锅等工厂 4 座。大兴纱厂共损失厂房 92 间，损失纱锭 2.5 万枚，钢丝车 70 台。71 家（60 家皮毛作坊停业，1 家化工厂被烧，日在宣化开 10 家工厂）。8 座瓮窑，12 个石灰窑停产。避雷机 16 台、高压变电器 8 台；另有钢锭 337 吨，钢材 998 吨。

矿业：煤炭 41571960 吨，大庙铁矿掠走高品位矿石 14.4 万吨。大庙特铁矿损失 30km 高线车，50km 高压电付送，100 辆小轨运矿车，大、小电动机（300HP）及其附件；双头山选矿场损失 1 米宽运送皮带 1.5 万米，电动开闭器及代器等 500 件，大小传动皮带 1 万米，各种油类 2 万加仑，各种电机 2 万 HP。莹石 71149700 公斤。金矿石 61500 吨。日伪开采矿区 49 处，黄金 12232 多公斤、3 万两，250 吨紫碱。损失 5 处煤矿，384 万吨矿石，2 万立方米云母矿石，22800 吨锰矿石，2 万吨矾土，3000 吨石灰，11 万吨铁矿石，1655679 吨水泥，4 个碳窑，矿业损失 23 家。

其他：烧棺材厂 2000 立方木材，9000 枚手榴弹，缸房 6 家，油坊、碾房各 1 座。37 万吨原盐，精盐 15635 袋，原盐 1500 市担，基地 72 亩，仓库、宿舍、办公室 30 间，仓库、宿舍、办公室 1406 平方米。麻袋 34000 条，生铁、炉条 300 根。耐火钢砖 2500 块，棕绳 3 根（每根 400 斤）。水井 2 眼，垫木 600 根，3 个香厂。水车 1 架，小车 334 辆，织布机 18 架，纺车 2236 辆，铁锅 5000 多个，盘元钢等 6835 斤，铁板等 32476 斤，铅丝 15069 斤，榔头 4 个 40 磅，平铅铁 50 张，新砖 10 万块，新瓦 3 万块，条石 20 丈，白灰 2 万斤，铅钢管 11 根，高升吸水机 1 件。县立工厂及恒记工厂损失铁轮机 8 个、织机 6 个、轴车 11 辆、芙车 7 辆、整径机 2 台；煤井 12 口、发动机 1 台、球磨 2 台、水泵 1 个、锅炉 2 个，细磁床 3 座，铁棍 3000 根，灰窑 14 座。被征铜铁 768244 斤。瓷窑 165 座。煤矿设备 245 台。钢铁 1701366 斤、钢铁锡 1831304 斤，120418378 元冀南币、326.3 万元大洋、326257910 块大洋、2752.84 万元联银币；10 万法币、1681346023.3 元法币、2860031.765 英镑、8902280 万元边币、721180 元满洲币、390115852.19 美元、107078 元人民币（根据实地调研折算的人民币近期币值）。

农业类：粮食 3170779927.6 斤，土地 34779944.45 亩，1 个容纳万斤粮食的粮店，八年来共征集公粮 1600 万斤，小米 8010 万斤。井 12692 眼，毁坏青苗 1500 顷。水灾减收粮食 63655 吨，谷 70 斗。农场 19 所，折价 9.8 万元满洲币，314 头牲畜，农业试验场 2 处，渠 27 道，造成粮、棉、枣减产分别为 170 万石、3.6 万石、86.7 万石。房 651 间，水车 3 架，棉花 1378614 斤，草 1 万斤，苗圃 1 处。蚕茧 6785 斤，蚕丝 0.76 吨，鸡蛋 126611 个，活牛 21808 头，葡萄 192 亩。178 座土坟，圆木长 1 公尺至 3 公尺中径 20 公分至 20.5 公分，共用 1.5 万根，木板长 1 公尺至 2 公尺厚 5 公分至 3 公分共用 2 万块。6379292299 元法币。170 万元人民币（根据实地调研折算的人民币近期币值）。

林业类：3 处林场 20 亩，180359 亩，树木 2755054 棵，8 万石木材，1000 亩果园，25 公分直径的大树、果树 108640 棵，梨 4000 斤，22 方木材。20750 元法币，456940919 元边币。

牧业：牲畜 76181 头（只），11 个牧场，8 间房屋。大车 1 辆，水车 1 辆，兽皮 31180 美元，64800 万元满洲币，20 万元边币。

渔业：鱼类 6.4 万斤，渔业 250 亩，200.2 万元法币。其他 49450 件。

商业类：损失商号店铺 5020 户，茶铺 6 间，盐店 3 间，药店 2 间，3 家粮栈遭破坏，小作坊、磨房 615 户，粉坊 160 户，酒坊 13 户，铁匠铺 35 户，油坊 82 户，砖瓦窑 53 户，纸坊 3 户，皮坊 16 户，毡坊 5 户，花坊 135 户，染坊 45 户，造车坊 23 户。副业如纺车 53452 户，织布机 1856 架。手工作坊 243 所，损失折价 703938600 元满洲币。5650 家商号歇业折合损失 114679050.47 美元，关闭店铺 135 个，取缔私塾 121 家。皮毛 29 万张、羊皮 4375060 张、牛皮 146765 张，羊毛 11058601 斤。110 家民营企业倒闭。毡帽损失 17320 美元。2 处药堂（1 处被炸、1 处被抢）。10 间民房，1750 家粮坊烧锅铁匠铺等。白酒 72 万斤，店铺 5 间，损坏 550 间商业门脸。织机 68321 台，桌凳椅 200 套，中外制药局损失 7181 万元法币，中药房 2 家及全部中药。纺车 8180 辆，烧酒坊 2 座，糖房 7 座，商店 2 家（其中药铺 1 家、商铺 1 家），粮庄 1 座，面粉 200 万袋，小麦 65275 石，麻袋 32576 条，门市 41 间，食用油 1500 斤，食盐 49157394.5 斤。捐献现金 3257376 元法币，损失 31842654.5 元满洲币、10452.7 万元边币、24653309 银元、123551194 元冀南币、233655239 美元、

30897164.56 元大洋、213021094236.15 元法币。

交通类：公路损失 6014.35 公里，土公路 5 条，道路 12 公里，村路 4 里，乡间公路 18 条，1 条公路，铁路 32.135 公里，462 公里铁路路基。公路桥梁 37座，桥梁 51 座，木桥 2 座。铁路机车 58 台，汽车 6 辆，马车 7500 辆，胶皮大车 1025 辆，铁轮大车 1.5 万辆，脚踏车 6561 辆，大车 600 辆，小车 1909 辆，车子 2 辆。骡马大车 12 套。木船 500 艘，民船 6 只，官船 1 条，水运 320 只船，独轮车 13800 辆。公路损失为拉夫修路 429700 美元，航空损失献金 1847美元。公路局办公房屋器具损失 6750 元法币。挖掘县界封锁沟 130 里，损坏500 米长的 1 节铁轨，交通运费 1507025.3 元联银券。损失 303.8 万元法币。中国的第一条旅游专用铁路支线——北宁铁路北戴河海滨支线被日军强行拆除。

财政类：损失 4267532144 元法币、3603 万元边币、2813082.97 元满洲币、银元 43169 元、2489 万元（币种不详）、72238 万元联银券。强制农户入股建合作社 47666 元满洲币，强制农户向农事合作社入股 3 万元满洲币。征收鸦片税732375.72 元满洲币，掠走鸦片 614.4 万两。罂粟共 258352 亩。种植鸦片造成损失 786184 元满洲币。财政税收 5 间税关，苛税杂捐 1074393731 元法币，伪钞流通 280548851 元法币，敲诈 40844216889 元法币，勒索 10295882818.95 元法币，对敌负担 219078481.8 元大洋、5215 万元冀南币。

金融类：损失银号 44 座，8400 大洋，用捐税形式征索各种财物折边币485364 万元，944 美元（献金 598 美元，储金 110 美元，人寿保险 236 美元），1537672.1 元法币，414747 美元（暴利处罚、国防献金等），223.615 万元法币，钱庄 2 座。

文化类：损失 2 座戏院、3 座说书馆。大寺 1 座，家堂 2 座，家庙 3 间，大铁钟 120 斤（建于 1812 年），古迹 55 处，天主堂损失 1196 元法币。家具 11693件、文具 11526 件。损毁庙 31 座，金銮殿 1 座。明朝大钟 1 口、明朝石碑 1块。其他 1766 件。被毁古迹有行唐县东瓦仁九节塔、县城香莲寺各 1 座。赵王台 1 座，隋代铜佛像 10 尊，炸毁赵州桥关帝庙 1 座，6 家书店停办。1 座玉皇庙被毁。损失承德市避暑山庄的卷阿胜境殿。文物方面 3 件（其中：玉桌 1 个，玉碗 2 个），土木显忠祠 1 处，城墙 7.5 万方丈，2 处（镇西将军贾高山墓被盗，武德将军王振睿祖茔被毁，价值无法估计），清真寺物品若干。古迹 60 处（古塔、庙宇、教堂）。戏台 6 座。山海关"天下第一关"牌匾被掠夺到日本。1 棵生长 200 年到 300 年的大古树被毁，山海关城楼 3 座毁于战火。1 座大庙被毁。文物 2025 件，206 尊铜佛。古迹 110 间庙，其他 160 间，3 个供香碗，6 个铁钟，3500 米长城，1 座古城，1 座城楼，4 座楼台，1 座古塔，1 座将军墓。古迹 1 座价值 1 万元法币。戏服 4 套、8 箱，古钟 2 座，铜佛 73 座，金佛 1 座。寺庙 45 座，古庙 260 间，教堂 9 座，文物 7000 万元人民币（根据实地调研折算的人民币近期币值）。损失 1 个唐代时期的大古钟，拆陵 2 座，毁古塔 1 座，损毁寺庙、教堂、供销社 7 处。文物 1 件（永乐沙石佛），经卷 5 万部，两个戏班子全部道具、服装。文物 1 件（明代石雕），古迹包括古庙 14 处、尼姑庵 1 处、清真寺 2 处、祠堂 10 处、天主教堂 10 间。图书馆 2 座，图书 983650 册 3 套另 500 本，古书 1 部，挂图 103 幅，图书文具 281376 件，7 座牌坊。陈于陛陵墓牌坊石人、石马，价值 10 亿冀南币，价值 50 万元日币、5 个石碑，古迹 651 间，凌霄塔 1 座，其他 3 处、78 间房、28 所。489397.6 元法币，10 万元冀南币。

教育类：损失学校 1995 所，小学 348 所，师范 1 所，乡师 1 所，学校停课 36 所，中学 1 所、价值 33103500 元法币，中专 3 所、价值 21226798072 元法币。房屋 21739 间，因寇灾不能上学的 8066 人，失学 2127 人。仪器 84 种，游艺器具 63 件，家具 112445 件。学校 20 个铁炉及部分教具损毁和 100 套桌椅，小学 2 层楼。家具 13903 件，桌凳 2773 把，桌凳 13755 件。教具 58 个（包括风琴、科学仪器），体育用具 5 个，石印机 6 架，教学仪器 5929 件。失学儿童 9260 人。学校仪器 5 件，桌椅 10950 件。天主教会桌椅 8 件。被毁 2 座县学、图书馆房屋 7 间、1 座图书馆，共值 145 万元法币。损失 2523434597.5 元法币。文物 10263 件。

邮政类：封闭邮路 3 条，邮票损失 314289 元法币，邮政损失 18479652.05 元法币。邮政电讯中损失邮政所 11 个，发信机 2 部，手摇电话机 1600 个，收音机 50 部，发报机 25 部，自行车 300 辆，邮运汽车 3 辆，电话线路 300 公里，电讯修理工具 20 套。邮政储金 298 美元。电讯 15915 元法币，邮政 4 台 620 棵电杆，邮袋 180 个，邮包 75 个，天平 2 个，用具 150 个，电话机 11 部。损失总机、话机共 20 部，磁瓶 26700 个，铜线 3.1 万磅，共值 2.3 万元法币。

医药卫生类：损失诊所药铺 245 所，药 28821 斤，仪器 4987 件，卫生院 1 所。

公共事业类：公房 3076 间，布 100 匹。公共体育场 1 座。机关商店共损失 211894 件，折价 827293 万元法币。机关损失办公房及家具折价 6750 元满洲币。防疫所 2 家、诊所 66 家、诊所床位 10 个，医院损失床位 245 个，育婴院 10

所，折款 10647.5 万元满洲币。各公路局房屋损失为 4500 间，折价 6750 元法币。10 间机关用房，另损失折合 39489.2 万元边币。中国红十字会山海关分会全部药品、器械及设备被毁，机关 89 间房子、1.63 万斤小麦、面粉，4000 斤小米。团体 3 个单位，其他 531 件，牢狱 1 座。容城建立碉堡据点 32 处，1544697 元法币，182882650 元法币。机关部门损失 8 座，事业单位损失 28 家，其中有 5 家医院和 1 座教堂。18 个窑洞。

人力资源类：868337564 个工。另有 100 万元法币。

其他损失：铁炮 30 枚（共重 3000 斤），砖 87 万块，白灰 40 吨，寨门 4 付。副食 3 万多斤，军草 4 万多斤，军鞋 8 万多双，担架 7000 多付。渠道 2 万米，抽水机 3 个，电话机 31 架，电线 2.4 万斤，收音机 4 台。17090 辆次（运送军粮）。城墙 4 座。老石桥 1 座。烈士棺材费 24.27 万元冀南币，八路军供给处 1 处，银元 240 元，鸡蛋 500 斤，柴 2 万斤，生活物品 10030 件，石料 100 立方，砖瓦 12.4 万块，水井 2 眼，205440 块大洋，380396.71 元法币，126327724 元冀南币。

通过物品折算，把以上数量折合成 1937 年法币价值，得出抗战时期河北省社会财产直接损失为 4120665497 元法币。另外，还有不知按何年币值折算的各种损失物品金额：1422689996 元冀南币、604407114.36 元（块）银元、101273425.3 元联银币、33247970431.36 元法币、2860031.765 英镑、94869029919 元边币、2493955827.19 元满洲币、739328857.66 元美元、71700000 元人民币（根据实地调研折算的人民币近期币值）、50 万日币，以及 2489 万元不知系何币种。

没有折价的主要物品有：工厂、作坊 2753 家，钢丝车 70 台，60 家皮毛作坊停业，矿业 23 家，精盐 15635 袋，煤井 12 口，瓷窑 165 座，11 个牧场，商号店铺 5020 户，磨房 615 户，粉坊 160 户，酒坊 13 户，铁匠铺 35 户，砖瓦窑 53 户，纸坊 3 户，皮坊 16 户，毡坊 5 户，花坊 135 户，染坊 45 户，造车坊 23 户，2 处药堂，烧酒坊 2 座，糖房 7 座，商店 2 家，粮庄 1 座，铁路机车 58 台，挖掘县界封锁沟 130 里，中国的第一条旅游专用铁路支线——北宁铁路北戴河海滨支线被日军强行拆除。银号 44 座，钱庄 2 座，2 座戏院、3 座说书馆。家堂 2 座，古迹 29 处，金銮殿 1 座，明朝大钟 1 口，明朝石碑 1 块。承德市避暑山庄的卷阿胜境殿。土木显忠祠 1 处，城墙 7.5 万方丈，古迹 60 处（古塔、庙宇、教堂）。戏台 6 座。山海关"天下第一关"牌匾被掠夺到日本。山海关城楼 3 座毁于战火。1 座古城，1 座城楼，4 座楼台，1 座古塔，1 座将军墓。戏服 4 套、8 箱，古钟 2 座，金佛 1 座。教堂 8 座，陵 2 座，古塔 1 座，经卷 5 万部，图书馆 2 座，图书 3 套，图书文具 281376 件，7 座牌坊。文物 12288 件。诊所药铺 245 所，药 28821 斤，仪器 4987 件，卫生院 1 所。公共体育场 1 座。牢狱 1 座。事业单位 28 家。18 个窑洞。

社会财产间接损失。

工业：2 家工厂，矿井 1 口，4560 万吨的煤炭，煤矿 1 处，莹石 300 多公斤，11 座金、汞矿，2 个铁工厂歇业，财产损失折合大洋 7560 元，布 46680 匹，57110575.4 元法币。

商业：损失 60 家商店。30 余家大小染坊，50 余家印花厂，60 多家布线庄、布店全部停业倒闭，资金损失达二三千万元以上，铜 10 斤，38769691.505 元法币。

金融：损失 30000 元满洲币，税收损失 16789511 元满洲币，其他 8985280 元满洲币，财政税收 13200 元法币，金融银行 14 万元法币，钱庄 27.2 万元法币，其他 1682944 元法币。

农业：损失土地 502132.5 亩，62003589.28 元法币，粮食 1377250 斤，杂粮 5094 美元。林业，树 5157228 万棵，牧业 61290 头，渔业 4186840 元法币，其他 6572 件、68 亩。

公共事业：医院损失 100 瓶白猴血清。麻 50 吨、大麻 4 万吨。粮食 32689700 斤。房屋 432 间，枪 3560 支。其他 500 件，丧葬费 31752954.98 元法币。赈灾款 30 万元边币，机关 869606022.61 元法币，5948903.8 元法币。

交通：公路 3.5 万米，1370873.94 元法币，水运 872.9 万元法币。

邮政：78 万元法币。

文化事业：127974 元法币，文化 1 处，小学 3 所。

教育：小学 7 处，1491.51 元法币。

人力资源：损失 390637 工日。

通过物品折算，把以上数量折合成 1937 年法币价值，得出抗战时期河北省社会财产间接损失为 517845842 元法币。另外，还有不知按何年币值折算的各种损失物品金额：7560 元大洋、299850661.025 元法币、25804791 元满洲币、5094 美元、300000 元边币。

没有折价的主要物品有：矿井 1 口，煤矿 1 处，11 座金、汞矿，60 家商店，30 余家大小染坊，50 余家印花厂，60 多家布线庄、布店。

（2）居民财产损失。

土地 13227714.134 亩，14490 亩庄稼被毁，林地 6500 亩，房屋 5191022
间，二层小楼一座，55 个村庄。树木 26836087 棵，150 亩树木被毁，经济林 9
亩，2579 方，板材 40 块，树木 3250 万斤，150 亩树苗，36 根檩条。牲畜、家
禽、牲口共计 14571283 头（只）。粮食 314455514599.6 斤，36 车，19 袋，庄
稼 676756 亩。服饰（包括鞋）283812263 件，服饰被褥 6476292 件（套），鞋 1
万双，衣服被褥 1285705 件，被服 7878480 件，被子 155088 床，被子 105 套，
被面 5 床，土布 12 个，布料 50 件，布 24 卷，布 12376.2 丈，10389 匹，16400
尺，8600 米，粗布 6130 斤，75 车布匹。首饰 21651 件，金银首饰 9 付、金戒
指 4 个，10 箱戏装，27 包另 20 套服装，皮衣 500 件，呢制服 1 套，羊皮袄 1
件，军鞋袜 28330 双，皮鞋 1 双，金手镯 1 对，玉镯 3 对，服饰 6 丈，线麻
1100 斤，棉被褥 557 床。生产工具 25781441 件，农具 21719243 件，石磨 3 付，
井绳 5 盘。生活用品 616787516 件（套），门板 163 块，门板 260 扇，4 个柜。
木材 750988 根，门窗 8996 件，门窗 11 扇，大门 19 付，门 1 付，木板 18 块，
木门扇 2000 块。木材 4301.5 立方。木料 1442037 根，木炭 5000 公斤。木大梁
20 根、棺材 16 口，棺材板 2 付，3 间房木料。碉堡沟墙占地 116282 公亩，另
620 亩（毁庄稼 1 年）。山药 1 亩、25 公斤。芝麻豆子 2 亩，花生 3 亩。棉花 8
车，3 间房多的棉花，棉花 193799130 斤，棉絮 344350 斤。油 27 缸，花生油
8260 斤，香油 1500 斤。煤油 2 万斤，花生米 4000 斤，水车 8583 辆，179 条船，
自行车 5104 辆。榨油机 1 台，纺布机 1 台，压棉花机 1 台。席子 360 领，椽子
2000 根，砖 7447200 块，上千户房沿砖，水井 61 口，750 户土墙，干草
2923099 斤，73 车，烧柴 12937097 斤。书 5 箱。大珍珠 108 颗，小珍珠 260 颗，
羚羊角 1 对，熊胆 1 个。古瓷瓶 2 个，烧秋场 20 个。铜钱 1 缸，蜂 1342 窝，蜜
蜂 251 箱。锅 41342 口，碗 132150 个，柜箱 82685 个，文物 142 件，其他损失
323 件（套）。碾棚 1 个，油房 1 个。矿工少收入 4003736 元（1940 年伪联券）。
日伪强征畜皮 75548 张，日伪强征畜毛 1084527.5 斤，麻干 219117 斤，棉干
1085 斤，日伪政府强迫居民储蓄 780 万元满洲币。羊毛 597501 斤，肉类
2967815 斤。麻油 3385 公斤。月饼 57 斤。西瓜 70 个。牛羊皮总数为 146543
张。牲畜棚舍、铁锅等其他用品 428 个。修建 3 座木桥。1287 口锅缸。桌柜子

250 个，凳子 10 个。瓷娃娃 1 对（古），掸瓶 1 对，烟 18 箱，纸烟 44 条。水果糖 100 公斤，缝纫机 2 台，抬歌箱 8 架，戏箱子半付。大葱 103 公斤，麻 11743150 公斤，另有 5 垛，另有 4650 捆。担架 1000 付，门楼 18 个，铺房 4 个，檩条 157 根，柱子 220 根，牲口圈 41 个。药材 2000 公斤。牛羊棚 1500 间。留声机 1 架，银盾 1 个，蜂蜜房 31 间，烧 122 箱蜂。大烟土 983.5 公斤，种大烟 385 亩。修建部落房子、日军岗楼砍伐树木 21776 立方米。税收 4009788 元满洲币。铁 17930317 斤，铜 4985949 斤，锡 5486 斤，金 5666 两，籽棉 30 万斤，毛皮 9 万张，土坯 2000 块，苇草 40 万斤，干鲜果品 70 万斤。步枪 8 支，枪 6008 支，大枪 232 支，土炮 50 尊，子弹 31900 发。猪圈 2 间，石头 120 车，建材 1249 立方米，坟墓 4 座，坟地 1 亩，手表 14 块，大药房 1 座，深宅 1 座，炸药 800 斤，染料 200 斤，砖窑 1 座，玉白菜 1 棵，凤冠 1 顶，30 斤重银饼一个。瓷器 10 件，苇箔 1 垛，粉条 2 包，洋线 2 包，大车棚 2 间。郑板桥画 1 张。金条 20 根。珠宝 8082 件。羊绒 10 吨，麻匹 850 匹，药品 945 件，中药 3000 斤。桌椅 35280 个，椅子 1420 把，木柜 9000 个，桌子 477 张。食用油 14.6 万斤，棉油 35 斤，食盐 68440 斤。古籍 230 本。烟 200 斤，酒 7000 斤，鸡蛋 5460 斤，蔬菜 13.9 万斤。渔料 25 斤，麦垛 18 个，席 800 令，麻、药品等 2366 件。五金 12669033.5 斤，大车 2763 辆，小车 887 辆，车 18311 辆。被毁器具 193450 件，商业工具 53781 件，粮食衣物等 8 车，银器 20 件，钢铁 118859 斤，糖 1300 斤，麻子食油 10505 斤，柿子 250 斤，油蜜 80 桶，炮楼 4 座，医院和油房各一个。任丘县被抢东西 200 余车。花生 10715600 斤，油 1365817 斤，金银 14940（单位不明），古瓷画 19 件，古书画 1 箱，耙 13 只。铜钱衣物布匹 110 车，古字画 120 幅、瓷器 40 件。其他物品 12187 件。核桃 28750 斤，梨 1.5 万斤，干柴 30780500 斤，柴禾 5 万斤。猪油 200 斤。支前人力 3966 次，军鞋 34606 双，军衣 2000 件，军袜 600 双，军粮 1 万斤。鸡蛋 18438 斤、278152 个。果类 555720 斤，蔬菜 471917 斤。房木料 11 间，洋钉 34 吨，棉布 350 匹，布匹 775018 尺，177.7 万公尺，4883.5 匹，抢烧土布 140 匹，柿子 4000 斤，金银首饰 9 件，铜钱 4 桶，蜜蜂 35 箱。车棚 3 间，砖 16167962 块，花生 91250 斤，大枣 51980 斤、30 余石。柿子 2150 斤，烟叶 150，柴草 234200 斤，蜜蜂 15 箱，镐 433 把。修炮楼抢土坯 21.5 万块，摊派食油 2410 斤，肉 4500 斤，抢财物

410 大车（粮和物）。铜钱一箱，不明物品 2002 件，棚子 4 间，院子 3 个，麻子 18864 斤，甘草 178317 斤，砖墙 13.7 丈，包金镯 4 付，大沙杆 2230 根，苇席 2402 领，竹竿 195 根，灌绳 247 条，四二线 25 斤，木箱 2 个，白线 7 块，土白线 50 斤，加倍青 1 桶，硫化碱 3 桶，白灰 3 万斤，青灰 6000 斤，麻刀 6000 斤，麦糠 1 万斤，滑秸 5000 斤，苇箔 200 块。纸 4.8 万张，煤 785905 吨。抢陈甲凯字画 1 幅，明清字画 20 幅。被抢银元 59430 块，铜钱 40 万贯，大洋折价 18169960 元法币，大洋 135865 块、1317117133 元，7476116587 元法币，边区票 557525875 元，伪币 15119509 元，人民币 25879810 元，支前捐款 3592976 元旧币，中日联合银行币 172660 元，200061900 联合币，17173035720 元冀南币，1000 元鲁西币，100 元日币联合票，民众被敲诈勒索共计 698121323 元法币。联合票 3636412 元，美金券 840000 元，35986319 元法币，边币 44400 元，伪币 25120 元。元宝 4 个，铜子 4 吊，银元 16051315.5 元、1408226 块，蒙疆币 177458.9 元，538.6 万美元，国民交通币 8600 元。日元 4250 元，日本准备票 4 万元，旧币 20900 元，5 吊铜钱。22615846 元满洲币。另有 6831 万元、20706 万元、102 万元、4124330576 元不知币种。日伪强迫秦皇岛港口工人捐献作战飞机 2 架。

通过物品折算，把以上数量折合成 1937 年法币价值，得出抗战时期河北省居民财产损失为 5569830689 元法币。另外，还有不知按何年币值折算的各种损失物品金额：4003736 元伪联券、34425634 元满洲币、8228394189 元法币、1334771969.5 元（块）银元、557570275 元边区票（币）、15144629 元伪币、25879810 元人民币、3592976 元旧币，203915322 元联合币、17173035720 元冀南币、1000 元鲁西币、6226000 元美元（美金券）、177458.9 元蒙疆币、8600 元国民交通币、20900 元旧币，以及 4400720576 元不知系何币种。

没有折价的主要物品有：二层小楼一座，55 个村庄，36 根檩条，粮食 36 车，土布 12 个，布料 50 件，布 24 卷，10389 匹，粗 6130 斤，75 车布匹。10 箱戏装，27 包另 20 套服装，皮衣 500 件，书 5 箱。大珍珠 108 颗，小珍珠 260 颗，文物 142 件，大药房 1 座，深宅 1 座，砖窑 1 座，玉白菜 1 棵，凤冠 1 顶，郑板桥画 1 张。金条 20 根，珠宝 8082 件，药品 945 件，中药 3000 斤。古籍

230 本。麦垛 18 个，麻、药品等 2366 件。器具 193450 件，商业工具 53781 件，粮食衣物 8 车，银器 20 件，油蜜 80 桶，炮楼 4 座，医院和油房各一个。东西 200 余车。金银 14940（单位不明），古瓷画 19 件，古书画 1 箱。铜钱衣物布匹 110 车，古字画 120 幅、瓷器 40 件。明清字画 20 幅。日伪强迫秦皇岛港口工人捐献作战飞机 2 架。

综上所述，河北省在抗战期间，财产损失是十分严重的。

社会财产直接损失，相当于 1937 年法币价值为 4120665497 元，社会财产间接损失相当于 1937 年法币价值为 517845842 元，居民财产损失相当于 1937 年法币价值为 5569830689 元，总计财产损失相当于 1937 年法币价值为 10208342028 元。另外，还有不知按何年币值折算的各种损失物品金额，计：2860031.765 英镑、105277161.3 元联银币、2554186252.19 元满洲币、341006985581.38 元法币、1939186643.86 元（块）银元、95426900194 元边区票（币）、15144629 元伪币、97579810 元人民币、3613876 元旧币、204415322 元联合币、18595725716 元冀南币、1000 元鲁西币、745559951.66 元美元（美金券）、177458.9 元蒙疆币、8600 元国民交通币，以及 4425610576 元不知系何币种。

抗战期间，日伪当局强迫秦皇岛港口工人捐献作战飞机 2 架，承德县内修建 3 座木桥，所用木材也没有资料记载；其他损失，日伪当局每年从围场掠夺大量线麻，大麻，修桥用木材等，因为没有详细的数字无法计算，所以没有统计；还有日伪当局抢掠人民物品因数量不清，没有计算，白银数万两，没有确切数字。另外，战争期间政府部门的救济、老百姓为支援抗战所承担的各种负担以及被日军侵占、损坏的土地、牲畜等动产、不动产在以后所产生的价值等，也无法用确切的数字来反映。特别是日军在侵占河北期间，从河北至少抓去了440648 名劳工，这些劳工绝大多数为青壮年，是重要的人力资源。因为被抓劳工时间的长短、年龄等资料的缺乏，人力资源方面的巨大损失几乎无法确切统计。另外，根据地民众支援前线的钱财、物资和承受的负担以及为了抗战挖壕沟、破坏铁路、公路、封锁线等间接造成的财产损失的数据都没有统计在内，这也是抗日战争期间的重要的支出。

（六）对本次调研的认识

1. 日本侵华战争给河北带来的灾难影响深重

日军从 1933 年入侵河北，到 1945 年战争结束，在长达 12 年多的时间里，导致河北人口伤亡 200 万余人。另有大量的死伤不明的被俘被捕人员、灾民和劳工，共计 300 余万人。人口的巨大损失必然影响到生产力的正常发展，从而对河北全省政治、经济、文化诸方面产生深远的负面影响。

抗战期间，日军在河北境内进行了毁灭性的经济侵略和强制性的物质掠夺。据此次调研汇总，日伪反复侵占土地 3.5 亿亩，损毁房屋 519 万间，夺取粮食 113 亿斤计，人民财富损失殆尽。更为严重的是，在日军的摧残下，河北的经济体系濒临崩溃。在占领区，日军在建立日伪政权后，霸占当地金融、工矿、盐业、电力等主要公司，迅速建立起殖民经济统制体系，在"开发""建设"的旗号下，掠夺煤、铁、农业、交通运输及财政金融等资源和财产。对于抗日根据地，则通过长期的、反复的、大规模的"扫荡"，实施"三光"政策，以及各种经济封锁、经济渗透的方式，阻碍根据地经济体系的建立和发展。由于经济体系的形成需要较长时间，战后花费了相当长时间才得以逐步恢复。

在本次调研结果中，受各种因素的影响，汇总的文化和教育的损失数据不是很大。事实上，日本侵华战争对河北文化教育的摧残是十分严重的，影响也是极为深远的。教育设施的破坏，使无数适龄儿童失去学习机会，从而严重影响河北民众整体素质的提高，这种损失是无法估量的。日军在入侵过程中，大肆摧毁古建筑，掠夺古文物，在占领区推行奴化教育，对中华文化的传承造成了极其恶劣的影响。

2. 本次调研结果具有较强的可信度

这次课题调研是河北省党史部门成立以来关于抗战时期人口伤亡和财产损失所进行的最大规模的一次调研工作。调研具有明显的特点：一是调研的全面性。这次课题调研，全省各县市区党史部门全部参加，无一遗漏。档案文献的查阅范围不仅包括全省各级档案馆、图书馆，还尽全力查阅了山西、河南、北京、天津、南京等地档案馆、图书馆的资料。实地调研做到了"村不漏户、户不漏人"。二是调研的程序性。按照省课题调研组对全省调研的安排部署，各级调研组分工协作，分步实施，逐级上报，体现了较强的程序性。在撰写调研报告及填写统计表时，按照要求，做到规范统一。三是材料使用的科学性。这次调研采用查阅档案文献和实地调研两种方法。档案、文献是第一手材料，具有权威性，实地调研则具有重要的参考价值。在调研过程中，各级调研组普遍采用档案文献数据，而对缺失项则采用了实地调研数据，实现了两种材料相互印证，相互补充，充分保证了材料数据使用的科学性。从以上特点可以看出此次调研结果具有相当的可信度。

3. 本次调研的一些不足和缺憾

省课题调研组对全省调研作了统一布置和要求，尽管如此，个别市、县（市、区）在调研中仍然出现了一些问题。如对一些统计概念的理解有误，出现漏统、错统现象；材料运用不统一，造成个别市、县两级统计数据不尽一致；另外，有一些原始档案，本身也存在个别的计算错误，我们一一进行了订正。

由于客观因素的制约，许多方面存在缺憾。主要是档案、文献本身造成的：一是所查档案中的劳工、被俘捕、灾民只有总体数据，但难以区分死、伤、失踪情况，没有计入，大大影响了全省人口伤亡数据的准确程度。二是缺少国民政府统计档案，导致社会财产损失尤其是城镇社会财产损失数据严重缺失，直接造成此次社会财产损失调研统计中的有些数据偏小。三是台湾存有部分河北抗战损失调查档案资料，由于客观条件的限制未能加以利用，这部分档案资料的缺失也对此次调研结果产生影响。再就是，作为重要参考的实地调研材料，由于采访到的当事人，大多因时间久远，难以详细回忆事件原貌，造成口述资料简单、模糊，有些数据可能存在异议。尤其是由于城镇人口流动迁徙频繁，难以找到更多的当事人，因而这次调研中严重缺少有价值的城镇损失口述资料。此外，各市在调研统计中对档案文献材料和实地调研材料倚重程度不同，也对这次全省调研统计结果产生一定影响。这些都需要在今后做进一步的分析和研究。

总之，由于历史和现实的多种原因，我们在本次课题调研中得出的河北省抗日战争时期人口伤亡和财产损失基本数据，还是限于目前资料和研究水平的尚不完整的数据，并不是最终结果。今后，我们将继续推进本课题调研工作，以期在掌握更多资料和研究新成果的基础上对有关数据再做出修订和补充。

二、专 题

（一） 日军在河北制造的惨案综述

1933 年 1 月 2 日，日军进攻山海关，拉开了侵略河北的序幕。1937 年 11 月，河北全境沦陷于日本侵略军的铁蹄之下。从 1933 年初算起，至 1945 年秋日本战败投降，日军侵略河北的时间长达 12 年零 8 个月。在此期间，日军频繁进行疯狂的"扫荡""清剿"，有计划、有组织地实行杀光、烧光、抢光的"三光"政策，灭绝人性地残杀平民，蹂躏残害妇女。日军在河北许多地区大力推行"无人区"政策，修建"集团部落"（百姓称为"人圈"），实行"集家并村"。侵占河北期间，仅在长城沿线制造的千里"无人区"内杀害、虐待致死的人数约有 35 万人。日军还肆无忌惮地违反国际法，使用化学武器毒杀抗日军民。日军所到之处，烧杀淫掠，无恶不作，在河北各地制造了一起又一起骇人听闻的惨案，给河北人民带来深重灾难和莫大伤害。据不完全统计，日军在河北境内制造的 30 人以上的惨案超过 300 起，其中 800 人以上的超过 20 起，千人以上的至少有 15 起。惨案过后，当地生灵涂炭，满目疮痍，人民流离失所。日军占领期间的罪恶暴行，是近代以来河北历史上最悲惨、最血腥的一页。

一、侵华日军在河北制造惨案的历史分期

日军在侵略河北期间，从未停止过对河北人民的屠杀。按日军在侵华战争期间（从 1937 年 7 月全面侵华战争算起）对河北的军事政策、河北抗战形势的发展变化及敌我斗争态势，日军在河北制造惨案，可大致划分为早期、中期、末期三个时期：

第一，早期，自 1937 年 7 月至 1938 年 10 月止。这一时期惨案多发生在平津附近和平汉、津浦铁路沿线。这与河北的地理位置有很大的关系，河北是日军全面侵华南下、西进的必经之路，尤其是平汉、平绥、津浦、正太铁路更是

日军的生命线。日军发动卢沟桥事变后，沿平汉、平绥、津浦、正太等铁路干线及子牙河等河流要道，分三路进犯河北，大片国土相继沦于敌手。河北成为七七事变后最早为日军占领、控制的地区。由于日军在沿铁路、公路进军时经常遭到国民党军队的抵抗，因此他们疯狂在这些交通要道附近制造惨案加以报复。这一阶段，重大惨案占了很大比重。比如，1937年9月的大城惨案，日军杀害800多人；永清惨案杀害840多人；固安惨案杀害920多人。1937年9月16日—月底的保定惨案，日军杀害保定居民3000多人。1937年10月的正定惨案，日军杀害1609人；赵县惨案杀害1149人；藁城梅花镇惨案杀害1547人。1937年10月至11月的井陉惨案，日军杀害800多人。1937年10月24日至12月底的成安惨案，日军杀害5200多人。1937年11月的邱城惨案，日军杀害808人。据不完全统计，在此一年多的时间里发生的日军屠杀30人以上的惨案就有40余次，其中800人以上的惨案至少10起，占这一时期惨案的25%。

第二，中期，自1938年10月至1943年底止。惨案多发生在河北的各抗日根据地和游击区。抗日战争进入相持阶段后，在河北，共产党领导的敌后抗日斗争开始占据主导地位。华北各敌后抗日根据地迅猛发展，共产党的敌后抗日活动异常活跃，对日军后方造成巨大威胁，这引起了日军的恐慌，于是，地处华北腹地的河北各根据地和游击区就成为敌人的重点进攻目标之一。日军从1938年起，就不断调集重兵围攻、"扫荡"、分割、封锁和"蚕食"河北各抗日根据地及游击区。自1938年11月至1939年4月，日军对冀中抗日根据地连续进行五次大规模的"围攻"；1939年初至1940年春，又对河北各根据地连续发动大规模的"治安肃正"作战。1940年起采取了恶毒的"蚕食"政策。从1941年起，在河北各根据地又连续五次实行所谓"治安强化"运动。在这个阶段，抗日军民与日军进行了殊死的搏斗，抗日斗争进入了非常残酷的时期。随着日军军事"扫荡""围攻"计划的实施，为扑灭抗日根据地的斗争烈火，摧毁抗日组织，恐吓人民，日军制造了大量惨案。如1940年2月5日的隆尧县北阁庄惨案，屠杀无辜村民128人；1940年4月25日的博野县白塔村惨案，屠杀村民272人。这一阶段的惨案，有大量的是日军报复性屠杀而制造的。如在1939年初日军推行"治安肃正"时期，为寻找八路军作战，日军110师团2000多人，在冀县路家庄屠杀军民237人，烧毁房屋700多间。1941年1月的潘家峪大惨案，残杀百姓1301人，烧毁房屋1100多间。这起惨案就是潘家峪人民反对日军"治安强化"、抵制保甲制度，拒交敌人粮柴而遭日军屠杀的。1942年4月以后，河北各抗日根据地进入了最困难时期，也是日军制造惨案最集中的阶段。日军对冀南的"四二九"大"扫荡"，使该区基层组织50%以上被破坏，区连以上干部损失四五千人。日军对冀中区进行规模空前的"五一"大"扫荡"，致使区以上干部牺牲三分之一，5万群众被杀、被抓。日军在冀中区增设据点、碉堡，修筑公路、挖封锁沟，将冀中分割成2670余个小块。在冀鲁边区，日、伪军纠集2万多兵力，进行"六九"大"扫荡"。在冀热边，日军发动了三期大规模"扫荡"。在长城两侧、热南山区制造了千里"无人区"，"禁止一切活动、禁止居住、禁止耕作"，使这一带村庄全部变成一片废墟。日军在兴隆县制造"无人区"的3年时间里，全县有1.54万人被杀，1.5万人被抓走死无生还，7万多间房屋被烧，3万多头牲口被抢。1942年5月27日，日军在定县北疃，用毒气、枪杀、刺杀、砍杀、烧杀等手段，制造了残杀我抗日军民800余人的重大惨案。

第三，末期，1944年至1945年抗战胜利。在这个阶段，侵华日军已成强弩之末，抗日根据地发展壮大，日军基本被压缩到了城市，甚至一些县城也早已被抗日军民攻占。此时，日军已经不像之前那样气势汹汹，部队情绪更加懈怠和低落。但为挽救失败的命运仍垂死挣扎，有时为了抢粮，仍时而出城和据点"扫荡"，制造惨案。据不完全统计，在这个阶段，日军在河北地区一次屠杀100（含伤）人以上的惨案超过80次。

二、日军在河北制造惨案的特点

纵观日军在河北制造的惨案，可以看出几个明显的特点。

第一，时间长。从1933年伊始的"榆关抗战"到1945年日本投降，日军在河北实施暴行长达12年零8个月，是为祸最久的省份之一。如在1933年1月，日军炮轰山海关时，炸死炸伤和平居民达4000多人。1933年3月5日，日军在围场县朝阳地杀害无辜百姓30余人。卢沟桥事变后，日军对河北人民的暴行更是变本加厉，连续制造多起大的惨案。从1937年7月日军开始全面进攻，沿河北境内交通要道南下，西进开展一路制造大惨案开始，直到1945年五六月投降前夕，日军还制造了"军屯惨案（泊头）"，杀害143人；"南义安惨案"（涞水），杀害120余人；"高各庄惨案（乐亭）"，污辱妇女85人；"三召惨案（南和）"，打死打伤村民38人；米家务惨案（雄县），杀害群众93人；北七惨案（定州），杀害群众80余人。

第二，范围广。全面抗日战争开始后，河北作为日军全面侵华战争发动地首先遭到日军的践踏，日军所到之处，立即百姓遭殃，生灵涂炭。之后，作为中国敌后抗战的主战场之一，河北全体军民与日军进行了殊死搏斗，对日军后方生命线形成了致命威胁，因此，日军对河北军民的报复是相当残酷和疯狂的，大量制造惨案就是最突出的表现。抗战 12 年零 8 个月时间，在河北全境，东起渤海之滨，西至太行山脉，南起漳河两岸，北到长城脚下，日军所到之处，皆有众多惨案发生。如在北部的承德有水泉沟万人坑惨案；南部有成安大惨案，被杀害者达 5300 余人；西部有阜平的平阳大惨案；东部有潘家峪、潘家戴大惨案；中部有保定大惨案、正定大惨案、梅花大惨案、北疃大惨案。至于一般规模的惨案几乎每个县，甚至大部分乡镇都有发生。

第三，手段残忍。日军在侵略河北期间实行了野蛮的杀光、烧光、抢光"三光"政策，杀人手段无所不用其极，包括：机枪扫射、枪刺刀砍、活埋、火烧、狗咬、绳勒、吊死、毒气熏、石头砸死，等等。许多群众甚至遭受开膛破腹、大卸八块、挖心、剜眼、剥皮、取脑、点天灯等酷刑，甚至连腹中婴儿和花甲老人也不放过。日军杀人方式多达百余种，杀戮手段之残忍，令人发指，可谓人类历史上前所未有。伴随着杀人日军还大肆强奸、轮奸妇女，抢劫粮食、禽畜、烧毁房屋、家具，抓捕劳工，割青苗等。许多地区惨案过后尸体遍地、血流成河、一片废墟。日军在河北制造惨案所犯罪行之多，罄竹难书。手段之残忍，难以言表。

第四，规模大。由于河北是建立敌后抗日根据地最早的地区之一，也是抗日军民反侵略最活跃的地区之一，因此，敌我矛盾异常激烈，日军法西斯手段非常残忍，制造了许多千人以上的大惨案。如 1937 年 9 月的保定惨案，一次屠杀 3000 多人。1937 年 10 月的正定惨案，杀害 1600 余人。赵县惨案杀害 1100 余人，梅花镇惨案杀害 1540 余人。1937 年 10 月至 12 月初的成安惨案杀害 5200 多人。1941 年 1 月的潘家峪惨案集体屠杀 1300 余人。1941 年 8 月至 9 月的平山惨案杀害 1300 余人。1942 年 12 月的潘家戴惨案集体屠杀 1280 人。1943 年 9 月至 12 月的平山惨案屠杀 2900 多人。1943 年 10 月至 1944 年初的任丘、高阳"反共誓约"惨案，杀害打伤 2700 余人。1943 年 10 月至 1944 年春的平山民夫惨案杀害和虐待致死 1800 余人。1943 年 11 月的井陉老虎洞、黑水坪惨案杀害 1000 余人，等等。此外，日军还在长城沿线制造了千里"无人区"，杀害或迫害致死人数超过 35 万人。在中国人民抗日战争期间，日军在河北境内如此频繁大规模地制造惨案在全国各省中也是少见的。

三、侵华日军在河北制造的惨案，给河北人民留下了空前的灾难

首先是人口大量减少，严重破坏了社会生产力。由于日军的掳掠及"三光"政策的实施，河北各地出现了大量的"肉丘坟""千人墓""万人坑""寡妇村""无房庄""火烧庄"等等。这种家破人亡的灾难，使得几十万个家庭惨遭破坏，人口大量减少，导致河北的社会生产力遭到严重破坏，尤其劳力和畜力的减少，使农业生产受到极大影响。同时日军的掳掠摧残，使人民的生存条件极度恶化，再生产能力十分低下，而生产的荒废又导致生活条件的更加贫困，形成恶性循环。

其次是严重摧残了人民健康，造成疾病流行。日军的"治安肃正""治安强化""囚笼政策"等及其连续不断的"清剿""蚕食""扫荡"，使河北人民几无宁日，尤其边沿区群众一夕数惊，"跑敌情"占据了全年大部分时间。日军所到之处，鸡犬不宁。人们奔波逃避，寒暑侵袭，食宿无常，饥饱不均，加之精神、心理上连续不断受到惊吓，已无健康可言。更有日军制造瘟疫，散布病菌，因此酿成大范围的疾病流行，死亡接踵而至。当时最为流行的传染病就是霍乱鼠疫和伤寒。已有资料证明，当时日军为了消灭抗日军民，在水中、河流等地撒播霍乱、鼠疫和伤寒病菌，造成大量人口和牲畜死亡。比如1943年日军用飞机将霍乱病菌撒到曲周县东王堡村、戚寨村边的河中，致使许多村民染上霍乱病，东王堡村死亡六七百人，戚寨村死亡三四百人。最严重的村庄，竟至死难者的尸首无人埋葬，结果还得病人埋死人。妇女的处境更加悲惨。日军"扫荡"所至，下自十三四岁的少女，上至六七十岁的老妇，一旦落入敌手，或被残杀，或遭奸淫，许多是先奸后杀。尤其是边沿区和敌占区的妇女，时时处在危险之中。

其三是造成了土地的大量荒废。日军季节性"扫荡"除冬季年关"扫荡"外，都在农忙生产季节。敌人来前，人们空室清野，扶老携幼，转移躲藏，紧张忙碌；敌人走后又是一番善后整理。比如1942年5月"扫荡"，历时整整一个月，人民生活不能恢复常态，对生产的影响可想而知。日军实施"囚笼政策"，大量占用耕地修建碉堡、据点、炮楼、公路、封锁沟墙，对占领区劳动力的摧毁和造成的土地的荒芜，则更为惊人。

其四，给河北人民造成的精神伤害和心理创伤是难以形容的。日军在河北的暴行让失去亲人的人们精神和心理上备受煎熬，有些人看到亲人遇害的惨状深受刺激以至于精神错乱，有些人由于失去亲人心灵遭受沉重打击，几十年心

灵创伤难以愈合。那些被凌辱的妇女，不但身体遭受摧残，而心灵的伤害更使许多人失去了生活的勇气，那些幸存下来的，终生生活在可怕的噩梦中。如今，70多年过去了，那些经历过惨案幸存下来的老人们回忆起当时的情景仍难以控制自己的情感。

总之，日军在河北制造惨案和杀害群众的数量是空前的、手段是罕见的。日本侵略者给河北人民造成的生命财产损失和严重的精神伤害难以用语言表达。下面仅列举个别惨案案例：

保定惨案

保定市位于河北省中部，太行山北部东麓，冀中平原西部。北邻北京市和张家口市，东接廊坊市和沧州市，南与石家庄市和衡水市相连，西部与山西省接壤，地处京、津、石三角腹地，素有"京畿重地"之称。抗日战争全面爆发后，随着平津相继失守，保定成为了阻止日军南下的屏障。日军更是以30万兵力沿平绥、平汉、津浦三条铁路向河北地区扩大进攻。日军一路烧杀淫掠，制造惨案，在保定市就制造了杀害3000余人的保定大惨案。

1937年9月16日，日本侵略军侵入保定涿县境内，当天就制造了太和庄、柳河营两起惨案，共杀死群众104人，烧毁房屋260间。同日，大批日军飞机轰炸和扫射保定市内，市区燃起熊熊大火，大片房屋变成废墟，许多市民惨遭不幸，仅西关火车站前一个防空洞被炸塌，便使200余人丧生。中山北街的市民张洛凤的家被日军飞机丢下的炸弹炸毁，张洛凤也被当场炸死，房屋被全部炸毁。家住法院街的戴李氏、戴邓氏、戴天佑（女）、戴天佐（女）、戴天相（女）均被炸死。

9月23日，日军开始攻打保定城。同日，日军占领保定北郊。当日军进犯到保定城郊时，又将数千发炮弹射向城内，一连数日，城内大火熊熊，浓烟滚滚。此时，国民党河北省党部、河北省政府早已相继南撤，城内居民也四处逃亡。有着5万人口的保定市最后只剩下无法外逃的六七千名市民。由于日军进攻保定时，炮弹密集，再加上飞机轰炸，许多市民都纷纷躲到城墙下的防空洞内，并找机会外逃。日军看到外逃的市民便开枪扫射，许多人被打死。家住保定新民南街63号的刘德芳抱着儿子外逃时被日军打死，孩子受伤。同日，日军侵入城郊东小庄村先后杀死村民杨进元、邢德禄、张文全，打伤张洛贤、杨福全、马荣生等人，并放火烧毁了穆平家价值两万元的房屋和全部财产。在城东樊家庄村边，逃跑出城的沈同书和张鹤亭遇到了日军。日军端着刺刀气势汹汹地冲过来，沈同书被日军用刺刀刺死。看着沈同书被刺死，张鹤亭赶紧逃跑才保住了性命。

9月24日，日军通过爆破强行攻占西门，保定全部沦陷。日军驾着装甲车进城后，在各街道上横冲直撞，并开始疯狂屠杀百姓，放火烧毁房屋，奸淫、抢掠无所不为。许多未能离开保定城的老幼妇孺成了日军疯狂屠杀的对象。在北关，日军把500多名市民团团围住，有的被当作机枪射击的靶子，有的被当作练习刺杀的对象，有的被强奸后又被杀死，也有孕妇被刺死挑出胎儿。500余人全部被杀害，无一幸免。如北关李建亭家，鬼子一进大门就把李建亭用刺刀挑死，在院子里又把李建亭的妻子挑死，并把丢在地上不满一个月的乳儿也倒提着两腿摔死，李建亭十四五岁的女儿，遭到日寇奸污后，又被剖腹残杀。在北关大街42号，日军用战刀将该院居民张福臣的人头活活砍下。在北关大街66号，日军将梁老印用刺刀挑死。在北关大街145号，日军用刺刀对74岁的老人康曹氏乱刺，致使她头部、腰部多处受重伤而死。

在北关北大寺前街，日军见人就杀。在北大寺前街4号院里，日军将李文明等4人全部杀死。在北大寺前街9号院里，日军用乱枪打死了正在隐藏的市民张清泉。在北大寺前街11号院里，日军先是用刺刀对正在吃饭的严国均连刺三刀，随后又将死去的严国均双手砍下。同时，日军还将住11号院南屋的刘悦修、刘彦修兄弟刺死。家住同院东屋的高书田见日军打死了自己的两个外甥（刘悦修、刘彦修），盛怒之下，不顾74岁高龄，冲出来和日军拼命。日军用木棍将高书田活活打死。之后，日军又搜出了藏在院内的刘肇修（刘彦修、刘悦修的弟弟），并用枪将其射杀。在北大寺前街12号院里，日军将马顶杰、张朝臣用绳子绑在木柱上，把他们当成了练习刺杀的活靶子，活活刺死。在北关斜街12号，日军冲进市民李章家里四处搜查，当发现藏在院后面防空洞里的李章时，将其强行拖出后，用刺刀刺死。

在东大街，日军将救火的群众赶到保定商会一个院子里，当场打死24人，并把尸体全部扔在城壕里。其中永利号赵景耀全家13口人，一次死伤7口，死4人伤3人，连5周岁的小孩也被刺刀给挑死了。孩子的父母也受了伤，只能眼睁睁地看着孩子遇害。在东大街商会防空洞内，有许多商民避难。日军将避难者逼出防空洞，逐个刺杀，当场杀死16人，重伤数十人。死难者中有60岁以上的老人三名，还有年方10岁的孩子。天义斋包子铺经理及其三个儿子，都在这天死于日军刺刀之下。

在保定南大街，日军一路疯狂追杀市民。市民陈毓麟就是在南大街北头被日军追上后用刺刀活活刺死的。在保定城内将军庙街，许多市民为躲避日军，纷纷跑到东清真寺内避难。日军便往寺里扔手榴弹，当场炸死安文海、安润亭等人。在保定厚福盈21号门前，常洛支、常清山父子刚刚给日军做完苦力往家走，日军便朝他们开枪射击。常清山中弹倒地身亡，父亲常洛支看到儿子倒下，赶紧上前救护，又被日军打伤，后因伤重不治身亡。

9月28日，进入保定（今南市区）四平庄的日军开始对村里没有逃跑的青壮年进行血腥屠杀。日军先是将村里的青壮年孙满国、胡灶火、李小子、李振华、王洛贺、徐水、杨来保、杨根等26人赶到村西南角的庄稼地里，然后开始集体屠杀，当场杀死全部26名手无寸铁的青壮年，并把死尸扔进了一口井里。这遇难的26人中，最大的45岁，最小的18岁。

日军进攻保定时，随着国民党29军败退，很多市民也纷纷出城逃亡，有些商户怕自己的店铺和商品受损而留下来保护。日军进城后，对这些商民见人就杀，见财物就抢。据保定档案馆仅存下来的一页档案记载，被枪杀的商民就有：李郭清、刘建三、赵益三、李祥、张顺、赵景山、赵成业、王魁元、马增福、张越千、周玉璞、沈仲翔、黄虎臣、连子祺等人。

日军在疯狂杀人的同时，还疯狂抢劫。城内几乎所有商店被日军强盗洗劫一空。日军乘汽车到民宅，逐户挨门捣箱破柜，抢掠金银珠宝、文物、衣被、绸缎。日军运送掠夺物资的汽车络绎不绝。日军暴行延续数日，商民百姓遭受空前未有之损失。例如，在北大寺前街4号院内做皮货生意的李文明遇害后所有财务被抢劫一空，价值约2000余万元（法币）。同时遇害的还有三位不知姓名的男性市民。北大寺前街9号院内，做木材生意的张清源遇害后，家中所存木材均被日军用汽车5辆载走，同时还抢走了一辆自行车。北大寺前街11号院的做杂粮生意的刘彦修、刘悦修、刘肇修兄弟被害后，日军将他们家4匹骡子及各种杂粮计102石全部抢走。家住北关大街145号的康曹氏被害后，日军还把她家抢掠一空，共计抢走了酒12篓，自行车一辆，骡子3匹，猪一口，面粉6袋，麸皮4包，大车一辆，桌椅及农具多件。市民石仲三家被抢走粮食40余石，衣服棉被若干。

经过日军烧杀抢掠，昔日繁华的保定到处是血淋淋的尸体，到处是断壁残垣。据不完全统计，日军攻占保定后，保定的商户、居民罹难者3000余人，毁于战火的房屋有千余处。由于当时没有确切的统计，实际死难同胞人数大大超过这个数字。

梅花镇惨案

梅花镇位于河北藁城县。藁城地处太行山东麓,冀中平原的南部,历史悠久,古称㼐,始设于西汉,元代改为藁。梅花镇地处藁城、赵县、栾城三县的交界处,七七事变前,镇内有 550 多户人家,2500 多口人。镇周寨墙高筑,镇内街道宽阔,房屋整齐,有较大的银号、棉店、粮店、煤店、药店、染坊、饭店、澡堂等 80 多处,经常驻有平津、保定、石家庄等地豪商巨贾的代理人,是远近闻名的商贾重镇,也是冀中、冀北、冀西交界地带重要的粮棉集散地。

1937 年七七事变后,日军于 8 月组成华北方面军(司令官为寺内寿一大将),沿平汉路南下,开始实施疯狂侵略。10 月 11 日,日军华北方面军第 5 师团(师团长为板垣征四郎)一部的两个大队,从西北方向直逼梅花镇。

此时,刚进入梅花镇驻防的是国民党军第 1 集团军(总司令为宋哲元)第 53 军(军长由集团军副总司令万福麟兼)第 691 团(团长为吕正操,中共地下党员)第 1 营。该团的官兵多数是东北人,参加过西安事变,1936 年起就有了共产党的组织。在征得共产党代表孙志远的同意与支持后,吕正操决定立即由第 1 营构筑工事,堵死四门,在梅花镇抗击日军。西门是日军主攻方向,全部用麻袋装土堵死。东门全部用大块煤堵严。梅花镇人民也纷纷行动起来,热情慰问官兵。

1937 年 10 月 11 日傍晚,日军开始向镇内进攻。第 1 营利用寨墙、寨门掩护,居高临下,猛烈袭击日军,连续 9 次打退日军进攻,使日军伤亡惨重。12 日(农历九月初九)黎明,日军大批增援部队赶到,第 1 营弹药将尽,又无援军,为避免过重损失,吕正操决定将第 1 营从梅花镇东门撤出,会同进驻赵县四德村的第 2 营、第 3 营转移至晋县小樵镇。在撤离梅花镇时,战士们在大街上喊话,通知群众撤走。镇西部当时战事正紧,多数人家没有听到喊声,未能撤走。镇东部多数人家听到喊话后,一小部分人从东门逃走,也有些人存有侥幸心理,躲在家里没走。

日军进入镇内时,天还未亮。5000 多名日军从西门扑向镇内,见门就砸,见人就杀,见房就烧,见东西就抢。一场惨绝人寰的大屠杀开始了。

日军冲入马二黑家,把其临产的妻子用刺刀刺死,还挑开小腹,把血肉模糊的胎儿挑在刺刀上狂笑取乐。马二黑怒不可遏,猛地扑向日军,结果身中数枪而惨死,他家两个不满 10 岁的孩子也被打死,全家都被杀绝。日军闯入王淘气家,一进门就杀死其母。其父王保云按捺不住心头怒火,随手抄起一把三齿耙，喝令全家人往外冲，在刺死一名日军后被枪杀。王淘气趁乱逃出，但其妻和两个孩子被日军用刺刀挑死。日军又闯入鲁全成家大院，此院中住有6户人家，20口人。日军将院内的人都绑起来，开始施暴。鲁全成两个不满10岁的儿子被日军枪杀，5岁的女儿被日军踢昏在地，姥姥被日军踢倒后剁掉双脚，再割下乳房，活活痛死。鲁全成的母亲、妻子和不满周岁的孩子先被推入院内井里，后被辘轳、砖头砸死。全院有15人被杀死，2人被打伤，3户被杀绝。12日当天，日军就残杀百姓300多人。

日军在镇内各处杀人的同时，又把一批青壮年抓了起来，30人一伙、50人一串绑在一起，强迫他们跪在大街上、真武庙前和镇内几个较大院落里，随后把他们一批批拉出去残杀。全镇大的杀人现场有10处：镇西头辘轳把水坑、地主尚五子家长工大院；镇东头臭碱水坑、打坯坑、血井；镇南头三十六口坟场；街内的染坊大院和杨洛风的粉坊大院；西门外寨墙沟桥头和南部的水沟旁。仅在这10处，日军就在几日内残杀1200多人。

辘轳把水坑是最大的杀人场。12日中午，几百名日军端着刺刀，站在水坑周围，坑的四周架起数十挺机枪。日军从真武庙前和大街上把群众驱赶来，再用枪托、棍棒打，用刺刀威逼，一边强迫人们往水坑里跳，一边用机枪扫射。坑里水很深，人们被强迫跳进去，不是被打死，就是被淹死。对于没有淹死的老百姓，日军远用枪扫，近用刺刀挑。坑内尸体横陈，惨不忍睹。血水溢出坑外，顺道沟流了半道街。在被强迫赶下水坑的600多人中，只有鲁全成、张满仓、刘小三、刘小四等8人幸免一死。惨案过后，群众连续打捞了5天尸体，仍有100多具尸体血肉模糊，无法辨认，一起埋到了镇西一个坑里。直至1958年，在挖坑泥时，人们又发现血水渗地有一尺多深。

12日晚，日军挨家搜捕，将100多名妇女抓到地主杨洛风的粉坊大院内，并大肆强奸妇女。其中，日军先将10名怀孕临产的妇女剖腹，并将胎儿吊在树上练习打靶。有1名日军还用刺刀把胎儿挑起一丈多高，摔成肉泥。孟小庆的妻子不甘受辱，进行反抗，结果被日军扒光衣服，吊在门梁上，打得皮开肉绽后，剖出胎儿，还用刺刀挑着狂笑取乐。受难妇女们与日军拼死搏斗，带头的郑小娥被扒光衣服，割掉乳房，然后用刺刀挑死，她的两个孩子趴在母亲身上哭叫，也被日军挑死。还有很多年轻妇女被日军强奸后，割掉乳房活活痛死。

在染坊大院内，当日也有100多名妇女遭到日军摧残。30岁的蒋王氏、34岁的张邓氏、25岁的魏武氏等先后被十几名日本鬼子轮奸，光着身子，被百般戏弄，最后被刺刀挑死。唱戏出身的青年妇女张凤兰，两个哥哥和丈夫被日本兵残杀后，又被日本兵绑来轮奸。之后，被日军裸体绑在染布桩上，打得鲜血淋淋。日军以为其已死就走了。当日深夜，她挣开绑绳，赤身越过寨墙而逃，幸免于难。

12日夜，日军成群结队打着手电筒进家串户，残害妇女。一些妇女、姑娘不敢在家，都躲在村东南角马家的一个卷子房里，整整挤满了三个屋子，几个老太太在外间屋掩护。不料，日军还是发现了她们，三五成群打着手电筒涌进屋里，将她们奸污。

13日和14日，日军疯狂的大屠杀继续进行。

13日，在地主尚五子家长工大院，日军把前一天抓来的100余人在强迫跪了一天一夜后，全部枪杀和挑死，还把所有尸体扔到院内的两个大菜窖和一个大粪坑里。

日军还将200多名青壮年绑到东门外一处空地上，在毒刑拷打后，用刺刀挑死。其中，马胜福、马喜福等11人，宁死不屈，怒骂不止，气得鬼子哇哇狂嚷。鬼子用铁丝穿透他们胳臂，将他们打得奄奄一息后，往身上浇上汽油，推入火堆烧死。

日军还将樊保全等63人绑到东门外臭碱水坑旁，先挖掉眼睛，再剁掉四肢，然后残忍地把他们的头颅砍下，扔进臭碱水坑。

14日下午，日军将45名青壮年绑到东门外的大井旁，全部砍死，把头挂在树上，把尸体扔进井里。

日军在南门外的大屠杀更令人触目惊心。13日，日军将200多名妇女、儿童绑到南门寨墙角下，日军先是哄骗，而后恫吓威逼，追问吕正操部队去向。日军见人们不吭声，就拉出4个不满10岁的女孩追问，女孩们一声不语，结果都被日军用战刀活活劈成两半。最后，日军将200名妇女、儿童全部枪杀，把尸体扔到寨沟里。惨案过后，赵二满等5名老长工，在这里整整打捞了三天尸体，并把36具无人认领的尸体埋在一起，堆成一个大坟，称"三十六口坟"。

面对日军的疯狂屠杀，梅花镇人民也自发进行了殊死的抵抗。13日和14日，张里等62人，拿起棍棒，试图冲出封锁线，不幸失败。日军将他们捆绑起来，打得腰折腿断，然后又被推入打坯坑里，填土活埋。14日，在东门外，从小逃荒来梅花镇的张玉振等6人，被日军捆绑起来进行残杀。他们破口大骂："你们这群狗娘养的，迟早要跟你们算账。"他们挣断绳子，赤手空拳与日军搏斗，5人当场惨死。张玉振被刺11刀后，于半夜苏醒，爬到镇外较远的地方，被人救活。

在日军押解途中，张二白突然夺过日军手里的推碾棍，手起棍落，打死1名日军，在经过一番搏斗后，被日军子弹击中，英勇牺牲。50多岁的阎老聪，沿街乞讨来到梅花镇定居。在辘轳把水坑边，他突然跳出人群，振臂高呼："乡亲们，跟小日本拼了！"他顺手抄起一块砖头，把一名日军的一只眼睛砸瞎。日军把他绑在树上，他仍然破口大骂。日军割去他的舌头，他仍然怒目而视，运足气力，喷了日军满脸血浆。日军开始剐他的肉，他手不能动，口不能合，两脚仍然跺地噔噔响。最后又被剁掉双脚和双臂。阎老聪虽然壮烈牺牲，但他的铮铮铁骨，极大地震慑了日军。

整个大屠杀持续了四天三夜，到15日中午，日军在梅花镇杀害群众1547人，46户被杀绝，100多名妇女被强奸，600多间房屋店铺被烧毁，此外大量粮食财物被抢劫一空。

日军撤离后，梅花镇内外，大街小巷，院里院外，到处都是尸体，血流成河，惨不忍睹。安葬过程持续了一个月，其中有200余人的尸体因辨认不清，分几处进行埋葬。

邱城惨案

邱城镇是当时河北邱县的老县城，位于邱县、曲周、馆陶三县交界处，具有悠久的历史，建于元代的土城墙环城8华里，城外有护城河环绕，城墙上有魁星楼、城隍庙、南大皋等历史遗存，城内有居民700多户，3000多人，是当时比较繁华的粮、棉和百货贸易交易中心。

1937年11月15日（农历十月十三日）是邱城人民世代难忘的灾难日，这一天，穷凶极恶的日本侵略者用大炮炸开古老的城墙侵入邱城，实行了惨绝人寰的血腥大屠杀，大半天时间就杀害我同胞800余人，有姓有名的300余人，烧毁、炸毁房屋385间，抢掠大牲畜158头，家禽3600只，粮食、衣物和棉花等财物不计其数，使这座具有数百年历史的美丽古城遭受了极其严重的毁坏，制造了震惊冀南的邱城大惨案。

1937年7月7日卢沟桥事变后，国民党第29军被迫后撤。11月12日夜，第29军退至邱城。尾随而来的日军同从磁县、大名、肥乡等地赶来增援的日军会集于城南五里许的东、西王堡村，妄想一举消灭第29军。为了保护城内百姓，掩护大部队安全撤退，第29军部署了一个营留守邱城。11月14日下午3时许，集结在城南的日军在炮轰之后开始攻城，结果被第29军留守营顽强地打了回去，日军在夜间组织了几次偷袭也没成功，每次伤亡都很大。

第二天拂晓，日军继续集结人马，组成强大的攻城梯队，在大炮的掩护下，从城南开始攻城，第29军留守营被迫从城外工事撤上城墙，利用城墙上的掩体进行还击。疯狂的日军列队进逼，当日军进入最佳杀伤范围时，留守营的子弹像疾风暴雨般猛射过来，打得日军尸横遍野，有来无回。同时，派出一个机枪连，迂回到城西南的大土窑外，猛袭日军侧翼，在前后夹击下，攻城日军死伤惨重，被迫丢下500多具尸体仓皇后退，再次撤回王堡村。

　　上午10时许，日军调来几十门重炮把邱城镇包围了半圈。当时，第29军大部已撤走，城内只剩下一个连的兵力。12时许，日军开始用重炮集中火力猛烈轰击。据知情人讲，城东南角的魁星楼处首先被炸塌，几名机枪手壮烈牺牲。守卫在那里的一名排长，英勇善战，端起机枪打得敌人尸体遍地，直至最后牺牲。接着，日军便乘机从塌陷处爬过城墙侵入城内。

　　虽然邱城即将陷落，但仍有一些爱国群众顽强抵抗，英勇地反击侵略者，如南街王传玉的哥哥"王偏头"从阵亡29军士兵的身上抓起一支枪，接连向爬上城头的日军射击。长工"大回来""二回来"两兄弟，抄起财主家的枪在大街上喊"乡亲们，快拿起家伙跟东洋鬼子拼吧！"二人大喊着冲上城头，接连打死多名日军，最后二人英勇牺牲。由于留守人员寡不敌众，被迫撤下城墙，从城东北玄帝庙处撤出邱城。一部分群众也乘机逃走，但大部分老百姓被日军堵在城里。

　　日军本想把第29军守城部队夹击歼灭于邱城镇，万万没有想到遭遇如此顽强的抗击，死伤了600多名，因此，敌人进城后恼羞成怒，疯狂报复。

　　11月15日下午一时许，日军从城东南角攻入城内，他们像发了疯的野兽，对手无寸铁的群众展开了惨无人道的血腥大屠杀。日军首先从街道追杀，逢人必杀，然后破门入户杀人抢劫。顷刻间，邱城大街小巷、家院屋内，所到之处都是被杀害群众的尸体，有的被砍掉头，有的被剖腹，有的被子弹穿膛，有的脑袋被打开花，其惨状令人目不忍睹，特别是邱城南街、东街和西街群众，受害最为惨重。

　　住城角东南的赵志好被日军抓住，脑袋被砍下，尸体被踢出一丈开外。东街五小子是个九宫道徒，听说日军进了城，忙跪在屋里地上烧香祷告，日军踢门进屋开枪打穿其胸膛；南街唐家五口人全部都葬身于水井中。光死于这口井里的群众就有40余人。现今在这口井旁立有邱城惨案纪念碑一座。

　　日军冲进西街石富春家，用枪将石富春打死，其妻正怀有八九个月身孕，日军一刺刀将其肚子挑开，把血淋淋的婴儿从肚子里挑出来，最后又残忍地挑杀了其在炕上大哭的三个孩子。东街赵英贤的母亲怀抱刚出生5个月的孩子，藏在碾棚里，被日本鬼子发现一枪打死，孩子也被挑死。城外东屯李成林被鬼子抓住将头割下，挂在树上示众。就这样，被日军杀害的群众尸体填满了西街和南街的四个井筒和东街的一个大坑。

当时，为了躲避日军轰炸，邱城群众在城墙下挖了24个防空洞（每个洞长10米，高、宽各1米，能避20到30人）。躲进洞里的数百名群众被日军发现，日军先用机枪扫射，再向洞内掷手榴弹，炸得洞内浓烟滚滚，血肉横飞。群众见无法避身就被迫爬出来，出来一个被日军打死一个。后面的群众见状便宁死也在洞里不出来，凶狠的敌人就用死牛和死尸堵住洞口，往洞里施放毒瓦斯。就这样，近300人被日本侵略者活活打死、炸死、毒死在洞里。死者既有白发苍苍的老人，也有嗷嗷待哺的婴儿，很多人被炸得血肉模糊，四肢不全。事后人们进洞收尸时，很多遇害群众的尸体都认不出是谁了。

下午4时许，凶残的敌人停止屠杀，把全城家家户户洗劫一空，把摘下的门板、搬来的箱柜做柴烧，用来煮鸡、烤鸭、炖牛肉和马肉，把无数的家具、用品及各种财物集中在一起焚烧，并点着了很多的房屋。此时邱城到处是火光一片，哭声不断，很远就能看见、听到。

之后，日军把抓到的老百姓押进北街黄占一的大院，进行所谓的"感化"教育，要中国人为他们做事，当亡国奴。接受"感化"者每人发一个白袖章，即可出去找东西吃。不接受"感化"的，就捆绑吊打，不给饭吃，不给水喝，又有不少人死在这里。晚上，日军把妇女围在一处，先由军官挑，再由士兵选。一个个青壮年妇女被他们强行拉走，肆意凌辱奸污，很多年轻妇女不堪受辱，含恨而死。

日军的这次大屠杀，使邱城这座古老的县城遭受了历史上最惨重的大灾难。据统计，被日本侵略者杀害的共计808人，其中邱城南街原有130多户，600多人，被杀284人，杀绝4户。西街原有140多户，600多人，被杀87人，杀绝6户。东街原有130多户，500多人，被杀142人，杀绝4户。北街当时有300来户，1200来人，被杀19人。邱城南门外东、西屯被杀16人。此外，被杀的还有政府职员、商人、手工业者和进城探亲、访友的外乡人。邱城惨案伤亡800余人，据不完全统计，家住本城有姓名的死难者就有300余人。

潘家峪惨案

河北省丰润县潘家峪村，位于燕山山脉腰带山东麓，丰润县城东北60里处。这里群山环抱，溪水长流，满山青翠，果林众多，是一个美丽富饶的山村。村子始建于明朝永乐二年（公元1404年），到抗战时期，已经有220户人家，1700人。

1935年11月，在日本的支持下，汉奸殷汝耕在通县成立"冀东防共自治委员会"。冀东22县宣告脱离中国政府管辖，沦为日本殖民地。全面抗战爆发后，八路军挺进敌后。在中国共产党领导下，潘家峪人民也开始了敌后的抗日斗争，发展成为冀东地区丰（润）滦（县）迁（安）联合县抗日游击根据地的中心区。仅从1938年夏到1940年年底，潘家峪人民就先后配合游击队对敌进行大小战斗50多次。潘家峪人民的反抗也引起了日军的极端仇视，他不断对潘家峪一带进行"扫荡"。对此，潘家峪人民一直保持着很高的警惕，全村群众包括老弱妇孺，经常不在家，夜间住在山上，白天回来种地。

到了1941年的春节前夕，天寒地冻，人们居住在山上和外村，生活上困难增多，于是纷纷抱着侥幸心理，回村准备过年。本地的党组织曾经进行劝阻，但是大部分群众仍然回到了村内。然而，就在春节即将到来之前，为了报复潘家峪人民长期以来的反抗行为，日军策划了屠杀潘家峪村民、灭绝潘家峪村的罪恶计划。

1月25日（农历腊月二十八）早晨，在日军驻唐山部队司令官的命令下，丰润、遵化、玉田、迁安、卢龙、滦县、唐山等7个县市的3000余日、伪军，由日军驻唐山守备队指挥官佐佐木高桑亲自指挥，分进合击，包围了潘家峪。

早上七八点钟，日、伪军杀进村庄。先是挨门挨户地搜捕村民，最后将未能逃出的1400多人逼向村西大坑。村西大坑在村中偏西的地方，长约100尺，宽30尺，不足一人深，周围是一人高的石坝。日军在村里的搜捕连续三遍，老弱病残和不能走路的，就当场杀死。日军将潘风柱70多岁的母亲一棒打死，将潘瑞德的老母亲用战刀砍成两段，肠子迸流一地。潘忠元的祖父80多岁，双目失明不能走动，4名日本兵把他架到院外，再用刺刀杀死。潘树弟的祖母90多岁，还拄着拐杖，被日军在胸腹上连刺9刀杀死。还有一个不满两岁的孩子，也被日军刺死。

当所有群众都被押解到村西大坑以后，日军从被围的人群中挑出了30多名年轻姑娘、媳妇和一些男人去大坑西沿几户人家给日军做饭。饭熟后，日军将做饭的男人当场杀死，把女人先是推进白薯窖奸污，然后杀死，并纵火焚烧尸体。

日军原本计划在村西大坑集体屠杀村民，但是由于周围警备不便，于是将村民全部赶到地主潘惠林的宅院里。此宅院分东、中、西三院，前后三层房，四周有一丈多高的院墙。日、伪军把村里秫秸、茅草、松树枝抱进大院，在院子里铺了很厚一层，然后浇上煤油。大院南墙外支起木梯，上面布满了日军，土墩和平房顶上也架起机枪。

　　大约10点钟左右，日军将屠杀场地布置好后，将村民从村西大坑驱赶入潘家大院。从西大坑到潘家大院有100米距离，沿途日军排成一条刺刀胡同，人们从刺刀林中穿过。有一个小女孩一边哭，一边后退，被佐佐木高桑砍死。他的爷爷向佐佐木猛扑过去，被另一名日军刺死。村民十分愤怒，赤手空拳同日军搏斗，一部分人当场被害，剩下的大部分人被赶进潘家大院，只有少数人冲了出去。走在最后的一人犹豫，不想进门，也被日军刺死。

　　村民被赶进院子以后，日军封锁了外出的通道，开始了血腥屠杀。先是有3个人往外跑，被开枪打死。又有10多个青年从人群中挤出来，想冲出大门，被把守在院门口的日军用刺刀刺杀。村民群情激愤，喊声和骂声四起。这时，一群日军冲入大院，疯狂地砍刺村民。有几位老年人挺身而出，想阻拦日军的屠杀，结果被日军砍头。接着，东院二门外的日军点燃了洒过煤油的柴草，院内起火。村民们脱下棉衣扑打火焰，又遭到日军的机枪扫射。

　　日军的疯狂屠杀，激起了村民的殊死反抗。在村粮秣委员潘辅庭的鼓动下，一群青壮年冲向院大门，想把院门打开。守在门口的日军急忙用机枪扫射，冲上去的人们纷纷倒下。50多岁的潘国生从日军手里夺下机枪，猛力朝日军砸去，结果被一群日军杀死。

　　潘树密的母亲50多岁了，和一群妇女冲到东院藤萝架下。日军向她们投出手榴弹。她猛地推开身旁的妇女，抓起冒烟的手榴弹扔向日军。

　　潘瑞玲的妻子和一群妇女被逼进中院的门房，见日军点着柴草，就支起窗户往外冲，前边的人刚迈过窗台，就被日军刺杀了。后面的人抱起着了火的秫秸，继续往窗外冲，吓得院内的日军急忙躲闪。他们中的一些人翻过院墙跑进了东院。

　　潘国奎等10多个人冲到东院，冒着密集的枪弹，拆开用砖垒死的东院北门，冲出大院，刚跨进道北对面人家的门槛，端着刺刀的日军追赶过来，人们急忙关门，日军的刺刀穿进铁皮门扇，刺刀一时拔不出来，这几个人才得以逃脱。

　　潘辅庭、潘老太太等30来人拥进了东院的粮仓。人们用粮食缸等重物顶住屋门，抄起板斧、耙子、秤杆、秤砣，准备同日军死拼。由于这间屋和其他房屋不相连，房是泥顶，窗户又用土坯封着，日军在大院内放火后，唯独此屋幸存。日、伪军撤离潘家峪以后，屋内的人被前来营救的邻村村民救出。

　　有个10来岁的小男孩，冲到西院，被大人拉上猪圈栅顶，跳着脚怒骂日军。他虽然侥幸逃出大院，但在天快黑时，被日军抓住残杀。

　　50多名村民为躲避枪弹挤进牲口棚里，结果被烧塌的架子埋压在底下，全部身亡。

西院柴草房和宅屋之间的夹道里有 200 多人，全部被日军枪杀。

在轮番枪杀、刀砍、放火焚烧之后，日军又从尸堆里搜索尚未死去的人。日军先将 10 多名负伤的老人砍死。88 岁的潘春元、63 岁的潘刘氏、33 岁的潘张氏等 6 人，被日军发现未死，接着开枪杀害。日军发现东墙根尸体堆里有人没死，便往尸体堆里投掷手榴弹，炸得尸肉横飞。

日军撤离潘家大院时，还往院内遍洒煤油，施放硫磺弹，烈火腾空而起。躲在尸体之下，侥幸逃过日军搜索的幸存者无法忍受烈火烧身，跳进院内一口 5 丈多深的井内。

日军离开潘家大院后，又在院外、村内外进行搜索。天将黑时，从村外南坡又搜出 32 人，大部分是孩子和妇女，日军强逼他们去潘家大院。走到南崖上时，看到院中的大火，人们宁死也不肯前往，被日军当场全部杀害，尸体被日军用刺刀挑下石崖。日军还跑到石崖下焚尸，将尸体烧为焦炭。渗进崖壁的血渍，直到 10 多年后还斑斑可见。日军在潘家峪村里一方面抢掠财物；一方面纵火烧房，直至傍晚才撤走。在潘家峪惨案中，日军一共杀害村民 1300 人左右①，杀绝 33 户，杀伤 96 人，烧毁房屋 1100 间，将财物劫掠一空。整个村庄

---

① 潘家峪惨案被杀村民的数字引用历来各不相同。死亡数字报道最早来自八路军战地记者雷烨，当时，他曾到惨案现场采访，以朱靖为笔名作了报道，数字为 1035 人，登在 1942 年 4 月 9 日的《晋察冀日报》上。这个数字为许多报刊、书籍和历史展览馆所引用。而后来潘家峪惨案展览纪念塔上的碑文所刻为 1230 人，这个数字也被广泛引用。中共河北省委党史资料征集审委员会 1985 年编印的《侵华日军暴行录河北惨案史料选编（二）》则提出惨案遇难人数为 1237 人，成为第 3 个不同的数字。

为了澄清这个数字，中共丰润县委党史办到潘家峪村调查核实，召集惨案幸存者潘广林、潘善顺、潘善强等人进行座谈，初步更正潘家峪惨案被杀死亡数字为 1230 人。人数改变的原因有以下几点：一、有的人在惨案发生时受重伤，不久死亡的，在惨案发生时没有统计在内。例如：潘秀春的弟弟受伤后往小峪村他姐姐家抬时，因流血过多而死亡；潘广福的弟弟（小名二存）也是受重伤后不久死亡的。二、当时有外村人来潘家峪遭难死亡，例如，下水路村的于庆再来潘家峪要修鞋款，惨案发生时被杀；马庄户村的马潘氏娘家是潘家峪，惨案发生时正好前来上坟祭祖，在惨案中死亡；还有迁西县牵马岭村（离潘家峪 8 里）来潘家峪推碾子的董才等 8 人，也死在此次惨案中；还有新店子的王译文的母亲，田家峪村在潘家峪扛活的田振刚等 9 人，均惨死遇难。三、有人在惨案发生时受伤，去往外地后不久死亡的。例如：潘之正夫妇在受伤后一家四口都去了东北（因他的哥嫂在东北），不久伤重死亡。综上所述，潘家峪惨案死亡人数为 1230 人。至于《侵华日军暴行录河北惨案史料选编（二）》一书所引死亡数字 1237 人，是因为在祠堂中供奉的牌位有两户 7 人重名，故多出 7 人。

2006 年 9 月 8 日，潘瑞伸和潘树天又专门就潘家峪惨案的死亡人数做了新的调查，赵凤青、潘树桐、潘善增、潘作春和潘善瑞 5 人作为证人提供了名单，此次得出的惨案死亡人数上升为 1301 人，其中，潘家峪惨案死亡人数为 1277 人，另有 6 人失踪，而当时迁西县牵马岭村来潘家峪抬碾工者有 18 人遇难。

遍地尸体，一片焦土，惨不忍睹。

潘家峪惨案发生后，冀东根据地地方党政负责人和八路军第 12 团的指战员赶来救援，运来许多药品、粮食、衣服等救济物资。潘家峪幸存者大多被安排到邻村的亲戚和朋友家里，受伤者被安置到邻近的马庄户村，并派去医生进行治疗和慰问。2 月 5 日，丰滦迁联合县抗日民主政府发动邻村的 100 多人前去清理尸首，并由政府主持公葬。

敌人的大屠杀并没有使潘家峪人民消沉，反而激起了他们更强烈的斗志。就在 2 月 5 日的公葬仪式上，幸存的潘家峪村民庄严宣誓："一定向敌人讨还血债，为死难者报仇！"

农历三月初，潘树平等 7 名青年带头成立了潘家峪复仇青年小队。后来，潘家峪村和邻村青年纷纷参加，队伍很快发展到 120 多人。5 月 30 日（农历五月初五），李运昌等到潘家峪慰问，并在火石营村召开军民大会。会上，军分区政治部主任刘诚光宣布"潘家峪复仇团"成立。7 月 16 日，在甘河槽战斗中，复仇团一举击毙了潘家峪惨案的罪魁佐佐木高桑。8 月，复仇团编入冀东军分区第 12 团（为该团第 2 连）。

从成立到抗战胜利，潘家峪复仇团英勇作战，在丰润、滦县、迁安一带同日、伪军进行大小战斗 150 多次，歼俘日、伪军 1021 人，以顽强的战斗精神实现了为惨案遇难者复仇和争取民族独立解放的愿望。

（河北省委党史研究室抗战损失课题调研组）

（二）长城线上"无人区"综述

日军占领冀东后，为了割断共产党与人民群众的联系。开始推行在东北实行过的"无人区"政策，修建"集团部落"（群众称之为"人圈"）让百姓集中居住，并派兵看管。"集团部落"之外的地区划为"无住禁作"地带，房屋一律拆毁、烧毁，不准居住；庄稼一律毁坏，不准耕种。不进"集团部落"的人一律杀死，实行彻底的"三光"政策。"集团部落"和"无住禁作"地带构成了"无人区"。四年多时间里，"无人区"内被杀害和虐待致死的人数约有35万人，因此，史学家将"无人区"与"南京大屠杀"并列为日军制造的两大惨案，史称"南有'南京大屠杀'，北有千里'无人区'"。

从1939年秋起直至1945年止，日军建立了东起山海关以西的九门口，西至赤城县的老丈坝，长约1700里；北自宁城、围场一带，南到迁安、遵化一线，最宽处达500里，涉及河北、辽宁、内蒙、北京、天津的25个县（区），总面积达5万平方公里的"无人区"。其中"无住禁作地带"约8500平方公里。被集家的自然村1.7万多个，共建"人圈"2506座，被驱赶集家的群众约140万人。

日军在长城线上"无人区"实行的残酷统治是骇人听闻的。仅在承德水泉沟一地就屠杀和虐杀3万人以上。在日军制造"无人区"过程中，八路军和"无人区"人民对日军进行的斗争是艰苦卓绝、可歌可泣的，仅兴隆县境内在反对"无人区"斗争中就牺牲党政干部500余人、战士6000余人。长城线上"无人区"的历史充分暴露了日本侵略者的凶残本性，也充分显示了中华民族宁死不屈的斗争精神。

一、"无人区"的形成过程及其性质

第一阶段，1939年秋到1940年秋，日军制造"无人区"的开始。在中国抗日战争中，长城沿线具有着极为重要的战略地位。1931年九一八事变，日军侵占东三省，并于1932年扶持傀儡政权，建立了伪满洲国。很快，日军侵略的触角便伸向了热河并越过长城侵入冀东、察东地区。1935年国民党政府与日本签订了《塘沽协定》。通过《塘沽协定》，日军不仅明目张胆地把热河省划入伪满洲国的版图，把沿热河省南部和西部的长城一线划定为伪满洲国的"西南国境线"，而且还利用《塘沽协定》中日军"回到大致长城一线"的含糊规定，将长城外原属河北省的兴隆县和都山县（今青龙县），察哈尔省东部古魏长城外延庆县大庄科、刘斌堡至赤城县独石口一线以东地区，怀柔县北部大片山区，以及昌平、密云、蓟县、迁西等县长城险要地区，都强行划入伪满热河省。遵化县马兰峪陵（清东陵）区也被借口划为伪满的一个特别区。这样，长城沿线被划为伪满所谓的"国境线"。被日本侵略者视为"生命线"的这条"国境线"，也成为其后来制造"无人区"的中轴线。

全国抗战爆发后，按照中共中央的战略部署，1938年6月，八路军第四纵队协同中共冀热边特委在平北、冀东地区积极开展抗日活动，并决定开辟地跨华北和东北地区的敌后游击战场。这一行动引起日本侵略军的注意，立即调集重兵，加强对长城线的封锁和控制。八路军第四纵队和冀东起义队伍西撤，只留下几个小支队和部分抗联队伍坚持在冀东和热南地区继续开展抗日游击战争。伪满方面敌人为了消灭活跃在长城线上的游击队，反复围攻、"扫荡"，开始在五指山游击区的腹地实行"集家"，将20多个村落的居民，集中到"部落"，把这一带的1500多间房屋全部烧毁，大部粮食烧光，有500多名群众被赶入"集家村"。到1940年秋季，由于八路军在长城线上进行抗日游击斗争较为隐蔽，这一时期的日军只是在局部地区实行了"集家并村"。并且由于游击队支持群众反抗以及集家点闹瘟疫等原因，被"集家并村"的群众纷纷逃回山区，日军搞的几次局部地区的"集家并村"都没有真正实行起来。这个时期的"无人区"，虽然规模较小，范围不大，尚不属于统一计划下的统一行动，但已是伪满大规模制造"无人区"的前奏。

第二阶段，1940年秋到1941年10月，日军制造"无人区"的试行。这期间，冀察热辽边界地区的抗日游击战争迅速发展，日军搞的几次局部地区的集家并村都没有真正实行起来。热河日本宪兵本部针对冀热察边区活跃的抗日游击战争，决心在所谓"大满洲国西南国境线"上大规模地制造"无人区"。在关东军西南防卫司令官大村的主持下，制定了《西南地区肃正工作实施纲要》，在冀察热辽地区制造"无人区"的计划全面形成。他们先是集中上万日军进行大"扫荡"，然后将东起半城子，西到渤海所，南从白道峪，北到于营子的总面积约3600平方公里的广大地区化为"无住禁作"地带，实行惨无人道的"三光"政策，共修建了93个"部落"。同时，在丰宁、滦平、密云南部，强迫群众沿山边挖宽36丈、深16丈的封锁沟，仅在怀柔境内，西起沙峪口，东到大风峪，全线即达40公里。这就是在长城沿线大规模集家并村的试行阶段。

第三阶段，1941年11月到1944年春，日军制造"无人区"的扩大。

这期间是日、伪军对冀察热辽边界地区数百万人民发动的特殊战争。1941年秋到1942年秋，长城线上抗日游击斗争有了深入发展，八路军向热南、热西地区的大力出击引起日本关东军的恐慌。关东军司令部开始部署实施"西南地区特别肃正"作战，日本关东军西南防卫司令部于1941年9月形成全面制造"无人区"计划。从1941年开始，日、伪军集中兵力于热西、热南长城沿线，进行疯狂"扫荡"，烧毁村庄、屠杀人民，驱赶群众"集家并村"，有计划地大规模制造"无人区"。在平北地区的延庆、怀柔、丰宁、赤城、滦县，冀东、热南地区的兴隆、承德、平泉、卢龙等地制造了大片"无人区"。在大范围"集家并村"的同时，日军开始在长城外侧划定"无住禁作地带"，企图构筑一条"国境地带"的战略封锁线。

面对抗日武装力量的有力反击和群众的积极反抗，日军并未就此罢手，而是开始在长城内外两侧同时制造"无人区"。自1942年起，长城沿线出现了更为严峻的斗争局面。1942年夏，与伪满方面在热西制造"无人区"相配合，伪蒙疆联合自治政府制定了《赤龙延三县特别工作计划》，决定以摧毁大海陀抗日根据地为目标，实施"集家防卫措施"。

由于确保冀东地区对于确保伪满洲国有着极其重要的战略意义，从1942年9月开始，日本华北方面军把制造"无人区"作为第五次"治安强化运动"的重点措施加以实施。为彻底摧毁长城线上抗日游击根据地，并封锁华北与东北地区的联系，日军沿长城线内侧，东起卢龙县桃林口，向西延伸，经迁安、迁西、遵化、蓟县、三河、平谷、密云、怀柔，至昌平县桃峪口，在长约600公里、宽约8至10公里的地带，划定封锁线，并陆续挖成封锁沟，宣布为非治安区，一律实行"三光"政策；对长城线上抗日游击根据地，则严密封锁包围，重点制造成"无人区"。日本华北方面军制造"无人区"的办法，不同于伪满方面那样实行"集家并村"，而是疯狂烧杀抢掠，驱赶群众，制造成"绝缘地带"。据不完全统计，华北方面日军划定的"非治安区"总面积约4000平方公里，制造长城内侧"无人区"面积约1500平方公里。

热辽抗日游击新区的迅猛发展，特别是中共冀热边特委、行署的建立，引起了伪满方面日、伪军的密切注意，并立即提出了对策。1943年，日本关东军及伪满洲军，已将全满治安最重点地区转向热河省。1943年间，伪满方面日伪猛烈扩大制造"无人区"。沿长城线，由喜峰口向东，将"无人区"延伸到距山海关10多公里的九门口，在青龙县全境及凌源、建昌、绥中部分地区实行

"集家并村"，从此构成了西起独石口东至九门口的一条战略封锁线，将伪满的"西南国境线"全部严密封锁起来。在平泉、宁城、承德全境及喀喇沁旗、围场部分地区实行"集家并村"，并将抗日根据地光头山周围广大地区划定为"无住禁作地带"。在热西地区，又将丰宁全境和隆化大部分地区制造成"无人区"。同时以强大兵力麇集热辽地区。到 1944 年春，日军制造"无人区"的计划基本完成。其范围包括青龙、宽城、承德、兴隆、滦平 5 个县的全境，丰宁、平泉、建昌、凌源、宁城、隆化、怀柔 7 个县的大部地区，绥中、喀喇沁旗、围场、平谷、密云、延庆、赤城等县的局部地区，还有遵化马兰峪的所谓伪满特区，涉及今河北、辽宁、内蒙古、北京、天津 5 个省、市、自治区的 25 个县。长城线上"无人区"的面积约 5 万平方公里，其中"无住禁作地带"约 8500 平方公里。被集家的自然村 1.7 万多个，共建"人圈"2506 座，被驱赶集家的群众约 140 万人。

制造长城线上"无人区"是侵华日军对中国人民犯下的又一罪行。长城线上"无人区"的出现不是偶然事件，是有目的、有计划的战略行动。早在《田中奏折》中，就露骨地写着："惟欲征服支那，必先征服满蒙。如欲征服世界，必先征服支那。"日本侵略者将满洲视为征服中国乃至征服世界的基地，也就自然地将作为满洲"西南国境线"的长城沿线视为"生命线"。在这一地区，他们绝对不能容忍任何抗日力量的存在。1939 年冬到 1941 年春，日军开始在长城沿线实行"集家并村"、制造"无人区"只是针对抗日游击活动进行的战术上的应对措施。其实施范围也较小，只有兴隆县长城沿线几个关口附近及横河、黑河上游地区日军认为重要的几个地点，在集家地点驻守的伪军警数量也很有限。自 1941 年开始，随着长城线上抗日游击战争的深入发展，八路军向热南、热西地区的大力出击，日本关东军把过去战术性的局部制造"无人区"措施提高到战略的高度。

一是有全面的计划性。1941 年 5 月 17 日，关东军司令部发出第二六四号作战命令，部署实施"西南地区特别肃正"作战，指出："为了呼应北支那军的冀东肃正作战，令西南部防卫司令官统一指挥属下及配属部队和满洲国军警，扫灭热河及冀察国境附近蠢动的共产匪，以立恒久的治安。"并命令伪满热河省公署"负责建立集团部落，建立警备道路，警备通讯及部落防卫设施"。同年 9 月 15 日，日本关东军司令部发出作战命令，实施"时局应急西南特别肃正要领"，命令"日军根据当时局势决定加强军队对西南特别肃正的支援，并加强治本及思想工作"，"地区为热河全省，重点为丰宁、滦平、承德、兴隆、青龙五县"，"治本工作之重点为修筑道路，通讯设备，实行生活品配给制，进行集家工作。"

根据关东军命令，日本关东军西南防卫司令部于1941年制定了《西南地区肃正工作实施要纲》，承德日本宪兵队本部也拟订出《国境地带无人区化》方案，形成了全面制造"无人区"的计划。

此外，为了强化对制造"无人区"的指挥，日军强化了指挥机构。授权日本关东军"西南防卫司令部"统一调遣所有军警宪特及伪政权、协和会等全力投入，而且从东北通化等地调来大批伪军政骨干力量。自1942年起，在长城内外两侧实施了伪蒙疆、华北、伪满方面日军三方的协同动作。

二是有明确的目的性。从日本关东军司令部到关东军西南防卫司令部及承德日本宪兵队发出的一系列命令和制定的一系列计划中可以看出，日军实施"无人区"的计划，就是针对着共产党依靠广大人民群众广泛开展抗日游击战争的方针，目的是通过制造"无人区"的手段，彻底破坏党和人民的"鱼水关系"，从而达到"竭泽而渔"的效果。其中，1942年10月，承德日本宪兵队长签发的《热警情发第三二四号灭共对策资料》表述得尤为明确："鉴于冀热察国境地区当前的形势，其治本上第一要谛，无论怎么说，也在于匪民隔离"，对民众采取"集家并村"手段，"使之与敌人的活动完全隔绝，而由我方掌握控制，乃可彻底封锁扼杀敌人所谓人力、物力的动员工作。……民众的支持，乃是彼等的依靠。这样就能切断其与民众联系的纽带，救命之钢绳，此实乃致命之打击。"

二、日军在河北沿长城各县建立"无人区"的情况

长城沿线"无人区"涉及河北青龙、宽城、承德、兴隆、滦平5个县的全境，丰宁、平泉、隆化的大部分地区，遵化、迁西、迁安、赤城的局部地区。

青龙县：全县有1686个村庄，其中1219个村庄被确定为"无住"与"禁作"地带，占全县的71%，被勒令拆迁。特别是其中300个村庄1000多平方公里范围被划作"无住禁作"地带，占全县总面积近三分之一。到1943年末，在公路两旁、平川大村共建起"部落"358个，其中武装部落104个。

宽城县：原系青龙县所辖的5个区，抗日战争时期，隶属迁（安）青（龙）平（泉）联合县。到1943年3月，全县境内修筑"部落"99个，集合自然村1382个，"集家"28100户，占总户数82%，"集家"人口124000人，占总人口的85%，"无人区"面积1170平方公里，占总面积70%以上。

承德县：全县共 1 街（今承德市区）23 个村（包括两家村、汤泉村、二道河村、头沟村、高寺台村、三沟村、老爷庙村、双峰寺村、庄头营村、干柏河村、六沟村、野猪河村、砖瓦窑村、上板城村、新杖子村、安匠村、塘头沟村、下板城村、上谷村、小寺沟村、暖儿河村、全宝河村、车河口村），全县全境共建 448 个"部落"。另外在全县 23 个村内，有 9 个村（包括安匠村、塘头沟村、新杖子村、全宝河村、上板城村、车河口村、暖儿河村、下板城村、二道河村）的部分地区被划为"无住禁作地带"。

兴隆县：到 1943 年 6 月，兴隆县 40% 以上的面积被划为"无人区"，全县耕地面积约 40 万亩，其中 16 万多亩耕地禁止耕种，被毁坏 2000 多座村庄，有 111825 人（约占全县人口的 81%）被赶进了 199 个"人圈"。

滦平县：隶属于丰（宁）滦（平）密（云）抗日根据地，从 1941 年 10 月开始，滦平和兴隆、承德、青龙四县被作为重点，由西向东逐次推进，全县先后建起了 543 个"部落"。

丰宁县：1942 年春，在靠近"边境"的南辛营、青羊沟、千松台等村先行试点的。日伪强迫农民拆掉房屋，搬进"人圈"。试点后，规定 1943 年 3 月至 6 月计 4 个月内，全县完成"集家并村"，各村必须把房子拆光搬完，如到期不搬或者反抗，就按反抗"集家"处理。全县"集家并村"有 2265 个自然村，30285 户、152343 口人，共修"围子" 277 个，占地 7600 多亩。

平泉县：1942 年，先在孤山子、崖门子、大石湖等少数边沿地方进行。1943 年开始全面实行，重点是靠青龙、承德县及以光头山为中心的广大抗日游击区，即当时的柳溪、平房、七沟、荒地、小寺沟、党坝、郭杖子等村。1944 年又逐步往东部发展，直到 1945 年 8 月。全县修"集团部落" 127 个，分布于日伪时的柳溪村、平房村、七沟村、荒地村、小寺沟村、党坝村、郭杖子村等十个村和南坡村的蒙合乌苏川的单营子、南梁，黄土梁子村的龙潭沟川西山，洼子店村的石拉哈沟和红花沟，相当现在 19 个乡。按行政区划占 40%，面积 1540 平方公里，占全县总面积的 47.5%。"集家并村"涉及现在的平房、毛兰沟、白池沟、长胜沟、宋营子、卧龙岗、范杖子、广兴店、魏杖子、双洞子等乡。共搬 225 个自然村，800 多户，占全县总面积的 15% 左右。"无住禁作地带"涉及当时的 11 个村的部分地区，总面积为 296 平方公里，占全县总面积的 9%。

隆化县：1942 年秋开始在郭家屯区（五区）推行"集家并村"。日军首先把 1600 户、9100 口居民，并入 27 个"部落"。1943 年 4 月初到 8 月中旬，又在隆、滦、丰交界的四道营、太平庄、旧屯等地，修了25个"部落"，把2900户、18800口人赶入"部落"。同时，在隆、围、承交界的七家、大庙、荒地、中关、大坝等地实行全面"集家"，把3670户、14900口人，并入62个"部落"。并且把位于茅荆坝乡梨树营村东南的旗杆沟，划为"无住禁作"区。上述三个"集家"区，共有114个"部落"，460个自然村，8200户、43000多口人，"集家"面积达2340平方公里。

遵化县：全县"无人区"的面积288平方公里，占全县总面积19%，包括87个村，6680户，31000多人，其中落入"人圈"的计950户，4600人。

迁西县：全县"无人区"的面积约500平方公里。有113个村（全县340多个行政村）被日军划作"无人区"，5034户、23486人被"集家"。

迁安市：全县"无人区"的面积约500平方公里，包括72个村，2000户，1万多口人。并在沙河庄、王古庄、刘皮庄、五重安、三岭、黄金寨、大崔庄、小崔庄、大新店、平林镇、后窝子、前窝子、曲河、小套等十几个村庄修筑了"人圈"。

赤城县：1942年，在赤城县，西迄长安岭，东至靖安堡（白河堡），北自雕鹗、后城一线，南至滥角、后河一线，包括整个大海陀山区根据地成为日伪制造"无人区"的范围。1943年春季开始，又沿长城向北扩展到独石口，将整个黑河川及老丈坝、大滩等坝上地区，都实行"集家并村"。

三、日军制造"无人区"的残酷手段

日军制造"无人区"所使用的是"灭绝一切生机"的手段，对"无人区"的人民实施的是经年累月的公开屠杀和虐杀。日军制造"无人区"的目的在于彻底切断八路军与人民群众的联系，破坏八路军生存的一切条件。所以，日军在制造"无人区"的过程中，将游击根据地划为"无住禁作地带"，实行了"拔根断源式的摧毁"，把"三光"政策发挥到了极致。实行血腥屠杀是其主要手段。刚开始"集家并村"时，还是限期拆房搬迁，后来则是武力驱赶，拒者捕、逃者杀，待到划定所谓"无住禁作地带"以后，捕杀更为惨烈。烧光也是日军制造"无人区"的主要手段。为彻底摧毁人民的居住条件，对一般"集家并村"的地方，划定"无住地带"，强令群众将房屋彻底摧毁，搬入"人圈"，而对"无住禁作地带"则是纵火烧光。划为"无人区"的1.7万个自然村，380多万间房屋全部被烧、被毁。有些地区的房屋由于被反复烧过多次，山墙的石头都被烧成褐色的碎粉。与此同时，日军对山区根据地烧杀抢掠更是疯狂到了极点。每次"扫荡"，生活用品连半口破锅、一只空瓶都要砸碎，生产工具如磨盘、碾子更是不能幸免。更令群众深恶痛绝的是日军对"无住禁作地带"连年的"割青扫荡"，把山区抗日军民赖以生存的庄稼进行了一遍又一遍的毁坏。

在对抗日游击根据地进行疯狂摧残的同时，日军对于生活在"人圈"内的群众进行了无比残暴的法西斯统治。群众进入"人圈"后，失去经济来源，加上日、伪军敲骨吸髓的经济掠夺，生活陷入绝境，衣不蔽体，食不果腹，不少人冻饿而死。"人圈"中居住环境更是十分恶劣，多数人家从进"人圈"直到日本投降，几经寒暑，住的都是窝铺或者马棚、猪圈、磨道。"人圈"内，各种瘟疫连年流行，吞噬了成千上万人的生命。为把群众严密控制起来，日军还在"人圈"中搞起血腥的"大检举"，而且一次比一次扩大范围，一次比一次残酷。所有被捕群众都要遭到反复折磨，严刑讯问，有的被当场屠杀，其中承德市郊水泉沟就是一处"万人坑"，兴隆县南土门现仍留有100多座"肉丘坟"。被抓进监狱的人也遭到肆意迫害、杀戮，一些人成为日军实验的牺牲品，剩下的被送去当了劳工，在苦役中被虐杀。

四、"无人区"地带的抗日军民进行了艰苦卓绝的斗争

在日军局部制造"无人区"时，共产党、八路军就积极支持群众反集家斗争。当日军实施全面"无人区"计划，向根据地疯狂进攻后，共产党领导抗日军民进行了积极反击，使日军"无人区"计划屡次受挫。尤其是1942年到1944年间，抗日军队和地方党组织密切配合，在日伪兵力占绝对优势，大部地区无房、无粮和难以得到群众支持的极度险峻的形势下，发动了多次战役，打了许多硬仗、恶仗。其中承（德）平（泉）宁（城）地区由于基本处于孤悬敌后的状态，并且被日军认为是共产党、八路军向东北推进的主攻方向而受到重点摧毁。1944年春，日、伪军以2万兵力向承（德）平（泉）宁（城）地区"扫荡"进攻，在八路军、游击队到过的地方实行集家并村、烧杀抢掠，战士们在冰天雪地之中没有粮食、没有住处，长期在山洞或松林下睡觉，经常忍饥挨饿，很多干部战士被冻伤。在日、伪军多次包围袭击下，地方游击队和地方干部损失惨重，由开始时的600多人下降为不足百人。在日军多年围攻、"扫荡"下，党组织和抗日武装克服重重困难，坚持住了长城沿线山区大部分抗日根据地，并在根据地周围"人圈"中开展了艰苦的抗日斗争，打破了根据地被分割封锁的状态，为抗日战争的最后胜利做出了重大牺牲和贡献。

在"无人区"的斗争中，抗日军民中涌现出无数惊天地、泣鬼神的英雄事迹。在党政干部、战士中，有许多狼牙山五壮士式的英雄。冀东八路军十一团政治委员耿玉华，于1942年6月11日，在平北地区赤城县长嵯山战斗中，拼尽弹药后率19名干部战士跳崖壮烈牺牲。五指山根据地成功村党支部组织委员、民兵傅春，在日军"扫荡"中多次不顾个人安危，先后掩护60多名群众脱险。在一次"扫荡"中，被日军堵住，他用手榴弹炸开了自己的胸膛，牺牲时年仅18岁。

长城线上的群众也作出了重大牺牲。"无人区"的一些妇女，在日军围困搜山中，为了不让孩子啼哭暴露目标，危及大家，就忍痛将孩子堵死在自己的怀里。也有的母亲怕连累大家，就抱着孩子跳下山涧，母子同归于尽。最值得敬佩的是丰（宁）滦（平）密（云）中心区张家坟南猪头岭的邓玉芬，她先后送5个儿子参军，又支持丈夫和1个儿子参加民兵。最后，丈夫和5个儿子相继牺牲，一个儿子失踪，只剩下最小的老七。在一次日军围攻中，老七啼哭起来，她为了不连累大家，忍痛将孩子闷死。在持续5年多的"无人区"的抗日斗争中，像这样的英雄人物数不胜数，他们可歌可泣的事迹充分彰显了中华民族的爱国主义和革命英雄主义精神。

（河北省委党史研究室抗战损失课题调研组）

（三）日军在河北实施的毒气战、细菌战罪行概述

1937 年 7 月 7 日，卢沟桥事变爆发，日本发动了全面侵华战争，并将河北作为其占领全中国的重要基地，日军在河北地区疯狂屠杀、轰炸，实施毒气、细菌作战。

在战争初期，日军将河北地区作为实施毒气、细菌作战的试验场，并详细制定了相应的作战部署，建立了实战化学实验部及毒气生产工厂，其主要种类有催泪性、喷嚏性、窒息性和糜烂性等毒气武器。日军在河北实施毒气战的主要部队有，迫击第 5 大队，又称海字第 3503 部队，由第 14 师团步兵第 50 联队于 7 月 27 日改编而成，配属华北派遣军第 1 军 14 师团，其先后参加进攻涿州、保定、石家庄等地区作战①。

日军在河北地区毒气实验成功后，立即在全国战场广泛实施和推广，尤其是从 1941 年开始，日军在战场使用毒气武器相当频繁，特别是对敌后各个抗日根据地的广大平民更加残忍地实施，其规模也越来越大，范围越来越广，手段更加残忍。据不完全统计，从 1937 年 7 月 27 日日军在卢沟桥投下第一颗毒气弹起，到 1945 年 10 月 5 日拒降日军在河北省藁城县城投下最后一颗毒气弹，日军在华北地区实施毒气战达 8 年零两个月，涉及河北地区全部 11 个市，在华北地区实施毒气战多达 1000 次之多，有文字记载的超过 80 次。毒气种类、数量有催泪性、喷嚏性毒气 14143 筒，窒息性毒气 265 筒，糜烂性毒气弹 1006 发及液体 630 公斤，毒气弹 3206 发，毒气筒 22216 个。另据统计查明，中毒伤亡人数军队达 3.7 万人以上，平民中毒伤亡者达 1.5 万人以上②。据不完全统计，日军在河北作战中使用毒气至少 27 次，催喷类 251 次，窒息类 1 次，毒气弹 400 发，毒气筒 472 个，军队伤亡 6990 人③，平民中毒者 2144 人，死亡 1937 人④。

日军实施细菌战也将河北作为重点地区之一。日本华北派遣军防疫给水部即北支（甲）1855 部队建立较早，驻地北京，在保定、石家庄、张家口等地建

---

① 谢忠厚主编：《日本侵略华北罪行史稿》，社会科学文献出版社 2005 年版，第 197 页。
② 谢忠厚主编：《日本侵略华北罪行史稿》，社会科学文献出版社 2005 年版，第 20—21 页。
③ 谢忠厚主编：《日本侵略华北罪行史稿》，社会科学文献出版社 2005 年版，第 249 页。
④ 谢忠厚主编：《日本侵略华北罪行史稿》，社会科学文献出版社 2005 年版，第 262 页。

立了分部，进行细菌武器的研制和实验，并进行推广。石家庄（石门）办事处负责人为日本军医少佐田山吉政，张家口分部负责人为军医大尉川锅里吉管①。其手段主要是进行活人实验，利用战俘培养和制造细菌武器。日军常常在其撤退时播撒细菌或将细菌撒入决堤的河水中，致使霍乱、伤寒、鼠疫、疟疾混合爆发，其危害更加严重。据不完全统计，在 8 年间，日军在华北地区实施细菌战多达 70 次以上，其中有具体死亡数字者达 25 宗，致使华北军民遭受感染而死亡者至少达 27 万人以上②。现将日军在河北省各地所进行的毒气战和细菌战分述如下。

日军不论在其占领区，还是在抗日根据地或游击区，为摧毁中国人民的抗日意志，总是以各种借口和卑劣手段，对和平居民使用毒气进行集体审讯、拷问和毒杀。这也是日军实施毒气战的一个重要特征。

一、日军在冀东地区实施的毒气战

1. 冀东地区是日军实施毒气战的重点地区之一，冀东尤以唐山地区为最。

日军在唐山地区实施了残酷的毒气战，据不完全统计，仅从 1941 年至 1945 年，日军就制造了 21 起毒气战惨案，中毒伤亡军民 2300 余人，其中伤 700 余人，亡 1600 余人，被毁房屋 3000 余间，其他财产损失也很严重（详见附表）③。

1940 年 8 月 11 日，因 1 名日军失踪，日军把迁西县大寨村所有 18 岁以上的男性村民驱赶至郭桂芝家后院，并施放毒瓦斯，致使 102 名群众身体受到不同程度伤害。

1941 年 6 月下旬，日军在"扫荡"遵化沙堡营时，把五六十名群众驱赶至一间民房内，并施放毒瓦斯，致 10 人死亡，其余因中毒而昏迷。7 月 16 日，驻遵化县王各庄日军中队长南木和警备队大队长王大胡子（王熙武）率领日、伪军 150 多人"扫荡"鲁家峪。一番抢劫后，日军把没有逃脱的 30 多名群众赶到一座庙前，施放毒瓦斯。刘继真、李自荣等 20 多人被熏得在地上翻滚，继而昏厥过去，70 多岁的老人刘继顺当场被毒死④。7 月中旬，日军独立守备步兵第 7

---

① 谢忠厚主编：《日本侵略华北罪行史稿》，社会科学文献出版社 2005 年版，第 155—156 页。
② 谢忠厚主编：《日本侵略华北罪行史稿》，社会科学文献出版社 2005 年版，第 22 页。
③ 河北省唐山市抗战时期人口伤亡和财产损失课题调研成果专题卷（2006—2007 年调研），原件存于中共唐山市委党史研究室。
④ 中共河北省委党史资料征集编审委员会编：《侵华日军暴行录》（一），1985 年 8 月印行，第 314 页。

大队约400多人，在河北省玉田县东南母庄村，进行"搜索兵器、弹药"的"扫荡"。日军将村民150人赶到路旁洼地里，然后，命令小队士兵在四周监视，并在其间点燃了小型绿筒1个，绿棒5个，发烟筒2个，向聚集的人群放毒。孩子们哭喊、流泪、拿草塞鼻子，头往土里钻；抱着幼儿的母亲用自己的衣服裹孩子，拼命地保护着孩子。其中不堪痛苦折磨而爬上土堤想逃走的人，全被日军踢下土堤。幼儿中有的因为吸了瓦斯使呼吸器官发生障碍，还有3名幼儿则因被母亲的衣服包得过紧窒息而死，其他儿童也受到了致命危害。约有半数的人都呕吐，所有人的眼睛都充血而得了角膜炎，影响了视力。尤其是妇女、儿童的呼吸器官受到严重伤害[1]。

1941年，日本关东军派遣独立守备队4个大队，协同独立第27师团，进行"冀号"作战，多次对民众进行集体审讯、毒杀。据日军小队长小川政夫笔供：关东军司令官曾"命令各大队要携带毒瓦斯和防毒面具"，他所在的独立守备步兵第7大队各中队携带红筒5个、绿筒100个、绿棒100个、发烟筒100个及防毒面具50个。此外，大队武器委员还携带各种毒气筒200个。他供认：在"冀号"作战期间，他指挥的独立守备步兵第7大队第4中队，于1941年6月中旬，在河北丰润县城北方约12公里的某村，将7名农民置于房内，使用毒气拷问[2]。战俘坪井真平也供认：1941年6月中旬，日军在"冀号"作战期间，独立守备步兵第七大队四中队在河北丰润某村，为搜查八路军，逮捕男女村民及孩子40人，将他们禁闭在一间房内，从窗口施放催泪瓦斯和发烟筒各1筒，并将由窗户跳出的2人杀死，其余38人被毒杀[3]。1941年8月5日，日军山冈中队50余人，在六七十名警备队的配合下，包围了玉田散水头村，将100多名村民赶到村中菩萨庙里进行审讯。在大殿的供桌上，点燃了3个毒瓦斯，将大殿大门紧锁，并用苇席把窗户堵死，致使大殿里的人们都中了毒。村民李之顺实在忍受不了，拼命拽开大殿的后门，钻了出去，被外面的日军开枪打死。由于殿门被打开，殿堂的毒气散发，

---

① 日本战俘小川政夫1954年8月10日笔供，刊于谢忠厚等主编：《日本侵略华北罪行档案》（6），河北人民出版社2005年版，第175—177页。

② 小川政夫1954年8月22日及8月10日笔供，刊于谢忠厚主编：《日本侵略华北罪行史稿》，社会科学文献出版社2005年版，第251—252页。

③ 坪井真平1954年9月27日笔供，刊于谢忠厚主编：《日本侵略华北罪行史稿》，社会科学文献出版社2005年版，第252页。

其他人才没有被熏死①。

乐亭镇元庄村，是一个人口不多的小村。1942 年春，日、伪军"清乡"
"扫荡"来到该村。在骚扰抢掠之后，对全村唯一的一口水井投放了化学毒剂。
日军走后两天，全村凡是吃了这口井水的人全部得了病，浑身发烧，嗓子肿胀，
直到肿得喝不进水，甚至出不来气而死亡。此次日军投毒，全村受害得病的有
43 人，李国凤的儿子、王恩家 3 个子女、李存姐、李有哥等 17 人丧命，26 人
经救治活命②。

1942 年 4 月，日军第 27 师团步兵旅团长铃木启久纠集唐山、丰润、玉田、
遵化等地的日、伪军 4000 余人，对冀东地区进行"大讨伐"。4 月 8 日，日军
第一大队包围了在鲁家峪附近八路军冀东军分区医院，向 12 个山洞施放毒气，
190 名伤病员及工作人员被毒死。4 月 16 日，100 余名日、伪军在汉奸马金成的
带领下，从鲁家峪进犯东峪村东北沟的鸡冠山。日军见山上有许多大大小小的
山洞，断定洞里藏有八路军和军需物资。后在一个叫狐仙洞的山洞里发现有人，
便向洞里施放毒瓦斯，村民刘玉书一家 5 口、刘思功一家 3 口、刘树安的妻女 3
人，都被毒死在洞内。被服厂工作人员 14 人，军区干部 7 人及刘庭发、李树全
等部分村民被迫钻出洞外，惨遭日军杀害。日军在鸡冠山"驻剿"5 天内，共
杀害村民、干部、伤员 95 人。4 月 24 日凌晨，日军 200 余人在大队长渡边的指
挥下，搜索鲁家峪南面的馒头山时，发现一个藏人的地洞口，随后向洞中施放
毒瓦斯。在洞内藏身的冀东行署秘书长林峰冒险突围，被日军打死在洞口。王
文龙、王松、轩敬宜、李云等 4 名党政干部在洞内饮弹自尽。当日下午，被迫
出洞的 35 人均被杀害。坚持不出洞的屈平、朱文厚、王兴的妹妹 3 人，除屈平
死里逃生外，其余 2 人均因中毒而死③。

地处丰润县北部的腰带山中，有个自然形成的山洞，人们称之为"妈妈
洞"。因为山洞不易被人发现，所以抗日战争时期，这里就成了抗日政府机关和
军民经常隐蔽和开展抗日活动的地方。1942 年，日军在火石营、黄昏峪一带不
断进行"扫荡"，妄图消灭抗日游击队。农历 4 月 18 日—20 日，八区区长张国
汉和冀东《救国报》编辑付惠轩及区助理小李等 13 人，一直在"妈妈洞"研
究反"扫荡"计划。因汉奸告密，4 月 20 日（农历）早晨 7 点，日军 20 人，

---

① 中共河北省委党史资料征集编审委员会编：《侵华日军暴行录》（一），1985 年 8 月印行，第 331 页。
② 唐山市乐亭县抗损调研专题卷（2006—2007 年调研），原件存于中共乐亭县委党史研究室。
③ 谢忠厚等主编：《日本侵略华北罪行档案》（6）河北人民出版社 2005 年版，第 219—220 页。

特务 4 人，突然包围了"妈妈洞"。由于洞内人员拒不出洞，日军遂向洞内放毒，致使洞内 12 人遇难，只有北岭村的一名群众用湿毛巾捂着口鼻而幸免于难①。

1942 年 7 月 1 日，日军在"扫荡"迁西县瓦房庄时，把抓来的 62 名群众嘴里灌上煤油，塞进梨窖，又放了两筒毒瓦斯，将群众全部毒死，其状惨不忍睹②。10 月 22 日，铃木启久率领日军侵入遵化县东新庄子镇寻找八路军隐藏的枪支弹药时，把 14 个村民扔进井里，并向井内施放毒瓦斯，造成 13 人死亡，1 人受伤③。

1943 年 4 月 1 日，八路军冀东军区 12 团 1 营 2 连连长马贤指挥全连和民兵，在迁安市夏官营镇洪庄村与进犯的十数倍的日、伪军展开激战。在这次战斗中，日军使用了毒气。但由于此时天空下起了雨，毒气失去了作用。战士们除了被呛得流眼泪、打喷嚏外没有受到更大伤害④。

附：抗日战争时期日军在唐山地区施放毒气情况简表

用毒时间	用毒地点	用毒种类	我军民中毒伤亡人数	财产损失
1940 年 6 月下旬	冀东某地	施放毒气	八路军中毒伤亡 200 余人	
1940 年 8 月 11 日	迁西大寨村	施放毒瓦斯	102 名群众受毒害	
1941 年 1 月 25 日	丰润县潘家峪	施放硫磺弹	此次惨案伤亡 1300 余人，中毒伤亡人数不详	烧毁房屋 1100 余间
1941 年 6 月 1 日	玉田县杨家套	施放毒气	伤亡不详	
1941 年 6 月初	丰润县新军屯	施放毒气	伤亡不详	
1941 年 6 月 4 日	玉田县鱼槽铺	施放毒气筒 50 个	军民亡 13 人，伤多人	房屋牲畜损失严重
1941 年 6 月中旬	丰润县某村	施放毒气	民众中毒伤亡 7 人	

① 中共丰润县委党史研究室编：《丰润革命史料选》第十辑，1991 年 11 月印行，第 231 页。
② 谢忠厚主编：《日本侵略华北罪行史稿》，社会科学文献出版社 2005 年版，第 255 页。
③ 谢忠厚等主编：《日本侵略华北罪行档案》(6)，河北人民出版社 2005 年版，第 200—201 页。
④ 中共迁安县委党史研究室编，李焕章主编：《烽火漫天》第二辑，1984 年印行，第 182 页。

用毒时间	用毒地点	用毒种类	我军民中毒伤亡人数	财产损失
1941 年 6 月	丰润县某村	催泪性毒气	民众中毒伤亡 40 余人	
1941 年 6 月下旬	遵化县沙堡营村	催泪毒气弹	民众中毒伤亡五六十人	
1941 年 7 月 3 日	丰润县韩庄附近	施放毒气	伤亡不详	
1941 年 7 月 16 日	遵化县鲁家峪	施放毒气	20 多人中毒，1 人死亡	
1941 年 7 月中旬	玉田县东南母庄村	毒气筒 19 个	民众中毒伤亡 150 余人，其中死亡 3 人	
1941 年 8 月 5 日	玉田县散水头村	3 个毒瓦斯	村民 100 余人中毒	
1942 年 4 月 18 日	冀东军分区某医院	施放烈性毒气	八路军中毒伤亡 190 人	
1942 年 4 月中下旬	遵化县鲁家峪鸡冠山、馒头山等地	施放毒气	军民中毒和被杀害者 335 人	烧毁房屋 1900 余间
1942 年春	乐亭县元庄村	将毒剂投入水井	43 人中毒，其中 17 人死亡	
1942 年 4 月 18—20 日	丰润县"妈妈洞"	施放毒气	亡 12 人，伤 1 人	
1942 年 7 月 1 日	迁西县瓦房庄	施放毒瓦斯	62 人中毒死亡	
1942 年 10 月 22 日	遵化县东新庄子镇	施放毒气	民众中毒亡 13 人，伤 1 人	
1943 年 4 月 1 日	迁安县洪庄村	施放毒瓦斯	由于下雨无人伤亡	
1941—1945 年	丰润县杨家营	施放毒气	伤亡不详	
1941—1945 年	遵化县城西南 8 公里某村	施放毒气	伤亡不详	
1943—1945 年	滦县城关牛角胡同	施放毒气	民众中毒亡 2 人	
1943—1945 年	滦县某据点	施放毒气	民众伤亡不详	
备注	①主要侧重于人员伤亡，财产损失未作进一步考证，加之多数事件亦未涉及财产损失。②有些资料、事件只有日军施放毒气而未讲伤亡情况，故只好注明"伤亡不详"。			

2. 在冀东的秦皇岛地区，日军也实施了毒气战。

日本战犯大岛光 1954 年的笔供称：1943 年 7 月至 8 月，（日军）在热河省青龙县（今属秦皇岛市）板城村亮甲台盘踞时，被八路军夜袭。中队长命令今井军曹放射催泪瓦斯约 3 个。数日后，中队长命令今井军曹试验瓦斯效力时，在亮甲台东隅，我做向导，指挥士兵数名，担任监视瓦斯效力，放射催泪瓦斯2个。正在休息的约20名村民中，伤害了逃不及的六七名村民的眼、咽喉，被害者一面流着泪，一面咳嗽着逃走了①。

二、日军在冀中地区实施的毒气战、细菌战

1. 日军在冀中地区实施的毒气战次数更加频繁，数量也更多，尤其是在保定地区更加严重。

据不完全统计，日军在保定战场上用毒数量：从1938年9月28日至10月28日，在阜平县北镇及曲阳县灵山镇使用喷嚏性红筒250个、在东西庄使用毒弹400余发、在灵山镇使用毒筒85个、在大白化（即现在的白河）使用毒筒47个、在王快镇附近使用毒筒90个。其中，10月4日日军在阜平东西庄使用毒气弹400余发造成的伤亡最大，致使八路军伤亡1500余人。

1940年9月22日—24日，在百团大战的第二阶段涞（源）灵（丘）战役中的东团堡战斗中，日军对与之激战的冀中一分区3团实施毒气作战，致使八路军300余人中毒②。与此同时，在9月23日晚攻打日军涞源城外围据点曹沟堡的战斗中，日军也疯狂施放毒气，使攻击部队大部中毒。24日，部队继续攻击，日军大量投掷毒气筒，攻击部队被迫退出。11月13日，日军在曲阳县韩家峪、燕川湾战斗中也对八路军实施毒气作战，致使八路军20余人中毒。

1941年4月，八路军冀中十分区29团一个连在容城县郭村被雄县、容城县等日军包围。日军使用了毒瓦斯作战，八路军伤7人，亡4人。

1942年5月28日，八路军某部在唐县岳烟一带与200余日军激战。战斗中，日军多次被击退后，遂大肆放毒，继以坦克车装甲车猛冲。八路军战士冒毒抗击，终将敌击溃，计毙伤敌170余名，击毁装甲车一辆，俘敌一名，缴获军用品一部，但战斗中一部分八路军战士中毒。

1943年4月，之光县（今清苑县）四区刘振英和区小队10余人，在后营钻地道坚持斗争。日军施放毒气，一名队员牺牲。

1944年4月24日，高阳一区小队20多人在南路台村被400多名日、伪军包围，激战一天，毙敌70余人，后日、伪军施放毒气。副指导员陈洪生等7名

---

① 大岛光1954年的笔供，刊于谢忠厚等主编：《日本侵略华北罪行档案》（6），河北人民出版社2005年版，第55页。

② 晋察冀战史编写组：《晋察冀军区抗日战争史》，军事科学出版社1986年版，第193—194页。

战士牺牲，19 名战士被毒气熏昏后被俘，后被送往日本当劳工①。

1945 年 7 月 13 日，日军在定县（今定州市）清风店镇与定唐支队驻清风店一个连队及清风店镇民兵作战时，向地道中施放毒气，致使军民 7 人中毒身亡。

日军在保定地区不但对军队实施毒气作战，而且肆意对老百姓实施毒气攻击，毒杀了大量和平居民。日军甚至把和平居民作为毒气战训练的"活靶子"。

1938 年 12 月 15 日，日军 1800 人袭击蠡县王辛庄及附近几个村，围住了许多群众。日军从中留下 70 多人，诱骗到小学校教室，然后施放毒气，50 余人被毒死。第二天，日军又用同样方法把附近一个村庄的 30 多人毒死。

1939 年 3 月 16 日，日军在新安城（安新县）关城村将 140 多名群众关进两间小屋，施放毒气，当场毒杀 4 人②。4 月 28 日（农历三月初九），日军在雄县大营村东抓住了 6 名前往工地修筑河堤的霸县张岗村村民，并将他们关进大营村东的土地庙里，同时从窗户向里面施放毒气。6 个村民在砸破窗户逃跑时被日军杀害。6 月中旬，日本特务张五通窜到一直抗交敌税的高碑店西芦村骚扰，被抗日军民处死。驻白沟据点的日军中队长松浦得知后恼羞成怒，于 6 月 25 日午夜亲自带领一个日军中队和一个伪军中队包围了西芦村。天亮时，村民发现日军，纷纷向村外逃跑。日军见逃向村北树林的人越来越多，便利用正在刮着的东北风，在上风口施放了几颗毒气弹。顿时，毒气顺风侵入了人群，群众中有的流鼻涕，有的打喷嚏，有的头晕目眩、胸闷、恶心、呕吐。到上午 10 点，日军刺杀、刀砍、枪杀了 32 人，造成 4 人重伤③。10 月 14 日，天蒙蒙亮，日、伪军包围了蠡县张村，并把群众驱赶至南街展文亭家院里，并锁住院门。之后，戴着防毒面具的日军提着毒气筒（毒瓦斯）在院中央点燃，院内顿时浓烟翻滚，人们感到呼吸困难，眼泪和鼻涕不停地往下淌，痛苦的人们把脸贴在地上，哭喊声不断，院内一片混乱。许多想借机爬墙逃走的群众都被日军用枪打死。日军这次放毒致使百姓多人中毒④。10 月 24 日，日军纠集蠡县城里、百尺、清苑城里、清苑县南和庄四处的兵力对蠡县王辛庄群众进行报复性"扫荡"，将村民 70 余人关在一所牲口棚内，把所有门窗全部封闭，然后将一枚燃

---

① 中共高阳县委党史研究室：《高阳县革命斗争大事记》（1919—1949），亚洲出版社 1992 年版，第 51—52 页。
② 中共保定市委党史研究室编著：《历史的铁证》五，长征出版社 2008 年版，第 96 页。
③ 中共保定市委党史研究室编著：《历史的铁证》五，长征出版社 2008 年版，第 85 页。
④ 中共河北省委党史资料征集编审委员会编：《侵华日军暴行录》（一），1985 年 8 月印行，第 91 页。

烧的毒瓦斯扔进棚内，群众中毒死亡 30 人，其后又有 24 人因中毒过重，抢救无效而死亡，其余活下来的人也都留下了残疾①。12 月 4 日，蠡县日军 200 余人，将车里营、王辛庄、林堡、潘营等 5 村部分民众驱赶到王辛庄，把壮丁 80 余人关进 3 个房间，用窒息性毒气全部毒死②。

1940 年 1 月 5 日，日军在望都常早村对集中起来的群众施放毒气筒 5 个，致使 67 人中毒，其中 7 人身亡③。2 月 23 日凌晨，日军在定兴北南蔡乡北蔡村把 400 多名群众驱赶到村学校进行训话，之后，又把群众赶进教室，施放毒气致使很多人中毒昏死④。

1941 年 11 月，日军先后在雄县仁义庄、大庄村，集中对村民施放毒瓦斯，中毒受害群众达 900 余人，虽没演变成重大死亡惨案，但大多数受害者都大半个月后才逐渐恢复过来，有 30 余人经 4 个月治疗调养才脱离危险，另有 3 名重者，几年后才好转。9 月 23 日，日军在易县南北淇村施放毒气弹致使数百人中毒。

1942 年 8 月 1 日，在定兴县张百户村，日军把老百姓赶到村学校的空地上，然后向人群施放毒气，人们咳嗽声一片，眼泪鼻涕直流，王老四、梁风安、田殿元等当场被毒昏⑤。1943 年 7 月，日军第六十六旅团二十八大队第二中队木村小队，到易县北山约 6 公里某村对村民进行毒气试验，抓捕约 30 名老百姓，用枪逼迫到一间庙内，施放大约 10 个小红筒瓦斯，老百姓中毒严重，一人两三天后死亡⑥。

日军对冀中抗日根据地进行"扫荡""围剿"时，还向老百姓藏身的山洞、地道中施放毒气，制造了多起毒杀惨案。1940 年，日军"扫荡"高阳县大教台时，在村外发现一地道口，遂往地道里放毒气，藏于地道中的段淑香、段香元、段五、郝章祥、苑崇领、苑宗教、苑老补、苑麻子、郝立田等被毒气毒死。

1942 年 5 月 1 日起，日军集中 5 万余兵力，由冈村宁次亲自指挥，对冀中抗日根据地进行空前残酷的大"扫荡"。在"扫荡"中，规定"各部队尽量寻

① 中共河北省委党史资料征集编审委员会编：《侵华日军暴行录》（一），1985 年 8 月印行，第 89 页。
② 晋察冀军区政治部抗敌报社编：《抗敌报》，1939 年 12 月 29 日。
③ 晋察冀军区政治部抗敌报社编：《抗敌报》，1940 年 1 月 7 日。
④ 中共定兴县委党史办：《血泪控诉——侵华日军在定兴的暴行》，1987 年 7 月印行，第 21 页。
⑤ 中共定兴县委党史办：《血泪控诉——侵华日军在定兴的暴行》，1987 年 7 月印行，第 14—15 页。
⑥ 关口藤治 1954 年 12 月 22 日口供，刊于谢忠厚等主编：《日本侵略华北罪行档案》（6），河北人民出版社 2005 年版，第 62 页。

找机会，在地道战斗中使用赤筒和绿筒，实验使用方法"①。自 5 月 23 日至 6 月 12 日，仅 20 天内，日军就在无极县、定县（今定州市）之间赵户村，定县（今定州市）北疃村，唐县岳烟村等地，多次使用毒气。如上坂胜联队于 5 月 27 日在定县（今定州市）北疃村，向地道中使用赤筒、绿筒，致使在地道中躲避的北疃及附近 10 余村群众，包括老弱妇孺，共 800 余人毒死、2000 余人中毒。

1943 年 7 月，日军在雄县某村往群众藏身的洞穴中放毒，致使 2 人中毒身亡。

据 1944 年 4 月 9 日《晋察冀日报》记载：日军在外出"扫荡"中，还以对村民施放毒气，作为抢粮、抢棉及各种物资的"新方法"。为此，日军在涞源城内及王安镇、紫荆关、金坡等据点内，均已设立小规模制毒厂，其所制毒气多为喷嚏性及催泪性瓦斯，中毒者涕泪交流，当时即失去知觉，历 30 分钟始能恢复。1944 年 3 月 16 日前后，涞源县王安镇的敌人曾两次包围马家屯，大量施放毒气，使用毒气筒 7 个，致使 300 余群众中毒，敌即乘势冲入村内，大肆掠夺，迫令群众交出粮食、棉花，并捕去青壮年 20 余人。18 日晚，涞源城敌人在南关一带施放毒气，勒索粮食与物资。20 日，王安镇敌人又在附近各村继续此种暴行②。4 月 11 日，易县塘湖日军 40 余人，突然包围白岭村，向地洞内施放毒气，洞内 50 余人全部中毒，3 人死亡，38 人重伤③。5 月 1 日，定县（今定州市）日军 300 余人包围大、小近同村，向地道内施放窒息性毒气，致使干部、村民 24 人中毒死亡④。5 月 22 日，河北完县（今顺平县）、望都日军 400 余人，配合唐县、满城日军，包围向水、魏村，对隐蔽的民众大量施放毒气，当场毒死 18 人，20 多人中毒⑤。10 月，日军在满城大固店村、段旺村往群众藏身的洞穴中放毒，致使 4 人中毒身亡。

1945 年 3 月 30 日，日军在定县（今定州市）小近同村往群众、干部藏身的地道中施放毒瓦斯，致使 33 人中毒身亡。5 月 1 日，日军在定县（今定州市）大、小近同村往群众藏身的洞穴中施放窒息性毒气，致使 24 人中毒身亡。5 月 13 日早晨，由于汉奸陈木申告密，日、伪军约 200 多人闯入满城西苟村，

---

① 上坂胜 1955 年 5 月笔供，刊于谢忠厚主编：《日本侵略华北罪行史稿》，社会科学文献出版社 2005 年版，第 242 页。

② 《晋察冀日报》，1944 年 4 月 9 日。

③ 《解放日报》，1944 年 4 月 27 日。

④ 谢忠厚主编：《日本侵略华北罪行史稿》，社会科学文献出版社 2005 年版，第 248 页。

⑤ 《解放日报》，1944 年 6 月 19 日。

进村后就杀人放火，破坏地道。日、伪军发现地道口后，就往里放烟、放水、放毒，毒死了陈连杰、孙胖儿，杀死张老虎之母，逼死陈洛臣，还烧毁了几十间房屋。这一天，东苟村人民也遭到了敌人的残杀。从西苟的地道通向东苟村的地道被发现后，日军将地道口一头堵死，从另一头往里放毒烟火，然后封闭，毒死了李洛士，李洛有的儿媳，李万年的儿媳和两个孩子，张洛达妻子，闻洛万妻子，李作忠妻子和一个孩子，李洛厅和一个孩子，加上毒打致残的闻洛发，共伤害 12 人，烧毁房屋 200 多间，抢走羊 30 多只，猪 20 多口，鸡几十只①。5月 26 日，日军在雄县小芦苫村往群众、干部藏身的地道中施放毒瓦斯，致使 700 余人中毒，县城工部部长穆占棋和村民孟凡秋的母亲抱着未满月的孩子被毒死在地道中。同月，日军还在定县（今定州市）东沿里往群众、干部藏身的地道中施放毒瓦斯，致使 8 人中毒身亡。6 月 11 日，日伪在定县（今定州市）辛庄子向群众、干部藏身的地道内放毒，致使 6 人中毒身亡，1 人致残。6 月 13日，日军在定兴县北七村、石相村往群众藏身的地道中放毒瓦斯，当时被毒气熏死 70 多人，仅孙老玉场内地道熏死群众达 30 余名，张洪芝家 6 人被熏死 5人，只剩下了一孤女，张志平全家熏死 4 人，田喜荣全家熏死 8 人，一些刚出生不久的婴儿和六七岁的儿童也惨遭毒杀，全村被残杀 83 人②。

为了毒杀保定地区民众，日军还经常在河流、水池、水井里投放毒物，毒杀老百姓。1944 年 7 月，日军第 63 师团一部到满城东、西苟村抢粮时，不但往地道内施放毒气，而且往水井中投毒③。1944 年 11 月 7 日《晋察冀日报》刊发满城讯：敌寇于 9 月间派出小孩 3 人，两个女孩到平原，一个男孩到山区，向水井内投毒。

日军还把各种毒质放在粮食、盐等食品里和毛巾、牙刷等用品上，使群众食用、使用后中毒。日军还在发给沦陷区群众的"居住证"里暗放毒药。河北定兴某村一村民，做早饭时，不慎将"居住证"掉在锅里，一家 5 口食粥后全被毒死。还有一人将"居住证"装在衣衫里，因走路出汗，"居住证"被汗水湿透，即全身发青、瘙痒，很快死去④。

2. 抗日战争期间，日军在保定地区还实施了大规模的细菌战。

日军散播的伤寒、霍乱、鼠疫、疟疾，使千百万同胞遭受了恶疫的苦痛，

① 中共保定市委党史研究室编著：《历史的铁证》五，长征出版社 2008 年版，第 238 页。
② 中共保定市委党史研究室编著：《历史的铁证》五，长征出版社 2008 年版，第 188 页。
③ 谢忠厚主编：《日本侵略华北罪行史稿》，社会科学文献出版社 2005 年版，第 248 页。
④ 《解放日报》，1942 年 6 月 15 日。

许多人被夺去了生命，许多人留下了终生残疾。

侵华日军驻华北（甲）1855 部队，在战场上及各地城乡针对八路军部队和根据地人民群众广泛而大量地使用细菌武器，大体可分为 3 个时期。在 1937 年至 1940 年，侵华日军使用细菌武器，间隔时间较长，使用规模亦较小；1941 年至 1942 年，侵华日军使用细菌武器开始由间隔使用为主转变为经常使用为主，由小规模使用为主转变为大规模使用为主；1943 年至 1945 年，侵华日军根据石井四郎在 1943 年 4 月总参谋部秘密"保号碰头会"上提出的"准备使用大量细菌武器，先发制人"的主张，在华北进行了大规模的细菌战及各种相应准备工作。

1942 年春，冀中捕获日本特务机关长大本清，其供词说："日本在华北的北平、天津、大同等地，都有制造细菌的场所；日军中经常配属有携带大量鼠疫、伤寒、霍乱等菌种的专门人员，只要有命令就可以施放。当时冀中形势是敌我犬牙交错，所以只是一些试验，不能大量使用，只等把八路军压缩到山地或日本军队撤退时，才大规模的采用细菌战术。"①

1940 年，日军占据新城县（今高碑店市）一个村庄，在撤离时散布霍乱菌，使该村及大清河两岸村庄流行霍乱，以致传到根据地。

在冀中十分区，日军也曾用细菌战来对付抗日军民。1941 年夏季，有一个汉奸混入冀中十分区司令部警卫连新兵中，一周后就逃跑了。他逃跑后，警卫连 90% 以上的人发生回归热病，连派去治疗的两个医生中也有一个受了传染。据疾病暴发程度，以及后来公安机关曾抓获的到根据地放虱子的特务交代，日军的确在用细菌战毒害抗日军民。在冀中十分区，还常常捕获往井内投放病菌的特务，他们坦白地说是日军派来的，利用水罐汲水将毒菌放到井里②。河北省军区卫生部医院王洁斋科长讲：1941 年在定县（今定州市）活动的 22 团，有回归热和诊断不明的热性病发生，一个营一天就有 20 位至 30 位同志病倒。这证明日军不只散放鼠疫细菌，并散放各种病菌，毒害中国人民。

1942 年 1 月，日军"扫荡"定县（今定州市）撤退时，投放老鼠跳蚤甚多，经用显微镜检查及化验结果，确定为带鼠疫的病鼠③。同年一二月间，冀中军区卫生部接到七分区卫生处的报告，说日军在"扫荡"撤退时，在定县

---

① 《石桥揭露日军曾在定县施放菌毒》（原件未署时间）中央档案馆馆藏档案，档案号 149-2。
② 《佟愚恒控诉日军施放细菌的罪行》（原件未署时间）中央档案馆馆藏档案，档案号 149-2，第162 页。
③ 《解放日报》，1942 年 2 月 28 日。

（今定州市）油味村周围村庄遗有死鼠，并见大批病鼠白昼四处爬行，极似疫鼠。卫生部接到报告后，即派卫生教导队教授薛晓铮等前往疫区进行检查，从死鼠及病鼠的剖验镜下发现了鼠疫杆菌。幸而发现早，并在冀中区党政军民及卫生机关共同努力下，采取封锁、断绝交通、焚鼠消毒等紧急措施，才未染于人①。3 月，日军在冀中各地大量散放疫菌，造成许多猪传染后发烧战栗，两耳下垂，眼睛上吊，号叫不止，三日后即死去。有猫吃疫鼠后，全身染红斑点后死去②。5 月 5 日，晋察冀军区司令部通报，据冀中可靠情报，日军对根据地军民实行毒害与破坏，如将带侵蚀性药品溶解于擦枪油内，置毒药于食盐中及毛巾、肥皂上，售于边区，要求各地进一步研究防范的方法。11 月，易县城之敌在县城及附近村庄，将所有的牛、驴、骡、马、猪、羊、鸡，借口"防瘟"实行注射。结果，注射处立即肿起，牲口不吃、不喝，大部分都死掉了③。

1943 年 3 至 4 月，日军又数次到定县（今定州市）南部油味村"扫荡"、搜查，离去后施放在街上、胡同里不少病鼠。当时统计，得病不几天而死者有 70 人之多。

1944 年 11 月，晋察冀各地疟疾、痢疾流行，其中满城 5 个村共有病人 440 人，徐水某村病人达总数 70%，有的村庄一天死三四个人，完县（今顺平县）西朝阳仅儿童即病了 200 多人，涞水紫石村也病了 1/3 的人④。

从 1937 年日本发动侵华战争到投降为止，据不完全统计，保定地区军民遭受细菌战中毒者多达 12347 人，其中数百人中毒身亡。

3. 石家庄是日军在冀中实施毒气和细菌战的又一重点地区，日军对石家庄抗日军民多次使用毒气和细菌，造成很大伤亡。

1939 年 9 月 12 日，深泽县的日军到大直要村去找人民自卫军埋在村西的一门三八式野战炮时，把村民 40 多人集中到一个大院里，逐一追问大炮的下落。因群众都说不知道，日军将群众赶进碾棚，然后施放毒瓦斯，有 20 多人被熏死⑤。在 1939 年 9 月 25 日至 30 日著名的灵寿陈庄战斗中，被八路军团团包围的日军独立第 8 混成旅团田中大队在陈庄和慈峪镇之间同八路军作战时，随同

① 《石桥揭露日军曾在定县施放菌毒》（原件未署时间）中央档案馆馆藏档案，档案号 149—2，第 163—164 页。
② 《解放日报》，1942 年 3 月 15 日。
③ 《晋察冀日报》，1942 年 11 月 10 日。
④ 《抗战日报》，1944 年 11 月 18 日。
⑤ 中共深泽县委党史研究室编著：《中共深泽简史》第一卷（1925—1945），2008 年印行，第 151 页。

的瓦斯队向 120 师部队施放毒气，毒杀抗日军民 38 人。

1940 年 6 月 21 日，平山县城、回舍及井陉日军 2000 多人向温塘、洪子店进犯，企图破坏麦收，与群众争夺粮食。来犯日军遭晋察冀军区特务团英勇阻击，伤亡惨重。23 日，恼羞成怒的日军又窜上驴山，在白龙池、上庄向隐蔽在山沟中的 100 多名群众施放毒气弹，当场毒死 6 人①。7 月，日军某部外出"扫荡"时，在平山白龙池村向地道内的村民施放毒气，当场毒死 10 人，严重中毒者 10 人②。9 月，冀中军区六分区第一团为配合百团大战，袭击日军赵县前大章据点。在战斗中，宁晋援敌向冀中六分区一团施放毒气，造成八路军战士多人中毒。这年冬天，日军进扰冀西赞皇县竹里村一带，投放霍乱病菌，至 1941 年 4 月，该村患病而死亡者已达 60 余人（小孩尤多），每日死亡均在二三人以上。附近村庄也遭到严重传染③。

1941 年 1 月 13 日，藁城县大队一、二中队由于叛徒告密，被日、伪军包围在宿生、古儿两村。在突围战中，日、伪军施放毒气，致使一、二中队 30 余名战士中毒被俘。5 月 21 日下午，晋察冀军区部队进击行唐，与从行唐出动的日军 200 余人在城西南遭遇进行激战。日军败退，八路军乘胜追击至城关。日军为掩护进城，向八路军部队施放毒气，致使许多指战员中毒，伤数十人④。12 月 11 日至 15 日，晋察冀北岳四分区部队两次夜袭行唐县合河据点。据点内日军施放毒气，企图阻止八路军攻势。八路军冒着毒气英勇战斗，击毙伤日、伪军 80 多人⑤。

1942 年 3 月间，在冀中无极、深泽一带，日军在"扫荡"溃败后均投放糜烂性毒气、鼠疫菌⑥。另据《解放日报》3 月 28 日报道，日军数次到深泽县西内堡、杨林等地进行"扫荡"，在离去时，在街上、胡同等处丢弃带细菌的死鼠或活鼠，使村内不少群众得病，两三天即死⑦。5 月 23 日，日军集中无极、

---

① 中共石家庄市委党史研究室：《中国共产党石家庄历史大事记述》（1920.3—1949.10），新华出版社 1997 年版，第 181 页。

② 《晋察冀日报》，1941 年 8 月 10 日。

③ 《新华日报》，1941 年 4 月 3 日。

④ 中共石家庄市委党史研究室：《中国共产党石家庄历史大事记述》（1920.3—1949.10），新华出版社 1997 年版，第 218 页。

⑤ 中共石家庄市委党史研究室：《中国共产党石家庄历史大事记述》（1920.3—1949.10），新华出版社 1997 年版，第 243 页。

⑥ 《新华日报》，1942 年 7 月 20 日。

⑦ 中共石家庄市委党史研究室：《中国共产党石家庄历史大事记述》（1920.3—1949.10），新华出版社 1997 年版，第 251 页。

小陈、东侯、七级、祁村等处步骑兵1000多人，包围无极县赵户村。八路军冀中七分区22团两个连和藁无大队利用村沿工事和房屋顽强抗击打退日军10余次进攻。下午5时，日军施放毒气弹，八路军战士冒着毒气，英勇抵抗，敌始终未攻入村内。28日，日军1000余人再次包围赵户村，寻机报复。17时许，日军向地道内施放毒气。八路军部队一面坚持战斗，一面利用地道迅速转移到村外，从背后袭击敌人。日军误以为援兵来到，仓皇撤退。5月24日，晋察冀根据地5团部分指战员及灵寿基干民兵与日军在灵寿朱食村展开激战，日军三次向八路阵地施放毒瓦斯，致使部分八路军中毒。5月30日，日、伪军100余人包围了晋（县）深（泽）无（极）县在白庄的县委机关。县委机关及警卫部队转入地道坚持战斗。日军进村后找到一个地道口，并向地道内施放毒气，导致群众19人中毒身亡。6月6日，在无极城西北15里的里贵子村，八路军冀中七分区22团总支书记贺明带领二连和藁无大队与500余日、伪军遭遇，在久攻不下之后，日军向村里施放毒气，造成八路军多人伤亡。6月9日，在著名的深泽宋庄战斗中，八路军冀中七分区二十二团团长左叶率部分兵力坚守宋庄，先后击退2000余日、伪军的30余次冲锋。黄昏时，日军向宋庄村内施放大量毒气弹，但仍未攻下宋庄。后八路军趁夜色成功突围。

1943年5月16日，为了报复活动在晋察冀北岳四分区南线反"蚕食"和东线反"扫荡"的17团，日、伪军1400余人在坦克装甲车、飞机的掩护下与十七团一连在行唐县赵阳关村展开激战。日军为消灭八路军，不仅纵火烧房，还施放了毒气，11个战士被毒气熏倒昏迷被俘。19日，11个战士有10个英勇就义[1]。11月14日，日军荒井部队"扫荡"井陉地区，在普萨岩以北的老虎洞，将村民150多人逼出洞外，强迫他们全部扒光衣服，对男人捆绑毒打逼问，对年轻妇女拖入洞中轮奸。然后全部赶回洞内并投进毒气弹，除范羊羔一人幸免外，其余均被毒死[2]。

1944年3月5日，驻行唐县圪塔头村的日军袭击南桥村，抓住群众12人，投入山药窖内，放毒气毒死[3]。11月，由于日军散播病毒，致使晋察冀根据地许多地区疟疾、痢疾流行，其中严重的如平山县一个村得病者达1/3，甚至到1/2，井陉8个村的病人占总人口的22%。

---

① 中共石家庄市委党史研究室：《中国共产党石家庄历史大事记述》（1920.3—1949.10），新华出版社1997年版，第320页。

② 谢忠厚主编：《日本侵略华北罪行史稿》，社会科学文献出版社2005年版，第255—256页。

③ 行唐县志编纂委员会编：《行唐县志》，中国对外翻译公司出版社1998年版，第16页。

1945 年 8 月 15 日，日本投降后，但是驻扎在华北的日军拒不投降，仍顽固地使用毒气。10 月 4 日，八路军冀中六分区决定攻打拒不投降的日军据点藁城县城。在攻城战斗中，日军负隅顽抗，并向攻城部队施放毒气弹，企图阻击攻城部队向纵深发展。7 日县城被全部攻克，在缴获的大量物资中，就有没来得及使用的毒气弹两大车。

日军不但在与八路军的战斗中向八路军使用毒气，在"扫荡"中向群众施放毒气和细菌，而且还常常拿无辜的群众做毒气、细菌实验或散发有毒食品。例如：1940 年 5 月，日军在深泽县把 25 名百姓带进庙里，实行毒瓦斯实验，25 名群众被全部毒死。1941 年 9 月上旬，石家庄日军为试验持久性瓦斯弹的杀伤效力，于石家庄方北村高地向被绑在大车轴上的 6 名八路军俘虏发射 20 发持久性瓦斯弹，炸死和毒杀这 6 名八路军战俘。1942 年 3 月，平山的日军以下操名义向各村要"青年团"去城内下操，随即施放呕吐性的毒瓦斯，群众闻后均呕吐不止[1]。同月，日军还向井陉群众散发含毒的食盐，井陉薛家山凡食用此盐者大部鼻孔流血、面部浮肿而暴亡，共计死者达 13 人以上[2]。1943 年 4 月下旬，石门（今石家庄市）日军教导学校在石门西郊留营村演习时，向村中发射绿、红筒瓦斯，使居民 1 人中毒。6 月，日军在灵寿县以开训练班为名，将 50 名青壮年捉去，在每个人胸上、臂上注射不知名的药物一针，7 天后才将他们放回。这些人起初是昏迷不醒，乱说乱闹，而后相继死去 22 人[3]。

4. 沧州地区是日军在冀中实施毒气的又一重点地区。

1939 年 2 月 4 日，日军第二十七师团 1000 余人向大曹村进犯，遭到八路军一二〇师七一六团重创后，遂由炮兵发射毒气弹，由步兵施放毒气筒。在滚滚毒烟中，七一六团官兵用毛巾浸水、浸尿，或帽子包上积雪，敷紧口鼻，继续坚持战斗。但许多战士吸入毒气后，鼻孔发热发痛，流泪流鼻血，咳嗽，打喷嚏，胸胃压痛，呕吐，甚至咳血。4 月 23 日晨，河间城日军第二十七师团吉田大队 800 余人进攻齐会村，将一二〇师第七一六团第三营包围于村内。第三营顽强抗击，打退日军多次冲击，日军遂施放毒气。但第三营官兵早有准备，或将大蒜嚼烂塞入鼻孔，或用毛巾沾水、浸尿捂严口鼻，冒着毒烟，沉着应战，给日军以重创。为全歼日军，师长贺龙亲赴前线指挥。激战中，吉田命令炮兵

---

① 《晋察冀日报》，1942 年 3 月 31 日。
② 《解放日报》，1942 年 3 月 23 日。
③ 《晋察冀日报》，1943 年 6 月 27 日。

向七一六团阵地和第一二〇师驻地猛烈发射毒气炮弹，致使一二〇师师长贺龙和师部机关及官兵70余人中毒。

1940年3月8日，日、伪军140余人袭击驻任丘县东庄店的一区干部。日军在地道口点燃毒瓦斯，熏死群众8人①。

1942年五一反"扫荡"后，八路军冀中军区命令各部队向外转移。6月8日，冀中八分区二十三团向东转移到冀鲁边区，在盐山县东圈子村遭到天津、德州的日军1300余人围攻，在战斗中，日军施放毒气，二十三团退至村内，后突出包围②。这年冬天，日军在任丘县半壁店搜查抗日工作人员，发现地道后，先让伪军下去，被工作人员打死。日军遂向地道内灌水、熏烟、放毒气，工作人员依靠地道与敌人战斗两天两夜，没有造成人员伤亡③。

1943年3月9日凌晨，驻扎在河间小行羊村附近据点的日军，纠集二三百人，一起出动，"围剿"一直利用地道坚持抗日的小行羊村。日军包围村子后，分四路从四个方向进村。由于村民们准备不足，对地道口掩盖得不理想，造成日军在村南头和村西头各发现了一个地道口。日军迅速点燃带来的毒气弹投放到地道里。地道内的民兵和区小队一边组织群众用土和棉被堵住地道以防毒气进入，一边利用地道打击日军，引导群众从其他地道出口转移。至下午一点，有17名战士在战斗中牺牲，7名群众中毒身亡，分别是钱坡（男，19岁）、钱长春（男，18岁）、钱犬（男，17岁）、钱莲（女，18岁）、钱永常（男，15岁）、钱子香（男，14岁）、钱哄（女，16岁）。同年秋，八路军在南皮县前罗寨发动群众开展地道运动。群众热情高涨，全村挖地道进展顺利，但由于保密不严，被敌人发觉。12月10日（农历十一月十四）拂晓6点左右，盐山县圣佛，南皮县孙屯、黑龙村、唐家务等据点的日、伪军1000余人从四周包围了前罗寨。把来不及隐蔽的群众集中毒打。把他们发现的七八个地道口堆满干草，并放入毒瓦斯。从10日下午4点左右一直到11日中午，日军亲自守在洞口旁，不让群众扒洞。一天一夜的时间，洞内的百姓都被熏死29人，日军还在洞外杀害2人④。

1944年2月8日，日军中队长颜泽率日、伪军300余人分路包抄进入河间禅阁村，全村人迅速转入地道隐蔽起来。日军进村后，拆房破屋寻找地道口，

① 任丘县地方志办公室编：《任丘县志》，书目文献出版社1993年版，第30页。
② 中共河北省委党史研究室编：《冀中武装斗争》（上），中共党史出版社1994年版，第356—357页。
③ 《吕正操回忆录》，解放军出版社2004年版，第332页。
④ 中共沧州市委党史研究室编：《侵华日军在沧暴行录》，西苑出版社2005年版，第127—128页。

发现地道口后便灌水、熏烟，然后用沾湿的棉被堵上洞口。这样一来，附近洞口、枪眼相继冒烟，一些洞口陆续被发现。颜泽命日、伪军抓来一些猪将毒气罐拴在猪尾巴上，点燃后放进洞内，顿时地道内到处毒气弥漫。毒气过后有陈士会（男，40 岁）、周省（女，24 岁）、陈士陶（男，49 岁）、许小玉（男，38 岁）、陈郭氏（女，48 岁）、陈汝远（男，26 岁）、陈彭氏（女，24 岁）、陈曼花（女，18 岁）、周新（女，18 岁）、单乃中（男，21 岁）、陈式伦（男，36 岁）、单秀坤（女，17 岁）、单艳（女，9 岁）、单心经（女，8 岁）、单之言（男，13 岁）、单庆友（男，20 岁）、单吴氏（女，48 岁）、单宋氏（女，18 岁）18 人中毒死亡。8 月 23 日，日军关口部队 200 余人突然包围肃宁前后丰乐堡村，杀害村民 82 人，烧毁房屋三四百间，并把在后丰乐堡捕捉男女老幼 70 余人，赶进一个房子里，锁上门，施放毒气全部毒死①。同年秋天，日、伪军包围了任丘县司马庄村，八路军一部分伤员和群众仓促间转入地道，一些药品和器械被敌人发现，敌人就在村中到处寻找地道。发现地道后就向里面放火、烟熏，并施放毒气，致使游击组长和两名群众被熏死②。

1945 年 1 月 21 日，美军观察员来到冀中九分区任丘县进行考察，遭到河间等据点日、伪军的包围，部队和群众转移进入地道。敌人便向地道中施放毒瓦斯，致使多名群众中毒受伤③。

5. 在冀中廊坊地区日军也实施了毒气战。

1937 年 9 月 22 日，日军华北方面军第一军在进攻固安时，施放窒息性毒剂，造成战地附近平民多人中毒④。

1939 年 5 月 9 日，由冀中五分区警卫队张庆云等骨干组成的抗日先锋队一行 42 人在永清城县东西溜村遭日军包围。激战至午后二时，敌向院内施放毒瓦斯。先锋队除三人提前突围外，其余 39 人全部牺牲⑤。8 月 8 日，从天津开来的日军大部队纠合驻葛渔城、黄花店等据点的日、伪军，将驻扎分区机关和冀中区党委工作团的安次县（今安次区）穆家口村包围。日军借西南风施放毒瓦斯，致使八路军多人中毒。

---

① 《解放日报》，1944 年 10 月 12 日。
② 中共任丘市委党史资料征集编审办公室编：《任丘党史资料选编》第一辑，1988 年 7 月印行，第 41 页。
③ 中共任丘市委党史资料征集编审办公室编：《任丘党史资料选编》第一辑，1988 年 7 月印行，第 83 页。
④ 谢忠厚主编：《日本侵略华北罪行史稿》，社会科学文献出版社 2005 年 9 月版，第 215 页。
⑤ 中共河北省委党史研究室编：《河北党史资料》第 20 辑，2001 年 2 月印行，第 294 页。

1940 年 1 月，冀中五分区 32 团进驻永清县五趟街一带村庄，午后一时许，由天津出动的"扫荡"之敌千余人以枪炮和毒气弹向 32 团一营驻地——大刘庄村东发起攻击。团长刘秉彦指挥一连对敌发起反冲锋，将敌击溃①。2 月，青县、大城的六七百名日、伪军联合"扫荡"青（县）大（城）地区，并到大城县前洼村搜捕抗日工作人员，因一无所获，便施放瓦斯弹毒杀该村 20 名青壮年②。

1941 年 10 月 16 日，奉命从平大路西赶赴永清县组建联合县大队的原霸县县大队政委孔岫生，与一批干部进驻永清县义井村，被瓦屋庄据点的日、伪军包围。日、伪军向他们驻守的院子投弹、射击，并施放毒瓦斯。孔岫生等 2 人牺牲③。

1942 年农历二月的一天上午，日、伪军强迫大城县正村的几百名群众到一个大坑内，然后向坑内施放毒瓦斯。人们都趴在地上，有的用衣服，有的用尿泥捂住鼻子，大部分人被熏得鼻子出血④。8 月 11 日，文安县徐黄甫据点的日军突然包围叩岗村，将民众 300 多人驱赶到一个空场地后，将 44 名青壮年关进一间房子，施放 2 枚毒气弹，致其全部中毒，3 人被毒死，20 多人留下后遗症⑤。

1944 年 3 月 8 日，冀中十分区司令部副参谋长李大卫率领分区警卫连及部分机关干部 70 余人，在固安县林子里遭千余名日、伪军包围，激战一天。战斗中，日军施放毒气，使一部分战士和干部中毒失去战斗力被俘，其余大部分战士在战斗中牺牲⑥。

日军在廊坊地区还惨无人道的用普通百姓作为他们毒瓦斯教育实验的牺牲品。比如 1954 年 12 月 22 日日军战俘关口藤治在口供中说：1941 年 8 月某日，在河北省固安县牛驼镇，我在大队受毒瓦斯教育时，田村义雄计划到牛驼镇附近某村进行施放瓦斯，以便试验其效力。参加者有 30 名受训下士官候补者，放了 10 小红筒毒气，结果在我亲眼看到的范围内就有 30 名中国人民中了毒，呈现呕吐、眼睛红肿、流泪的惨状⑦。

① 中共永清县委党史研究室编：《永清县民主革命时期大事记》，1990 年 1 月印行，第 41 页。
② 中共大城县委党史研究室编：《子牙河的控诉》，1995 年 5 月印行，第 258 页。
③ 中共永清县委党史研究室编：《永清县民主革命时期大事记》，1990 年 1 月印行，第 63 页。
④ 中共大城县委党史研究室编《子牙河的控诉》，1995 年 5 月印行，第 208—209 页。
⑤ 李秉新主编：《日军侵华暴行总录》，河北人民出版社 1995 年版，第 253—254 页。
⑥ 中共固安县委党史研究室编：《固安县民主革命时期大事记》，1992 年 7 月印行，第 59 页。
⑦ 谢忠厚主编：《日本侵略华北罪行档案》（6），河北人出版社 2005 年版，第 62 页。

6. 在衡水地区日军也没有放弃进行毒气战。

1941 年 6 月，日军在武强县刘庄大量向儿童发放含毒的糖果、饼干，有 30 多名儿童被毒杀①。1942 年 5 月 22 日，八路军冀中军区一团一营在第六军分区司令员王长江的率领下，在深县（今深州市）李家岗村与敌激战。战斗从早晨战至下午，日军未能进村，就向村中施放毒气，仍未能得逞，一营官兵后突围安全转移②。5 月下旬，日军第一一○师团一六三旅团在冀中滹沱河北岸"扫荡"时，在安平某村向地道内施放赤筒和绿筒，毒死村民、战士 300 人③。1945 年 1 月 20 日，日军在景县后埝村向地道内施放毒瓦斯，张海洲一家 7 人被毒死，另有 30 多人中毒④。2 月 1 日，阜城县日、伪军 400 余人到阜城王派庄进行抢掠，在村中发现了 5 个地道口，随后在猪尾巴上拴上毒瓦斯点着后赶进地道内，造成群众 80 余人中毒，其中 16 人中毒身亡⑤。

三、日军在冀南地区实施的毒气战、细菌战

1. 日军在河北实施毒气战的另一个重点地区是冀南区。

在这一地区，尤以邯郸地区更为严重，除进行了野蛮的毒气战外，细菌战也很突出。

1937 年 11 月 15 日，日军攻入邱城（邱县老县城）后，对城墙下 24 个防空洞内的数百名群众先用机枪扫射，再向洞内掷手榴弹，炸得洞内浓烟滚滚，群众被迫爬出来。群众出来一个被日军打死一个，最后群众宁死也不出洞，凶狠的日军就用群众和死牛尸体堵住洞口，往洞里施放毒瓦斯。就这样，近 300 名无辜的老百姓被日军活活打死、炸死、毒死在洞里洞外。

1939 年 2 月 10 日，八路军一二九师三八六旅在威县城以南的香城固地区与日军进行激战，日军伤亡过半，遂向八路军发射大量毒气弹，致使八路军战士多人中毒⑥。

1940 年 2 月 24 日拂晓，八路军一二○师津南抗日自卫军在广平县西张孟村与日军相遇，随即展开激战。自卫军连续打退日军 7 次进攻。至中午，日军开

① 《解放日报》，1941 年 8 月 16 日。
② 中共河北省委党史研究室编：《冀中武装斗争》（上），中共党史出版社 1994 年版，第 355 页。
③ 谢忠厚主编：《日本侵略华北罪行史稿》，社会科学文献出版社 2005 年版，第 255 页。
④ 景县地方志办公室编：《景县志》，天津人民出版社 1991 年版，第 36 页。
⑤ 衡水市阜城县抗损调研专题卷（2006—2007 年调研），原件存于中共衡水市委党史研究室。
⑥ 谢忠厚主编：《日本侵略华北罪行史稿》，社会科学文献出版社 2005 年版，第 227 页。

始疯狂施放毒瓦斯,自卫军政委陈文彬以下84名指战员牺牲①。4月23日,八路军二纵队政委黄克诚率领三四四旅、民一旅等部达永年县城以北的东辛寨村宿营,突然遭到日军的围攻。教导营在黄克诚的指挥下打退了日军的多次进攻。日军向教导营阵地发射毒瓦斯,致使多名指战员中毒晕倒②。11月6日,武安日军步骑兵1000余人向黄泽关进犯。当他们行进到玉侠岔、阳邑时,与八路军一二九师新编第十一旅一部进行激战。日军施放毒气,致使旅长尹先炳以下40余人中毒③。

1941年11月9日,向涉县槐树坪、赤塔进犯的日军,在左会遭到八路军阻击,日军遂大量施放毒气。10日,日军向赤塔、槐树坪猛攻10次,并连续使用毒气。八路军虽有准备,仍有部分官兵中毒④。同时,日军另一部于11月9日奔袭黄烟洞、水腰地区的八路军兵工厂,八路军总部特务团与日军展开激战。连续8昼夜激战,日军配合炮火轰击,发射毒气弹,施放毒气筒。特务团冒着滚滚毒烟坚持战斗,团长欧致富等官兵70余人中毒⑤。

1943年1月18日,驻扎在鸡泽县城的日、伪军一齐出动,对焦佐营和焦佐村实施疯狂大"扫荡",主要目的就是想找到地下兵工厂和抓捕共产党员。敌人进村后,烧、杀、抢无恶不作。最后,由于叛徒的告密,日军在村南找到了地道口,但谁也不敢下去,就惨无人道地使用了毒气弹。共向地道内投掷了4枚毒气弹,其中有一枚没有泄漏。此次日军在鸡泽县焦佐营村使用毒气弹共毒死9人,有焦佐营村4人,分别是靳贤的(16岁)、靳周的(20岁)、靳更深(33岁)、靳生太(32岁),其他5个人都是外村人,其村名、姓名不详⑥。4月,广平县南韩村、金安村两炮楼的日、伪军向广平县大队驻地新华营进攻,并施放毒气,县大队迅速转移⑦。5月26日,日军近万人对冀南的漳河、魏县一带发动"铁壁合围"大"扫荡"。28日,日军将冀南军区七旅二十团,冀南一分区司令部、分区基干团及魏县县大队等3000余人包围在魏县沙圪塔。战士们坚守阵地,打退敌人多次进攻。日军进攻受阻,便向八路军阵地打臭炮,施放毒瓦斯(催泪毒气),致使一分区参谋长郑前学、

---

① 中共广平县委党史办编:《中共广平县党史大事记》,1994年10月印行,第25页。
② 中共永年县委党史研究室编:《中共永年县历史》(1927—1949),1998年12月印行,第77页。
③ 步平等著:《阳光下的罪恶——侵华日军毒气战实录》,黑龙江人民出版社1999年版,第160页。
④ 《解放日报》,1941年11月24日。
⑤ 《晋察冀日报》,1941年12月7日。
⑥ 邯郸市鸡泽县抗损调研专题卷(2006—2007年调研),原件存于中共鸡泽县委党史研究室。
⑦ 中共广平县委党史办编:《中共广平县党史大事记》,1994年10月印行,第45页。

二十团团长徐绍恩、政委李汉英等牺牲①。5 月上旬至 6 月中旬，日军 500 余人在山东省馆陶县（今属河北省）大金村与 200 余八路军激战。战斗中，日军共发射十数发炮弹，其中包括瓦斯弹，炸死和毒死八路军战士共 50 名，毒死村内老人、病人、小孩 20 人②。

1944 年 6 月 27 日，八路军广平县大队趁日军兵力空虚袭击唐庄炮楼。在打死打伤炮楼内 5 名日军后，剩下的一名日军疯狂地施放毒瓦斯，致使李庄村情报员李显佳、县公安队长潘成法等 9 名同志牺牲③。10 月 30 日，日军调集 12 个县的兵力到广平合围二、四区根据地。日军在南吴村发现地道，就往地道内注水，又施放毒气，致使广平县大队副大队长高岚、二区抗联主任武治平等 16 名干部、战士牺牲于地道内④。

日军在"扫荡"期间，还在各地大量散播毒品、毒药、毒气和细菌，致使根据地和游击区内许多军民受到伤害。1942 年 3 月，日军"扫荡"冀南地区及冀鲁豫边区时，施放带鼠疫杆菌的疫鼠⑤。5 月 24 日，日军大川姚吉中尉率部袭击八路军 129 师司令部驻地涉县赤岸村，扑空后，即在司令部驻地的房屋门窗、炕、家具等上面布撒了芥子气。八路军返回后及时采取了措施，避免了损失。但是，附近一些村庄的群众由于缺乏应有的常识而中毒⑥。

1943 年 5 月，日军 222 联队在"扫荡"期间，在涉县县城周围以及河南店到山西麻田长达 50 多里路程的沿途所有村庄的水井、水窖、水池等处投撒了 20 多箱毒药，并施放了大量毒气，致使抗日干部 20 多人，群众 200 多人中毒，其中死亡 30 多人，50 多人因中毒而致残。在索堡、云平乡等地，敌人撤退后，群众回到家里嗅到一股甜味，后从炕上、灶房等处发现了细菌毒液和黄色粉末。索堡杨金水中毒后当晚死去，郝景福等四人也因中毒身亡。据统计，先后中毒者百余人。虽经抗日政府派出的医疗队积极抢救治疗消毒，使中毒者脱险，但月余后上述地区的瘟疫大肆流行，死人很多。经化验，证实是日军施放毒液、细菌所致。5 月 28 日，日军在涉县偏城"扫荡"过后，西宇庄群众安双秋在屋内炕洞中寻找之前放置的东西，因看不清楚遂点火照明。不料火光燃起，只见洞内一股黑烟涌出，霎时弥漫全屋、全院，安双秋当即晕倒在地，鼻孔流血不

---

① 中共魏县县委党史研究室编：《魏县烽火》，1993 年 4 月印行，第 314—315 页。
② 谢忠厚等主编：《日本侵略华北罪行档案》（6），河北人民出版社 2005 年版，第 94 页。
③ 中共广平县委党史办编：《中共广平县党史大事记》，1994 年 10 月印行，第 51 页。
④ 中共广平县委党史办编：《中共广平县党史大事记》，1994 年 10 月印行，第 53 页。
⑤ 《解放日报》，1942 年 3 月 28 日。
⑥ 谢忠厚主编：《日本侵略华北罪行史稿》，社会科学文献出版社 2005 年版，第 245 页。

止。经医院检查，确系日军"扫荡"时投放的某种恶性毒品①。

日军在侵华期间，共进行了6次大规模的细菌战，卫河流域的"霍乱作战"就是其中之一，涉及河北的主要是冀南的部分县市。日军之所以选定卫河流域，是由于卫河的河床高于西岸地面，汛期决堤放水，洪水可以迅速传播霍乱菌，造成更大面积和更大规模的伤害。日军的这次"霍乱作战"代号为华北"方面军第十二军十八秋（1943年是日本昭和十八年，故称'十八秋'）鲁西作战"，时间为8月至10月。日军将临清大桥附近卫河决堤后，又将临清县小焦家庄附近卫河决堤，造成馆陶、邱县等严重水灾。由于霍乱、水灾，使这一带的居民死亡3万余人。紧接着日军又将临清县尖冢镇附近的卫河决堤，致使曲周、邱县、威县、清河等约900平方公里的土地被淹，受灾群众达45万人之多，因霍乱、水灾群众死亡2.25万人。此后，驻南馆陶的日军将南馆陶东北5.5公里处的卫河决堤，使这一带的群众因霍乱、饥饿而死的人达4500多人②。1943年，日军飞机把霍乱病菌洒到曲周县东王堡村、戚寨村边的河中，导致村民染上霍乱病，东王堡死亡六七百人，戚寨村死亡三四百人③。

日军还利用汉奸特务，向各根据地投放毒药毒害群众。1943年，在太行根据地武安一区木作村，特务白林堂把毒药放在马铃薯中，毒死了24人；曹老玉将毒放入面粉中，毒死一人；郑坦、叶玉兰在19家的水缸中下毒④。

2. 邢台是冀南地区日军实施毒气战的又一个重点地区。

1938年4月11日拂晓，驻邢台、沙河的日、伪军800余人，在汉奸的带领下，偷袭并包围了沙河市左村、孔庄和峪里三个村子。峪里村62名群众藏到村北的三个窑洞内。被日军发现后，日、伪军把其中的15名少年捆绑拉走，把剩下的40多名老人、妇女、儿童赶进中间的窑洞里，用柴草堵住洞口，随即放火，并往洞里投进两颗毒气弹，45名无辜村民全部惨死⑤。

1941年冬季，隆平县城（今属隆尧县）的日、伪军将牛家桥村包围。当时，隆平县大队正在该村驻扎，残暴的日、伪军用毒瓦斯炮弹对该村进行野蛮轰炸，致使县大队战士和群众几十人受伤⑥。

① 中共涉县县委党史办公室编：《涉县人民抗日斗争史》（史稿），1987年9月印行，第87页。
② 崔维志等主编：《鲁西细菌战大屠杀揭秘》，人民日报出版社2003年版，第10—15页。
③ 邯郸市曲周县抗损调研专题卷（2006—2007年），原件存于中共曲周县委党史研究室。
④ 谢忠厚主编：《日本侵略华北罪行史稿》，社会科学文献出版社2005年版，第261页。
⑤ 冀南革命史编审委员会编：《日军在冀南暴行录》邢台卷，中共党史出版社2008年版，第55页。
⑥ 邢台市隆尧县抗损调研专题卷1（2006—2007年调研），原件存于中共隆尧县委党史研究室。

1942 年 6 月 12 日，冀中区党政机关及部分部队在冀中军区司令员吕正操带领下转移至威县掌史村。掌史村周围据点的日、伪军三四百人对掌史村发起进攻，被冀中部队击退。后敌人兵力增至 1000 余人，将掌史村四面包围，并向村中打炮，后又施放毒气。战士们用毛巾沾上尿、醋，裹上大蒜防毒，当时又有三四级的风，毒气没有奏效①。9 月 4 日（农历七月二十四），日军在平乡南侯伶仕村把全村男女老少集中起来召开群众大会。开会期间，日军从上风口施放毒瓦斯，一时间，群众纷纷倒在地上流泪、打喷嚏、恶心、呕吐，日军却在一旁哈哈大笑②。

1943 年 3 月 26 日（农历二月二十一）上午，驻新河日军 30 多人从监狱里提出雷秋忙等 8 名抗日青年，五花大绑，押赴城北柳树坟要"出红差"。日军先是把 8 人绑在树上，蒙住双眼，随后施放毒瓦斯将 8 人熏得昏迷过去，然后用炮击，最后刀砍枪刺，将 8 人杀害。4 月 7 日，巨鹿县 40 余名公安队员到东区开展工作，住在黄马屯。由于汉奸告密，日军包围了该村，并施放毒瓦斯。恰在此时，天下起雨来，瓦斯失去了作用。但在这次战斗中，有 2 人牺牲，4 人负伤③。4 月 8 日拂晓，叛徒靳修身（原南宫县大队战士）带领独水张家庄据点 100 余名日、伪军，突然包围南宫县大队 8 中队驻地靳家寨。两个班冲出包围，八中队指导员吕杰等 7 名队员（文书、侦察员、炊事员等）被日、伪军包围在一处宅院里。敌人轮番登房劝降，吕杰等用仅有的两支"独角龙"及 7 颗手榴弹同敌人顽强战斗。次日黎明，敌人掘开房顶，向屋内施放毒气，投掷手榴弹，致使吕杰等人有的牺牲，有的中毒昏迷。昏迷的战士苏醒后因拒绝投降被全部杀害④。7 月 23 日，广宗县抗日三区区长薛福春等区干部 7 人和三中队战士 1 人，被广宗和巨鹿花窝据点的日、伪军包围在西宋村地道内。日、伪军向地道中施放毒气，薛福春等 4 人被毒死⑤。9 月 16 日，日军长沁部队"扫荡"平乡县，在户村抓捕村民 56 人，赶进李三害的北屋里，从窗户向屋里施放毒瓦斯，村民全部严重中毒，李小贞等 4 人死亡⑥。

---

① 中共河北省委党史研究室编：《冀中武装斗争》（上），中共党史出版社 1994 年版，第 186 页。
② 冀南行署研究室：《平乡人民的灾难》之《侯贯炮楼和黑鬼子》，1947 年 8 月 20 日印行，河北省档案馆馆藏档案，档案号 27–1–6–4。
③ 巨鹿县志编纂委员会编：《巨鹿县志》，文化艺术出版社 1994 年版，第 18 页。
④ 中共南宫市委编纂：《冀南抗战红都南宫》，河北人民出版社 2008 年版，第 430 页。
⑤ 广宗县地方志办公室编：《广宗县地方志》，方志出版社 1999 年版，第 27 页。
⑥ 谢忠厚主编：《日本侵略华北罪行史稿》，社会科学文献出版社 2005 年版，第 255 页。

四、在河北省的其他地区，日军也实施了毒气战、细菌战

在河北省的其他地区，日军也实施了毒气战和细菌战，其危害也十分严重，造成了人员伤亡和财产损失。

1. 在张家口地区日军实施的毒气战、细菌战也较为严重。

据 1939 年 4 月至 1940 年 7 月在张家口日军独立混成第 2 旅团任兵器系将校战俘内藤一男在供词中交代，该旅团对张家口、蔚县、涞源、怀来、宣化 5 个步兵大队，每月经常供给瓦斯筒 30 个，在 16 个月共发了 2400 个瓦斯筒；对张家口通信队、工兵队、炮兵队、宣化速射炮队及张北的步兵部队，每月供给 20 个瓦斯筒，计 1600 个瓦斯筒。另外，又增加供给涞源附近及怀来附近战斗部队的瓦斯筒，共计 900 个。总计发出了瓦斯筒 4900 个。增加补给瓦斯弹，每次作战 50 个，共计发给了 150 个[①]。张家口的日军就是用这些毒气武器残害张家口人民的。

1940 年 2 月，驻蔚县的日军 1000 余人分两路合击蔚县寺儿沟，群众被迫进入地洞。日军遂向洞内施放毒瓦斯，致使群众 70 多人死亡[②]。5 月 24 日，日军集千余重兵再次进行"扫荡"寺儿沟。熟睡中的群众听到枪声，纷纷进入地洞躲藏，但很快东寺儿沟的一个洞口，西寺儿沟的两个洞口被日军发现后投放了毒瓦斯。三个洞内的近百人全被毒气或毒昏在洞里。后经抢救，仍有 52 人死亡（其中东寺儿沟 19 人，西寺儿沟 33 人）[③]。10 月 17 日，八路军挺进军第七团和第九团在涿鹿县老婆岭击溃了日军的多次进攻，毙伤敌百余人。在战斗中日军大放毒气，八路军有 2 个连的官兵中毒[④]。

1942 年 8 月，龙（关）赤（城）联合县一区区卫队队长张永库在赤城县董家沟被铺。日军刑讯逼供，张永库宁死不屈，最后被日军用毒瓦斯熏死[⑤]。

1944 年 6 月 7 日，北山支队一部及收编的阳原郝永智第三游击大队的两个连共 400 多人在阳原朝阳堡与 1000 余日、伪军激战。夜间，日军调来重炮

---

① 谢忠厚主编：《日本侵略华北罪行档案》(6)，河北人民出版社 2005 年版，第 86 页。

② 孟常谦著：《回首望长城》，改革出版社 1996 年版，第 40 页。

③ 中共河北省委党史资料征集编审委员会编：《侵华日军暴行录》(一)，1985 年 8 月印行，第 297—298 页。

④ 中共涿鹿县委党史办公室编：《中共涿鹿县党史大事记年表》(1937—1987)，1988 年 7 月印行，第 12 页。

⑤ 中共赤城县委党史办公室编：《赤城县党史大事记》，1985 年 8 月印行，第 38 页。

和化学兵，于 8 日上午向我军发射毒瓦斯，使许多战士昏迷，造成部队很大伤亡①。

除了在战斗中使用化学武器，日军还用活人（主要是战俘）做毒气战的实验。在华北地区，日军在毒气战教育训练中，经常使用抗日俘虏做毒气武器的效力实验，手段之残酷，令人发指。据日军战俘安达千代吉（1938 年 4 月下旬奉命来华担任第一线部队的毒气教员，编入张家口驻蒙军司令部莲沼部队）供认：1938 年 6 月中旬，他们在绥远省清水河边用活人做过"催嚏性毒气的活体试验"②。1943 年秋，日军又在宣化阁西村两户人家的每个人身上进行细菌试验，致使这两家人全部死亡。日本人宣扬说这是"虎里拉"，也就是霍乱。同年，在庞家堡，人们忽然听得几声炮响，紧接着一股浓烟向外扩散，人们顿时觉得胸闷，喘不过气来，有人说放臭炮了，凡是老年人有气喘的、心脏病的都未逃过此劫，死有 100 多人，其中包括刚出生的孩子③。

2. 日军在承德地区曾用气球散播病毒。

1943 年夏天，兴隆县许多农民都目睹了天上飘来一些很大很大的气球，这些气球落地后自动裂开，然后飘出一股股的烟雾，味道很怪。马殿新在放羊时看到气球闻到气味后，不停地流眼泪，回家后吃不下饭，经常犯迷糊。杨宝林闻到气味后回家就昏倒了，连续昏睡七八天，毫无食欲。唐木来发现气球后捡回来一个，结果全家人的眼睛均闹了眼病。那些气球降落的地方，草木枯萎，吃过那片地里的野菜的人全部得病④。

综上所述，日军在侵华期间，广泛实施了毒气战和细菌战，范围之广，数量之多，危害之大，都是令人震惊的。尤其是在河北省，范围涉及全部 11 个市。日军的残暴罪行给河北人民造成了严重的生命和财产损失，在心理上留下了噩梦般的阴影。

五、日军遗留毒气武器祸患无穷，日本政府应积极对待

日军在侵华战争期间，不仅对中国军队和平民大量使用毒气武器，使中国军民遭受巨大伤亡和财产损失，而且在战败投降时，以隐蔽的方式将大量

---

① 中共河北省委党史研究室编：《河北党史资料》第 20 辑，2001 年 2 月印行，第 465 页。
② 谢忠厚主编：《日本侵略华北罪行史稿》，社会科学文献出版社 2005 年版，第 206 页。
③ 河北省张家口市抗损调研综合卷（2006—2007 年调研）第 122 页，原件存于中共张家口市委党史研究室。
④ 【日】仁木富美子著、邓一民主编：《无人区——长城线上的大屠杀——兴隆惨案》，黑龙江美术出版社 2000 年版，第 94—95 页。

毒气武器遗弃在中国领土上，使中国人民继续遭受着遗弃毒气武器的无穷祸患。

日本军队究竟把多少化学毒气武器运进了中国，至今见到没有具体记载。但根据日本和美国的统计，侵华战争期间日本国内生产了各类化学毒剂总数量为 7376 吨，留在日本国内的化学毒剂有 3647 吨，可见有 3729 吨化学毒剂被运进中国领土和其他地区。这样大量的化学毒剂，当 1945 年日本战败投降时，除已用于毒气作战之外，侵华日军根据上级命令将剩余的毒气武器和毒剂，以种种秘密方式全部隐藏遗弃在中国领土上。

日军在中国领土上遗弃的化学毒气弹和毒剂的数量之大，种类之多，分布之广，是世界战争史上极为罕见的。仅据中国人民在各种建设施工过程中已发现的侵华日军遗弃化学毒气武器的事实来看，遍布中国东北、华北、华东、华中、华南十数个省（区），70 多个县（市）。经有关专家研究统计（不完全统计），日军遗弃的化学毒气弹约有 200 万发左右、化学毒剂 100 吨，主要有糜烂性芥子气、芥子气与路易氏气的混合剂、二苯氰胂、苯氯乙酮、氢氰酸和光气等。实际上，还有不少日军遗弃的化学毒气弹和毒剂尚未被发现①。

华北是日本军队毒气作战的重灾区，又是除东北之外，日本军队遗弃化学毒气弹和毒剂地域广、种类多、数量大、遗害严重的地区之一。据已发现的情况统计，侵华日军在华北地区遗弃的化学毒气弹和毒剂，分布于山西、河北、河南、内蒙古等地，约有毒气弹上万发，毒剂数百公斤。

对于在中国领土上隐蔽遗弃的化学毒气弹和毒剂，日本方面却始终未提供任何有关资料，致使至今不能做彻底处理，留下了极大的安全隐患。这些遗弃的化学毒气弹和毒剂历经半个多世纪，大都早已锈蚀、渗漏，严重危害着中国人民的生命和财产安全，严重污染生态环境。

1991 年 5 月，河北省石家庄市藁城中学在新建教室和宿舍，在挖地基挖到 1 米多深的时候，突然发现了 50 多枚表面已经生了锈的炮弹。有的炮弹因锈蚀严重，弹头与弹身已几乎分离，其中一枚炮弹上面还注有"大阪"两字。当时，作业人员曾闻到一股怪味。现场作业人员和公安人员 100 多名，用手把炮弹搬运到距工地 150 余米的仓库里。由于炮弹内毒剂泄漏出来，有很多人感到头痛、呕吐、呼吸困难，其中 20 余人中毒。这所中学 2000 余名师生面对严重危险，不得不停工、停课，准备迁移校址。后经专家检验鉴定和调查，确认这

---

① 谢忠厚主编：《日本侵略华北罪行史稿》，社会科学文献出版社 2005 年版，第 265 页。

些炮弹是侵华日军埋藏遗弃的光气炮弹（该校在日本侵华战争期间曾被作为日本军队的训练所）①。

通过上述对日本侵略者侵华战争期间在河北地区实施毒气战以及细菌战罪行的初步揭露，使我们进一步认识到，日本侵华期间，公然违反国际公法，在中国许多地区疯狂实施毒气战、细菌战，给中国人民造成了巨大灾难和严重伤害。我们应该从诸多方面进行全方位的揭露和批判。侵华战争期间，日军对中国人民实施罪恶的毒气战、细菌战，是早已为中国和世界各国人民所公认的。毒气战的幸存者王景禄、张俊金、桂文隆等人的控诉、证言，都是日军实施毒气战罪行的真实揭露。日军战俘铃木启久、小川政夫、鹈饲房照、重富广一、西尾克已等人在20世纪50年代所做的口供和笔供，也真实地再现了日军对我军民实施毒气战的详细情况。这许多罪恶事实触目惊心。但战后六十多年来，日本右翼势力一直矢口否认对中国实施过毒气战、细菌战。

近年来，我国通过各有关方面的积极努力，日军在侵华战争期间对中国人民实施毒气战、细菌战的罪恶事实的揭露工作有了相当大的进展，获得了不少调研成果，其中有些成果还是鲜为人知的。但这方面的进展和成果毕竟还是初步的。因此，今后这方面的任务还相当繁重，仍须付出很大努力。

1992年11月30日，第47届联合国大会通过了《关于禁止发展、生产、储存和使用化学武器及销毁此种武器的公约》，其中第一条第三款规定"每一缔约国承诺按照本公约的规定销毁其遗留在另一缔约国领土上的所有化学武器。"中、日两国都是该国际公约的签字国，并已正式签署有关备忘录，希望日本政府在销毁其遗留在中国领土上的所有化学武器方面采取积极负责任的态度，认真对待中国人民的要求和愿望。

如今，毒气战、细菌战问题既是一个历史问题，又是一个影响中日关系走向的十分现实而又十分敏感的问题。我们把日军在华北乃至全中国实施毒气战、细菌战的罪恶事实告诉我们的同胞，告诉世界上一切尚不明真相的人们，完全是为了昭示中日两国，尤其是日本政府，要正视历史，以史为鉴，防止历史悲剧重演。

（河北省委党史研究室抗战损失课题调研组）

---

① 谢忠厚主编：《日本侵略华北罪行史稿》，社会科学文献出版社2005年版，第266页。

（四）唐山地区被强行掠往日本劳工概况

唐山位于河北省东部，是东北三省通往内地的咽喉要地，工农业发达，物产丰富。1933 年 5 月 15 日，唐山沦为日本帝国主义占领区。七七事变后，日本侵略者把唐山作为军事控制和经济掠夺的重点，在城乡、矿区和铁路沿线修筑据点，驻守重兵，烧杀抢掠，实行高压统治。

太平洋战争爆发后，为了达到所谓的圣战目的，日本政府大量扩充兵力。在其《国民职业能力申告令》和《国民征用令》中规定，男性 12 岁至 60 岁，女性 12 岁至 40 岁都成为征用对象。尽管如此，其本土的人力资源仍不能满足急剧膨胀的战争需要。在这种形势之下，东条英机内阁承袭日本统治者侵略和掠夺计划，制定了《关于将华人劳工移入日本内地的决定》《华工内地移入要领》《关于促进华人劳工移进国内事项》等强掳中国劳工的政策。

自此，日本政府通过设在华北的"兴亚院""华北劳工协会"等组织大肆强掠中国人到日本做劳工。侵略唐山的日军则在这一地区实施"猎兔"作战行动，抓捕当地老百姓并押送到日本。唐山人口密集，交通方便，加之日伪势力强大，因此成为了"劳工事件"的重灾区。

一、被掠劳工在国内的情况

第一，被掠劳工的具体情况。

据日本外务省报告书显示，1944 年 3 月以前被抓的唐山籍劳工基本在伪满的阜新、抚顺、本溪、鞍山、北票、大连、铁岭、丰满、辽源、浑江、双辽、长白山、鸡西、虎林、饶河、富锦、鹤岗、逊克、黑河、漠河等地服苦役。1944 年 3 月以后被抓捕的人员则被押运到日本本土做劳工。据现有资料也可以看出，唐山地区的劳工被押往日本从 1944 年 3 月初开始。1944 年 3 月 12 日，由青岛港押往日本株式会社地崎组、伊屯武华作业场的 496 名中国劳工名簿上，首次出现河北丰润县王兰庄村董有德的名字，其编号为第 142 号，时年 28 岁。根据对 135 个作业场的中国劳工乘船出港日期相互比较，董有德是唐山地区第一个被绑架到日本的劳工。

1. 唐山籍被掠劳工的时间和人数。日军在唐山大规模抓捕与绑架劳工，主要集中在 1944 年 4 月至 1945 年 3 月间。根据日本外务省报告书中的资料，

1944 年后强掠唐山籍劳工次数和数量为：1944 年 4 月 15 日，由青岛押往日本株式会社熊谷组与濑作业场共 292 人，唐山 29 人；1944 年 5 月 23 日，由青岛押往日本株式会社飞岛组御岳作业场共 296 人，唐山 34 人；1944 年 9 月 6 日，由塘沽押往日本株式会社濑崎组有川作业场共 299 人，唐山 95 人；1944 年 10 月 7 日由塘沽押往日本三菱矿业株式会社饭作业场共 189 人，唐山 125 人；1944 年 10 月 10 日，由塘沽押往日本三菱矿业株式会社大夕张作业场共 292 人，唐山 27 人；1944 年 10 月 14 日，由塘沽押往日本三菱矿业株式会社呗作业场共 289 人，唐山 210 人；1944 年 10 月 24 日，由塘沽押往日本株式会社熊谷组沼仓作业场共 512 人，唐山 91 人；1944 年 10 月 24 日，由青岛押往日本北炭汽船空知矿业所赤间矿共 284 人，唐山 60 人；1944 年 10 月 24 日，由塘沽押往日本三井矿山株式会社砂种作业场共 435 人，唐山 55 人；1944 年 11 月 5 日，由塘沽押往日本株式会社地崎组大夕张作业场共 388 人，唐山 41 人；1944 年 11 月 20 日，由塘沽押往日本三井矿山株式会社山野作业场共 652，唐山 21 人；1944 年 11 月 21 日，由塘沽押往铁道工业株式会社鹿部作业场共 460 人，唐山 116 人；1944 年 11 月 21 日，由塘沽押往日本株式会社地崎组涵馆作业场共 300 人，唐山 69 人；1944 年 12 月初，由塘沽押往日本酒田港湾运送株式会社华工所共 200 人，唐山 110 人；1944 年 12 月 23 日，由塘沽押往日本矿业株式会社峰之泽作业场共 197 人，唐山 137 人；1944 年 12 月 24 日，由塘沽押往日本战线矿业株式会社仁科矿山共 200 人，唐山 80 人；1945 年 1 月 6 日，由塘沽押往日本清水港运会社清水华工所共 160 人，唐山 81 人；1945 年 1 月 8 日，由塘沽押往日本同和矿业株式会社小坂矿山共 200 人，唐山 103 人；1945 年 1 月 12 日，由塘沽押往日本矿业株式会社日立矿山共 908 人，唐山 123 人；1945 年 1 月 13 日，由塘沽押往日本三井矿山株式会社呗矿业所矿业所共 597 人，唐山 103 人；1945 年 1 月 31 日，由塘沽（分四批）押往三井矿山株式会社三池万田共 1907 人，唐山 39 人；1945 年 3 月初，由塘沽押往北炭汽船株式会社空知天盐矿共 300 人，唐山 30 人；1945 年 2 月 10 日、1945 年 3 月 5 日、1945 年 3 月 13 日，分 3 次由塘沽运往日本的共 694 人，唐山 53 人；1945 年 3 月 26 日，由塘沽押往日本北炭汽船平和真谷地矿共 433 人，唐山 119 人。以上共计 26 批次 1951 人，平均每月至少两个批次。

2. 唐山籍被掠劳工的各县分布数量和成分。据日本外务省报告书提供的资料显示，当年被掠至日本的 38935 名中国劳工中，有 2013 名系唐山地区（含今秦皇岛市，下同）人氏，其中铁路沿线的滦县、丰润（今丰润区，下同）、昌黎、临榆（今山海关，下同）诸县被掠劳工居多，遵化（今遵化市，下同）、迁安（今迁安市，下同）、抚宁、玉田、卢龙、乐亭次之。现调研的具体数据为：滦县983人，丰润县453人，临榆县173人，昌黎县125人，遵化市69人，卢龙县49人，玉田县29人，迁安县28人，抚宁县18人，乐亭县12人，唐山市区74人。这些被掠至日本唐山籍劳工的成分为：大多数是农村的老百姓，部分是与日军交战时被俘的八路军冀东军分区战士及地方抗日武装人员，还有少数失宠的伪特人员。

3. 根据被掠劳工的资料调查，抓捕唐山地区劳工的日军是日军驻华北地区的1414部队、1420部队、1421部队、1479部队、1482部队和独立混成第八旅。

第二，被掠劳工遭抓捕的过程。

按照日本外务省报告书中对各作业场中国劳工的出身地登记表，明确记载的44个作业场的2013名唐山籍劳工中，滦县雷庄及周围村庄被掠劳工人数较多一些。雷庄位于滦县中部，京沈铁路从境内通过，因境内盛产石英石、长石及耐火材料等被日军视为重点掠夺对象，由于运输交通便利，日军对这一带进行了大规模的抓捕行动。仅对雷庄周边31个村庄调查，从1944年10月中旬至11月下旬间，就有175人被绑架至日本。其中靳各庄、羿各庄、刑各庄、曹家河、新庄子、郭庄等村被掠人数都在10人至20人以上。古冶在雷庄西15公里，当年隶属滦县辖区，因东三矿而著名（林西矿、唐家庄矿、赵各庄矿），是日军重点掠夺和军事控制中心。因此在古冶车站扶善、林西八号洋房、赵各庄十号洋房、唐家庄大桥北街都有驻守部队或宪兵队，他们从古冶境内掠至日本的劳工达144人，殃及5个村庄和街道。

由于是强掳，日军对劳工的抓捕根本就不需要理由。它们打着搜查八路的名义，对村庄、集市进行包围抓人、对田间劳动的无辜青壮年强行带走。大漫港村地处丰润、玉田的交界处。当年是一个只有几十户人家的小村庄。1944年10月28日凌晨，驻古冶、胥各庄两处日本讨伐队数百人突然包围了这个小村庄。天刚蒙蒙亮，日军进村挨门挨户踹门搜查，把全村的人都赶到村东头的一个空场集中，然后从人群中往外挑选青壮年。当挑到杨开文时，杨父挺身保护儿子，被日本兵用枪把子乱打一通。打得杨父满脸是血，浑身是伤，当即昏倒在地。年仅15岁的杨开文和哥哥杨开武、叔父杨术林均被绑走。还有4户每家被抓走2人的，分别是刘志勇、刘志功兄弟二人，张俊轩、张俊跃兄弟二人，贾瑞奎、贾芳兄弟二人，岳云启、岳长发叔侄二人。最后一共抓捕24人。据幸存劳工刘志功老人讲，日军把人绑走后，整个大漫港村淹没在一片哭声之中。被抓劳工的家属们茶饭不思，四处奔波，为寻亲人，东挪西凑，典卖土地家产，但都无济于事，最后这24人都被掠至日本北海道充当奴工。

另据开平区栗园乡于庄的劳工幸存者宋雨田回忆说，1944年11月17日早晨，他步行去村外砖厂上班，突然被一群持枪的日本兵截住，还没明白是怎么回事就和本村的100多名乡亲一起被押到邻村太平庄。当天共有三股日本鬼子从不同方向往太平庄押送被绑架的老百姓近千人，经一番挑选，有25名于庄村民和其他邻村的几百青壮年被押往唐山市中岛部队大院关押审讯。几天后，这些人被用绳子拴成一串押上火车，送往塘沽劳工集中营。关押数日后，绑架至日本静冈县充当劳工。于庄是唐山地区被掠劳工人数最多的一个村庄。

除此之外，被掠劳工还有一个来源就是被俘的抗日战士。由于唐山系敌占领区，抵抗侵略者主要依靠冀东军区丰玉遵支队，昌滦乐县大队及各县区小队武装，他们经常和日军展开游击战、突袭战或阻击战。在这些战斗中被俘的抗日战士也被掠至日本做劳工。有很多幸存者对此做过证明。据古冶区幸存劳工吕树春讲道："1944年5月，我所在的冀东军区独立营在丰润县银子山与日军交战，我和战友段瑞林（丰润人）、孙成（迁安人）、张景林（迁安人）为掩护部队撤退，一起被俘后押送至日本北海道濑崎组有种作业场当劳工，和我在同一个作业场当劳工的还有昌滦乐联合支队的50多名被俘战士及地方抗日民兵，共计94人"。在日本长野县飞岛组卸岳作业场的劳工候平时（在日本用化名陈关东）也证实自己所在作业场的34名唐山籍劳工是在不同的地方与日军交战被俘后掠至日本为劳工的。2002年8月8日，对该作业场的幸存劳工杨忠礼、张宝坤采访，并对二人的身份了进行了核实（杨忠礼，化名李志新，日本曾用名李宝柱，河北丰润县丰润镇西魏庄人，1942年至1944年任抗日民主政府路南某区区长，1944年2月被俘，掠至日本飞岛组御岳作业场，劳工序号270号。孙宝坤化名曾华、苏林，日本曾用名李坤，河北丰润县白官屯镇望马庄人，1941至1942年任中共丰润二区民政协理，1944年4月7日被俘掠至日本长野县飞岛组御岳作业场，劳工序号295号）。二人都对此作出了证明。

第三，被掠劳工遭关押的情况。

1. 劳工在被抓捕后，首先在日军守备据点关押、审讯、拷打。驻唐山日军1414部队司令部（原交通大学院内）、中岛部队（唐山老铁道门）、岳各庄据点、丰润河头（胥各庄）、滦县老火车站据点、雷庄据点、张各庄据点、林西宪兵队（老地下监狱）、昌黎鼓楼西街警备队、山海关1482部队等地均为关押劳工的临时场所。

日军对一般老百姓的审讯只是例行拳打脚踢，对被俘的抗日武装分子，尤其是抗日区小队队员的审讯，则用酷刑。开平区双桥村劳工刘锡芹在林西六分局被关押期间，就亲眼目睹了日军对滦县区小队队员赵盘凤的审讯。据刘锡芹讲，当时林西六分局有对面两排牢房，全部是铁笼，一排是关押老百姓的，另一排是关押抗日武装人员的。刘锡芹是 11 月初被抓到六分局的。赵盘凤是滦县区小队的，和一个叫胜利的区小队员一起在古冶南尖角一带与日军交战时被俘。日军对赵盘凤酷刑拷问，每次过堂回来，赵盘凤都遍体鳞伤，由 2 个日本特务半拖半架送回牢笼。赵盘凤后来和人们讲，日军之所以对他施以酷刑，一是让他招供区小队的组织活动情况；二是让他参加特务组织，赵盘凤誓死不从，受尽了辣椒水、老虎凳、压杠子等酷刑，在最后一次受审时，日本人恼羞成怒，一杠子打在赵盘凤的头上，鲜血顿时喷溅，当即昏死，直至第二天才苏醒过来。

另一位山海关劳工康庆合是这样叙述在日军 1482 部队司令部被关押时的遭遇：我在被关押的两个多月，几乎天天受审，审讯过程中，我曾挨过烟头烧、过电、灌凉水等十几种酷刑，最残忍的是"武士道"摔人，日本武士把中国劳工当沙袋摔，有好多中国劳工是被日本人活活摔死的。我的坐骨被日本人摔成了齿轮状，左肋骨被摔折两根，至今每逢阴天下雨就疼痛难忍。

闫子珍，河北滦县宜安人，现居贵州省林东矿务局，离休干部。1944 年 11 月 27 日在唐家庄白马山被俘，时任昌滦乐县大队战士。据他回忆：在古冶关押的 28 天中，每天都被拷打，几次用酷刑逼我供出组织活动情况。尤其第二次的审讯之惨令我一辈子无法忘却。那天正值腊月天气，外面下着大雪，日本友藤小队长和一个姓石的翻译拷问我，他们把我得的一丝不挂，先逼我跪在大火炉旁烤的大汗淋漓，又用烧得通红的烙铁贴在我后背、大腿等处，猛扎猛烫，满屋充满焦糊肉味，而后又将一壶开水倒在我被扎伤烫烂的身上，我几次疼的滚到屋角的八仙桌下昏死过去，两个日本特务把我拖到院子的雪地里，两个多小时后才清醒过来，我的身上至今有 20 多处伤疤，这是日本鬼子迫害中国劳工的铁证。

丰润县罗卜索村的李瑞清，1943 年参加地方武装，任通信员工作，经常往返于县、区之间传递信件。1944 年 9 月 28 日执行任务时被俘，被抓到河头日军守备队受审。敌人得知他的身份后，当天就对其动用酷刑，由于他拒不招供而经受了所有的刑罚。老人的鼻子被日军灌凉水灌得现在都没有嗅觉，腿上被烙铁烫的伤疤至今仍十分清晰。

2. 这些劳工历经了关押、审讯、拷打、饥饿等痛苦之后，又被辗转押往劳工集中营收容关押。劳工集中营，又称俘虏收容所。被绳索捆绑的劳工拴成一串，蓬头垢面、表情呆滞。日本人像轰牲口一样，把他们从各据点连打带赶地押到车站，塞进闷罐车运走。唐山籍劳工除了一小部分人在北平俘虏收容所关押外，大多数集中在塘沽俘虏收容所关押。根据日本外务省报告书提供中国劳工乘船出港资料来看，1944 年 3 月至 1945 年 5 月间，有 1868 名唐山劳工是在塘沽收容所关押，后被转到日本的。

塘沽俘虏收容所 1943 年冬建于塘沽港德大码头内，后迁到新港卡子门 4 号码头附近。这里三面濒水，一面靠陆，水陆交通特别便利。日军选择在这里设收容所，主要是考虑由此向日本输送在押劳工比较便利。收容所院子长 300 米，宽 200 米，院子周围设有一道铁丝网，接着是一道深 2 米、宽 4 米的壕沟，壕沟内设一道电网。院内有 6 排木板房，东边两排是管理人员宿舍和伙房，中间三排关押劳工，西边一排是所谓的病号房。院内设有四道卡子，每道卡子都有日本兵和伪警备队把守，几条凶恶的狼狗四处奔跑，阴森恐怖，人到里边插翅难逃。

曾在日本三菱矿业所服苦役的劳工幸存者潘景秀是这样讲述在塘沽收容所被关押时的情景：到了塘沽收容所大院后，过来一群手执木棒的伪警人员，先是对我们乱打一气，然后让我们脱光衣服，叉开双腿和双臂搜查钱财，随后换上统一的囚服，每天是一餐一个杂合面窝头，海水放汤，住的木板房阴冷潮湿，几十人挤在一个大通铺上，白天只许坐着，不许讲话，大小便不许外出，房子一端放一只大号水缸当马桶，拉尿全在屋内，满屋臊臭难闻。晚上为防止劳工逃跑，睡觉时衣服统一没收，集中管理，一条两头不够的薄毯根本抵御不了海边的严寒，劳工们冻的浑身发抖，不能入眠。肆虐的折磨、恶劣的条件致使大批劳工生病，这些患病劳工进入病号房，再也没有出来的。他们死后衣服全部被扒光后，装在马车上拉到海边填海喂鱼，几乎天天都有几马车尸体从收容所往外运。我看到最多的一车装有 18 具尸体，就像农村收秋秸秫一样往马车上垛。为逃出这人间地狱，劳工们曾组织过暴动，除少数人逃出，大多数仍被抓回，遭受更残酷的折磨。我亲眼目睹了一次劳工集体出逃。那天晚上大约 11 点左右，隔壁劳工们挤倒了木板房后，四外奔跑，但很快被日本人用机枪扫死一片。第二天，人们发现院内和电网上到处都是爬着的尸体，被抓回来的难友个个血肉模糊，面目全非，他们被吊挂在几个重要出口示众。令人难忘的是一个吊挂着的难友小腿被打断，露出了骨头碴子，鲜血顺着骨头碴子不停的往下滴淌。难友的惨状令人心颤。还有一个反吊着的劳工，为摆脱痛苦折磨，宁可咬断自己的舌头，只求一死。那血呀，从同胞的嘴中往外流哇，当时我们的心都碎了呀。

另据一些幸存劳工的回忆：在塘沽关押期间，除了遭受毒打和残酷体罚，寒冷疾病及低劣食物等非人待遇外，口渴是让劳工们最难忍受的问题。劳工们有时两三天喝不上一滴水，嘴上长满燎泡，实在渴得不行，竟喝尿解渴。小坂矿山劳工王佑（滦县小南庄人）、峰之矿山劳工王凯（滦县靳各庄人）、铁道工业劳工李旭成（滦县无税庄人）、三井矿山劳工温秀春（滦县羿各庄人）、三井呗劳工吴振梓（滦县羿各庄人）等人都喝过自己或别人的尿及地沟的脏水。也正是由于日本人的残酷虐待，集中营关押的劳工出现大规模死亡。由于塘沽收容所的中转性质较强，所以在这里关押的唐山劳工究竟有多少人死在这个人间魔窟，目前还未发现确切的有关资料。但是根据幸存劳工的证言，已经得知确实死在塘沽收容所的唐山劳工有：董某（滦县靳各庄人）、金良友（滦县光水索）、刘凤（滦县西尖头）、冯安（古冶区孟大寨）、李宝忠（古冶区后咸丰山）、张景旺（古冶区董各庄）、于宝茹（开平区于庄）、王少友（开平区荆各庄）、岳长荣（丰南区新河庄）、张怀忠（滦县人）。除此之外，可以肯定不知姓名的死者数不胜数。

二、被掠劳工赴日后的遭遇

第一，被押运的情况。

劳工们经历几道鬼门关的痛苦折磨之后，在日、伪军警的森严警备下，乘船被押往日本本土的港口。

从收容所出发前，劳工们根据日本企业的要求编号列队，日本国内企业派来的接收人员根据日本政府有关方面的分摊数额来接收劳工，并以企业代理人与中国劳工供出机构签定所谓"契约书"。而就是这个所谓的"契约书"恰恰成为战败后的日本政府及相关企业否认强掠绑架中国劳工的借口。

据日本外务省报告书统计，唐山劳工除145人是由山东省青岛乘船出港，其他人全是由塘沽乘船出港押运日本。这些劳工无一例外的被装入货船中，关闭在底仓内。底仓阴冷黑暗，空气混浊。劳工们挤坐在日本从中国掠夺的煤炭、矿石上，形如死囚。船在茫茫无际的大海上颠簸行驶，为了躲避美国飞机的轰炸，轮船走走停停，本来四五天的行程，一般要走十几天。船上的生存条件非常恶劣，既没有足够的淡水和食物，又没有医护和药品。据酒田港劳工幸存者冯滨讲：上船后，我们都被关在船的底仓，日本人每天都让我们搓谷子做粥，一天吃不上一碗饭，且不给水喝。最后几天，我们只能用每人每天一茶杯黑大豆充饥了。另据铁道工业劳工李旭成回忆：上船时日本人只给准备了一个星期的伙食，但船却走了近20天，最后人们把装在船上的20多袋谷子和生黄豆抢吃光了，没有水喝，连喝尿都很难，好不容易憋点尿，就用鞋接着喝掉。由于这些劳工在乘船前就已屡受摧残，身体极度虚弱，加之长时间被海上风浪袭击与晕船等痛苦折磨，船上劳工大量患病，主要症状多为痢疾、拉肚子、高烧、呕吐。劳工生病根本得不到医治，因为日本政府及企业考虑更多的是如何降低使用中国劳工的成本，压根就没有救助的打算。这些患病劳工往往都是在没有死去之前被抛进大海。据日本外务省报告书显示，王振东（629号），1943年1月12日死于船中，宁河人。而据认识王振东的日立矿山劳工幸存者赵连章讲，王振东家在滦县王塔索村，因不堪忍受押运迫害之苦，在出港后不久就跳海身亡。

唐山劳工在日本登陆点分别是下关（马关）、门司、神户、大阪和富士共5处。其中在下关登陆的唐山劳工1553人，门司242人，大阪213人，富士4人，神户1人。这些劳工着陆后的第一件事首先接受身体消毒。曾在三菱矿业株式会社矿业所任劳工小队长的徐子良讲：我们在大阪登陆，日本人用小船把我们接上岸，一个叫滨田的日本人拿着一根鞭子，赶着我们走，嘴里不停的幺喊着什么，就好像咱们中国人轰牲口一样，看谁走得慢，他举鞭便打。日本人把我们带到一个临时住所，命令我们脱光衣服，下到一个两米见方的水池子里消毒。我们在池子里洗，滨田在上边掐着表够几分钟才让我们上来站在一边等着，再换下一个人洗。同时，我们的衣服也都用蒸笼消了毒。消过毒后在大阪过了一夜，第二天便把我们押上火车，经东京、青森、涵馆几次周转，最后到达劳工住地大和寮。另一位北海道地崎组涵馆作业场劳工幸存者张树堂回忆说：到下关登陆后，日本人首先让我们脱光衣服洗澡消毒。由于在海上几天没喝上一口水，我们就大口大口地喝洗澡水，也不管日本人在水中放了什么消毒药了。这一次人们总算解渴了，洗完澡后我们都赤身裸体地排在一起，几个日本女人挨个发给我们每人一种黑药膏让我们自己抹在小便上，然后穿上已消过毒的湿衣服上路。

历经了绑架、关押、刑讯、收容及十几天的海上颠簸，登陆日本后的劳工们无论是精神还是肉体状况都已到了人体承受能力的极限。初到异国的他们，步履蹒跚、东摇西晃、两眼呆滞、茫然无措地被押往去作业场的中转车站或港口。据外务省报告书统计，被绑架至日本的中国劳工，仅在日本登陆以后至作业场之间的陆海运过程中，又有 248 人死亡，其中唐山籍劳工死亡 12 人，即：小坂矿山劳工、滦县人张宪邦和任庆年，空知天盐矿劳工、滦县人孟兆为，平和真谷地劳工、山海关小营庄程会掌，以及死于青森至秋田途中的遵化人张景发等。

第二，在日本的分布情况。

被绑架至日本的唐山劳工主要分布在日本的北海道、本州、九州三个岛上的 44 个作业场服苦役，大致可分为 6 个业种，有 898 人在 16 处矿井作业场采掘煤炭，有 354 人在 13 处作业场工地从事土木搬运、军工等工程建设，有 386 人在日本 8 处港口作业场装卸煤炭货物，有 365 人在日本 4 处作业场从事铜矿采选，有 8 人在日本 2 处矿山作业场采石，有 22 人在日本播么造船厂从事锻造。具体分布如下：

煤炭采掘业株式会社地崎组大文张作业场 41 人，北炭汽船株式会社空知赤间矿 60 人，北炭汽船株式会社空知天盐矿 30 人，北炭汽船株式会社真谷地矿 119 人，井华矿业株式会社赤平作业场 6 人，日铁矿业株式会社二濑润野作业场 6 人，宇部兴产株式会社冲之山作业场 2 人，三菱矿业株式会社呗矿业所 210 人，三菱矿业株式会社大夕张 27 人，三菱矿业株式会社冢饭矿业所 125 人，三菱矿业株式会社置户矿业所 1 人，三井矿山株式会社呗矿业所 103 人，三井矿山株式会社沙川矿 55 人，三井矿山株式会社山野矿 21 人，三井矿山株式会社万田矿 39 人，三井矿山株式会社四山矿 53 人，株式会社地崎组伊屯武华作业场 3 人，株式会社地崎组东川作业场 2 人，株式会社伊藤组置户作业场 4 人，株式会社濑崎组有川作业场 95 人，铁道工业株式会社万世作业场 1 人，株式会社鹿岛组花岗作业场 9 人，株式会社鹿岛组御岳作业场 1 人，铁道建设兴产株式会社信农川 4 人，株式会社间组御岳作业场 1 人，株式会社飞岛组御岳作业场 34 人，株式会社熊谷组与濑作业场 29 人，株式会社熊谷组沼仓作业场 91 人，战线矿业仁科矿山 80 人，井华矿业株式会社别子作业场 2 人，日本矿业株式会社峰之矿山 137 人，日本矿业株式会社日立矿山 123 人，同和矿业株式会社小坂矿山 103 人，株式会社地崎组涵馆作业场 69 人，铁道工业株式会社鹿部作业场 116 人，伏木海陆运送会社华工管理所 5 人，酒田港湾运送株式会社华工管理所 110 人，清水港运会社清水华工管理所 81 人，大阪沿岸组合联合会川口管理所 1 人，东京船舶东京沿岸卸统制组合 2 人，新海陆运送株式会社华工管理所 2 人，株式会社管原组门静采石厂 6 人，日铁矿业株式会社釜山作业场 2 人，株式会社播么造船厂日之浦作业场 2 人。

对于唐山劳工在日本的分布配置，还有待于进一步发掘，上述仅是根据日本外务省报告书资料提供得出的数据。需要说明的是"报告书"是日本政府通过中国劳工所在企业提供的资料进行统计的。据分析，在当时日本接到盟军最高司令部责令其提供中国劳工资料时，就已意识到了他们将要面临和所承担的责任及后果了，故在造册时避重就轻。因此，外务省报告书一些内容的真实性值得怀疑。

第三，在日本遭奴役的情况。

这些唐山劳工和其他中国劳工一样，在日本企业都遭受了非人虐待。他们每天都挣扎在饥寒交迫、被打骂凌辱和超负荷劳动之中。

劳工们住的是用木板搭建的简易棚，冬天寒冷，夏天闷热，棚内是上下两层的木板铺，铺的是稻草或草席。棚内老鼠成群，臭虫和跳蚤成阵。据三菱呗作业场劳工毛彦江讲：我们一共300人左右，安排在三排房子里，房子都是用木板钉的，北海道的冬季特冷，劳工们睡觉只有一条毯子，根本无法御寒。为了取暖，劳工们把两三个人的毯子撂在一起相互挤着入眠。

大多数劳工都是一身衣服穿到日本战败。冬天没有棉衣，劳工们就麻袋、草袋、纸水泥袋子的底部弄个洞套在身上抵御严寒。没有鞋穿，劳工们打草鞋，冬天在冰雪上行走，鞋和脚冻在一起。据小坂矿山的孙成修讲：滦县邢各庄的鲁永平把脚丫子都冻掉了。铁道工业鹿部作业场劳工戚俊友说：一身从中国穿去的衣服破烂不堪，无法抵御风寒，我们只好把夜里盖的毯子围在身上。一双袜子穿碎了，我们只好把纸和草捆在脚上。冻伤无人给医治，只好自己用洋腊把伤口糊上。就是这样，也仍然要挑着煤筐走着跷板装船。许多人疼痛难忍，连人带筐从跷板上掉到海水中，招致日本监工一顿暴打。濑崎组有川作业场劳工邢润文回忆：涵馆的天气特冷，而且经常下雪，我们没有棉衣，大家穿着草鞋、草蓑衣去上工，就像一群草人在寒风中摇晃。我们长时间见不到阳光，身上都长了疥疮，开始只是流黄水，以后化脓出血，脓血和衣服粘在一起，钻心的疼。日本人不但不给治疗，反而赶着大家去上工。

从劳工被抓之日起，饥饿就一直伴随这些人。所有被采访过的劳工都反映了这一情况。三菱呗劳工冯树冻（孟大寨人）说：我们的食物是混合粉，野菜汤，混合粉里有橡子面、苹果渣子、小麦粉。早上4点半开饭，每人两个小窝头，一碗野菜汤，中午带两个窝头井下吃，晚上回来再吃两个窝头。不仅吃不饱，而且吃在嘴里还发出咯吱咯吱的声音，啃下来的窝头都是一绺一绺的。该场另一个劳工董志（永兴庄人）回忆：每顿就给我们两个小窝头，5个也吃不饱哇，劳工们都饿得成了皮包骨。滦县大河湾的劳工张印溪饭量大，饿的实在受不了，去伙房找吃东西，被日本人发现毒打折磨，第二天上班的路上钻进迎面开来火车下含恨自尽。毛家山的毛彦江也饿得去伙房找吃的东西，让日本人逮了个正着。时值寒冬，外面下着大雪，日本人让毛彦江跪在雪地里，头上顶着一盆水示众达三小时之多。还把我们全部轰到雪地上去看毛彦江如何受惩罚。另一名酒田港劳工李万山讲：日本人为了缩短轮船在港停留时间，经常强迫我们劳工连续加点装卸船只，而我们的口粮每顿只有二个杂合面小窝头，饥饿难耐，不时有人晕倒。我们把日本人扔掉的桔子皮、土豆皮、果核、鱼骨头都捡着吃掉，为了活命什么体面羞耻我们全然不顾了。此外，饥饿的劳工们还常常以野草充饥，路边的野草，劳工们随手抻来就吃。2006年11月2日，酒田港唐山劳工郝瑞胜（滦县邹家洼人）到日本山形县法院控告当年酒田港绑架奴役中国劳工的罪行，并对当年劳作遗址现场指认，行至遗址附近的一堆野草旁，老人停下脚步，向记者及法庭人员大声说：你们看，这种草，就是我们劳工当年用来充饥的救命草。说完，老人就采了一把送往嘴中吃，以现场作证。

劳工们在日本从事的作业都是最苦、最累、最危险的工作。从事煤炭采掘的唐山劳工主要在北海道，有三菱矿业株式会社呗矿业所、大夕张矿业所，三井矿山株式会社的呗矿业所，砂川矿业所，北海道汽船株式会社空知赤简矿、天盐矿、真谷地矿，井华矿业株式会社赤平矿，日铁矿业株式公社二瀬润野作业场，宇部兴产株式会社冲之山作业场，三菱矿业株工会社置户作业场，地琦组大夕张矿业所。此外，还有的在九州岛三菱矿业株式会社冢饭作业场，三井矿山株式会社万田、回山、山野作业场。为保证战争需要，日本急切开采煤炭。劳工们每天早上天不亮就被叫起来上工，晚上天黑才收工，每天的工作时间都在10小时以上，有时达16小时。三菱呗劳工阈顺这样陈述：每天劳动分白班和夜班，两班干活，早上四五点就得上工，下班没准点，完不成定额不准下班，最晚要到七八点才让收工。三井呗劳工郭俊诚（滦县郭庄人）说：我们的工作是推煤车，从早上4点不停地推，一直推到下午4点。赶上大出日（高产）时间更长，通常我们都是在水里泡着双脚推车，从窑里面一出来，脚和鞋就冻在一起了。真谷地矿劳工王印文（丰南曹庄子人）在回忆这段凄惨经历时泪水夺眶而出：我们的工作是背煤，每天都干12小时，每个劳工一班要背80筐煤到地面装车，每筐重80斤，一班下来浑身就象散了架子，后背上的肉都被筐磨烂了，由于饥饿不时有劳工昏倒，日本监工上来就打，很多人都是连饿带累惨死在日本。日本人出的煤炭，是用我们劳工的血汗和性命换来的。

从事土木搬运、军工工程建设行业的唐山劳工分布在日本的本州及北海道的 13 处作业场。本州的 8 处为：株式会社鹿岛组御岳作业场，株式会社鹿岛花岗作业场，株式会社间组御岳作业场，铁道建设兴产株式会社信农川，株式会社飞岛组御岳作业场，株式会社熊谷组与濑作业场，株式会社熊谷组沼仓作业场，战线矿业仁科矿山。北海道的 5 处为：株式会社地崎组东种作业场，株式会社地崎组伊屯武华作业场，株式会社伊藤组置户作业场，株式会社濑崎组有种作业场，铁道工业株式会社万世作业场。主要任务是建设发电厂、飞机厂、军需隧道、铁路港湾等。这些企业对劳工们的奴役更为残酷。劳工们每天被强制从事 10 小时以上的沙石搬运、挖沟、填土、开山凿洞、推车铺路等繁重的超负荷劳动，且时常被日本人从这个作业场转手倒给另一个作业场，像牲口一样，随手牵过来、拉过去。以株式会社熊谷组沼仓作业场的 91 名唐山籍劳工为例，仅一年的时间就被日本人转手到三个作业场。据日本外务省报告书显示，这 91 名唐山劳工（滦县 44 人，丰润 25 人，玉田 1 人，遵化 2 人，卢龙 1 人，唐山 2 人，昌黎 8 人，临榆 8 人）是 1944 年 11 月 2 日到沼仓作业场采石的。该场幸存劳工高福祥（丰润新军屯镇胡庄人）讲述在日本的这段遭遇时泣不成声：我们在福岛的工作是挖沟、开山取石、搅拌水泥等苦累活计，吃不饱，没衣穿，个个骨瘦如柴。两个月以后日本人又把我们转到了大野。在大野，我们天天上山扛铁道（铁轨），推辘辘马，天不亮就上工。劳工稍有怠慢，日本监工上来就打，唐山岳各庄的刘树金由于体力不支，连人带铁道（铁轨）一起滚下山死亡。到了四五月份，日本人又把我们转到北海道修飞机场，每到一处就脱一次皮，真是九死一生啊。

从事铜矿采选的唐山劳工 365 名，除了 2 人在四国岛的井华子矿山，其余 363 人均在本州岛的峰之矿山、日立矿山、小坂矿山三处。铜矿作为战时的日本军需产业，备受重视。正因如此，在铜矿产业的唐山籍劳工蒙受了人世间前所未闻的苦难与凌辱。他们每天在日本人的监管下顶星星走，顶星星回。一班要干 10 多个小时工作。而劳工们一天的口粮加在一起只有几两，这对每天都从事超负荷劳动的劳工无疑是雪上加霜。峰之矿山劳工杨宗祥（滦县新庄子人）说：在静岗，饿得我们走路东倒西歪，还要在日本监工的棍棒下强制进行繁重的劳动。据查阅日本外务省报告资料，幸存劳工赵连章（滦县光水坨人）讲：住的木板房潮湿黑暗，每天吃糠和橡子面窝头，吃进肚子就拉稀。我们每天穿着草鞋去上班，在低矮的山洞里弯着腰不停地推矿石达 12 小时。另一位劳工韩某（丰润王官营人）说：我们干活的山洞，像下雨似的往下淌水，而我们身上只穿一条兜裆布，泡在水里干活。

在海港码头从事装卸工作的唐山劳工主要在北海道、酒田港、清水港、伏木港、新港、大阪川口、东京船舶装卸会社从事劳役。在海港运业的唐山劳工以铁道工业鹿部出张所的人数为最多。1944 年 11 月 21 日由塘沽乘燕京丸号轮出港的 460 名中国劳工，有唐山地区的人 116 人。从塘沽出港至日本作业地，已有 40 名唐山劳工死亡。剩下的 76 名唐山人又再次转到计根别修飞机窝、防空洞等工程。该作业场的劳工郑乃喜说：在室兰港，我们干了三个多月，每天马不停蹄地装煤、卸船，吃的是橡子面混合粉，三顿饭加在一起也不够吃一顿饱饭。劳工生病，食物减半，特别是劳工拉肚子，干脆食物全免，不给饭吃，仅在室兰就有 100 多中国劳工死亡。

奴役使用唐山劳工超过百人的港口还有山形县的酒田港运华工管理所。1944 年 12 月 18 日酒田港运接收了第一批 200 名中国劳工，其中，唐山人 110 名，分别为滦县 75 人，丰润 24 人，遵化 1 人，卢龙 3 人，唐山 6 人，昌黎 1 人。据幸存者么作相回忆说：在酒田港，日本人把我们关在木棚里，几天后日本人把我们押往港口卸船，卸的货物都是从中国抢来的煤炭、粮食，每班 12 小时，船多时，连续 24 小时，日本监工的棍棒随时打在我们身上。饥饿和长时间的劳累，使劳工们都患了血寒病，鼻子流血，无人给治。我病的比较严重，日本人把我拖到死人房，准备处理掉，谁知我命大，几天后，就自然好了。日本人又把我带回港口干活。在港口，我的腿被砸伤，因得不到治疗落下了终身残疾。

清水港运的 160 名中国劳工是 1945 年 1 月 13 日到达该港的。81 名唐山劳工中有滦县 66 人，迁安 1 人，卢龙 4 人等。滦南县扒齿港镇虫林村的齐振英 1944 年 12 月 22 日被抓捕后与本村的齐振雨、齐长河、潘宝成、潘文庆等人被掠至清水港。他说：在清水港我们每天的工作就是装车卸船，从天亮干到天黑，连饿带累有 20 多个唐山老乡死在日本了。

三、被掠劳工的死亡情况

唐山劳工在日本的死亡人数，在日本外务省报告资料中明确记载的有 459 名，占中国劳工在日死亡总人数的 6.7%。

据统计整理死亡人数最多的是滦县 269 人。其他死亡人数为：丰润 88 人，玉田 6 人，昌黎 21 人，临榆 38 人，遵化 10 人，迁安 1 人，卢龙 12 人，抚宁 6 人，乐亭 5 人，唐山市区 3 人。

唐山劳工死亡人数最多的是峰之矿山，仁科矿山，三井呗矿业所。

　　峰之矿山奴役使用的 197 名中国劳工，1943 年 1 月 5 日在日本下关登陆，途中船上死亡 10 人，登陆后死亡 5 人，幸存下来的 182 人于 1 月 6 日移入峰之矿山。这 197 名劳工中唐山地区 137 名，占该矿山劳工总数的 69.5%。其中，滦县 100 人，丰润 16 人，卢龙 1 人，扶宁 1 人，昌黎 11 人，临榆 8 人。1945 年 4 月，峰之矿山因失火而毁灭，这批劳工又被转入茨城县的日立矿山。在峰之矿山 4 个月的时间又有 66 名中国劳工被迫害致死，唐山人占了 52 人。也就是说，从塘沽出港到日本峰之矿山毁灭仅 4 个月的时间就有 58 名唐山人被迫害致死。

　　在仁科矿山，有唐山劳工 80 人。其中，滦县 57 人，丰润 17 人，迁安 1 人，卢龙 3 人，唐山市区 1 人，昌黎 1 人。占该矿山劳工总数的 40%。仅半年时间，有 104 名中国劳工在这里被折磨致死。在死亡的 104 人中，唐山占了 52 名，这 52 名唐山劳工，有杨文荣、张福贵、吕长清、张景旺等死于船中，其他 47 人全部死在作业场。这个作业场出现如此高的死亡率，究其原因，主要是营养失调与超负荷劳动及日本人惨无人道的虐待与迫害所致。该场的劳工刘士同（开平区双桥村人）说：我们从被抓后，就一直处于饥饿、寒冷、疾病之中。又经海上十几天的颠簸，到日本后我们的身体都极度虚弱，一阵风就可以把我们刮倒，到作业场，我们又遭受非人的虐待，把我们饿的两眼发黑，尽管如此，还要在日本监工的棒子下被强迫从事繁重的劳动，有的劳工在上班的路上往地上一躺就再也起不来了。疾病是导致中国劳工死亡的另一个主要原因。由于长时间遭受虐待，中国劳工都不可避免的患上浮肿、痢疾、伤寒、脚炎等各种疾病。劳工患病得不到治疗，往往是送到"病号房"等死。这里所谓的病号房，其实就是关押病人的冷屋子。生病劳工送到病号房，首先免去了每顿两个窝头，只给点稀汤喝。原因是不干活就不给饭吃，几天后冻饿而死。以至于后来劳工生病都不敢说，只好硬撑，唯恐被送进病号房。三井劳工杨泽说：我们一百多唐山劳工仅半年时间就死了 50 多个人，都是病饿劳累而死。古冶区后仁里村的王全同（在日本名字王万同）因生病不敢进病号房，被日本监工小林从床上拖下来去上工，结果，当天就死在了上工的途中。

　　日立矿山是日本铜矿使用中国劳工最多的一个矿山，据资料记载，从 1944 年 6 月 4 日、7 月 4 日、1945 年 1 月 12 日、5 月 5 日分别 4 次从青岛、塘沽掠运中国劳工 908 人，途中船上死亡 95 人，登陆日本后死亡 27 人，其中有部分唐山人。

四、被掠劳工为反抗奴役而斗争的情况

在反抗日本帝国主义的奴役中，唐山劳工斗争非常突出。他们主要以逃跑、罢工、暴动等形势反抗日本帝国主义迫害与虐待。

在峰之矿山、三菱呗矿业所、熊谷沼仓都有唐山劳工集体出逃事件，据峰之矿山劳工杨生讲：该矿山的唐山劳工王瑞德、王金海、龚丙朝、李茂德都逃跑过，被抓回来以后，日本人让我们围成一个圆圈对他们进行惩罚，其中王金海被活活打死，而李茂德挨了300棍子，回国都是被大家抬回来的。

长野飞岛御业作业场劳工杨忠礼，因不堪日本人虐待，组织劳工逃跑失败后在木笼子里一关就是几个月。转到东京大狱后他又组织难友们绝食，抗议日本人对中国劳工的迫害，体现了唐山人英勇无畏的精神。

田硕章，在日本用名田奇华（丰润党家庄人，现住开平区），60多年前曾任冀东军区侦察员，1944年9月30日执行任务被捕。十几天的酷刑他没有屈服，日军便将其押到日本福岛县沼仓作业场做苦工。因不堪虐待，和另外几名唐山人李木林、吴兰芳、刘金掌、富广凯策划组织逃跑。逃脱两天后被日本人抓回。在福岛警察所，他们被扒光衣服关在一个冷屋子里，日本人对他们一天两次审讯，每次打得皮开肉绽。日本人用木棒专打他们的臀部和腿关节，并把这种酷刑取名曰"劈柴炖肉"。老人的身上至今还留有九处伤疤。在福岛关押一段时间后，他们又被押往北海道地崎组不良华人管理所。

酒田港的唐山劳工马桂林、戚圣雨、曹龙治三人为了摆脱迫害集体出逃。几天后，当人们再见到他们三人时均已成为烂肉碎尸，被装在筐里。日本监工让所有劳工集合在一起，指着三筐烂肉说：这就是逃跑的下场。日本外务省报告书资料显示，这三名唐山劳工均在1945年2月2日被火车轧死，至于他们是如何被轧死，没有说明。

三菱呗矿业所有唐山劳工120人，面对敌人的残暴，他们曾组织过两次集体出逃，但都未成功。人数最多一次有50多人参加，当年参加出逃的劳工皇甫贵（古冶唐家庄人）回忆说：这次出逃是古冶唐家庄的彭玉善、张华堂等人组织的，一起逃跑的有张子州、张子奇、李国柱、王会朝、季秀等人。那天晚上，我们把木板墙弄开，一个小组的人全部出逃。但仅仅一天日本人就把我们抓了回去。一路上，棍棒相加，然后全都绑在一个齐腰深的大水坑里冻着，腿脚全部冻成冰砣。受审时，日本人先是用筷子和火钩子夹我们的手指头，然后让我们手趾和脚尖撑地或举砖头，谁做得不到位一阵乱打，日本人对我们真可谓百

般折磨。

三菱唐山劳工还曾为了营救难友举行了集体罢工。劳工潘景秀（古冶七百户人）在巷道塌方时被堵埋在矸石里面，不停地喊叫求助。尽管大家的抢救速度不断加大，但潘在里面的喊声逐渐减弱。这时日本监工突然让大家停止抢救，说这个人抢救出来也没有用了，干脆不要了。日本监工的残忍激怒了中国劳工，小队长张利元当即宣布集体罢工，以示抗议。几经交涉，罢工取得胜利，历经几个小时的紧急抢救，潘景秀才得以脱险。

花岗暴动是中国劳工在日本国土进行的一次著名的抗日壮举。1945 年 6 月 30 日，被掠往日本鹿岛花岗作业场的近 3000 名中国劳工在死亡 200 多人后，不甘忍辱，在大队长的带领下举行了震惊世人的花岗暴动。因暴动中出现意外而失利，惨遭日本军警镇压，仅三天时间就有 100 多名暴动劳工被虐杀，其血腥及残酷程度可想而知。在这次暴动的队伍里，也有着许多唐山人。据日本外务省报告书资料显示，在花岗作业场的唐山劳工有 9 名，其中玉田县的诸万斌还是暴动直接组织者之一。暴动失败后被日本以杀人之罪名判处 8 年刑役。张广勋，玉田县小泉村人，掠至花岗时年仅 16 岁，日本人给取名"撒不噜"，他亲历了暴动的全过程。他回忆：为了生存，大队长决定暴动，经过一番准备，1945 年 6 月 30 日晚 11 点暴动开始，大家首先干掉了四个罪大恶极的日本监工及汉奸汪凤岐。大队长站在高处大声喊，每人带一件工具作武器，大家不要走散。人们潮水般的逃离集中营。第二天早上日本当局出动军警二万余，围捕堵截暴动的中国劳工，抓回来的劳工反绑双手跪在一个广场上示众，围观的日本人手拿青竹条对劳工毒打。此时正值天下暴雨，有十几个人被乱棍打死，雨水伴随劳工的血水把广场的地面都染红了。当时在广场罚跪受刑的唐山人有李艳海、张春林等人。花岗暴动充分体现了中国人民不甘屈辱，以鲜血和生命维护民族尊严，以大无畏的牺牲精神反抗欺凌与压迫的崇高民族气节。

通过上述调研资料表明，在日军强掠中国劳工的行径中，唐山地区无论是被掠走人数、致死人数都占有较大的比例，他们的伤亡损失在抗战史研究中具有重要地位。同时，将这一事件公诸于世，对于调研我国抗战期间的伤亡损失情况、揭露日军侵华罪行、伸张民族正义、维护世界和平具有深远的历史意义和重要的现实意义。

（唐山市委党史研究室抗战损失课题调研组）

（五）邢台市碉堡据点及封锁沟墙情况综述

（一）

邢台市位于河北省南部，西跨京广铁路至太行山区，东部一马平川，延至卫运河边，抗战时期是冀南抗日根据地的中心。

1937年，日本全面侵华战争爆发后，日军沿平汉（京广）路大举南侵，10月侵占邢台城，同时分兵向东部平原进攻。至1938年初，邢台17个县相继沦陷。日军每到一地，即安设据点、岗楼，以增强守备。1940年，八路军发起百团大战，抗日军民配合八路军对敌人控制的交通线展开大破击，给敌人以沉重打击。此后，日军开始大规模增设据点，修建碉堡（或曰岗楼、炮楼），在平汉铁路西侧以及平原地区构筑封锁沟、封锁墙，以加强交通干线的防务。1941年至1942年，日军对抗日根据地实行"囚笼"政策，推行"治安强化"运动，进一步加强对其占领区的控制，"蚕食"和分割抗日根据地，又在交通线路、封锁沟墙沿线和一些村庄，大肆修筑碉堡、据点，继续挖筑封锁沟墙。此后仍不断修建并延续至1944年抗日军民发起局部反攻。

密密麻麻的据点、碉堡布满邢台大地，与交通线路、大大小小的封锁沟墙相连，形成一张巨大的"格子网"，很大程度上限制了抗日军民的活动。同时，据点碉堡和封锁沟墙的构建及存在期间，给广大人民群众造成了巨大的财产损失和严重的人身伤害，是日军侵华暴行的有力罪证。

（二）

邢台市抗战损失和人口伤亡专题调研小组从2007年5月开始，对日军据点、碉堡和封锁沟墙情况进行全面调研。以原有的文献档案资料为依据和线索，以县（市、区）为单位，对每一处据点、碉堡和封锁沟墙，逐一进行了实地调查取证，形成大量的口述资料和人口伤亡、财产损失调查表，并分别绘制出分布图；弄清楚了包括安设时间、修建过程、规模、用工，特别是人员伤亡、财产损失等具体情况，撰写出专题调研报告。兹将各县调研情况分述如下。

邢台县：邢台城是平汉铁路上的重镇。1937年10月日军占领邢台不久，就沿平汉铁路西侧构筑了第一道封锁线；1939年4月沿皇寺镇青山、苏村、霍楼，南石门镇石头庄和羊范镇羊范村一线，构筑了第二道封锁线；1940年底，日军推行步步向邢西抗日根据地延伸的"蚕食"政策，在皇寺镇梅花、谈话、黄店、太子井乡土岭、龙化和羊范镇坚固一线构筑了第三道封锁线；1941年3月，日军推行第二步"蚕食"战略，北小庄、西黄村一带陷入敌手；1942年3月，日军推行第三步"蚕食"进攻，继续向西推进，并在皇寺镇吕家洞、袁家庄和西黄村镇兴繁岭一线修建炮楼，构筑第四道封锁线。但由于抗日军民多次破袭，第四道封锁线最终未能修成。

日军为了维护其殖民统治，实行"治安强化"，并对邢西抗日根据地和抗日军民实行经济、军事和政治封锁，在四道封锁线上和沿线地区的李梅花、苏村、吕家洞、卫鲁、谈话、土岭、龙化、石头庄、羊范、桐花岭、石坡头、西牛峪、东沙窝、崔路、姚坪、南石门、祝村、袁家庄、西羊卧、丰来峪、尧子沟、崔家庄、兰羊、东侯兰、东坚固、董家沟、霍楼、峰门、后青峪、前马厂、黄店、庞马、孝子村、晏家屯、南会、西黄村等村，建立了近40个碉堡、据点。

据不完全统计，全县碉堡、炮楼、据点共毁占土地386亩，强占拆烧民房10287间，毁树65240棵，抢粮56100斤，抢禽畜1508头（只），造成其他财产损失3000余元；劳役民工556980个，杀人383名，强奸妇女10名，造成人员失踪7人，抓往外地当劳工12人。

1945年8月，根据地军民展开全面大反攻后，邢台县境内的炮楼据点和封锁线，相继被摧毁。

沙河市：沙河市地处太行山东麓，横跨平汉铁路。在抗日战争时期，境内既有根据地、游击区，又有敌占区。日军为了加强其殖民统治并向根据地"蚕食"，1942年前后在平汉路以西先后修了三道封锁沟墙，长50多公里；修公路8条，长120多公里；建筑碉堡、炮楼60个，共占地7806亩。修据点、碉堡动用粮食1135340斤，树木27562棵，禽畜34004头，生产工具52922件，生活用品15612件，服饰19053件，毁坏、烧毁房屋7576间。

临城县：临城县大部分位于平汉路以西。1941年开始，驻临城日军推行"治安强化"运动，先后修建了3道封锁沟（墙），并沿封锁沟墙修建了19座据点和炮楼。

第一道封锁线地处半丘陵地区，北起牟村，南到桑树凹，长50余里，经过黑城乡的杨家庄、竹壁、北白鸽井、胶泥沟、祁村、石固，临城镇的澄底、岗西、挟泉等9个村。在修建过程中，日军强行拆除群众的房屋，强迫周围村庄的群众出工挖封锁沟，连老人、小孩也都不放过，并经常遭到日军的辱骂和殴打。修建历时4个月，挖成长50余里、深约4米、宽约5至6米的封锁沟，并沿线修建了9个炮楼，占地约450多亩。

1942年，日、伪军集中兵力对根据地实行"蚕食"，从第一道封锁线又向西"跃进"30华里，从北起刁涅沟，南至南台峪，建立了第二道封锁线。第二道封锁线是一道宽2米、高3米、长30里的封锁墙。沿封锁墙，在刁涅沟、郝家庄、官都、李家庄等10个村，建起了砖石结构的炮楼，由日军或伪军驻守。修建封锁墙历时3个多月，每天强征民夫4000多人，共征用劳工36万多个，有50名劳工被折磨致死；封锁墙占地约70多亩，毁坏庄稼、树木600多亩。

之后，日军继续向西"蚕食"，修建第三条封锁线。1944年8月县独立营配合太行第一军分区部队对第三道封锁线展开攻势。至10月，封锁墙及其沿线炮楼全部被摧毁。1945年6月，抗日军民举行反攻，第一、第二道封锁沟及其沿线炮楼先后被全部摧毁。按照1946年2月25日《全太行区八年来文化教育劳役土地占据及荒芜统计》（原件未署作者）[①] 标准计算，日军修筑19座炮楼占地应在60亩以上。

内丘县：抗战时期，日军在内丘县共修筑48个据点、碉堡，在平汉路以西建成了三道封锁线。封锁线与据点碉堡纵横交错，形成"格子网"。日军通过构筑封锁线、建碉堡，乃至制造"无人区"等手段，对抗日根据地进行分割、包围和封锁，并进行疯狂的"蚕食"和"扫荡"，给抗日根据地人民的生命财产造成了巨大损失。再加上日军的经济封锁、经济掠夺和连年的自然灾害，抗日根据地的财政经济出现极为严重的困难。

据统计，日军构筑封锁线和据点、碉堡，共占地2143.6亩，强征2322.2万工；用石头23.24万方、砖16.35万块、树木23714棵、门板194块，烧毁房屋912间；强征生产工具98件，日用家具2110件，粮食157.11万斤，菜16.43万斤，家禽3.21万只，油1.59万斤，锅13442口，钢铁丝5200公斤。1945年9月内丘县城解放，所有封锁沟墙、据点、碉堡被拆除和摧毁。

南和县：南和县位于平汉路东侧。从1939年5月至1942年春，日军先后在南和县城、郝桥、贾宋、三召、西任城、丰化庄、岗上、河郭、张村、里首、郭平、段村、阎圈、骆驼牧、果寨、史召等16个主要城镇修筑了碉堡，建立了据点。每个据点派驻重兵把守，大据点驻一个中队，小据点驻一个分队或一个

---

①　山西省档案馆馆藏档案，档案号：A128-2-8-4。

班。同时大修公路、架桥梁、拉电线，把以县城为中心的各个据点紧密连在一起。

日、伪军在修筑据点、岗楼过程中，给当地人民造成巨大的损失，强拆大量的民房，强占大量的土地（耕地），强征大批农夫挖沟建楼，威迫当地人民出人、出工、出物（包括大车、工具、小车、牲口）、出钱，进行各项摊派。

1942 年春，日军为了分割封锁南和县抗日军民与鸡泽、永年、曲周一带抗日根据地的联系，限制抗日军民的活动，强迫民夫沿南和与沙河、鸡泽两县及永北抗日根据地交界线，挖了一条长六七十里，深一丈五尺至一丈七尺，宽二丈至三丈的封锁沟。

任县：抗战期间，日军在县城建立了日军司令部，在任县境内的公路和澧阳河沿线以及重要村镇，陆续建造了邢湾、辛店、北定、北张、王村、骆庄、五孔桥、天口、齐村、南宋、永福庄、马河桥、吴岳、望马台等 15 个据点和炮楼。

据调查，为建据点炮楼，全县共出工 87.1 万个，损失耕地 428 亩，房屋 1178 间，砖 275.8 万块，木料 2383 根，门 469 对，家具 1040 件，生活用品 3105 件，家畜 12979 只，粮食 1549745 斤。

隆尧县：抗战期间，隆尧县为隆平县和尧山县。1939 年 12 月底，日军在千户营修筑隆平县第一个城外据点。1941 年后又在境内修筑了 13 个炮楼，共计有县城、北辛庄、西董、小孟、李家庄、张家口、北盐池、西哈口、马栏、东清湾、毛尔寨、旧城、千户营。在尧山县修筑了杨村、东山南、北苏薛、彭村、尹村、高村、泽畔、店头、双碑、河北南汪、重贤、公子村、尚礼、大霍共 14 个炮楼，征地、派夫，拆房、派粮，给人民群众造成巨大的财产损失。

同时，日军开始修公路，挖封锁沟，加紧了"囚笼"式的控制活动。1941年，日军开始从各村强行抓夫，修筑隆平到北辛庄、隆平到张家口村、隆平到邢家湾的公路，共计 50 公里，抓民夫 10 万余人次。同时，把隆平县城到北辛庄、隆平到张家口村沿公路两边宽 500 米的庄稼全部砍光，共计 4000 多万平方米，4 年没有收成。每亩每年按 150 斤算，仅此一项给百姓造成粮食损失 3600多万斤。同年春季，在隆平与宁南、巨鹿三县县界开始大规模修建封锁沟，从南向北依次经过北盐池、白家寨、马栏、西哈口、东清湾、毛尔寨、千户营、张家口、杨家窑、李家庄、小孟、乡观等村大约 50 公里。强迫周边 80 多个村出劳役，共计用 800 万工时。为了防止八路军在青纱帐里进行偷袭，日军还把封锁沟两边约 500 米的庄稼全部砍光，导致长 50 公里，宽 1150 米的土地不能种庄稼，共造成 8.4 万亩粮田无收，每亩每年按 150 斤计算，四年粮食减收 5040 万斤。

柏乡县：抗战时期，日伪在柏乡境内共修筑炮楼 11 个、碉堡 3 座，分别建在固北村 2 座，三十里铺村、西苏村、北马村、南黄村、北黄村、南滑村、十里铺、白楼村、余舍村、北滑村各 1 个，在县城建有据点。

日军在修筑炮楼时共强征民工 28504 人次，拆毁民房 982 间。炮楼碉堡修好后每年进行强行摊派（1937 年至 1945 年 8 年间）共摊派粮食 1894680 斤，柴 9120 担，肉 35480 斤，鸡 2 万只，布匹 1920 尺，大洋 10680 块，羊 1176 只，治安费 660 万元。占据炮楼碉堡的日、伪军还经常进村入户抢劫、杀人、放火，无恶不作。

新河县：1939 年 3 月 9 日，日军占据新河县城，随后开始修城墙，建炮楼，挖界限沟，烧杀抢掠，派粮派差，新河人民遭受了沉重的灾难，社会经济遭到巨大破坏，造成大量灾民，许多农民走投无路，卖儿卖女，流离失所。

据初步统计，5 年多的时间内，日军在新河县共挖大型界限沟 11 条，全长 180 公里，建据点 4 个，筑炮楼 39 个，分别在城内、苏田、辛章各建 2 个，在寻寨、西董、梨园、北冯召、挽庄、大田庄、城后、贾家园、王神首、官里庄、西杨家庄、尧头、西边仙庄、聂秋口、仙庄、南庄、邢彦、前保居、杨十户、东边仙庄、西千家庄、台家庄、前沙洼、停则头、袁家庄、西流、南冯家庄、尧李庄、夏神首、东十户、黄家庄等村各建 1 个。每个炮楼的兵力不等，小的驻伪军一个班，十二三人。寻寨、辛章、苏田三个大据点，各驻警备队、警察、特务约百人左右，日军十二三人。新河县城常驻日军 60 多人。

日、伪军的据点、炮楼共强占地 17500 亩，拆民房 1500 多间，毁坏果林 10 万亩，差派民夫 20 万个，抢掠粮款、铁铜、棉花、猪羊牛驴不计其数。

1945 年 5 月 2 日，新河城解放，全县境内的碉堡据点被摧毁。

宁晋县：抗战时期，宁晋县分为宁晋县和宁南县。日军先后在宁晋县修筑据点、炮楼 55 个，其中据点 20 个，炮楼 35 个，共占地 825.5 亩。这些据点、炮楼的修建，从 1939 年底开始，到 1941 年底修筑的占 20%，1942 年"五一"大"扫荡"前后修筑的占 60%，1942 年 5 月至 1943 年夏秋修筑的占 20%。据点大多修筑在大的村镇及交通要道，炮楼大多修筑在村子中央，有的在村边大道旁边，还有的则修在两个村子之间的交通要道处，还有的修在封锁沟沿上。大的据点一般常驻日军一个班（约 12 人），伪军一个中队（大约 120 至 150 人）。小的炮楼常驻日军 1 至 4 人，伪军一个小队（20 至 30 人）。有的据点炮楼还配有伪警察所和情报室（特务队）。从1944年开始，抗日部队在县区武装力量的配合下相继拔掉了一些大的据点和炮楼。到1945年春夏，大部分据点、岗楼被攻克。1945年7月10日冀中部队在县大队的配合下包围并摧毁了宁晋的最后一个据点——河渠据点。

日、伪军在修筑据点岗楼过程中，给当地人民造成了巨大的危害和财产损失。他们强拆大量的民房，强占大量的土地（耕地），强征大批农夫挖沟建楼，威迫当地人民出人、出工、出物（包括大车、工具、小车、牲口）、出钱，进行各项摊派。具体数量如下：拆房7691间、毁庄稼20658.5亩，在建筑过程中，征用砖1002万块、钢铁6600斤、树木36371棵、木板1064方、面粉厂1个、坯67.4万块、大梁2953根、门窗734扇、檩椽5561根、拆牌坊7座、建筑用人14731人、建筑用工140万个。居民财产损失：粮食1.77亿斤、牲畜97224只、桌子707张、床6090张、棉花25827斤、被子29366床、鸡蛋4000斤、被套3000床、柴草2917万斤、椅子3520把、油11.9万斤、盐53930斤、馒头52700斤、珠宝3106件、衣服31200件、自行车6辆。

巨鹿县：1938年11月28日，侵华日军侵占了巨鹿县城。此后陆续在全县建筑据点、碉堡共30座，涉及10个乡镇。修建碉堡据点用劳工1991人，用工8100个，破坏庄稼地3130亩，砍伐树木7910棵，抢夺粮食12万余斤，毁坏房屋785间。

平乡县：1937年11月，日军占领平乡县城。1938年4月，在县城建碉堡4个，同时在县境内建碉堡据点24个，仅邢（台）临（西）公路交通线两侧，平乡县35里内就修建了17个碉堡或据点，平均一公里一个。日军建的碉堡、据点多是占用民宅，逼迫群众搬出家院，造成群众无家可归；并要粮、要牲畜，不给就抢，给平乡人民造成重大财产损失。

碉堡、据点存续期间造成的损失汇总如下：拆房5178间，抢要粮食221.4万余斤，砍树5310棵，抢掠牛、驴、羊2550头（只），鸡鸭2000多只，衣服8870件，被褥1752条，家俱1820件，床1005张，木材50方，砖516万多块，瓦423600多个，大梁367根，檩条3215根，用工57320个。这些碉堡、据点大都于1945年被炸毁或拆除。

广宗县：1939年1月16日，日军占领广宗。自1940年起，日军在广宗县境32个村庄先后安据点设炮楼，挖封锁沟，占地595.5亩，毁庄稼4639亩；建炮楼用砖578.5万多块，坯1377030块，梁、檩、椽共113635根，用钢铁34540斤，拆房3280间，砍树204169棵；建筑用劳力131618人，用工665552

个，伤害致死 1164 人，伤害致残 458 人，奸淫妇女 120 人；日常摊派财产损失粮食 14735209 斤，牲畜 3895 头，床 1219 张，白布 4070 匹，棉花 47130 斤，被子 3330 床，酒 20.3 万斤，烟 16802 条，桌子 796 张，椅子 1625 把，油 14334 斤，盐 9458 斤；非正常勒索粮食 339946 斤，牲畜 2440 头，桌椅 3553 张，白布 3989 匹，棉花 30745 斤，被子 2898 床，农具 2769 件，蔬菜 258910 斤，水果 259420 斤，钱财 933700 元，珠宝 232070 元，衣服 21766 件，柴草 1096950 斤。

南宫县：抗战期间，南宫城是冀南抗日根据地的首府。日军在南宫境内，先后安设了据点 12 个，构筑炮楼 22 个，挖封锁沟 2 条。自 1939 年 2 月，日军第二次占领南宫县城后，为维持其法西斯统治，首先在县城构筑碉堡，屯军驻地。随后，于 1940 年春，向城周边主要公路沿线，安设据点、炮楼。先后安设了大高村、安上（现属威县）两个据点，保安村、马旺、西高村 3 个炮楼。7 月，分别在南（宫）巨（鹿）公路两侧的西里家庄、东九宫、小马村、臧家庄安设炮楼。同年秋，又安设东张家庄、云家庄、杨井村、德演宫、大潘庄炮楼和南便村、苏村、大召据点。1941 年 2 月，在东王高路，先后安设了董土营、孙家屯、甘狼冢、垂杨、双炉、巩家洼、西马固庄、董家村、李家村等十几个据点和炮楼。1942 年 4 月，日军又安设了段芦头、曹家寨据点和炮楼。30 日，安设南白塔据点。

每个据点内都驻有日本侵略军，如南白塔据点就驻有一个日本中队，120 名日军。这些据点、炮楼内日、伪军少则 30 余人，多则百余人。全县日、伪军总计 2000 余人。其中驻南宫城日军有永田、小川两个大队，下设有 3 个中队，9 个小队，共有 500 余人；伪军有皇协军、警备队（两个大队，600 余人）、治安军（3 个团）、警察署（500 余人）、剿共队、宪兵特务队（40 余人）、宣抚班（20 多人）等。

在修筑据点、炮楼过程中，日军强行拆毁群众的房屋占地，征用粮食，征用禽畜，砍伐树木，向周围村子强征或摊派砖瓦、石灰、家具、衣服等。据调查统计，修筑炮楼征用民工 66900 多人次，共拆毁房屋 8094 间，征用粮食 4842800 多斤，征用禽畜 73691 只，砍伐树木 80338 棵，征用砖 48 万块、石灰 8000 多斤。

威县：1940 年夏，日军实行"囚笼政策"，在威（县）南（宫）公路、邢（台）临（清）公路威县段沿线和部分大村庄，安据点、设炮楼、挖封锁沟。先后在七级、方营、梨元屯、侯贯、寺庄、雪塔、贺钊、柳疃、河岔股修建了 9 个据点，在古城、东现庄、西魏疃、高公庄、东赵庄、经镇、西里村、西柏悦、王撞、里庄、郑河、张小河、狼窝、安上、红龙、贺营、小陈固、小王庄、庞苏庄、枣科、孙家陵、香花营、前高庄、赵七里、桑庄、白伏、四马坊、宋庄、大戈寨、侯家村、红桃园、祝家屯、小王曲、王世公、沙柳寨、前麻固、马厂、程志庄、第什营、麦子乌营、大寨、井湖寨、潘店、枣元、东孙庄、太阳庙等地修建了46个炮楼。

据调查，全县境内9个据点和46个炮楼，共驻日、伪军1708人，占地4895亩（据不完全统计，其中封锁沟占地3836亩），占地造成损失粮食2425700斤（按150斤/亩计算）；建炮楼用工1413万个，用木料10474根，用砖坯1029万块（其中拆民房1110间）；强征物品：粮食401920斤，衣被1412件，大牲畜254头，猪羊683只，鸡鸭3677只，菜类141437斤，钱款75100元，其他折合款24120元。

威县境内的炮楼大部分在1944年秋季反攻中被打掉，1945年2月据点全部被攻破。1945年6月，威县宣告解放，同年拆除据点炮楼，恢复耕地。

清河县：清河县位于卫运河以西。1939至1943年日军占领清河期间，大力推行"强化治安"，修公路、安据点、建炮楼、挖壕沟，采取分割手段，实施"囚笼"政策，扩大其殖民统治。日军在清河境内先后建立了31个炮楼和据点，分别是：王官庄日伪县政府、郑家集据点、焦家堂据点、田庄据点、于裴庄炮楼、四家务据点、郝家村炮楼、牛城后炮楼、坝营炮楼、苗庄炮楼、李六庄炮楼、旧城据点、杨庙炮楼、黄金庄据点、大堤炮楼、谢炉据点、大田庄炮楼、冢子炮楼、东潘庄炮楼、大简庄炮楼、小王庄炮楼、杜家楼炮楼、华庄炮楼、连庄据点、军营据点、孙庄据点、大许庄炮楼、指坊头炮楼、峨二庄炮楼、西张古炮楼。

清河驻有日军300人，伪军一个团，王少田部一个营，"剿共"队（约300余人），警备队（约700余人），治安军一个营（约400多人）和伪警察200人左右。这些人盘踞在各炮楼据点里，每天强制附近村民筹备物料、摊派民工、砍伐树木、挖沟挖坎。还强收军饷，要粮要物，使本来就很贫困的百姓，更加难以度日。

临西县：临西县原属山东省临清县，位于卫运河以西。日军在临西县境内建有18个据点和炮楼，共用青砖约165.5万块，檩条（木板）2390根，木材2万方，青瓦7.7万多块，合计用工354500多个；共征缴粮食215.5万斤，牲畜4300头（只），家禽13100多只，食用油8.9万斤，食盐50300斤，蔬菜、瓜果139000多斤；占用和损坏房屋540间，毁坏大马车590辆、三轮车1020辆，征用建筑农用工具4400多件。

（三）

　　根据邢台市所属17个县的调查结果可知，当时全市范围共建有据点、碉堡达552个，在平汉路西一线先后修建了3条封锁沟墙，平原地区各县也都建有不同长短的封锁沟、界限沟。因修建据点碉堡和封锁沟墙，据不完全粗略统计，8个县约占用土地17598亩，11个县拆毁、烧毁房屋32650间，12个县无偿征用人工近5000万个，另还征用大批粮食等财物。

　　据点碉堡和封锁沟墙，是日军巩固占领区、"蚕食"根据地的手段和工具。平汉路一线封锁沟墙和据点、碉堡，既是平汉铁路交通动脉的防务设施，也是用以分割冀南和太行两大根据地，对抗日军民实行经济、军事和政治封锁，并不断向西"蚕食"山区根据地手段；在东部平原，碉堡据点星罗棋布，与交通线路、封锁沟墙相连接，形成一张巨大的"格子网"，以加强对占领区的控制，对抗日根据地的分割、封锁；主要交通干线上，十里一据点，五里一炮楼，以维护日军主力的机动畅通，不断对根据地进行"扫荡""围剿"。这都曾经给抗日军民的反侵略斗争带来很大困难。

　　碉堡据点和封锁沟墙的修建和存在，给人民群众造成重大的财产和人力损失。修建碉堡据点和封锁沟墙占用了大量的耕地，拆毁、烧掉民房，砍树木、毁庄稼，征粮、征款，使一部分农民无地种、无房住，流离失所，无家可归；或缺吃少穿，陷入困境。日常的强征和掠夺更是花样翻新，应有尽有，让当地民众应接不暇，造成长期的严重负担和很大损失。除了直接的损失之外，大量的、长期的征用民力和财产掠夺，耗尽了民力资财，严重地破坏了农村经济基础，致使遇到1943年的大灾荒则毫无抗灾能力，造成大批灾民难民。碉堡据点和封锁沟墙的修建和供养造成的财产损失，由于项目琐碎繁杂，难以折合统计；尽管作了详细的实地调查，也难以详尽完备。

　　除日常的强征和掠夺外，在根据地困难时期，日军更加疯狂的烧杀抢掠，加剧了根据地抗战形势和广大民众生存状况的进一步恶化。在1942年冀南抗日战争进入艰苦阶段。1943年大灾荒时期，人民群众缺吃少穿，日军又趁机散布霍乱病菌，致使很多人病死、饿死。在如此残酷艰难的条件下，碉堡、据点内的日、伪军还要强行索要粮草衣物；并利用据点碉堡为支点，四处"扫荡""围剿"，配合日伪主力实行"铁壁合围"，致使大片根据地沦为敌占区，使广大人民生活处于更加悲惨的境地。

　　日军修建和利用据点碉堡和封锁沟墙，给人民带来残酷的、长期的身心伤害。修建据点碉堡和封锁沟强征大量村民当劳工。他们遭到日军非人的奴役和残酷的折磨，更有不少劳工被无辜折磨致死，或被无情枪杀。据点碉堡里的日、伪军还经常向村里"摊派"索要"花姑娘"，或到村里强行侮辱妇女，致使多少妇女屈辱而死，多少家庭妻离子散，难以统计。更值得注意的是，人民群众长期生存生活在日军据点碉堡和封锁沟墙编织的"格子网"里，时时刻刻、一举一动，都受到日、伪军的监视和奴役。生存在自己的土地上却日夜担惊受怕，遭受着屈辱，失去了尊严！这种伤害是深刻的，长期的，岂能用数字统计！

日军据点碉堡和封锁沟墙的修建过程，也是八路军和抗日军民与之针锋相对进行反封锁、反分割斗争的过程。百团大战之后，抗日军民继续开展连续的破路斗争。对日军交通干线和封锁沟墙不断发起破击战，敌人白天修，抗日军民夜晚扒，展开拉锯战；对据点、碉堡，一方面加强对敌政治攻势，开展瓦解、争取敌伪军工作，一方面对罪大恶极的日、伪军狠狠打击，趁机拔据点，端炮楼，不断粉碎敌人对根据地的分割和封锁。到1944年、1945年，抗日军民相继展开局部反功和大反攻，日、伪军据点碉堡和封锁沟墙连续被拔除和摧毁，所占土地恢复耕种。

邢台大地上曾经密密麻麻分布的据点碉堡和封锁沟墙，记录下了侵华日军的桩桩罪行。虽然那些沾满血迹的建筑物早已灰飞烟灭，但留在人们心中的阴影却难以抹去。

（邢台市委党史研究室抗战损失课题调研组）

（六）日军对保定城乡妇女的性侵害

在日本侵华战争中，日本军国主义犯下了不可饶恕的滔天罪行，性暴力便是其中之一。它包括日军在"扫荡"作战中对中国妇女的强奸、轮奸、先奸后杀的罪行，也包括日、伪军把中国妇女送进"慰安所"、妓院、兵营、碉堡，充当"慰安妇"、性奴隶的罪行。抗战期间，中国广大妇女遭受了人类历史上最野蛮、最疯狂的性暴力迫害。

保定地处京津南缘，与京津成三足鼎立之势，战略位置十分重要，历来为兵家必争之地。由于其所处特殊战略地位，伴随着战争的进行，日本侵略者对保定地区妇女的性暴力、性奴役犯罪极其普遍，大量无辜妇女遭受强奸、轮奸、凌辱和杀戮。她们或被日军掳掠而当作日军的性奴隶，沦为日军发泄兽欲的工具；或被日军集体凌辱、强奸，摧残致死；或被日军奸污后又遭杀戮，曝尸街头。这些善良无辜的妇女，成为日本侵华战争中最悲惨的受害者和牺牲品。在八年抗战中，保定妇女在日军的魔爪下，受尽了难以形容的惨痛蹂躏。

根据《晋察冀日报》《解放日报》以及保定市所存各县党史资料等记载，现将日军对保定城乡妇女的性侵害情况，叙述如下。

一、日军在保定开设"慰安所"、妓院的性暴力

日军侵占河北时，在城市刚刚攻克和占领初期，伴随着烧杀抢掠，对城市妇女的性暴力比较公开和普遍，即公开的奸污和虐杀。之后日军为了笼络人心、长期占领，建立他们所谓的"王道乐土"和"大东亚新秩序"，加强城市治安，于是便开始要求部队有所收敛。为解决日军官兵的性问题，日军和日伪政府开始有组织有计划地成立"慰安所"、妓院等机构，直接为日本军队提供性服务。当时保定市、易县的独乐、定县、高阳、涿县等地均有日军设置的"慰安所"，保定的八条胡同还有为满足日、伪军政人员和日本商人的性要求而成立的妓院。

"慰安妇"制度是日本在"二战"中广泛实施的一项旨在为其军队提供性服务的罪恶制度。日军在华北实施的"慰安妇"制度最为普遍、最为残暴，保定广大妇女尤其深受其害。日军在保定各地设置"慰安所"，并强迫被掳女子充当"慰安妇"。如日军战俘小田二郎在笔供中承认，他所在大队盘踞地高阳县城内，强制赶走7处中国人民的房屋内居住的中国人，设置"慰安所""营

外酒保"。田口新吉也在证言中说，他所在的大队本部设在易县，驻在神皇村东独栾，在大队的本部里有一位高桥大治郎伍长，负责"慰安所"的设立工作，他将在大队本部附近接收来的民房进行了内部改造，……之后又委托一个日本人开了一家"慰安所"，用的全是中国人"慰安妇"，这家"慰安所"的管理监督工作也由高桥伍长负责。日军中村五郎在笔供中写道，"1944 年 11 月上旬至1945 年 2 月下旬，于河北省涿县（今涿州市）飞机场，我（少尉小队长）强奸中国妇女一名（19 岁'慰安妇'）10 多回。""1945 年 3—5 月下旬于河北省涿县飞机场盘踞时，我（少尉代理中队长）对中国妇女一名（19 岁'慰安妇'）强奸数次。""1945 年 3 月上旬—5 月下旬于河北省涿县飞机场盘踞时，我（少尉代理中队长）继续沿袭前任中队长冈本正中尉所组织的'慰安所'的罪行，对 3 名中国妇女（18 岁至 20 岁）组织士兵进行轮奸。"角唱韵在笔供中说"1942 年 2 月上旬，我是上等兵，于河北省保定市城内，侵入一家房屋，对一名 16 岁的被日本帝国主义束缚着的中国人民妇女，仗势强迫强奸了 1 次。"这些被迫沦为日军"慰安妇"的保定妇女，受到了日军残酷野蛮的性虐待、性侮辱，"慰安所"是遭受性强暴的妇女们的阴森恐怖的地狱。日本官兵根本不把"慰安妇"当人看待，而是恣意践踏，百般摧残。由于长期的摧残，她们的身心都受到了极大的创伤，许多妇女被折磨致死，即使侥幸生存下来身心也受到了极度摧残，丧失了一生的幸福。

二、日军在作战和"扫荡"中实施的性暴力

日军在作战和"扫荡"中实施性暴力是十分普遍的。战争初期，日军为速战速决，为了吓倒中国人民，每占领一地，都进行野蛮的大屠杀，并肆无忌惮地对中国妇女进行野蛮的强奸和屠杀。在 1938 年 1 月的定县（今定州市）沟里惨案中，日军见到妇女即马上捕捉，不管在什么地方，只要抓住，日军即剥光妇女衣服，按在地上进行强奸、轮奸。有的妇女被十几个，甚至几十个日军轮奸残害，许多妇女受辱后投井、上吊而死。王园尔是沟里村一个 65 岁白发苍苍的老太婆，被一群日军捉住后，轮奸了四小时之久。日军走后，她半个多月不能行动。19 岁的女青年吴小丫，被日军捉住，要进行奸污，她竭力反抗，6 个日本士兵一齐猛打，把她打得不能反抗后，轮奸了三个小时，之后又进行毒打。事后，她卧床十多天才能走路。刘江海 19 岁的女儿刘秀坤，在敌人围住村庄烧杀时，趁机逃出村。刚出村半里地，被 7 个日军截住，欲行奸污。但刘秀坤不甘受辱，拼命向邻村跑去。鬼子随后追赶，在快被追上时，刘秀坤被逼无奈跳

到地里的一口井里自杀。鬼子一直追到井边，见刘秀坤在井中尚未淹死，就搬起石头往井里砸，直到刘秀坤惨死在井内一个多小时后，7个鬼子才哈哈大笑着走开。

随着敌后抗日根据地的开辟，根据地成为抗击日军的坚强堡垒，也因而成为日军图谋占领华北进而占领整个中国的最大障碍和心腹之患。为了铲除屹立在华北敌后的一座座抗日堡垒，日军对各抗日根据地进行了频繁地"扫荡"和"清剿"，制造了一起起骇人听闻的惨案。"扫荡"中，日军放纵部队对根据地妇女进行了野蛮的强奸、轮奸、残杀，上至80多岁的老妇，下至不足10岁的幼女，都难以逃脱日军的魔掌。

1940年5月下旬，敌人在龙华镇"扫荡"，从天主堂内拉走20多个妇女，关在一个屋子里，晚间由日军军官们任意轮奸。1940年末，日军"扫荡"涞（水）涿（州）一带时，据不完全统计，奸淫妇女4274人。类似这样的集体轮奸、强奸和肆意侮辱残害保定妇女的行为，在抗日战争时期十分普遍。

1942年，日军在冀中"五一"大"扫荡"中对妇女的暴行也是非常严重。"扫荡"白洋淀的日军在端村把没有跑脱的妇女一夜强奸了50多个。其中50岁至70岁白发苍苍的老太太有7个，11岁至13岁的女孩子3个，13岁至15岁的女孩子5个。在高阳教台，日军捉住一个11岁的女孩子，因强奸未遂，便狠狠地用刺刀挑开孩子的阴户，残忍地将她杀害。在定南（今属定州），日军更是淫欲无度，仅木佃村7月份的统计就有40多名妇女被强奸、轮奸。日军对妇女淫辱的方式无奇不有，他们经常光着身子满街乱转，随意强奸妇女。一个妇女被拉上岗楼轮奸一天后，阴户里被塞满了土扔了出来。在1942年5月27日至28日的北疃大屠杀中，日军更是对妇女横加蹂躏。日军盘踞北疃两天一夜时间，将中毒的妇女绑在一起，任三五成群的日军轮番强奸，从10岁幼女到五六十岁的老太太，无一幸免。在惨案中，日军从人群中抓出一个12岁的女孩，拖到一边，当着许多人的面进行强奸。之后，一个更野蛮的日军，又在人群中拖出一个幼女，强行奸污，血流满地，女孩的哭喊声凄惨之极，在场的人们都为之泪下。女孩的祖母跪地苦苦哀求，日军仍不停止。惨案中，有的妇女被日军轮奸达3个小时。日军还脱光西湖村一个青年妇女的衣服，让她与北疃村一个赤身裸体的青年男子李××，面对面坐在一起，鬼子摘了许多石榴花，插在这个妇女头上，开心狂笑，随后又将这个妇女拉到屋里进行轮奸。

1943年5月，敌人以一万兵力"扫荡"完县（今顺平县）和易县狼牙山时，在大岭谷等村曾大肆强奸十一二岁的小女孩。小女孩被强奸后，有的被丢到火里烧死，有的被几个鬼子各扯着一条大腿把人劈开。有一个老妇竟被强奸了60多次。在狼牙山的险要处，日军将50名避难妇女剥得精光，叫她们送水、送弹药，然后强奸、枪杀。其中就有多个十二三岁的女孩。在菜园沟一个山村，日军围住100多妇女，强迫把衣服脱光，有的丢到火里去烧，有的光着身子替敌人背东西、抬子弹几十里地。其间，日军随时在山坡道上强奸被掳来的妇女。到晚上，这些妇女被分配到日军各个军营里去，加以轮奸。

1943年秋，日军在阜平一带制造空前残暴的平阳惨案时，对妇女采取了骇人听闻的凌辱与屠杀，任意蹂躏与轮奸，甚至逼迫群众子奸其母、父奸其女，驱使男女集体性交，把被捕的男子抓起来，强迫他们去看日军轮奸他们的妻子、母亲、女儿和姐妹，轮奸之后加以屠杀。在平阳，日军把捉去的男人和妇女脱光了衣服，逼他们在众人面前性交，稍有不从就砍死。罗峪村妇女主任刘耀梅因反抗日军奸污，日军割下她腿上的肉包饺子吃，然后又把她的头砍下来扔进井里。一个16岁的少女，被日军轮奸了一夜，皮肉肿烂以致毙命。日军在大寨村捉住一个妇女，她拼死抵抗。日军将她杀害后，把粉笔塞进她的阴户里，扔下山崖。

1943年12月，日军以4500多兵力一夜包围了曲阳县49个村庄，进行了日夜"清剿"，其中仅被强奸的妇女就有3800人。

以上所述只是性暴力中的一小部分。发生在保定及各县的较大惨案中，多数都有性暴力，如涿州的柳河营惨案、东阳屯惨案，新城（今高碑店）史家镇双十九惨案、安国北都村七一四惨案、东西安国城惨案，易县北淇血井惨案、东娄山惨案，雄县小芦咎惨案、米家务惨案，涞水南义安惨案，定县（今定州市）小王耨惨案，高阳教台惨案，徐水的于坊惨案，完县（今顺平县）常庄惨案，定兴达子营惨案、牛家庄惨案，阜平官地惨案、沙沟惨案，望都柳陀惨案等，其手段之恶劣，行为之残忍，是世界战争史上所罕见。

据北岳区妇救会不完全统计，日军对保定地区妇女所施行的兽行主要有下列几种：

1. 奸淫与残害。易县龙华两个村子500个妇女全部被奸淫。阜平两个村子400个妇女大部分被奸淫。在阜平方太口，一个壮年妇女被30个日军轮奸后，用刺刀从阴户刺死。有的妇女被奸淫或杀死后阴道里还塞满了谷子高粱。有的在孕妇肚子上用刺刀刺，直到刺死为止。有的用刺刀把孕妇肚子里的孩子挑出来。有的用擀面杖在妇女身上来回擀，擀到不省人事，以致死去。有的从鼻子里灌冷水，有的把妇女吊在树上，用刀子把身上的皮一点点的剥去，让她们在极度痛苦和惨叫声中慢慢死去。曲阳内河村就有两个老年妇女被敌人一片片割死。在阜平广安村，日军集合了被抓去的妇女，先由日军高级军官将漂亮的、年轻的轮奸，剩下叫士兵们去奸淫。金家口村一个 16 岁的女孩被 8 个日军强奸后，数月不起。阜平某村 6 个日军轮奸一个 11 岁的女孩子。河南村一个 10 岁的小女孩被日军强奸致死。

2. 侮辱与玩弄。日军除了奸淫和残杀妇女外，还要用其他方法侮辱妇女。阜平不老树的日军挑选 3 个最漂亮的青年妇女，强迫她们脱光衣服给他们带路。在金家口村捉去十几个妇女，逼着脱光衣服转圈子，敌人在四周用小石子扔她们取乐。完县（今顺平县）南寨村日军叫一个妇女脱光衣服把衣服烧了，让她围着火绕圈子。在阜平王快镇日军捉去一个孕妇，在妇女分娩时，鬼子们挤满屋子观看和狂笑。

3. 捕捉妇女运往东北。曲阳郑家庄敌人用汽车抢走 472 名妇女，运往东北当娼妓，做牛马。

三、难以逃脱的历史罪责

日军在保定乃至华北地区对广大妇女的强奸和性奴役，是一种有组织、大规模的反人类罪行。日军对保定妇女的性暴力犯罪，造成了数万女性终身难以愈合的身心创伤，许多妇女含恨而死。丈夫丧妻，儿女丧母，父母失去心爱的女儿，许多家庭因此家破人亡。同时，由于日军的性犯罪，给保定地区带来了极其严重的社会后果。一是普遍的性病流行。在保定及各县，日军每到一地，所有妇女无论老幼，一经抓获即行奸污，一些日军在已知自己患病的情况下故意将病情传给受害妇女。二是给受害者造成难以愈合的身心创伤。从受害者本身来说，日军的暴行带给她们的是肉体和心灵的极大摧残，除了那些被日军摧残致死的广大妇女，即使能够侥幸活下来的幸存者，日军暴行也成为她们永远挥之不去的噩梦。

日军在保定城乡实施的性暴行，充分暴露了日本军国主义的野蛮和邪恶本质。由于日军对妇女性暴行犯罪的遮掩和否认，致使保定数万名被害妇女没有得到任何物质上的赔偿和精神上的慰藉，大量受害妇女至今仍没有为自己讨回应有的尊严和公道。

侵华日军对保定城乡妇女犯下的强奸和性奴役罪行，是日本政府和军部的指挥、组织、纵容下的集体犯罪，是一种国家犯罪。这种罪恶不仅给受害者本身造成了巨大的伤害，也带来了及其严重和恶劣的社会后果，这是日本侵略者永远都逃脱不了的历史罪责。

（保定市委党史研究室抗战损失课题调研组）

（七）日军对承德避暑山庄及周围寺庙的劫掠破坏

1933 年 3 月，日军侵占承德，到 1945 年投降，时间 12 年半。在侵占承德期间，日军不仅在政治、军事、经济、文化、教育等方面犯下了累累罪行，而且还对承德境内的避暑山庄及周围寺庙这些极为宝贵的文物古迹进行了疯狂地劫掠和破坏，造成了难以计算和不可弥补的巨大损失。

一、日军侵占前的避暑山庄及周围寺庙

避暑山庄又称热河行宫、承德离宫，原为清代皇帝避暑和处理朝政的离宫别苑。从康熙四十二年（1703 年）开始兴建，基本竣工于乾隆五十七年（1792 年）。由康熙、乾隆皇帝分别以四个字和三个字命名的"七十二景"，堪称避暑山庄的经典之作。避暑山庄继承了中国古典园林艺术和建筑艺术的优秀传统，集全国南北园林和建筑风格于一身，形成了自己独特的风格。避暑山庄规模之宏大，构图之巧妙，园林风景之奇特，建筑艺术之精湛，被称为"中国古典园林的一颗瑰丽明珠"。朝鲜著名学者朴趾源于乾隆四十五年（1780 年）来承德参观避暑山庄后指出："其山水胜景，逾于燕京（指北京诸园——引者）"[①]。乾隆五十八年（1793 年），英国第一个访华团的马戈尔尼特使来到承德后，在谈到避暑山庄的印象时指出："她具有一种天然风景"[②]。副使斯当冬指出："整个花园（指避暑山庄——引者）既有天然的雄浑气概，又有秀丽的人工创造。"[③]。

外八庙始建于康熙五十二年（1713 年），于乾隆四十五年（1780 年）相继竣工。它集中融合了我国汉、藏、蒙古等各民族建筑艺术精华，是世界上罕见的风格各异、规模宏大的皇家寺庙群和佛教圣地。外八庙如同众星捧月一般置于避暑山庄周围，与避暑山庄一起共同组成了一个气势宏伟、壮丽多姿的艺术整体。1994 年 12 月，避暑山庄及周围寺庙被联合国教科文组织列入世界文化遗产名录。

---

① 避暑山庄研究会编：《避暑山庄论丛》，紫禁城出版社 1986 年版，第 540—541 页。
② 避暑山庄研究会编：《避暑山庄论丛》，紫禁城出版社 1986 年版，第 560—561 页。
③ 中国人民大学、故宫博物院、承德市人民政府编：《山庄研究》，紫禁城出版社 1994 年版，第 174—175 页。

然而，这一闪现着人类历史文明灿烂光辉的艺术建筑，除了在民国时期，尤其是姜桂题、汤玉麟等军阀统治时期遭到劫掠和破坏以外，自从 1933 年 3 月日军侵占承德以后，这一艺术瑰宝再一次遭受日本侵略者的掠夺和破坏，使避暑山庄和外八庙在旧伤痕上又添新疤。

二、日军对避暑山庄的劫掠和破坏

（一）霸占避暑山庄作兵营

避暑山庄坐落在承德市区的北部，由宫殿区、湖区、平原区、山峦区组成，总面积约 564 万平方米，相当于整个市区面积的二分之一。

日军侵占承德以后，首先侵占了避暑山庄，将避暑山庄变为兵营①。日本关东军第八师团司令部、西南防卫区司令部、承德日本宪兵队、八八一部队、承德陆军医院等都曾设在这里。日军侵华期间，野蛮屠杀和镇压热河人民的阴谋、计划、指令几乎都是在里密谋、制定、发出②。日军还大肆砍伐山庄内的树木，并拆毁文园狮子林、花神庙、旷观、旃檀林、含青斋等景观建筑，并用拆下的木料、石料在山庄内建造多幢日式平房和楼房，在如意湖上架起木桥。此外，还在山峦区挖交通壕，把月色江声内莹心堂、一片云楼当马圈。到日军战败投降时，这里堆积的马粪竟有一尺多高。日军侵占前，避暑山庄内尚有数千棵古松、古柳、古榆、古槐。到日军战败时，只剩 1500 余棵。日军侵占前，山庄内尚有三五成群的鹿千余只。日军侵占山庄以后，由于任意宰杀，并割取鹿茸，致使鹿大量减少③。此外，到日军投降时，因十余年不进行维护，致使整个湖区被泥沙淤平，泉源枯竭。长达 20 华里、有"小八达岭"美誉的山庄宫墙竟坍塌 40 余处。从而使避暑山庄内的自然景观和人文景观都受到严重破坏。

（二）烧毁卷阿胜境殿

卷阿胜境殿（亦称五福五代堂）位于避暑山庄东宫的勤政殿北面，是东宫的重要组成部分，面阔 5 间，含有抱厦 3 间。始建于乾隆十九年（1754 年），是乾隆皇帝宴请宾客和陪奉母亲进膳之所。该殿面对葱茏起伏的群山，滨临涟漪轻泛的湖水，风景明媚而秀丽。

可惜，这一独具特色的建筑竟然在日军侵占承德的第一天就被烧毁。根据

① 承德市社科联编：《社科界》（内部资料），2003 年第 1 期第 1 页。
② 承德市文物局、承德市档案局、中共承德市委党史研究室主办的《日军对承德及避暑山庄劫掠破坏图片展》，2003 年 9 月。
③ 承德市政协文史资料委员会编：《承德文史》第六、七辑，1990 年 5 月版（内部资料）。

日本军国主义的习俗，在其对外侵略扩张时，每逢占领一地，都要放火烧房屋，以火光来表示庆祝胜利占领。1933 年 3 月 4 日，日军川原旅团先头部队从德汇门进入避暑山庄以后，为庆祝占领热河省会承德的胜利，便首先放火烧毁了卷阿胜境殿。据当时曾经亲眼看见卷阿胜境殿被烧情景的原承德伪协和会会长高滋安等人回忆：日军士兵接到火烧卷阿胜境殿的命令后，便把几桶汽油泼到该殿的各个部位，然后用火点燃。不大工夫，整个殿堂变成一片火海，在场的日军官兵发出阵阵狂笑。卷阿胜境殿，这一具有 179 年历史的别具特色的古建筑就这样被日本侵略者毁于一旦①。

（三）拆毁和劫掠世界罕见古建筑——宗镜阁

宗镜阁位于避暑山庄内风景秀丽的松林峪与梨树峪之间半山坡上的珠源寺内。宗镜阁俗称铜殿，与北京清漪园（今颐和园）内万寿山的宝云阁（俗称铜亭）同铸于乾隆二十六年（1761 年），被人称之为"孪生姊妹"。该殿高二丈二尺六寸，呈正方形，柱高九尺、径八寸。通体呈蟹青色，在梁、柱、门、窗、匾额、抱柱等处都雕刻着飞龙、沧海、白云、花卉等各种浮雕图案。不但造型精美，且制作工艺复杂。该殿共用青铜 207 吨，耗工料合银 65660 余两，为世界罕见之艺术珍品。然而，这一举世罕见的艺术珍品却惨遭厄运，成了日军侵华战争的牺牲品。

1944 年，日军在太平洋战争中遭到惨重打击。连年的不义战争，使日本的经济状况越来越恶化。为了进行垂死挣扎，日伪当局以"金属献纳"为理由，到处掠夺铜器、铜件（连铜鞋拔子、铜锁吊也不放过），以解制造枪炮子弹原材料匮乏之急需。因此，所有部件都是用青铜铸成的宗镜阁，自然被视为猎取对象。

1944 年 10 月间，根据日本关东军司令官、伪满洲国国务院总务长官武部六藏和日本关东军西南防卫区少将司令官安藤忠一郎的指令，并得到伪热河省次长岸谷隆一郎的支持，日军八八一部队派工兵丧心病狂地拆毁了宗镜阁铜殿。据辽宁档案馆有关《珠源寺起运铜件清档》记载，被拆毁的宗镜阁铜殿共装 26 大箱、30 抬（捆），约 500 余件。被拆毁的铜殿由避暑山庄运至承德火车站，然后装上火车，经锦承线运往奉天（沈阳）兵工厂溶化后做枪炮子弹②。自此，巍然屹立在避暑山庄山峦之上，已有 199 年历史的宗镜阁铜殿惨遭劫难，留下

---

① 承德市政协文史资料委员会编：《承德文史文库》第 1 卷，中国文史出版社 1998 年版，第 345 页。
② 承德市政协文史资料委员会编：《承德文史文库》第 1 卷，中国文史出版社 1998 年版，第 345—346 页。

永久的悲叹①!

（四）填平西湖作打靶场

西湖（亦称内湖）位于避暑山庄湖区的西北部，与如意湖相连。原西湖湖面约有6公顷，湖中种有敖汉荷花和关内白莲，夏秋之交，湖中的荷花、白莲红白相间，争奇斗艳；岸边杨柳依依，禽鸟声声，美不胜收。因此，这里有康熙、乾隆时期曾相继建起的远近泉声、听瀑亭、招凉树、观瀑亭、双湖夹镜、长虹饮练等诸多景点。

可是，出于侵略战争的需要，这一景色宜人之处却于1941年至1943年间被日军强行填平作了打靶场。位于西湖周围的建筑也先后被破坏，争奇斗艳的荷花、白莲被压埋在泥沙之下。经过打靶场训练的日本士兵，都成了镇压承德人民抗日斗争的刽子手②。

三、对外八庙的劫掠和破坏

外八庙（亦称周围寺庙），实为十二座寺庙，因其中溥仁寺、溥善寺、普宁寺、普乐寺、安远庙、普陀宗乘之庙、须弥福寿之庙、殊像寺八座直接归北京理藩院管辖，故称外八庙。外八庙呈半月形环列于避暑山庄的周围，座座寺庙建筑风格各异，气势宏伟，金碧辉煌，是中国多民族国家统一的历史见证，是清代各民族大融会的象征。

在日军侵占承德期间，外八庙多处建筑遭到破坏。

罗汉堂位于避暑山庄西北，建于乾隆三十九年（1774年），建筑面积1.3万平方米，是仿浙江海宁县安国寺罗汉堂而修建的一座大型庙宇。其中，镌有乾隆皇帝御题匾额的"应真普观"大殿由65间殿组成。殿内供有木制金漆的罗汉500尊，雕法精细，神采各异，形象逼真，具有很高的艺术价值。

但是，到1938年，罗汉堂却被日军改作军火库，殿内的500尊罗汉也被移至普佑寺。至此，昔日仿江南名寺而修建的圣洁之地罗汉堂，也变成了为日军屠杀中国人民服务的工具③。

在日军侵华期间，为了搞清楚精美绝伦，具有满、蒙、藏、汉等多民族建筑风格的外八庙建筑结构，他们还极其野蛮地将外八庙中最大的一组建筑——

---

① 承德文物局、档案局、中共承德市委党史研究室举办的《日军对承德及避暑山庄劫掠破坏图片展》，2003年9月。

② 承德市政协文史资料委员会编：《承德文史文库》第1卷，中国文史出版社1998年版，第346页。

③ 承德市政协文史资料委员会编：《承德文史文库》第1卷，中国文史出版社1998年版，第346页。

普陀宗乘之庙（俗称"小布达拉宫"）万法归一殿的鎏金瓦顶拆毁进行内部勘测，并刮去一部分瓦顶上的鎏金。此外，为了盗取鎏金，他们还把仿西藏日喀则扎什伦布寺而建，被称之为汉藏结合式寺庙建筑艺术高峰的须弥福寿之庙（俗称班禅行宫）内妙高庄严殿的一部分鎏金瓦用化学药水洗刷，至今仍留有光泽暗淡的痕迹①。

此外，为了显示日军对承德古迹的占领，日本军人还在外八庙普陀宗乘之庙大红台等处墙上用军刀刻字留念。

四、对珍贵历史文物的劫掠

文物是一个国家在历史上遗留下来的具有历史、艺术、科学价值的实物，是凝聚着历代劳动人民聪明智慧，高超技艺的结晶。

日军侵占承德期间，不仅毁坏了避暑山庄、外八庙的园林建筑，而且以各种借口对山庄、外八庙内的珍贵文物、书画、珍宝古玩等进行劫掠。其中包括：

（一）抢掠外八庙内的各式镀金、银佛像143尊；

（二）抢掠避暑山庄、外八庙殿内装饰品120件；

（三）抢掠由乾隆皇帝亲自主持挑选60名喇嘛花费18年时间完成的满文《大藏经》一部（原藏于殊像寺内）；

（四）抢掠用金字书写、珍珠装饰而成，载有汉、满、蒙、藏4种文字的《丹珠经》《甘珠经》各一部（原藏于普宁寺）；

（五）抢掠《古今图书集成》一部；

（六）1938年夏，伪"满日文化协会"在避暑山庄帑档房与阿哥所后侧建起一幢占地824平方米的"热河宝物馆"，将从避暑山庄、外八庙及热河文庙等处劫掠来的近1万件共14类珍贵文物、书画、古玩等分类进行陈列展览，并不定期开放②。这14类文物中，除了上述5种以外，还包括御笔匾额、楹联、御笔碑文手迹、山庄图集、方志，乾隆文华殿板铜板画、铜模板、西周青铜礼器、宫廷乐器、宫廷用物、各种佛龛、法器、供器，避暑山庄图咏、书画、文献和热河舆情风物著述以及有关档案、文书等。其中，原藏于热河文庙的

---

① 承德市政协文史资料委员会编：《承德文史文库》第1卷，中国文史出版社1998年版，第346页。
② 抗战时期承德市人口伤亡和财产损失课题调研中拍摄的伪"满日文化协会"在避暑山庄内建的"热河宝物馆"旧址照片。

西周青铜礼器（共 10 件）以及西洋画师郎世宁等人画作、乾隆朝文华殿板铜版画等均为国宝级文物。到 1945 年 8 月日军投降时，上述近 1 万件文物绝大部分已无影无踪，其中有相当一部分被运往日本国内或被日伪人员据为己有①。

五、对喜峰口长城和其他庙宇的破坏

除了对避暑山庄及周围寺庙进行劫掠和破坏以外，日军还对承德境内的喜峰口长城和其他庙宇造成严重破坏。

万里长城是世界上最伟大的奇迹之一，是中华民族宝贵的历史文化遗产。其中，包括山海关、喜峰口、古北口等重要关口在内的蜿蜒起伏、雄伟壮观的长城有很长的一段就在承德境内或与承德境内的长城相连。1933 年 3 月，日军侵占承德后，为实现其继续西进，攻占北京、天津，进而侵占华北、华中，侵占全中国的野心，便开始向长城各口大举进攻。日军曾动用飞机、大炮多次对坚守在古北口、喜峰口等长城阵地的中国守军进行狂轰滥炸，致使古北口、喜峰口等处长城严重受损。其中，仅喜峰口长城段就有 3 座敌楼倒塌，瓮城、关城被夷为平地，数千米长城垛墙残毁。时至今日，长城残垣上被日军击中的枪炮弹痕仍清晰可辨。

此外，驻青龙县日、伪军还于 1942 年春突然袭击位于都山的迁（西）青（龙）平（泉）联合县的秘密办公地——王老化庙。由于中共地下党得到消息后迅速撤离，使日、伪军扑了空。恼羞成怒的敌人便放火烧毁了包括王老化庙、望海娘庙、玉皇庙、阎王庙、喇嘛老爷庙、太上老君庙等大小 7 座始建于清代，具有较高文物价值的庙宇，使这 7 座庙宇全部被烧成废墟②。

日军侵占承德及避暑山庄、周围寺庙距今已经 70 多年了，历史翻开了新的一页。经过多年的精心修复，避暑山庄及周围寺庙又以崭新的姿态展现在世人面前。70 年前被日军荷枪实弹，重兵把守的军事禁区——避暑山庄及周围寺庙，如今已成为闻名中外的著名旅游景区，迎来一批又一批的中外旅游观光者。

然而，70 年前被日军毁坏的宗镜阁遗址还在，被日军填平作打靶场的西湖遗址还在，被日军强占作军火库的罗汉堂遗址还在，被日军毁坏的喜峰口长城

---

① 承德市文物局编：《承德文物志》（初稿，内部资料），2006 年 12 月版，第 4—10 页。
② 抗战时期宽城满族自治县人口伤亡和财产损失课题调研到村入户调查中，汤道河镇大冰沟村王振林、王振祥证言，原件存于中共宽城满族自治县委党史研究室。

遗址还在，它是日本帝国主义发动侵华战争，野蛮破坏世界文化遗产的又一铁证，它不可置疑地记录着人类文明史上令人发指的一页。这一野蛮罪行的制造者，将被永远钉在历史的耻辱柱上。

（承德市委党史研究室抗战损失课题调研组）

三、资 料

（一）档案资料①

1. 渤海区第一专署战争损失损害统计表②

（单位：人）

数\县\目别\类别		沧县	靖远	黄骅	东吴	东南	海防	合计
死亡		8960	2759	2400	7780	4300	1542	27741
伤残		1200	3800	1500	3920	2000	130	12550
劳工	总计	9500	1248	3540	3920	2500	735	21443
	已回	9100	849	3458	3130	1800	612	27399③
	未回	400	399	82	790	700	123	4422④
被迫外出	总计	16500	2295	4432	5096	5800	520	34643
	已回	13250	2190	2430	1176	4200	490	23736
	未回	3250	105	2002	3920	1600	30	10907
鳏寡孤独		12000	6530	6500	44040	2150	260	71480
无饭吃的		15000	19710	25000	15680	9000	2500	86890
牲口（头）		8000	4372	2005	8000	1600	112	24089

---

① 以下档案资料中，涉及财产损失的货币统计数据，凡未标明币种者均为法币（亦称为国币），凡未标明货币单位者均以"元"为单位。特此说明。
② 原件未署时间。
③ 应为18949。
④ 应为2494。

类 别 \ 目 别 \ 数 目 \ 县 别	沧县	靖远	黄骅	东吴	东南	海防	合计
粮食（斤）	96000000	144000000	95000000	90000000	4600000	20000	429620000
房屋（间）	32000	14581	25600	11200	6400	54	89835
猪羊（只）	12000	13560	110000	11450	10000	246	157256
农具（件）	150000	86700	126538	142400	72800	1250	579688
衣服（件）	1600000	1606372	900000	1176000	430000	12400	5724772
占地（亩）	7000	2400	28500	45600	22000		105500
服役（人）	72000000	3456000	7240000	3840000	7257600	14300	93807900
水灾（亩）	79200	1000000	1366400	200000	490000		3135600
旱灾（亩）	100000	570000	150000	180000	770000		1770000
虫灾（亩）	65800	6500000	1600000	300000	140000		8605800
雹灾（亩）		20000		4000	70000		9400①
被褥（件）	300000	107763	60000	190000	160000	1100	818863
林木（棵）	40000	250000	60000	132000	40000	100	522100
棉花（斤）	400000	1060000	80000	27000000	10500000	3000	39043000
花生（斤）	100000	400000	15600	9000000	1200000		10715600
油（斤）	150000	42000	150000	900000	86000	15000	1343000
铁（斤）	520000	7760000	850000	5850000	2290000	220000	17490000
小麦（斤）	20000000	28900000	254000000	20000000	24000000	140000	347040000
鸡（只）	500000	290000	460000	240000	450000	423	1940423
金银	800	750	4160	3420	2000	110	14940②
大车（辆）	200	1280	393	500	360	30	2763
小车（辆）			367	400		120	887
自行车（辆）	2000	410	1165	700	680	15	4970
家具（件）	300000	298500	210643	394994	340000	2200	1546337
敲诈勒索（元）	38000000	40000000	18000000	78940000	32000000	120000	207060000
沟路占地（亩）	7000	2400	28500	45600	22000		182348③

（山东省档案馆馆藏档案，档案号：34-1-159-1）

---

① 应为94000。
② 应为11240。
③ 应为105500。

172

2. 晋冀鲁豫边区八年抗日战争中人民遭受损失调查统计表

一、八年抗战中边区人民被敌杀伤统计表

一九四六年一月制

边区共有人口	28000000 人	流徙在外难民	3000000 人
被敌屠杀	732000 人	旱、水、蝗虫等天灾及敌人放毒得传染病而死者	860000 人
负伤	244000 人	目前急需救济之难民抗属及荣退残废军人共	4200000 人
被敌拷打	6100000 人	被奸淫妇女	363000 人
掳去壮丁	488000 人	被奸后患传染病者	122000 人
鳏寡孤独	780000 人	八年统计患病者	12000000 人
因敌灾冻饿死	240000 人		

二、边区人民力役财产损失统计

损失品 数目 价值		损失品数目	价（以法币计）值	
			单价	合计
力役负担		2928000000 个工	500 元	1464000000000 元
被毁房屋		4880000 间	50000 元	244000000000 元
损失粮食		27450000000 斤	50 元	1372500000000 元
家畜损失	牲口	1708000 头	7500 元①	128100000000 元
	猪	348000 口	30000 元	104400000000 元②
	羊	3500000 只	5000 元	17500000000 元
家禽	鸡	13200000 只	500 元	36600000000 元③
五金损失	铜元金银			122000000000 元
	铜锡	12000000 斤	500 元	6000000000 元
	铁	36000000 斤	150 元	5400000000 元
损失农具		8040000 件	5000 元	366000000000 元④

---

① 应为 75000。

② 应为 10440000000。

③ 应为 6600000000。

④ 应为 40200000000。

数 价 值 目 损 失 品	损失品数目	价（以法币计）值	
		单价	合计
损失被服	97600000 件	4000 元	390400000000 元
损失树木	8103000 株	2500 元	20328000000 元①
损失统计			4277225000000 元②

前表说明——

1. 力役负担单四〇——四五年，边沿区壮丁几全部被敌调，每丁每年按四个月算，五年共计如上数。

2. 粮食损失只按最严重的五年计算。

3. 家畜家禽损失之统计系根据：

①全边区平均每十人一头牲口，损失在 70% 以上。

②全边区平均每五十人养一口猪，几全部损失。

③全边区平均每人养两只鸡以最严重的三年算。

4. 农具损失全边区每人平均损失大小三件。

5. 粮食损失统计之斤单位，就本边区之市斤。

三、社会福利事业（即目前急需账款）

1. 孤苦儿童全边区有 200000 人，拟设托儿所 26 处，每处需款法币 50000000 元，共需款 1300000000 元。

2. 全边区患传染病者有 1350000 人，拟设卫生医院 27 处，每处需法币 500000000 元，共需款 13500000000 元。

3. 全边区有重彩号之荣誉军人 50000（现仍住院者 30000 人），每人需救济费法币 100000 元，共需款 5000000000 元。

4. 全边区共有贫寒抗属 1200000 人，每人需救济费法币 10000 元，共需款 12000000000 元。

以上四项共计需款 31800000000 元。

---

① 应为 20257500000。
② 应为 584257500000。

四、八年抗战中边区文化事业遭敌摧残损失统计表

文化机关	摧毁座数	共需建筑费（法币计）	备考
初级小学	46567	23283500000 元	1. 每个行政村以一个小学计如左数
高级小学	1000	5000000000 元	2. 每县平均以五个高小计如左数
县立中学及教育馆	400	4000000000 元	3. 县立中学包括乡师在内共计如左数
省立中学	50	10000000000 元	
合计	48017	42283500000 元	

（山西省档案馆馆藏档案，档案号：C5-0034）

3. 晋冀鲁豫边区所属河北省四十五县人民在八年抗日战争中所受敌祸天灾各种损失及所造成的难民初步调查统计

说明：

一、九一二敌人对枣南一次的大"扫荡"即被牵走骡子 126 头，牛 414 头，驴 197 头，共计 737 头。猪 1170 头，粮食 724318 斤，农具按当时价格估价 1450398 冀钞①。

二、广宗一区柏城原有房子 1674 间，被烧 1250 间。

三、隆平二区北闫庄被烧房屋 1027 间，被拆毁 17 间，被烧死、杀死、抢去牲口共 21 头，被烧毁及抢去粮食 1090 石 4 斗，衣被布匹估价 3352 万元冀钞，农具家具估价 542 万元冀钞，其他物资商品估价 8364 万元冀钞，各种勒索合米 72 万斤。

四、广宗件只伪办公处 1940 年 11 月份开支清单：

1. 洗衣费伪钞 52.3 元、冀钞 250 元。

2. 买皮鞋伪钞 54 元。

3. 日本兵长支伪钞 60 元。

4. 买杂货支冀钞 18064.7 元。

5. 菜支伪钞 268.8 元、冀钞 2640.5 元。

6. 梨支冀钞 1009.9 元。

7. 西瓜支冀钞 224.45 元。

8. 日本兵长支伪钞 20 元。

9. 郭队长支伪钞 40 元。

10. 买生熟肉支冀钞 2457.8 元。

人口损失初步调查统计

（单位：人）

区域数目类别	冀南三十县	冀西十县	冀鲁豫五县	共计	占原人口百分比
被敌直接杀害	274424	24328	29714	328376②	4.7%
被敌人间接杀害	84776	18216	14857	117749③	1.6%

---

① 冀钞，亦称冀南币，1939 年 10 月冀南银行发行的货币，流通于晋冀鲁豫边区。

② 应为 328466。

③ 应为 117849。

数目 类别 \ 区域	冀南三十县	冀西十县	冀鲁豫五县	共计	占原人口百分比
伤残	85600	6704	7891	98168①	1.4%
被抓壮丁	172789	15346	22285	210420	3%
合计	617589	64504②	74747	754713③	10.7%

说明:

1. 间接被敌人杀害人数内不包括因天灾死亡人口。

2. 隆平二区北闫庄全村 170 户，980 人，被杀 105 人，因摧残致死者 15 人，共计 120 人，占全村人口 12% 以上，此外被枪打刀刺拷打致成残废者 18 人，抓走运往石门、井陉及东北者 24 人，被迫逃亡至今下落不明者 10 人，全村总计损失 172 人，占全村人口 17.5% 以上。

3. 威县伪县长和梦九杀人，有统计者 3000 多人，其中被其虐待饿死在狱中有 1000 多人。

4. 威县南侯贯据点黑鬼子（老百姓给他起的外号）在半年之内，经其一人之手在侯贯附近村庄杀人在千人以上。

5. 1937 年秋敌人进攻成安，仅城内被杀者男女老幼约 3000 人。

6. 敌人在冀南最著名的几次残酷的"扫荡""四二九""六一一""九一二"，杀人之惨难以统计，最惨者是 1943 年春季在冀南根据地每天每村平均被杀一人。

各种难民

（单位：人）

数额 类别 \ 区域	被敌造成之难民						病者			共计
	鳏寡孤独	无靠抗属	因故致成残废	流徙难民	本地普通难民	合计	各种急慢性病	因敌造成花柳病	合计	
冀南三十县	211424	162634	18053	23500	659504	1075115	23850	42406	66256	1141371
冀西十县	57277	42811	1796		218835	320719	9281	7936	17217	337936
冀鲁豫五县	17608	14964	1582	2968	110917	148039	3028	982	4010	152049
合计	286309	220409	21431	26468	989256	1543873	36159	51324	87483	1631356

---

① 应为 100195。

② 应为 64594。

③ 应为 756930。

说明：流徙难民的来源

1. 来自伪军统治地区，如永年自许铁英放水围城后，人民设法逃出者达8000多人。

2. 被敌抓捕之壮丁送到磁县之峰峰沙河之公司窑等矿山及各城市作工者，有的敌人投降后一时失业，有的工厂事变后倒闭工人失业如邢台皮毛工人即有3000多人。

3. 由于清丰、南乐、濮阳、大名、元城、成安、肥乡、曲周、平乡、广宗、威县等县连年灾荒，流到平汉沿线各县就食。

急救难民

（单位：人）

别 项数目区域	无衣食住	无衣食	无衣	无食	共计	说明
冀南三十县	521765	351421	54687	157633	1085706①	
冀西十县	128013	51725	29690	41692	251120	
冀鲁豫五县	68492	47533	8721	28348	153094	
合计	718270	450679	93298②	227673	1489920③	
需盖房子					478846 间	一个半人一间
需要衣服					2524494 件	每人二件
需要粮食					20849330 斤	每人每天一斤，半月计
需路费					45000000 元	

注：此系敌人投降以前的调查，敌人投降后，经过群众运动政府扶助急救难民数目已大大减少，据现在的估计（35 年 7 月）约有急救难民 35 万人。

（河北省档案馆馆藏档案，档案号：27-1-36-17）

---

① 应为 1085506。

② 应为 93098。

③ 应为 1489720。

· 178 ·

4. 八年抗日战争中太行区人民损失调查统计（节选）

1947.7.9

（一）人口与劳役负担损失统计

项目　数别	成年人		小计	儿童		小计	总计
	男人	女人		男儿童	女儿童		
被敌屠杀者	170121	45915	153036①	10206	6805	17031②	170047 人③
因敌灾害残废者	34108	22739	56847	1944	1048	2992	59839 人
因敌灾害病死	95472	78144	173586④	193425	128950	322375	475941 人⑤
备考	1. 杀死人项内单指敌人直接杀害者 2. 病饿死数内包括被敌逼死与自杀者在内						

① 应为 216036。
② 应为 17011。
③ 应为 233047。
④ 应为 173616。
⑤ 应为 495991。

项目＼数别	人数	工数	元数	
			法币	美金
征兵	151044 人			
负伤	55162 人			
掳去壮丁	30088 人			
合计	100294 人①			
无偿征用人数	17939500 人			
无偿征用工数		38762000 工		
每工折价			5000 元	0.01 元③
合计工价			19381000000 元②	3876200 元

备改　1. 无偿征用工数项是由四一年到四五年统计数字。
　　　2. 计算单位以本币为单位，折合特以市价本币一元折蒋币贰千元，将市每五万元折美金一元。

（山西省档案馆馆藏档案，档案号：A128-2-8-3）

① 应为236294人。
② 应为19381000000元。
③ 应为0.1元。

5. 太行第六区各县八年来人口损失统计表

卅五年三月

项目 县别	现有人 口数	杀死	病饿死	被俘	逃亡	负伤	残废	说明
武西	125719	1480	1015	303	9	732	47	此表统计单位为人
林北	171685	726	2519	712	3316	7504	30	
磁县	308000	4166	15400	2669	4680	4626	2124	
涉县		2725	7878		139	2187	237	
合计								

项目 县别	房屋 （间）	衣物 （件）	粮食（小 米、石）	对敌负担 粮食	对敌负担 款项	对敌负担 劳力①	农具	家具及其他一 切资财（元）
武西	18432	463203	200239				90897	102662745
林北	29717	653495	118174	91329	4032065	3328483	345458	14862558
磁县	32093	1611193	471415	944137	317481231	45601275	67750	767026120
涉县	86313	694118	92304	64375			379063	823100000
合计								

项目 县别	牲口 （头）	猪 （口）	羊 （只）	鸡 （只）	蜂 （窝）	工业 （元）	商业 （元）	矿业 （元）
武西	3507	416	1012	22356	218	21480607	123120	619969
林北	75479	593	1091	594	34			
磁县	6424	1084	5704	28774	155	29651900	88105173	489200000
涉县	3764	709	1993	48755	500		38646552	
合计								

（山西省档案馆馆藏档案，档案号：A128-2-7-7）

---

① 统计单位为"人"。

6. 冀南区敌祸天灾损失统计表（草稿）

1946.3.5 填

灾别	项别	种类	数目	占全冀南总数的百分比	单位价格	共合法币数	备注
敌祸损失	人口损失	被杀人口（军队在内）	366000 人	5＋%			约占全边区二分之一。
		被害伤者（民少兵多）	122000 人	2－%			
		被拷打者	3050000 人	47＋%			
		被抓壮丁（老弱在内）	244000 人	4－%			已逃归者又占此数的三分之二。
		被征服劳役者	2440000 人	38＋%	每工 500 元	7320000000000 元	以四〇年一四五年计，一年每人被征四月，共 20 个月，共计 146400000 工。
		被奸淫妇女	192000 人	3%			
		奸淫后得传染病者	57600 人	0.9%			
		被摧残残冻死者	128000 人	2%			
		因敌灾造成的难民	1470000 人	23－%			
	财产损失	烧毁房屋	1280000 间	10%	每间 50000 元	64000000000 元	平日每人有房两间。
		损失粮食	米 7200000000 斤		每斤 50 元	360000000000 元	按每人一亩半地的损失，以每亩收米 150 斤，以五年计。
		损失耕畜	448000 头	70%	75000 元	33600000000 元	平均 10 人一头，损失占全数 70%。

灾别	项别	种类	数目	占全冀南总数的百分比	单位价格	共合法币数	备注
敌祸损失	财产损失	损失猪羊	20480000		30000 元	61440000000 元	猪羊共按每 25 人损失一个，每年损失 256000 支，以八年计算。
		损失鸡	19200000 支		500 元	9600000000 元	按每人每年损失一只鸡，按三年计算（四二年后，鸡是很少了）。
		损失铁	7920000 斤		1.50 元	396000000 元	每年派征与损失共三万斤，共以损失三年计。
		损失铜锡	2640000 斤		500 元	1320000000 元	约等于铁的三分之一损失。
		损失金银铜元	32000000 元		1000 元	32000000000 元	共按每人损失五块银元。
		损失衣具家具	19200000 件		5000 元	96000000000 元	每人损失三件计（大小平均在内）。
		损失树木	6400000 株		2500 元	16000000000 元	每人损失一棵计。
		损失衣服被子	25600000 件		4000 元	102400000000 元	平均每人损失四件（大小件在内）。
	机关的损失文化教育	小学	14367 座		500000 元	7183500000 元	平均每村损失一个小学。
		高小	220 座		5000000 元	1100000000 元	每县平均五个高小损失。
		中等学校（乡师在内）	36 座		10000000 元	880000000 元	每县一个中学一个教育馆。
		省立中等学校	10 座		200000000 元	2000000000 元	
	合计	151991950000 元					

灾别	项别	种类	数目	占全冀南总数的百分比	单位价格	共合法币数	备注
天灾损失		旱灾蝗灾	19200000 亩		50 元	11520000000 元	四二年下半年至四四年上半年全区共减收2304000000斤，两年中全区三亩地计，每年减收成每亩三亩平均人平均三亩减收二成计。每年减收120斤计。
		水灾	519750000 斤米		50 元	25987500000 元	三七、三八、三九、四三、四五各年头水灾按每年面积减收三成计。
		灾荒死亡人口	366000 人	5＋%			
合计						141187500000 元	
总计	16611107000000 元						

说明：

一、计算此表中各数目是按冀南人口 640 万算的，但是近计统计各专署报来之人口数则为 680 万零 8280 人。

二、根据实际情况与其他二个行署区比较，冀南区各项损失统计有些项目约占全边区该项目总数二分之一。

三、人口损失栏内的各项，一个地区没法估计，应赔偿的价值只得空格。

四、粮食损失项内包括棉花（冀南是有名的产棉区）、麻等等在内。

五、表内元数具系法币，法币五元合抗钞一元。

六、表内数目是按冀南地 231 万亩，村 14367 个，县 44 个计算。

（河北省档案馆馆藏档案，档案号：27-1-36-18）

7. 冀南区所受敌灾的几个统计①

1. 冀南区原河北30个县农业损失

2. （1）荒地1019081.25亩；（2）耕畜509540头，约折款76131000000元；（3）农具约值41128115400元（零星农具未计）；（4）战前每亩平均施肥豆饼75斤，战期减至每亩25斤，战前每亩平均产量约为粗粮250斤，战期每亩只合80斤左右，平均每亩减收170斤左右。

3. 农场苗圃损失（包括房舍、仪器、农具等）

（1）冀南区原河北省30个县约值55460000元；（2）冀西10个县约值17460000元；（3）冀鲁豫区原河北省5个县约值8925000元；（4）以上45县共值81845000元。

4. 冀南工业手工业所受损失约值62330020000元

5. 冀南区44县所受敌灾损失

（1）人口被杀（干部在内）366000余人，被伤害（民少兵多）122000人，被抓壮丁（老弱在内）244000人。被奸淫妇女192000人，被摧残冻饿而死者128000人，造成难民1470000人；（2）财产损失（包括房屋、粮食、耕畜、猪、羊、家具、衣、被、树木、学校、被征劳役等）、被征劳役不完全统计，约值303983900000元。

6. 另据冀南区原河北省30个县统计

（1）人口被杀共274424，负伤者85600，被抓壮丁172789，被奸淫128689，冻饿而死者84776，造成难民1085906；（2）财产、房屋89365间，现粮44182764石，净棉15915200斤。

说明：以上各项折价均按1946年12月市价，当时小米每斤约值50元。

（河北省档案馆馆藏档案，档案号：27-1-18-98）

---

① 原件未署时间。

8. 晋冀鲁豫边区第三专属敌祸天灾损失调查统计表①

1946 年

		鸡泽	广平	邯郸	成安	肥乡	永年	大名	曲周	魏县	元城	合计	备注
敌祸损失	人口												
	被杀人口	4198	5166	7896	7947	9518	10810	8682	8019	13151	6227	81614	
	负伤人口	1733	6122	1985	6054	4371	9352	4670	4079	3481	1075	42922	
	被拷打者	44855	75957	29850	12277	74322	90058	72096	80164	111265	76896	667740	
	被抓壮丁	2466	3989	1908	11083	4745	7212	5788	3213	12102	6152	58658	
	被征劳役	26738	49600	69450	90732	73355	92017	77872	72253	50981	41517	644515	
	被奸淫者	2599	1927	4090	5034	3259	5009	8141	4208	9073	3613	46953	
	被淫得病	786	806	965	950	1201	1086	1447	803	2025	1535	11604	
	冻饿死者	1723	1987	976	6033	2100	2611	2893	1615	6049	3066	29053	
	造成难民	21887	24936	24875	75555	27162	45078	36178	29982	65633	38448	389734	
	鳏寡孤独	1732	2054	2000	6043	2047	3606	2900	1606	6050	3074	31112	
	财产 烧毁房屋	13693	18128	19570	32651	12145	33072	36977	21630	57577	30591	276034	
	被抢粮食	25914651	34293072	37020930	61766499	41892105	43645728	69950073	40917870	109020473	57869559	481373590②	
	被抢牲畜	4788	6336	6840	11412	7955	8288	12924	7560	20683	10989	97775	
	衣服被褥	27664	26608	39520	65936	42224	46592	74672	43680	116272	61776	544944	

① 原件未标注表内各项目统计单位。
② 应为 522290960。

		鸡泽	广平	邯郸	成安	肥乡	永年	大名	曲周	魏县	元城	合计	备注
敌祸损失	财产	被抢鸡鸭鹅	207214	274208	296020	493886	334920	348992	559322	327180	870922	462726	4175390	
		被毁器具	176834	263732	276323	512386	327130	357623	559278	433150	771834	462739	4141029①	
		被毁树木	108681	69162	98520	28813	111832	116485	186680	167223	290681	154440	1332517	
		被抢猪数	15454	20451	18924	36835	24983	22310	41715	24402	64955	39441	309425②	
		被抢羊数	1624	1765	2616	2707	1707	1874	2879	2458	3829	2861	24320	
		被抢车辆	1334	1768	1964	3176	2159	2247	3957	2182	3594	2978	25359	
		被征小麦	4256000	5632000	6088000	10144000	6880000	7158000	10828000	6720000	17888000	9504000	85098000	
		被征难粮	33250000	44600000	47500000	79250000	53750000	56000000	81050000	52500000	139750000	74520000	662170000③	
	对敌负担	被征棉花	230400	316800	342000	570600	387000	403200	646200	378000	1106200	514600	4895000	
		被征钢铁	106400	140800	152384	253600	172315	179200	287222	168359	447200	237600	2145080	
		被征税款	26600000	35200000	38000000	63400000	43000000	44800000	71800000	42000000	111800000	79400000	556000000	
		敲诈勒索	3315000	4400000	4750000	7925000	5600000	5375000	8975000	5250000	13975000	7425000	66990000	

① 应为3707879。
② 应为309470。
③ 应为536395000。

续表

		鸡泽	广平	邯郸	成安	肥乡	永年	大名	曲周	魏县	元城	合计	备注
天灾损失	水灾 被淹苗数	130410		32400			63700	329500	18500	823457		1397967	
	旱蝗灾等灾 被害苗数	22100	380200	375400	224200	651800	15000	611300	529600	789500	628900	4228000	
	死逃人数 死	4322	6341	3524	5669	6720	5060	11184	7257	11083	9946	71106	
	死逃人数 逃	3990	5280	5700	9510	6452	6720	10770	6300	16770	8760	80252	
说明													

（河北省档案馆馆藏档案，档案号：35-1-81-16）

9. 冀南第四专区隆平县八年敌祸调查统计表[①]

项目	数 村别 目 项目					合计
人口损失	被杀					6476 人
	受伤					2144 人
	被打					53424 人
	被抓					4259 人
	被征服劳役					42456 人
	被奸淫					3238 人
	被奸得病					1068 人
	冻饿死					2099 人
	逃亡					26531 人
财产损失	烧毁房屋					12769 间
	占用土地					9545 亩
	被抢粮食					23966181 斤
	被抢牲口					4428 头
	被抢猪羊					22418 口
	被抢鸡鸭					191634 只
	被毁器具					201315 件
	被毁树木					65014 株
	被抢衣物					25584 件
	被抢车辆					1239 辆
对敌负担	被征小麦					3936000 斤
	被征杂粮					30750000 斤
	被征棉花					221400 斤
	被征铜铁					98400 斤
	被征税款					24600000 元
	敲诈勒索					3075000 元

---

① 　原件未署时间。

数 \ 村别 \ 目 \ 项目					合计
说明	一、村别格内填几等村，如一等村、二等村、三等村、四等村，并各注明村数。 二、特别是数目字要慎重填写清楚。（填写时一定要用毛笔） 三、房每间按法币十万元计，占一亩地按减收小米 150 斤，每斤按法币五十元计，牲口每头按十万法币计，猪羊每头按法币二万元计，鸡鸭每只按法币五百元计，器具按每件法币五千元计，树木每株按法币五千元计，衣物每件按法币伍千元计，车每辆按法币十万元计，小麦每斤按法币一百元计，杂粮每斤按法币五十元计，棉花每斤按法币七百五十元计，铜铁每斤按法币一百五十元计。				

（河北省档案馆馆藏档案，档案号：38-1-7-15）

10. 冀东区八年来敌伪烧杀抢掠统计表一①

县别 \ 类目别 \ 数目	人口死亡数	粮食损失（抢掠勒索）	房屋损失	牛马骡驴损失	猪羊损失
三河县	3831	54360000	2935	3200	5600
平谷县	3650	14832000	5600	2920	30000
通县	1965	161360000	2935	250	6400
顺义县	4435	22058000	2935	3200	7300
密云县	2430	274492000	12000	3900	44000
怀柔县	2195	181490000	6300	1300	49900
密东办事处	2346	360000	5460	2700	40000
顺西办事处	2534	181493800		1800	12000
兴隆县	8117	57560000	14900	4750	72000
丰润县	9433	220200000	12300	5200	70000
蓟县	8890	183960000	12060	4694	73000
遵化县	9124	129720000	12000	5000	70000
青西办事处	7456	52200000	9800	3670	95000
迁西办事处	8510	80040000	11000	2500	68000
迁安县	9212	91560000	10700	4800	67000
卢龙县	4318	55800000	5500	3200	32000
抚宁县	3400	59640000	8700	1600	43000
昌黎县	3346	139160000	4100	600	20000
临榆县	3181	109800000	12000	3400	50000
青龙县	8841	58640000	18800	3130	130000
乐亭县	3500	65940000	2935	1200	12000
滦县	8820	84040000	8600	4740	21000
滦南办事处	3610	127640000	3400	2400	8500
滦西办事处	7200	138360000	8500	2800	59000
丰南办事处	5419	28680000	2935	2900	9700

① 原件未署时间，未标注表内各项目统计单位。

县别＼数＼类目别	人口死亡数	粮食损失（抢掠勒索）	房屋损失	牛马骡驴损失	猪羊损失
玉田县	9846	240100000	6000	4430	40000
蓟南办事处	6500	1199950	3700	2700	37000
香河县	4807	87000000	2935	1310	6600
武清县	2704	71400000	2935	400	5000
宝坻县	3610	18800000	4100	1200	7900
宁河县	3200	18600000	2935	800	8100
合计	166430 人	3510485750①	225000②	86694	1200000

（河北省档案馆馆藏档案，档案号：48-1-32-2）

---

① 应为 3010485750。
② 应为 219000。

11. 冀东区八年来敌伪烧杀抢掠统计表二①

县别＼类目别＼数目	农具家俱损失	被服损失	敌抓走壮丁数	碉堡公路沟墙占地	敌抓工要夫
三河县	829350	154520	5324	32000	710000
平谷县	7684	143125	6130	48000	890000
通县	6490	87600	7344	7200	180000
顺义县	8372	113200	4250	37000	750000
密云县	6498	112300	3320	43000	350000
怀柔县	8325	125400	4350	8000	190000
密东办事处	6720	123400	3454	70000	170000
顺西办事处	5842	105400	6435	10800	180000
兴隆县	31349	154000	4394	38000	770000
丰润县	14564	73945	6697	42000	830000
蓟县	13926	154675	5499	45000	800000
遵化县	25642	176421	6465	35000	850000
青西办事处	22036	13250	7456	36000	750000
迁西办事处	11490	35500	5945	44000	720000
迁安县	17650	128450	7320	40000	880000
卢龙县	10326	85600	6720	33000	700000
抚宁县	9320	104500	5645	47000	900000
昌黎县	8329	76954	5840	10000	180000
临榆县	2098	94325	4115	31000	800000
青龙县	28400	84500	8400	49000	850000
乐亭县	7596	76371	645	90000	170000
滦县	30360	123154	8205	35000	750000
滦南办事处	9325	77646	4536	8100	200000
滦西办事处	8347	85400	3700	45000	740000
丰南办事处	12350	94560	455	39000	860000

① 原件未署时间，未标注表内各项统计单位。

数 类 目 别 县 别	农具家俱损失	被服损失	敌抓走壮丁数	碉堡公路沟墙占地	敌抓工要夫
玉田县	17640	163214	7620	41000	800000
蓟南办事处	5321	76840	6700	40000	800000
香河县	8645	54500	5456	9900	190000
武清县	3250	37505	4321	8000	180000
宝坻县	7880	73200	7231	950	170000
宁河县	3760	37545	3540	9000	190000
合计	368325①	3200000②	176631③	900000④	18000000⑤

说明：

1. 人口死亡数内被敌伪杀死者 68214 人，被敌伪虐待致死者 98216 人。

2. 房屋损失，以前所报太大，不合实际，故改正。

3. 猪羊损失，以前所报太少，不合实际，故改正。

4. 被服损失，以前未报，故补报。

（河北省档案馆馆藏档案，档案号：48-1-32-2）

---

① 应为 1188885。

② 应为 3047000。

③ 应为 167512。

④ 应为 1031950。

⑤ 应为 17500000。

12. 冀东区各县灾民分类统计表

分区别	县别	无衣食住	无食住	无衣食	无衣住	备考
第十二分区	迁安	30400	29030	21407	12180	
	卢龙	19450	11830	13007	7040	
	临榆	8419	11393	7500	2158	
	抚宁	7250	6431	4631	2000	
	青龙	20145	20601	12203	876	
	青西	19027	12610	10231	530	十二分区总灾民数290349
第十三分区	乐亭	3997	5020	6748	4950	
	滦县	7251	15100	8735	4841	
	滦南	4732	24725	11700	9140	
	滦西	7240	10938	3925	9420	
	丰南	3600	11425	5203	9431	
	昌黎	4362	4396	5230	4259	十三分区总灾民数186368
第十四分区	密云	24615	27134	19348	3213	
	平谷	13201	15291	10204	507	
	顺义	3843	4930	5827	4725	
	三河	2669	6230	4310	4025	
	通县	2984	7040	5078	3970	
	香河	960	5217	6024	4050	
	武清	1995	3700	5940	3090	十四分区总灾民数200120
第十五分区	兴隆	32542	32017	12232	1521	
	遵化	18920	14350	9923	8437	
	蓟县	34275	25600	18848	11752	
	玉田	9210	14872	9095	5852	
	丰润	2400	7250	8400	3217	
	宝坻	14220	20720	17235	10063	
	宁河	5554	18200	9900	8742	十五分区总灾民数385347
合计		303261	366050	252884	139989	
总计		1062184①				

（河北省档案馆馆藏档案，档案号：48-1-32-2）

---

① 统计单位为"人"。

13. 晋察冀边区八年来敌伪烧杀抢掠统计表

1946. 1. 20

数 目 类别	冀晋区	冀察区	冀中区	冀热辽区	合计
人口死亡	152099 人	100800 人	232000 人	225000 人	709899 人
粮食损失（抢掠勒索）	1001452506 公斤	3224629462 公斤	3939775200 公斤	5156352000 公斤	13322209168 公斤
房屋损失	1006195 间	390500 间	480000 间	690000 间	2566695 间
牛马骡驴损失	205222 头	215000 头	150000 头	60000 头	630222 头
猪羊损失	507886 支	801200 支	378000 支	2016000 支	3703086 支
农具家俱损失	6311357 件	6100000 件	12000000 件	1800000 件	26211357 件
被服损失	3987530 件	4125000 件	13020000 件	3200000 件	24332530 件
敌抓走壮丁数	60000 人	65000 人	120000 人	260000 人	505000 人
碉堡公路沟墙占地	1228800 公亩	528384 公亩	6451200 公亩	6844416 公亩	88928256 公亩①
敌抓夫要工	96000000 个	12000000 个	218400000 个	34800000 个	361200000 个

1. 本表系根据截至敌人投降后之不完整材料整理。

2. 反攻后新解放地区之在敌统治期之损失已计算在内。

3. 人口死亡数内不包括部队牺牲数目，其中被敌直接杀死者为 377899 人（计冀晋为 82099 人，冀中区为 180000 人，冀热辽为 75000 人，冀察区为 40800人），其余 332000 人为被敌虐待伤病致死者。

4. 粮食损失：除包括敌扫荡征抢外，其余勒索款子亦折成粮食计算在内。

5. 粮食计算单位已折成公斤（每一斤＝0.5968 公斤），碉堡公路沟墙占地折成公亩（一亩＝6.144 公亩）

（河北省档案馆馆藏档案，档案号：48-1-32-2）

---

① 应为 15052800 公亩。

14. 冀中八专区八年来敌伪烧杀抢掠统计表

1946. 3. 25

数别 \ 类目别	河间	建国	献县	肃宁	交河	饶阳	沧县	青县	武强	合计
区数	11	4	8	5	12	5	2	9	4	60 区
村数	308	374	286	220	604	185	102	373	206	2658 村
人口	230133	224367	242683	163235	298069	195095	64124	178440	167500	1763646 人
耕地面积	602688	6032105	654581	4269253	1278598	52533715	206521	61182585	5512002	5460817 亩①
人口死亡	8932	7125	9304	4213	8409	6231	256	2079	4491	51040 人
牲口损失	5325	4600	4823	23004	3792	3214	531	5207	3204	33000 头②
粮食损失	98450725	10375300	100849842	86744677	97623250	94318764	15848486	76429846	83310154	756750544 公斤
房屋	16425	14804	13050	5231	15049	15432	559	9804	15246	105600 间
猪羊	15312	9245	9543	6824	10736	8821	1468	11399	9812	83160 支
抓丁	3591	3600	3709	2684	3816	3204	1631	395	3770	26400 人
农具	358406	299323	337388	253827	341056	329763	83250	27534	361666	6240000 件
被服	428473	365927	356391	287609	399873	386127	73846	258432	307722	2864400 件
堡沟路占地	221342	215220	238593	122037	229870	153246	27736	109800	119300	1419264 公亩

① 应为132272048 亩。
② 应为53700 头。

类\数\目 别\县	河间	建国	献县	肃宁	交河	饶阳	沧县	青县	武强	合计
抓夫	7784390	6893630	7141830	5236451	6591709	4163846	836154	4267210	5132790	48048000 个①
急待救济人数	35490	45600	37840	28010	45900	28100	10800	38000	27200	297000 人②

（武强县档案馆馆藏档案，档案号：1-1-3）

① 应为 48048010 个。
② 应为 296940 人。

15. 灵寿县抗战八年敌灾损失数统计表①

灵寿县八年来敌寇屠杀及俘捕人数统计表

村字别 数 年度	被敌伪直接屠杀人数			被敌伪俘捕人数			因受敌伪虐待伤病致死人数			至今下落不明人数	备注
	男	女	合计	男	女	合计	男	女	合计		
1937年	209	18	227	251		251	7	3	10	6	敌寇开始进攻，主要在灵寿城及滹沱大路村庄。(五区)
1938年	65	9	74	11		11	7		7	3	敌寇□月占据灵寿城人数损失系□城附近村庄。(五区)
1939年	229	96	325	867	20	887	70	8	78	17	敌寇八月进攻陈庄及飞机轰炸慈峪等惨案在一、三区。
1940年	63		63	13		13	3		3	3	主要是在敌占据点附近屠杀被捕人数。(五区)
1941年	1511	452	1967②	2795	3850	6645	203	68	271	1997	敌开始空前大扫荡，□□□□□□计六惨案四个小惨案，重点在一、二、三区。

① 此标题为编著者所拟，下列各件附属资料均未署时间。
② 应为1963。

年度＼村别字数	被敌伪直接屠杀人数			被敌伪俘捕人数			因受敌伪虐待伤病致死人数			至今下落不明人数	备注
	男	女	合计	男	女	合计	男	女	合计		
1942年	139	17	156	59	12	71	30	5	35	9	敌开始"蚕食"慈河东岸十几村及据点附近，重点在四、五区。
1943年	2007	216	2223	618	162	780	47	13	60	43	"蚕食""扫荡"共四次修点碉□□个石坎一堡杀700余人，重点在一、二、三、四区。
1944年	173	4	177	43	1	44	19		19	17	敌寇开始撤退点碉屠杀人数主要是在点碉附近村庄。（四区）
1945年	41		41							43	
共计	4396①	865②	5253③	4657	4045	8702	386	97	483		

① 应为4437。
② 应为812。
③ 应为5249。

灵寿县八年来同天灾破坏及减产粮食棉麻统计表

年度 \ 数字 \ 项别	水		雹		蝗		合计	
	冲毁亩数	石数	亩数	石数	亩数	石数	亩数	石数
1937								
1938	12500	87500						
1939								
1940			80000	40000			80000	40000
1941			61250	30625			61250	30625
1942								
1943								
1944					80000	16000	80000	16000
1945					800	280	800	280
共计	12500	87500	141250	70625	80800	16280	22050①	86905②
说明	每亩减产均按平均年减产二大斗计							

灵寿县农用水利损失及减产粮统计表

年度 \ 项目	大工程建筑物	价值（币元）	因敌破坏战争天灾无力修复农田水利损失			备考
			渠道	减浇地亩数	减产粮石	
	抽水机三个	六万万二千九百零七万	2	170000	3570000	

灵寿县灾难民统计表

项目	流徙难民	无衣无食无住	无衣无食	无食无住	无住	伤	残	鳏	寡	孤	独	无依靠抗干属	因抗日战争俘房返难乡民	慢性病	花柳病	共计
人数	20	13	1250	1500	4125	3140	596	328	13500	12500	750	11963	380	5820	521	56406

---

① 1938 年数字未加总。

② 1938 年数字未加总。

灵寿县农具损失

项别	水车	耧	耠	耙	大小锄	镰	锨	镢	犁	其他农具	共计件数
计	132	13200	38250	2312	200000	231850	89320	71215	1250	1250000	1897320①

灵寿县发行伪钞夺取物资表

	八年来敌寇以伪钞夺取物资主要为棉布粮等共数
共计	450000000

灵寿县医药卫生损失表

诊疗所		药铺		备考
所	资	户	资	
2	50000000	118	22560000	

灵寿县抗战中文化教育界损失统计表

项目	讲室	宿舍	桌凳	仪器	图书	游艺器具	应用家俱	统计
数量	55	156	2975 件	84 件	360	63	460	4553
共计	550	786	1530	1516	1358	530	885	7155
备考	折价因数目太大故以万为单位							

灵寿县房屋衣服被褥器具损失统计

	烧毁房屋	衣服	被褥	瓮	锅	碗	柜箱	桌椅	其他
数字	512696	1300000	232500	60000	41342	132150	82685	35280	18888000
备考	器具损失共 19611535 件								

（灵寿县档案局馆藏档案，档案号：161-0018）

---

① 应为1897529。

16. 冀热辽分局报中央局关于热河抗战损失的情况

中央局：

热河战灾损失，根据敌伪材料及我们初步（县）和典型（村）调查估计，承德、滦平、隆化、丰宁、围场、赤峰、建平、乌丹、新惠、平泉、凌源十一个县合计：（一）共被敌俘走人口 116552 人；（二）被抢走粮食据敌公布 1942—1944 三年为 204 百万斤（兴隆、青龙在内）。实际从 1941 年起，每年抢夺约占全收获量 60%，即约为 141 百万斤（兴、青除外）；（三）抢走牲畜（滦平除外）敌公布 1944 年数字，耕畜为 27638 头，实约达 116902 头，羊敌公布为 14767 头，实约 235315 头，猪（丰、围、泉、凌、隆化）为 2434 头，实约 86586 头（11 个县合计）；（四）被征服劳役人口 1941—1945 六年间约 924771 人，共夺去 118197 个无偿劳动日；（五）被毁房屋（赤峰、乌丹、新惠除外）仅被集家一项，拆烧毁者约 38671 间，估价为粮食 1933355 石；（六）历年被杀害人口（军不在内）杀死为 35964 人，杀伤为 5140 人；（七）现全省急待救济的人口估计为 500976 人（或食衣住三项全缺或至少缺二项）；（八）回乡及急待回乡难民约 10 至 11 万人；（九）缺衣服的热河 600 万人中有 400 万人。统计表格、各项调查材料及照片另附，飞机送去；（十一）我们实施救济情况另电报告。

冀热辽分局一月二十八日①

（河北省档案馆馆藏档案，档案号：584-1-29-1）

---

① 原件未署年份。

17. 冀鲁豫区八年抗日战争人口损失及急待救济统计表①

民国卅五年五月调查

数项目 \ 区别	第一分区	第二分区	第三分区	第四分区	第五分区	第六分区	菏泽市	合计 山东部分	合计 河北部分	合计 河南部分	合计 江苏部分	统计	备注
战争中损失人口 被敌杀死	86342	20436	22781	21815	11621	7078	183	127204	5951	26100	11001	170256	
特务暗害死	2738	1069	691	598	498	333	12	4530	281	804	324	5939	
敌灾病饿死	704626	45934	70513	27085	20871	11022	2324	802767	19597	26018	33993	882375	
流亡失踪	29367	11446	7976	6987	3729	1663	39	48559	4286	6365	1997	61207	
被抓壮丁	130846	28048	23518	13017	8807	7099	326	177044	6184	16778	11655	211661	
合计	953919	106933	125479	69502	45526	27195	2884	1160104	36299	76065	58970	1331438	
现有人口	2885531	3511237	2694725	2838191	2143472	621990	37973	9442238	1675581	2439934	117536	14733120	
目前伤残疾病奸淫救济人数 遭敌枪伤拷打致残者	5828	7128	7969	6799	5534	3195	13	22102	4171	7043	3150	36466	
被敌奸淫染病者	2940	3605	4228	3990	2847	2146	9	10766	1944	5067	1988	19765	
现在仍患疾病者	59685	67420	42335	11827	36073	11241	6	183643	11201	20166	13577	228587	

① 表内统计单位为"人"。

数 \ 项目 区别	第一分区	第二分区	第三分区	第四分区	第五分区	第六分区	菏泽市	合计				统计	备注
								山东部分	河北部分	河南部分	江苏部分		
目前伤病残奸淫救济人数 少衣无食者	667948	51334	48358	49735	18499	13415	323	753503	18808	51568	25733	849612	急待救济人数占现有人口8%弱
合计	736401	129487	122890	72351	62953	29997	35	970014	36124	83844	44448	1134430	

说明

①被抓壮丁系指被敌掳去长期未回者。

②少衣无食者系指目前没法即维持生活者，内包括因敌灾造成的孤老孤儿及贫苦难民。

③遭敌灾致残者系指被敌打伤致残不能恢复健康者，现已痊愈者未统计在内。

④被奸淫致残者，系指妇女被奸花柳病染或其他伤症者，至于被奸淫未致疾病之妇女以及间者均未统计在内。

⑤区6市济宁市的损失未统计在内。

（山东省档案馆馆藏档案，档案号：G004-01-82）

18. 太行区八年抗战被敌直接残害与间接影响下死亡的人口统计①

1946 年 2 月 26 日

原有总人口	5726122	
现有总人口	5359505	
杀死人口数	131494	2.29%
负伤人口数	18004	0.31%
黑枪打死数	30850	0.53%
被敌俘掳数	75031	1.31%
病饿死亡数	129232	2.42%
死亡被俘总数	363554	
减少占总人口		6.33%
备考	病饿死以四专区为最多,负伤数内没有四专区的减少人口每 16 个人数内死一个	

县份	人口	死亡	负伤	被俘	病饿死
一专					
平东	85000	500	250	620	2400
赞皇	85000	560	170	134	2044
临城	80000	760	306	460	498
内邱	60000	1140	223	305	612
井陉	42000	6231	324	5112	850
元氏	85000	806	152	1560	410
高邑	32000	253	140	572	402
获鹿	75000	463	182	1045	694
邢台	165000	2125	152	1203	386
邢西	51411	3175	204	785	621

---

① 表内统计单位为"人"。

县份	人口	死亡	负伤	被俘	病饿死
沙河	92589	4565	231	1621	818
合计	853000	20578	2334	13417	9735
原来总人口	896730				
百分比		2.3%	0.26%	1.5%	0.85%
二专					
平西	43000	3812	224	2851	2416
昔阳	126988	7625	513	1653	4302
和顺	82329	4225	404	1226	2603
左权	98347	5927	446	713	4826
武乡	166112	11074	923	709	8634
榆次	50000	4523	426	1341	1025
祁县	45000	1810	195	982	1403
榆社	62888	1471	184	831	1625
太谷	77725	1607	165	1209	1132
寿阳	38000	2204	381	552	1283
合计	790389	44278	3861	12067	29249
原来总人口	870983				
百分比		5.11%	0.44%	1.38%	3.32%
三专					
黎城	94329	3365	300	900	2430
潞城	153020	2894	213	1805	1085
壶关	152522	5512	306	819	3109
平顺	108647	1326	186	1043	4127
长治	170383	1036	114	2123	1175
襄垣	125000	5521	518	814	3515
合计	804183	19654	1637	7504	15441

县份	人口	死亡	负伤	被俘	病饿死
原来总人口	867820				
百分比		2.315%	0.195%	0.88%	1.82%
四专					
博爱	200000	3142	7502	720	4520
武陟	130000	2160	5470	934	3241
温县	165000	1442	3624	547	2163
修武	150000	1239	2116	486	1238
陵川	82000	17550	1629	1574	40951
焦作市	36800	588	1470	250	873
沁阳	200000	2880	7215	1240	4320
修获武	120000	720	1824	310	1076
合计					
原来总人口					
五专					
林县	220000	3106	4628	9216	4852
辉县	55000	654	1108	2214	1248
汲淇	54000	608	1060	2000	109
汤阴	68000	780	1265	2518	1216
辉嘉	20000	204	546	1823	562
合计					
原来总人口					
六专					
安阳	350000	402	184	2106	1540
林北	168149	852	451	207	823
涉县	145839	1712	371	646	880
偏城	40414	206	29	196	274

县份	人口	死亡	负伤	被俘	病饿死
武西	136300	615	254	409	942
武安	256431	7310	105	11716	1750
磁县	308000	814	171	2049	653
合计					
原有总人口					

（山西省档案馆馆藏档案，档案号：A52-2-106-24）

19. 冀热辽区人口灾难民统计及敌灾、天灾损失统计①

项 别		省区别	冀东	热河	辽西	全区合计
人口（附征工服役的劳力损失）	直接被敌杀害人口		68214 人	61045 人	10030 人	139289 人
	间接被敌杀害人口		98216 人	113343 人	3620 人	215179 人
	被敌掠去人口		176631 人	152261 人	59280 人	388172 人
	至今下落不明人数		50000 人	521725 人	50118 人	621843 人
	被迫为敌服役人数		抓工要夫人数无统计	1237491 人	400238 人	1637729 人（冀东除外）
	被夺无偿劳动日数（单位：日）		18000000	158399000	64120000	240519000②
灾难民	衣食住全缺急待救济人数		1026046 人	712407 人	276543 人	2050994 人
	移难民人数		93100 人	52000 人	15000 人	160100 人
	伤残人数		80540 人	13000 人	2310 人	96500③ 人
	孤老孤儿及无靠抗属		120000 人	97500 人	24000 人	241500 人
灾难民	慢性病患人数		1132000 人	2110000 人	656000 人	3798000④ 人
	因敌强奸致性病人数		126500 人	133000 人	39500 人	399000⑤ 人

① 原件未署时间。
② 应为 2014996 人。
③ 应为 95850 人。
④ 应为 3898000 人。
⑤ 应为 299000 人。

项目 \ 省区别	冀东	热河	辽西	全区合计
备考				1. 此项调查另有分县详细统计，并有各种典型调查材料，这里所列数字仅系衣食住三项全缺急待救济之难民，至于至少缺一项或二项者为数更大，在敌投降时期连同缺三项、缺二项或缺一项之难民人数合计近九百万人，约占全区人口2/3左右，现经民主政府采取各种救济步骤实施，结果缺一项或缺二项之难民人数今已大为减少，又移难民，孤老孤儿无靠在外。 2. 抗日部队牺牲人数均在此项数字内。 3. 按热河辽西两区仅包括为敌服劳役致死人数，其他均未包括此项数字内。 4. 冀东数字仅指被俘壮丁一项。 5. 热河数字包括为敌被迫为敌服劳役失踪者441725人及掠去至今未还乡而又下落不明者80000人，辽西数字同样包括被掠去人口至今尚未还乡而又下落者50000人之谱。 冀东数字包括前项人数20118人，后项30000人，冀东仅包括被掠去人口。 6. 热河辽西凡在年在十八至五十四岁之壮丁，伪满法令需应征服劳役，各县村每年分三期征订，冀东则仅抓劳夫要夫并无定期。

（河北省档案馆馆藏档案，档案号：213-1-8-15）

20. 河北邮政管理局呈报本区战损资料
国营事业财产间接损失报告表邮务部分

事件：七七事变

日期：自民国二十六年起至战争结束止。

地点：河北邮区各局所

填送日期：民国三十四年十二月二十日

分类		数额（单位法币元）
可能生产额减少		13574728.00
可获纯利额减少		
费用增加	拆迁费	1285753.48
	防空费	65102.49
	救济费	44595.32
	抚恤费	19025.00
受记日本储汇事务		1072980.00

附表十六张

河北邮政管理局局长　王良骏

可获纯利额减少说明书

可能生产额及可获纯利额减少共计 13574728 元，系根据民国二十五年度之邮政营业所得净利 1618510 元，与储金汇业营业所得净利 78331 元共计款额以八年乘得之数。

河北邮区（后期）
民国二十六年七月七日事变后拆迁费

日期	地点	拆迁情形	款额	备考
26 年 12 月 23 日	管理局及支局	迁移及修理信筒	407.16	因事变被毁坏
26 年 8 月至 9 月	管理局及支局	雇民船运送内地局邮件	748.10	
27.7.7	管理局及支局	修理被毁保险柜	66.80	

日期	地点	拆迁情形	款额	备考
27. 10. 26	管理局检查室	做布幔及木隔断	113. 77	
28. 7. 13	管理局检查室	作夏季纱窗	32. 77	
30. 4. 12	管理局检查室	修理桌子帽架等	208. 18	
31. 11. 25	日籍职员公寓	安装煤炉用费	253. 30	
31. 9. 17	大东亚博览会	在北宁花园作木屋一间为临时邮局用费	1061. 18	
32. 12. 31	八支局及十一支局	拆除铜铁资料献铜	737. 81	
34. 4. 4	各股长公寓	拆除铜铁资料献铜	481. 20	
33 年至 34 年	管理局核查室	为购买茶叶肥皂毛巾等费	3356. 39	
34. 5. 28	塘沽局	被炸后修理费	17001. 61	
33 年至 34 年	日籍职员公寓	各种修理拆迁费	165732. 31	
26 年 6 月至 30 年 2 月份	巨利洋行	为保存公物租赁仓库一层之租费每月 250 元	11250. 0	
27 年至 31 年	管理局及各支局	为缝制臂章用款	416. 95	
33. 4. 4	管理局及一支局	拆除钢铁资料献铜	272. 95	
		共计	202140. 48	

中华民国三十四年十二月二十日

河北邮政管理局局长　王良骏

河北邮区民国二十六年七月七日以后
防空用费清单

日期	局名	摘要	款额	备考
31. 11. 14	管理局	购防空纸布罩及玻璃上涂黑油	745. 53	
32. 11. 5	管理局	修理全部水龙带	60. 00	
32. 11. 19	第一支局	安装水龙带二条	434. 00	
32. 11. 22	管理局	发给防空演习人员奖金	306. 00	
32. 9. 13	第一支局	购水缸及防空木箱	23. 50	

日期	局名	摘要	款额	备考
32.12.28	寿街支局	摊付民国防空费	190.00	
32.12.31	寿街支局	购防空水缸	99.3	
32.12.31	计核股长公寓	购防空水缸	170	
33.3.8	管理局及支局	防空设备用费	1871.66	
33.8.22	管理局后院	购草包修渠待避墙	8400.00	
34.4.23	管理局	修理警铃用费	595.00	
34.5.28	管理局	做遮光灯罩	817.50	
34.5.22	管理局	造砂土池	12450.00	
34.5.22	管理局	造水桶木盖	6840.00	
34.6.12	管理局	建造防空壕	32100.00	
		共计	65102.49	

河北邮区（后期）
民国二十六年七月七日以后救济费清单

日期	姓名	摘要	款额	备考
26 年 10 月 18 日	管理局	发给事变出力员工奖金	3000.00	
26.12.13	雇工徐盈顺	因公受伤药费	9.80	
26.12.23	一等四级乙员孟宋臣	因公受伤药费	70.00	
27.1.22	力夫王日明等三人	在马大夫医院用费	201.00	事变时受枪伤
28.3.3	信差张秀峰	受伤医药费	5.00	

日期	姓名	摘要	款额	备考
28.10.23	力夫王春宣	受伤医药费	30.00	
29.2.7	押车员王宝光	受伤医药费	10.80	
29.5.18	邮差贾凤仪	受伤医药费	15.00	
30.10.29	押车员高遐龄	受伤医药费	39.20	
30.12.11	押车员张有洞	受伤医药费	9.60	
30.12.15	押车员吕永怡	受伤医药费	38.68	
30.7.4	一等一级甲员陈然诚	受伤医药费	1951.10	该员另有请求补偿自垫医药费2202.00折合法币500000.00以及将来取钉费用二十万共计七十万元之请求,附呈原呈一件敬祈,鉴核。
30.4.20	信差张起善	受伤医药费	368.30	
31.3.9	押车员于金和	补偿因公遗失物品损失	128.80	
31.3.9	押车员韩宗诚	补偿因公遗失物品损失	104.30	
31.3.24	押车员赵泉清	补偿因公遗失物品损失	367.00	
31.4.10	押车员韩宗诚	补偿因公遗失物品损失	65.50	
31.4.28	押车员刘文谦	补偿因公遗失物品损失	230.40	
32.10.4	押车员傅钰章三人	补偿因公遗失物品损失	588.00	
32年11月22日	押车员吕万福三人	补偿因公遗失物品损失	620.50	
32.9.3	押车员迟鸿文三人	因公受伤医药费	401.25	
32.4.2	押车员罗光星二人	补偿因公遗失物品损失	502.09	
34.5.30	押车员田文毅	因公受伤医药费	18000.00	

日期	姓名	摘要	款额	备考
34. 5. 30	押车员裴汉章	因公受伤医药费	12000. 00	
29 年 4 月至 7 月	管理局员工	因封锁租界员工被阻发给临时津	4885. 00	
33. 6. 26	司机张万有	撞伤医药费	954. 00	
		共计	44595. 32	

中华民国三十四年十二月二十日

河北邮政管理局局长　王良骏

　　窃职前于民国三十年三月十二日，在临榆（山海关）局长任内，因赴车站视察邮车装运邮件情形，公车出站时，被日本宪兵踢折腿骨，在榆医治无效至五月十七日来津诊治，仍不见效，不得已于六月十二日赴北平协和医院就医，当时奉到伪华北邮政总局第二八五／一〇六九号指令准给特别假，并照付医药费，后于八月二十三日奉到伪总局人训字第五号训令，着自即日起转入三等病房，又于九月九日奉到伪总局第三八〇／一四〇四师指令以职住于头等病房其住院费全数由局方担负实感困难仰速转换病房等因，职以当时二三等病房均无空额，但职之腿骨因公折断已逾三月各地就医均未获效而据医云"若再迟延恐成残废"，是时职因个人身体残废关于将来服务至深且钜实不能，计及病房之等级以及医药费之多寡后思当局谅能对职之因公受伤表示同情，故决计就医于协和医院头等病房。计自六月二十一日至十一月十二日出院，共 144 日计需医药费4153. 1 元，所有协和医院制给之各种收据均已随呈寄交河北邮政管理局转呈伪总局（见总局指令第三六七／一三六一号及第五二三／一九一〇号）嗣局方仅准支付 1951. 1 元（见国营财产间接损失报告表救济清单十二格）其所差之医药费2202 元，则须由职赔垫付，查当踢折腿骨时因在敌寇暴力之下故仅呈报因公跌伤未敢提及"宪兵"字样，嗣于返津治疗时，经面报前任克立德局长据实转告当时日寇邮政当局请求惩凶，并补偿损失时匪惟拒绝办理，并拒付医费且告以若不了结则将采取报复手段，附呈克局长在敌俘集中营内对美军官调查华人被害时所呈之申诉书可资证明。总之，职系因公受伤除自三月十二日受伤之日起至五月末，赴北平协和医院之前因延请中医所耗之医药费尚不计外，其在协和

216

医院个人所赔垫之医药费 2202 元，若以三十年七月至十二月平均之物价（面粉每斤三角三分四厘），与今日之价相比（面粉每斤现价法币 86 元）几达 250 倍以上，则所赔垫之 2202 元，折合现时法币 50 万元，又在协和医院治疗时，因腿骨折伤过重，经孟继懋大夫使用化学制钉卸接裂痕待遇相当时期尚须用手术取出，以免在腿内摩擦发炎有碍健康，预计尚需医疗费用法币 20 万元以上，两项合计法币 70 万元，今者敌日降服，正义得伸，前顷费用拟恳：钧局代向日方索取补偿，以本体恤谨另缮具当时所用之医药费详情单及克局长证明书，以及相关函件共五件，备文附呈敬祈，鉴核谨呈。

邮政总局局长

附医药费详情单及河北邮政管理局第一二三号指令，并伪华北邮政总局人训字第五号训令共六件。

一等一级甲等邮务员（署副邮务长）代理河北邮政管理局会计股股长　陈然诚谨呈

民国三十四年十二月二十一日

国营事业财产直接损失汇报表邮务部分

事件：七七事变

日期：自民国二十六年起至战争结束止

地点：河北邮区各局所

填送日期三十四年十二月　日

分类	价值
共计	1130277244.29
房屋	200063510.00
器具	75226509.30
现款	2337.77
邮票	7557.82
邮件	283848110.00
运输工具	571129219.40
其他	

附财产损失报告单三十一张

河北邮政管理局局长　王良骏

河北邮区民国二十六年因事变损文具等项清单

项别	品名	购价	现价约计（法币）	附注
财产杂项物品	电扇"Watvon16"	39.50	2000.00	参阅本局二十七年四月十四日1926/56773号呈总局呈文编造
财产杂项物品	铅志夹子	11.80	5000.00	参阅本局二十七年四月十四日1926/56773号呈总局呈文编造
财产杂项物品	椅子二把	8.00	4000.00	参阅本局二十七年四月十四日1926/56773号呈总局呈文编造
财产杂项物品	钟"altal"	8.08	1000.00	参阅本局二十七年四月十四日1926/56773号呈总局呈文编造
文具	蜡纸四筒	9.60	8000.00	参阅本局二十七年四月十四日1926/56773号呈总局呈文编造
文具	登记本65本	—	6500.00	参阅本局二十七年四月十四日1926/56773号呈总局呈文编造
文具	笔头10盒	—	10000.00	参阅本局二十七年四月十四日1926/56773号呈总局呈文编造
文具	笔头16盒	—	16000.00	参阅本局二十七年四月十四日1926/56773号呈总局呈文编造
文具	笔杆25支	—	1500.00	参阅本局二十七年四月十四日1926/56773号呈总局呈文编造
文具	黑铅笔102支	—	6120.00	参阅本局二十七年四月十四日1926/56773号呈总局呈文编造
文具	紫铅笔256支	—	256000.00	参阅本局二十七年四月十四日1926/56773号呈总局呈文编造
文具	红铅笔174支	—	24360.00	参阅本局二十七年四月十四日1926/56773号呈总局呈文编造
文具	蓝铅笔108支	—	15120.00	参阅本局二十七年四月十四日1926/56773号呈总局呈文编造
文具	绿铅笔12支	—	1680.00	参阅本局二十七年四月十四日1926/56773号呈总局呈文编造

项别	品名	购价	现价约计 （法币）	附注
文具	弹簧夹 5 个	—	200.00	参阅本局二十七年四月十四日 1926/56773 号呈总局呈文编造
文具	长圆形钢 夹 17 盒	—	3400.00	参阅本局二十七年四月十四日 1926/56773 号呈总局呈文编造
文具	长圆形钢 夹 83 盒	—	16600.00	参阅本局二十七年四月十四日 1926/56773 号呈总局呈文编造
文具	角形钢夹 126 盒	—	25200.00	参阅本局二十七年四月十四日 1926/56773 号呈总局呈文编造
文具	大头针 11 盒	—	2200.00	参阅本局二十七年四月十四日 1926/56773 号呈总局呈文编造
文具	墨油盒垫 85 套	—	17500.00	参阅本局二十七年四月十四日 1926/56773 号呈总局呈文编造
文具	打字机带 15 盒	—	22500.00	参阅本局二十七年四月十四日 1926/56773 号呈总局呈文编造
文具	公事夹 39 个	—	7800.00	参阅本局二十七年四月十四日 1926/56773 号呈总局呈文编造
文具	皮尺 1 盘	7.50	1600.00	参阅本局二十七年四月十四日 1926/56773 号呈总局呈文编造
文具	腾写版 1 块	3.50	4000.00	参阅本局二十七年四月十四日 1926/56773 号呈总局呈文编造
文具	耶耳锁 1 套	5.00	1000.00	参阅本局二十七年四月十四日 1926/56773 号呈总局呈文编造
文具	皮鞋样 4 双	15.60	16000.00	参阅本局二十七年四月十四日 1926/56773 号呈总局呈文编造
文具	自行车零 件 3 套	47.25	15000.00	参阅本局二十七年四月十四日 1926/56773 号呈总局呈文编造
	其他	—	40000.00	参阅本局二十七年四月十四日 1926/56773 号呈总局呈文编造
		共计	566280.00	

河北邮区民国二十六年因事变损失家具清单

家具号码	遗失处所	何种物品	价值	备考
9	管理局包裹组	打字机一架	206.09	已呈请注销奉钧局指令第 3605/62262 号核准
1	天津第十二支局	银柜	81.78	
13	管理局	手车	58.00	
16	管理局	小手车	29.00	
18，21，24，31，44	管理局	自行车五辆	556.06	
97	管理局	手车	36.00	
9	塘沽局	手车	25.00	
4	管理局局长室	钟	12.72	
10，12	管理局总务股	钟二件	23.52	
6	本业股长室	地毯	199.38	
3	视察员室	钟	10.80	
4	视察员室	棹电扇一架	14.00	
3	本业股长室	电扇一架	58.56	
4，5，7，8，10	内业股长室	磅砣二，灭火机一，电扇二件	190.48	
4，17	会计股室	电扇二件	96.31	
1，5	火车巡员室	打字机电扇各一件	125.00	
1–18	行动邮局内	灭火机十八件	357.30	
2	庶务组	电扇一个	39.50	
7	营业组	钟一件	12.39	
13	包裹组	电扇一个	48.00	
8，4	开信房	销票机钢条一件及电扇一架	73.56	
1	机工组，汽车房	损坏机器及用具	2023.02	
4，6，8，10	机工组，汽车房	打气筒及注油器等	71.78	
34，35，54	管理局	柱形信筒三件	50.40	
7	天津第十支局	本地自制磅秤	45.00	

右上角

续表

家具号码	遗失处所	何种物品	价值	备考
2，3	天津第十支局	灭火器二件	50.00	
5	天津第十支局	大号包磅附砝七枚	90.00	
9	天津第十四支局	挂电扇一件	24.00	
		共计	4607.65	

河北邮区因事变遗失邮政出版物清单（二十六年七月七日以后）

局名	价值	日期	原因	
天津一支局	12.00	29.7.1937	遗失	
天津二支局	1.70	29.7.1937	遗失	
天津十二支局	2.50	29.7.1937	遗失	
天津十五支局	40.92	29.7.1937	遗失	
管理局出纳组	0.25	29.7.1937	遗失	
共计	57.37			

河北邮区因事变遗失航空邮票清单（二十六年七月七日以后）

局名	价值	日期	原因	备考
天津第十支局	1.00	28.7.1937	遗失	
天津第十二支局	20.00	28.7.1937	遗失	
共计	21.00			

河北邮区因变乱遗失汇欠资邮票清单（二十六年七月七日以后）

局名	款额	日期	原因	
独流镇	2.25	16.12.1937	被劫	
第十支局	5.46	29.7.1937	遗失	
第十五支局	10.00	29.7.1937	遗失	

局名	款额	日期	原因	
营业组	10.00	29.7.1937	遗失	
邮件收发组	14.49	29.7.1937	遗失	
小站	34.84	29.7.1937	被焚	
郑家口	11.00	23.11.1938	被劫	
南宫	5.00	16.11.1938	被劫	
共计	93.04			

河北邮区因事变遗失汇兑印纸清单（二十六年七月七日以后）

局名	印纸款额	日期	原因	
董里	20.00	5.11.1939	被劫	
青杨树	40.00	10.2.1939	被劫	
石村	18.00	26.5.1939	被劫	
小店镇	40.00	2.2.1940	被劫	
大横河	40.00	14.8.1938	被劫	
小营镇	2.00	25.2.1940	被劫	
曹各庄	30.00	19.3.1940	被劫	
西原隰	30.00	11.5.1939	被劫	
板台集	20.00	8.12.1939	被劫	
北漳淮	24.00	26.2.1940	被劫	
王道寨	30.00	24.2.1940	被劫	
凤河营	20.00	28.5.1939	被劫	
留古寺	30.00	8.1.1940	被劫	
窝北镇	40.00	12.4.1940	被劫	
卑家店	2.00	1.8.1940	被劫	
共计	386.00			

河北邮区因事变遗失邮票清单（二十六年七月七日以后）

局名	款额	日期	原因	备考
王庆坨	20.00	28.7.1937	遗失	
廊坊	28.80	27.7.1937	被劫	
落垡	68.25	27.7.1937	被劫	
独流镇	63.10	27.7.1937	被劫	
一支局	3.00	28.7.1937	遗失	
二支局	309.86	28.7.1937	遗失	
十支局	134.20	28.7.1937	遗失	
十二支局	25.00	28.7.1937	遗失	
十五支局	366.12	28.7.1937	遗失	
管理局出纳组	10.12	28.7.1937	遗失	
五支局	2.50	28.7.1937	遗失	
九支局	165.00	28.7.1937	遗失	
王家口	50.00	2.8.1937	被劫	
南赵扶	9.20	1.9.1937	被劫	
衡水	16.50	4.10.1937	被劫	
刘河	10.00	不明	被劫	
马厂镇	4.70	5.9.1937	被劫	
曹宗桥	4.00	20.8.37	被劫	
夹口	5.00	14.8.37	被劫	
梁王庄	4.50	24.8.37	被劫	
西塘	10.00	6.10.37	被劫	
张茂庄	3.80	1.10.37	被劫	
东子牙镇	7.00	不明	被劫	
旧沧州	15.00	26.9.37	被劫	
东双塘	2.00	不明	被劫	
信安	23.00	7.1.38	被劫	
大齐堡	4.00	29.9.37	被劫	
双望镇	49.65	8.8.37	被劫	
王寺	14.00	1.10.37	被劫	

局名	款额	日期	原因	备考
乌马营	5.00	27.9.37	被劫	
白杨桥	23.00	20.9.37	被劫	
束城	12.00	20.9.37	被劫	
大城	23.90	13.9.37	被劫	
潘沽	2.00	14.9.37	被劫	
避雪店	10.00	1.10.37	被劫	
王家桥	13.16	30.9.37	被劫	
大柳	5.00	3.10.37	被劫	
小店镇	20.00	2.10.37	被劫	
黄家镇	20.00	1.10.37	被劫	
中伍街	9.75	3.10.37	被劫	
太平店	10.00	3.10.37	被劫	
南辛集	10.00	6.10.37	被劫	
孟家洼	10.00	5.10.37	被劫	
郭家集	7.25	6.10.37	被劫	
大曹庄	3.60	4.10.37	被劫	
念祖桥	20.00	30.9.37	被劫	
康宁屯	5.70	27.9.37	被劫	
沙洼	15.00	27.9.37	被劫	
蒋坊	4.00	9.11.37	被劫	
瓦窑	11.40	15.8.37	被劫	
沧县	5.00	15.8.37	遗失	
市庄	5.00	2.10.37	被劫	
垂杨镇	10.20	4.12.37	被劫	
码头街	12.50	30.9.37	被劫	
沙窝镇	5.09	8.12.37	被劫	
王道寨	18.45	12.12.37	被劫	
大屯村	9.00	11.12.37	被劫	
小石柏	9.94	14.12.37	被劫	

局名	款额	日期	原因	备考
吉利	20.00	31.1.38	被劫	
得胜口	12.00	15.2.38	被劫	
留仲镇	8.68	17.8.37	被劫	
陈二庄	5.00	11.10.37	被劫	
青杨树	1.20	4.10.37	被劫	
杜家村	5.00	4.10.37	被劫	
煎茶铺	10.00	6.3.38	被劫	
泽城镇	10.00	21.1.38	被劫	
核桃园	7.90	5.10.37	被劫	
件只镇	5.35	11.12.37	被劫	
李家里村	4.20	11.12.37	被劫	
梁家村	11.50	19.1.38	被劫	
小站	360.51		焚毁	
安陵镇	45.00	30.9.37	被劫	
漫河镇	6.50	11.3.38	被劫	
漫河镇	3.50	21.5.38	被劫	
郭店铺	13.40	29.9.37	被劫	
潘各庄	13.48	6.8.38	被劫	
太白庄	7.69	26.5.38	被劫	
钱新庄	2.40	4.8.39	被劫	
林南仓	34.00	22.8.38	被劫	
宋家营	10.00	12.8.38	被劫	
程家口	7.50	9.11.37	被劫	
马场镇街	8.00	6.9.37	被劫	
沧县城代办所	20.00	25.9.37	被劫	
造甲城	10.00	20.12.37	被劫	
梁家台	13.00	30.9.37	被劫	
崔村镇	7.55	2.12.37	被劫	
于家集	7.12	29.9.37	被劫	

局名	款额	日期	原因	备考
双刘店	5.00	30.9.37	被劫	
陈家坊	8.40	29.9.37	被劫	
裹头村	2.30	28.9.37	被劫	
灯明寺	10.00	6.10.37	被劫	
砥桥	7.12	29.9.37	被劫	
董村	3.93	1.10.37	被劫	
固城镇	4.07	29.9.37	被劫	
大龙湾	10.00	29.9.37	被劫	
杨和尚寺	2.00	4.5.37	被劫	
唐官屯	11.64	13.7.38	被窃	
姚马渡	15.00	12.9.37	被劫	
陈官屯	7.00	29.8.37	被劫	
宁津	33.13	11.8.38	被劫	
荒佃庄	24.60	15.8.38	被劫	
小集	20.00	29.9.37	被劫	
望树	6.25	22.1.38	被劫	
赵毛庄	3.50	1.1.38	被劫	
石门街	30.00	29.8.38	被劫	
潘庄	14.00	28.12.37	被劫	
寺庄镇	25.30	29.11.37	被劫	
宜兴埠	20.00		被劫	
大口屯	90.00	9.10.38	被劫	
安各庄	35.20	4.9.38	被劫	
石各庄	15.45	19.8.38	被劫	
侯里	10.60	24.4.38	被劫	
孙镇	7.00	15.5.38	被劫	
建桥镇	19.40		被劫	
胡各庄	78.00	30.7.38	被劫	
吴王文村	5.00	15.9.37	被劫	

局名	款额	日期	原因	备考
高官庄	4.00	26.11.37	被劫	
赵蔡街	5.06	25.12.37	被劫	
公案桥	10.00	28.7.38	被劫	
大毕庄	5.00	18.6.38	被劫	
吕集	3.60	14.10.37	被劫	
里澜城	7.00	16.11.38	被劫	
唐二里	2.00	16.11.38	被劫	
调河头	4.50	26.10.38	被劫	
东沽港	7.00	25.8.38	被劫	
老庄子	25.00	27.8.38	被劫	
三女河	10.00	12.8.38	被劫	
爽坨	59.04	15.7.38	被劫	
毛家河	7.95	12.8.38	被劫	
大新庄（东）	8.40	17.10.38	被劫	
南寺堡镇	5.00	9.9.38	被劫	
辛集	22.75	24.9.38	被劫	
赵家圈	13.55	6.10.37	被劫	
李庄镇	63.00	5.10.37	被劫	
褚仪	35.00	1.1.38	被劫	
洛阳新村	4.95	11.2.38	被劫	
钜鹿镇	7.10	11.7.38	被劫	
谢庄	9.70	13.10.37	被劫	
雇头镇	11.95	4.9.38	被劫	
下苍镇	30.00	5.9.38	被劫	
方家庄	4.00	22.9.38	被劫	
谢庄	2.41	20.7.38	被劫	
沧县	60.43	24.9.37	被劫	
砖河	19.40	26.9.37	被劫	
郑家口	144.10	23.11.38	被劫	

局名	款额	日期	原因	备考
太平街	5.00	23.11.38	被劫	
谢庄	5.00	21.1.39	被劫	
调河头	4.30	26.7.38	被劫	
别古庄	5.45	26.6.38	被劫	
风化店	15.50	21.9.37	被劫	
独流镇	28.40	25.9.37	被劫	
捷地	30.00	25.9.37	被劫	
马落坡	2.50	21.9.37	被劫	
黄递铺	22.00	17.9.37	被劫	
七里淀	7.20	25.9.37	被劫	
贾家洼东	10.00	21.9.37	被劫	
王官屯	9.80	26.9.37	被劫	
仵龙堂	10.00	22.9.37	被劫	
塘沽	10.30	不明	被劫	
岭塚集	10.00	15.8.38	被劫	
中旺	20.00	19.11.37	被劫	
沧县城代办所	20.00	29.9.38	被劫	
豆堡店	8.70	8.10.37	被劫	
西原阴	13.30	26.11.37	被劫	
大王常	17.00	1.2.38	被劫	
皇庄镇	12.50	2.11.38 15.2.38	被劫	
刘镇	8095	10.12.37	被劫	
河渠镇	25.00	28.12.38	被劫	
冯各庄	4.90	19.12.37	被劫	
太平街	5.00	6.10.37	被劫	
王陈店	3.60	9.9.37	被劫	
东张店	3.76	23.8.37	被劫	
西张屯	4.45	23.8.37	被劫	

局名	款额	日期	原因	备考
池王子	4.54	23.8.37	被劫	
高官屯	5.00	25.8.37	被劫	
南朱头	5.00	29.8.37	被劫	
郑庄	5.00	3.9.37	被劫	
王官屯	5.00	8.38	被劫	
双摆渡桥	5.00	22.9.37	被劫	
郝家屯	20.00	22.9.37	被劫	
娄子镇	15.00	4.2.38	被劫	
明化镇	10.00	16.12.37	被劫	
大高村	6.80	6.12.37	被劫	
郑村镇	5.00	不明	被劫	
位敢村	4.45	26.9.37	被劫	
庆安镇	10.00	21.9.37	被劫	
刘家沽	4.40	21.9.37	被劫	
高家庄	5.00	2.2.38	被劫	
圈头镇	40.00	30.9.37	被劫	
赵桥	15.00	28.9.37	被劫	
翰林庄	13.00	29.9.37	被劫	
祁口	10.00	8.7.38	被劫	
大堤	3.50	18.12.37	被劫	
孙家庄	1.45	12.37	被劫	
姚子口	3.40	14.8.37	被劫	
王条	5.00	14.1.38	被劫	
小村集	20.00	17.12.37	被劫	
邵固	20.00	24.10.37	被劫	
小苑镇	57.00	28.9.37	被劫	
樊屯	9.11	28.9.37	被劫	
单桥镇	50.70	28.9.37	被劫	
八丈桥	5.00	26.9.37	被劫	

局名	款额	日期	原因	备考
马头村	5.00	28.9.37	被劫	
澈河桥	6.00	26.9.37	被劫	
留仲镇	9.40	6.8.38	被劫	
辛集	5.55	14.8.37	被劫	
李天木辛庄	16.00	25.9.37	被劫	
西子牙	4.55	25.8.38	被劫	
大李庄	3.00	10.4.38	被劫	
子平镇	5.00	26.6.38	被劫	
台子邹	6.00	16.5.38	被劫	
高庄子	3.10	23.3.38	被劫	
白二庄	63.60	17.9.37	被劫	
杨税务	10.00	1.7.38	被劫	
韩村镇	7.50	30.4.38	被劫	
韩村镇	65.00	25.6.38	被劫	
大禹村	5.00	11.4.38	被劫	
张家庄	10.00	12.8.38	被劫	
贾象镇	23.50	1.12.38	被劫	
台头村	10.00	18.11.38	被劫	
双营镇	5.00	11.12.38	被劫	
赤碱滩	10.00	12.12.38	被劫	
程林庄	5.00	12.7.38	被劫	
灯明寺	9.64	21.1.39	被劫	
薛家窝	11.50	20.12.37	被劫	
半壁庄	18.80	26.9.37	被劫	
八阳集	23.12	19.12.37	被劫	
黎民居	6.15	19.11.37	被劫	
沟店铺	14.00	31.1.39	被劫	
钱家沟	12.76	29.1.39	被劫	
新安镇	9.50	16.8.38	被劫	

局名	款额	日期	原因	备考
林亭镇	16.00	6.11.38	被劫	
狼儿口	6.35	6.9.37	被劫	
冯家口	25.00	24.6.37	被劫	
霞口	30.00	不明	被劫	
郝村	89.57	19.3.38	被劫	
平安城子	17.00	30.7.38	被劫	
堡子店	10.00	19.8.38	被劫	
党峪	26.00	10.10.38	被劫	
程林庄	2.00	-.7.38	被劫	
庆云	5.00	22.1.39	被劫	
南宫	45.00	16.11.38	被劫	
油坊镇	97.00	20.11.38	被劫	
吴桥	33.15	3.1.39	被劫	
白官屯	15.00	21.8.38	被劫	
吉利	20.00	14.2.39	被劫	
王村	10.00	11.2.39	被劫	
八门城镇	29.50	9.9.37	被劫	
弓高城	17.10	8.10.37	被劫	
上苍镇	29.45	15.9.38	被劫	
别山镇	18.60	2.9.38	被劫	
马伸桥	40.00	31.7.38	被劫	
下宫镇	9.40	14.9.38	被劫	
毛各庄	5.00	17.9.38	被劫	
祁口	2.00	12.9.38	被劫	
那新庄	4.00	11.9.37	被劫	
中伍街	6.00	9.3.39	被劫	
孟家集	10.00	9.3.39	被劫	
藏家桥	5.00	27.9.37	被劫	
郭庄	3.10	26.9.37	被劫	

局名	款额	日期	原因	备考
献县	5.00	2.4.38	被劫	
官道李庄	60.00	3.3.39	被劫	
吴家吕村	4.00	9.2.39	被劫	
件只镇	7.35	21.3.39	被劫	
大屯村	9.45	9.2.39	被劫	
高家寨	5.00	16.2.39	被劫	
李家里村	3.00	16.2.39	被劫	
潘家庄	43.20	12.7.38	被劫	
赵家村	5.00	15.4.39	毁于兵	
刘宋镇	4.50	2.11.38	被劫	
河渠镇	5.00	14.2.39	被劫	
旧县镇	5.00	26.2.39	被劫	
崔母镇	13.00	7.3.39	被劫	
大赵庄	4.88	15.2.39	被劫	
小蔡村	8.35	16.3.39	被劫	
钜鹿镇	7.45	18.3.39	被劫	
彭村	2.75	9.3.39	被劫	
地北桥	4.11	10.2.39	被劫	
萧张	35.00	8.3.39	被劫	
韩村（东）	35.00	7.3.39	被劫	
黑牛王	9.10	21.2.39	被劫	
板打营	8.70	4.4.39	被劫	
商家林	4.85	22.3.39	被劫	
沙河桥	5.00	24.1.39	被劫	
广安镇	3.40	24.3.39	被劫	
龙华镇	51.50	14.2.39	被劫	
段炉头	10.00	8.2.39	被劫	
谢炉集	24.20	8.2.39	被劫	
董家庄	10.00	8.2.39	被劫	

局名	款额	日期	原因	备考
裹头村	1.50	30.3.39	被劫	
大寨	2.00	27.3.39	被劫	
东小王庄桥	4.75	20.8.37	被劫	
李家店	17.00	20.2.39	被劫	
北中原村	6.80	23.3.39	被劫	
新店镇	3.10	7.11.38	被劫	
刘柏桥	6.10	4.4.39	被劫	
农登坞	9.76	7.11.38	被劫	
建桥镇	19.40	15.3.38	被劫	
中伍街	7.90	25.4.39	被劫	
卷镇	70.00	2.8.38	被劫	
王官庄	4.20	28.3.39	被劫	
董里	5.00	23.6.39	被劫	
南午村	9.46	3.7.39	被劫	
苏桥镇	35.50	3.7.39	被劫	
新庄集	5.60	31.7.39	被劫	
汪各庄	10.00	5.8.38	被劫	
黄各庄	5.30	5.9.38	被劫	
王兰庄	10.00	13.9.38	被劫	
小稻地庄	7.21	8.9.38	被劫	
陈家河沿	3.00	17.6.38	被劫	
齐河南程家庄	4.69	17.6.38	被劫	
孟家集	1.90	13.7.39	被劫	
颜家集	10.00	19.7.39	被劫	
段家集	9.40	18.7.39	被劫	
杨盘镇	10.00	20.7.39	被劫	
小店镇	20.00	18.7.39	被劫	
于家集	9.96	20.7.39	被劫	
旧县镇	6.00	2.2.39	被劫	

局名	款额	日期	原因	备考
豆堡店	10.40	4.6.39	被劫	
白佛寺	3.50	22.6.39	被劫	
沙河驿	57.64	5.7.38	被劫	
高各庄	3.54	4.8.38	被劫	
新开口	29.45	11.8.38	被劫	
大清河	15.00	11.8.38	被劫	
胡家坨	56.40	2.8.38	被劫	
会襄镇	60.00	8.9.38	被劫	
河间	3.00		因乡差失踪而遗失	
小石柏	4.00	11.10.39	被劫	
阎家桥	6.00	21.10.39	被劫	
董里	5.00	5.11.39	被劫	
漯刘河	10.00	12.9.38	被劫	
陈二庄	25.00	22.12.39	被劫	
孙家寨	5.00	17.7.39	被劫	
青杨树	3.00	10.2.39	被劫	
任家坑	6.00	12.2.39	被劫	
石村	20.00	26.5.39	被劫	
王谦寺镇	1.85	7.5.39	被劫	
康家屯	3.80	10.2.39	被劫	
曾集湾	10.00	23.8.39	被劫	
小店镇	19320	2.2.40	被劫	
弓高城	50.02	5.2.40	被劫	
大横河	20.00	14.8.38	被劫	
下营镇	10.70	25.2.40	被劫	
南谢漳	5.00	6.12.39	被劫	
曹各庄	10.00	19.3.40	被劫	
孙家寨	5.50	28.2.40	被劫	
康段	3.70	16.1.40	被劫	

局名	款额	日期	原因	备考
西原阴	15.00	11.5.39	被劫	
饶阳店	3.06	9.5.39	被劫	
黄迟堡	15.00	8.9.39	被劫	
仵龙堂	5.43	21.8.39	被劫	
马兰镇	9.00	21.8.38	被劫	
石门镇	53.80	31.7.38	被劫	
青集务	5.00	22.3.40	被劫	
齐河南程家庄	5.00	22.3.40	被劫	
南谢漳	5.00	2.3.40	被劫	
王谢寺镇	23.50	9.3.40	被劫	
板台集	5.00	8.12.39	被劫	
田村镇	20.00	2.7.39	被劫	
北漳淮	8.96	26.2.40	被劫	
阎疃镇	10.00	1.3.40	被劫	
王道寨	10.00	24.2.40	被劫	
凤河营	5.00	28.5.39	被劫	
龙店镇	8.00	23.2.39	被劫	
商家林	19.80	18.3.40	被劫	
韩村	10.05	30.1.40	被劫	
梁家村	15.00	9.1.40	被劫	
留古寺	10.00	8.1.40	被劫	
梁家村	17.80	17.1.40	被劫	
惠伯口	2.50	14.1.40	被劫	
□村镇	5.00	21.12.39	被劫	
韩村	8.50	16.3.40	被劫	
窝北镇	7.80	12.4.40	被劫	
西城镇	18.90	11.5.40	被劫	
褚仪	33.08	12.10.39	被劫	
珠树邬	8.00	8.5.40	被劫	
共计	19779			

河北邮政（后期）民国二十六年七月七日以后遗失公款清单

日期	局名	原因	款额	备考
30 年 2 月 18 日	新军屯	劫失公款	115.00	因遭事变
30.2.18	建桥镇	劫失公款	128.30	
27.6.16	沧县	代办所酬金	0.64	
27.6.17	天津各局	遗失公款	461.04	
27.11.26	唐官屯	被窃邮票售出款	12.83	
27.12.31	阜城	遗失公款	72.50	
27.12.31	建桥镇	遗失公款	47.60	
27.12.31	大城	遗失公款	26.63	
27.12.31	河间	遗失公款	44.00	
27.12.31	油坊镇	遗失公款	156.00	
27.12.31	胜芳	遗失公款	31.15	
28.3.15	沧县	代办所酬金遗失	44.18	
28.3.21	林南仓	遗失公款	113.19	
28.3.23	郑家口	遗失公款	33.00	
28.3.23	南宫	遗失公款	30.00	
28.3.23	油坊局	遗失公款	229.86	
28.4.29	吴桥	遗失售邮票款	4.46	
30.11.19	沧县	高川代办所款	20.00	
31.1.16	冀县	五个代办所遗失售票款	63.00	
31.1.30	阜城	富庄驿代办所款	40.00	
共计			1673.38	

中华民国三十四年十二月二十日　　　　　　河北邮政管理局局长　王良骏

（中国第二历史档案馆馆藏档案，档案号：137-5-2790）

21. 晋冀鲁豫边区工矿手工业敌灾损失部分统计
(1946年2月)

冀南区纺织业损失计：织布机9万部，轧花机3400部，弹花机及手工弹花工具两万余具，纺纱车百万辆，及四年来被敌掠夺烧毁原料成品值法币311100000000元，需要恢复救济费25000000000元，农具铁器工业被毁夺，八尺车床机器三部及手工工具成品原料器材共合计510100000元，需要救济费800000000元。

冀南区工业敌灾损失初步统计

1946.1

种类	损失项目	数量	平均单价	损失值（法币）	需救济款	备考
妇女纺织	轧花机	3400	45000	311100000000		150万妇女从事此业
	织布机	90000	10000			
	纺纱车	1000000	1500			
	弹花机及手工工具	20000	4000			
	原料成品					
	小计			311100000000	25000000000	200余万人生活困苦
手工厂作坊	修造厂	3				
	铁工厂	5	100000000			
	农具工厂机器	2	15500000			
	抄纸厂	3	197000000			
	济民妇女工厂	1	2500000			
	针织厂	1	4000000			
	化学厂	1	8500000			
	孵鸡坊	1	6000000			
	食品工厂（打油粉条等）	3	1000000			
	皮坊	11	150000000			邢台等地之中心区未计
	小计			510100000	800000000	

种类	损失项目	数量	平均单价	损失值（法币）	需救济款	备考
其他						暂缺
	总计			311650100000①	25800000000	

太岳铁业损失 6000 斤容量之熔铁炉 1000 余具，日产 2500 斤之熔炉百余具，800 斤的 900 余具，打铁炉 2000 余个，及各种成品器材。四年来损失值 190900000000 元，硫磺矿业 4050000000 元，两项需要救济费 20050000000 元。

太岳区工业矿业敌灾损失初步统计

种类	损失项目	数量	平均单价	损失值（法币）	需救济款	备考
铁业	方炉	1000		60000000000		四年未统计
	炒炉	100		56200000000		
	铸炉	400		84000000000		
	犁面炉	500		80500000000		
	附打铁炉	2000		15000000000		
	碎货炉					
	小计			295250000000②	20000000000	数百万人民被灾
硫磺业					50000000	
其他					暂缺	
	总计			299300000000③	20050000000	

注：本区煤矿业颇发达，战争以来连年遭敌灾惨重，正统计全面数字中。高平、晋城等县桑皮麻纸手工业大宗，以及棉丝毛纺织业待续，此处暂缺。

冀鲁豫区草帽鞭损失 7250000000 元，抄纸损失抄纸池全部设备 1500 余部，及被敌破坏之成品原料共值 3240000000 元。棉丝纺织业损失轧花机 850 部，弹花机手工弹花工具 15000 具，织布机两万部，纺纱车 650000 辆及成品原料三年来损失值 300725000000 元，农家副业如燻枣纸炮抄丝等损失 63456000000 元，需要救济费 19730000000 元。

---

① 应为 311610100000。
② 应为 295700000000。
③ 应为 295700000000。

冀鲁豫区工矿手工业敌灾损失初步统计

种类	损失项目	平均单价	数量	损失值（法币）	需救济款	备考
妇女纺织	纺纱车	1500	650000			
	轧花机					
	附缫丝车	50000	900			
	被烧夺原料成品		三年来的			棉织三年丝织五年的损失
	弹花机	4200	15000			
	（附手工工具）					
	棉丝织机	10000	20000			
	小计			300725000000	150200000000	100余万人生活困苦
抄纸坊	抄纸池全部设备		1500部			
	原料成品					
	小计			3240000000	2500000000	五年来的
草帽鞭	原料成品			2500000000		四年来的
	25万妇女从事此业一人能养三个人			5200000000		
	小计			7700000000	250000000	百余万人生活困苦
副业	燻枣纸炮等					
	小计			63456000000		五年来的
总计				373621000000[①]	19730000000[②]	

太行区暂缺：只煤铁矿一项损失达 548212690000[③] 元，需要救济费此一项约损失之半数，合计 274000000000 元。

---

① 应为 375121000000。
② 应为 152950000000。
③ 应为 548122690000（此应为五年的损失总和）。

太行区煤铁敌灾统计

区域	损失值（法币）	需要救济款	备考
太行一专区	14075000000		
二专区	402838000		
三专区	12692000000		
四专区	80008700000		
五专区			
六专区	2446000000		
七专区	暂缺		
八专区	暂缺		
合计	548222690000①	274000000000	
总计	8222222690000②		

说明：

焦作六河沟、石圪节及平定与峰峰合算起来共计 1008000 斤，合计 1008000 元，合法币 5040000 元，三家村公司窑日出 20 万斤，年产 72000000 斤，合 76 万筐，每筐 750 元。六年共计 648000000③ 元。又如五阳、临城合计 972000000 元。此外手工土法煤铁业更难全部统计无遗。根据调查 495 座小窑，统按 1944 年一年计算共损失 124700000 元法币。即此不全面的统计，总计大小煤矿损失 11424600000 元，合法币 57113000000 元。

武安之磁山、长治之阴城及平定等四处的铁矿，娘娘庙之银矿都被敌掠夺，估计损失 200 余万万元，合法币 100000000000 元。

以上部分统计材料总损失额合法币洋 1252793790000 元。救百万人生活困苦。从事恢复需要救济费 339580000000 元，直接损失与救济费总合法币洋 1592373790000 元。

上列数字均系以本币一元折合法币五元计算

除要救济金另需要工具救济（太行区未列入）

轧花车　5500 架　　　　　　　　　　扣解纸料机　1500 部

弹花机　18000 部　　　　　　　　　两节锅炉　　1500 部

---

① 应为 548122690000（此应为五年的损失总和）。

② 应为 822122690000。

③ 应为 3420000000 元。

鼓风机 6000 部		铁轮织布机	150000 架
小型鼓风熔铁炉（容量 7000 磅）		5000 具	
150 磅气压蒸煮器（煮纸料）		700 具	
肥皂碱化器（容量 2500 磅）		550 具	
各种尺寸手摇车床 2 具		5500 部	
水电动力机配装置		50000 部	

其他

说明

一、太岳区煤业未计算在内

二、太行区除群众煤铁一项外其他未计算在内。

三、本统计以最低限度的损失为标准根据各地物资平均折算损失。

四、根据 1941—1945 敌人掠夺破坏最凶恶的五年计算有的从 1942 年计算三年的。

五、各地区全面具体调查后当另计详细统计

各项损失——1643123900000 元

需用救济——390580000000 元

总计法币 2033700000000 元

附：冀晋鲁豫边区河陆运输敌灾统计

甲、内河航运

大小货船 400 只被拉走和破坏腐朽，每只平均价法币 200 万元，共值 800000000 元。绳牵等设备计算在内。

乙、驮牲口

全边区 2400 万人口，平价十个人一个牲口，约四分之一专用于运输，计 60 万头。抗战八年来因敌灾损失 70%，计 42 万头，每头合价 75000 元，共 31500000000 元，驮鞍架绳等费合牲口价之半数，共 5850000000 元（按 50% 为驮牲口），合计 37350000000 元。

丙、车辆

全边区平均 100 人一辆大车（山地车少）共计 24 万辆，每辆平均价 45000 元，手推车 12 万辆（豫鲁和冀南多），总两辆折大车一辆，共计 30 万辆车，值 13500000000 元。绳套鞍架按车价三分之二，共 900000000 元，损失四分之三以上共值 12600000000 元。

此三项统计 50750000000

（附表）

种类	损失项目	数目	年数	损失值（法币）	需救济数	备考
河运	船	400	7	800000000		
陆运	牲口	420000		37350000000		牲口现价 20 万
	大车	210000				现在大车价 25000 元
	手车	105000		12600000000		
	小计					
	总计			50750000000	51000000000	耕畜运输未计入
	其他			暂缺		

（山西省档案馆馆藏档案，档案号：A198-2-91-11）

22. 全大行区八年来各类损失统计 [1]

（统调字第 21 号 1946. 2. 25）

八年来全区消耗劳力土地荒芜统计

项目	损失数字（工）	折米（斤）	折洋（冀钞 [2]）
消耗劳力	1509285892 工	7547929345 斤	4528757607070 元
土地荒芜	1211170	936060800 斤	561364800 元
合计		8483980145	49903940870 元

折合法币洋 24951970435 0 元

每人平均损失冀洋 [3] 9390 元（强）

每人平均损失法币洋 46950 元

---

① 此标题为编者所拟。

② 冀钞，亦称冀南币，1939 年 10 月冀南银行发行的货币，流通于晋冀鲁豫边区。

③ 冀洋，同冀钞。

八年来太行区消耗民力统计

类别	消耗数量
消耗于日军之手的	6001000（人工）
消耗于敌人"扫荡"备战中的	154450000
敌人"扫荡"所带民夫消耗的	2636400
我主动进攻敌人人民参战消耗的	13761500
民兵自卫队反"扫荡"消耗的	13563469
因战争后方勤务工作消耗的	240000000
总计	430412369（人工）

太行区文化教育损失统计

名称	所数	每所平均损失数	共计损失数
中等学校	54 所	56000000 元	3024000000 元
高级小学	63	80000 元	5040000 元
初级小学	463	10000 元	4630000 元
共计	580		3033670000 元
名胜古迹	51 处	5000000 元	255000000 元
医院卫生	51 处	10000000 元	510000000 元
总计			3798670000 元
折合法币数			18993350000 元
附注	1. 其他各处、剧团农村社火等尚未计算在内。 2. 名胜古迹第三栏是每县平均损失数。		

八年来敌伪在太行区修筑碉堡炮楼耗费民力及土地荒芜统计

种类	数目	修筑需工数		据点所需每日杂工		占据土地	
据点	127	每座需工	30000	每日需	（每个）100	每座占	50
		共需工	381000	共需工	（六年）27432000	共占	6350
碉堡	726	每座需工	150000①	每日杂工	（每个）55	每座占	10
		共需工	10890000	共需工	（五年）71874000	共占	7260
炮楼	2159	每座需工	1500	每日用工	（每年）10	每座占	3
		共需工	3238500②	共需工	38762000	共占	6477
合计	3012	17938500 工		138068000 工		20087 亩	

① 应为 15000。
② 应为 14509500。

八年来太行区在抗日战争中所受损失统计表

		直接损失			
项　目 ＼ 数　目		数目	单价（冀钞）	合洋	折米
抢烧粮食（小米）		12174861 石	1120 元	13635144320 元①	
对敌负担（小米）		19400000 石	1120 元	16240000000②	
拆烧房屋		1606090 间	8000 元	12848720000	
抢烧被服		26213873 件	600 元	15728323800	
抢毁农具		1150000 件	500 元	575000000	
抢毁家具及其他财物				18698633000	
牲畜之损失	牲口	220564 头	10000 元	2205640000	
	羊	483465 只	700 元	338425500	
	猪	31456 口	6000 元	118736000③	
	鸡	1250000 支	100 元	125000000	
	蜂	3400 窝	600 元	2040000	
商业损失				10238802906	
煤铁银等矿业损失				31364600000	
合计				122119065520④	

---

① 应为 13635844320。
② 应为 21728000000。
③ 应为 188736000。
④ 应为 127677765526。

太行区八年来人民间接损失统计表

项目　　数合　折合	劳力消耗	土地荒芜	合计				材料时间
	1509585869 工	1211170 亩					
单价	每工米 5 斤						
共折米	7547929345 斤	915260800 斤	8463190145 斤				
合计	每斤 7 元	每斤 7 元					
共合洋	52835505415 元	6406825600 元	59242331015 元				
		全区总人数 5353505	5353505 人				
		每人平均损失	11066 元				

	冀钞	折米
总损失	18136139541 元	25908770934 斤
全区总人数	5353505	
每人总损失	33894① 元	4842② 斤

说明							

① 应为 33877。

② 应为 4839。

太行区八年来人民直接损失统计

项目　分区	烧毁房	抢烧粮（小米）	对敌负担（小米）	抢烧被服	抢毁家具及其他财物	商业损失	煤铁银等矿业损失	抢毁家具	牲口损失	羊的损失	猪的损失	鸡的损失	鹑的损失	合计	共折米
一分区	311760 间	2383113 石	5230000 石	3652511 件	3459663000 元	2607000000 元									
二分区	536839	2836805	3232000	4732993	3466803000	1538000000									
三分区	257498	1254291	1200000	3467490	3275248000	1350637000									
四分区	65628	1609105	4150000	973038	3472297000	1693000000									
五分区	235146	1696933	3230000	6613857	2663960000	1257000000									
六分区	199219	1394614	2358000	6773984	3360662000	1788000000									
		公粮 1000000				公营 5165906									
总计	1606090 间	12174861 石	19400000 石	26213873 件	18698633000 元	10238802906 元	31364600000 元	1150000 件	220564 头	483465 只	31456 口	1250000 只	3400 窝		
单价	每间 8000 元	每石 960 元	每石 960 元	每件 600 元				每件 500 元	每头 10000 元	每只 700 元	每口 6000 元	每只 100 元	每窝 600 元		
共合洋	12848720000① 元	13635144320① 元	16240000000② 元	15728323800 元	18698633000 元	10238802906 元	31364600000 元	575000000 元	2205640000 元	338425500 元	11873600000③ 元	125000000 元	2040000 元	122119065526④ 元	17,445,580,789 斤
														全区总人数 5353505 人	
														每人平均损失 22828⑤元	
说明															

材料统计时间

① 应为 11687866560。
② 应为 18624000000。
③ 应为 188736000。
④ 应为 12262578766。
⑤ 应为 22906（编者）。

（山西省档案馆馆藏档案，档案号：A128-2-8-1）

太行区各县八年来物资损失统计表

项目县份	烧毁房（间）	抢烧粮（小米、石）	对敌负担（小米、石）	抢烧被服（件）	抢毁家具及其他财物（元）	商业损失（元）	矿业损失（元）	抢毁衣具（件）	牲口损失（头）	羊损失（只）	猪损失（口）	鸡损失（只）	蜂损失（窝）
沙河	42154	739060	275460	330764	241756000	149000000	351000000	30032	4100	8560	578	26000	142
邢台	20000	334000	405400	370245	344000000	452000000		24456	2920	4254	450	20140	750
邢西	39239	301150	670054	215000	244098000	242000000		32444	3508	8488	564	28200	122
内邱	17050	152943	237400	303448	272816000	228000000		18996	2458	2500	244	15402	54
临城	12139	112966	372300	671748	303986000	332000000	324000000	22133	2500	4024	302	19223	67
井陉	15174	287170	487506	374352	324784000	256000000		20055	2647	2320	466	20052	63
元氏	64100	112000	1675000	413000	623000000	242000000		38455	5005	13565	645	34255	165
获鹿	61569	54027	592400	512040	432024000	130000000		21233	2254	2400	458	21142	76
高邑	1289	113000	51000	287000	541000	128000000		25546	2845	3415	522	28400	82
赞皇	25000	200797	397525	331500	470199000	135000000	13400000000	85667	4523	10205	605	30440	149
平东	12041	89000	65955	130364	203000000	113000000	240000000	23342	3604	7020	501	24644	91
武乡	110325	371305	304100	1137968	554492000	170000000	240000000	94450	6199	10100	1500	25000	321
左权	75150	397987	342300	509604	419868000	177000000	20138000	64231	6434	6601	8645	32175	800
和顺	49507	369357	223100	500282	307156000	156000000	90000000	69348	10421	13742	3143	94325	250
昔阳	140580	708240	423300	794017	553724000	170000000	44200000	78500	8040	100000	9123	83700	300
平西	35109	333770	608000	796397	377562000	188000000	8500000	734380	2735	4787	389	48730	432
榆次	71702	140323	3495293	139494	256498000	140000000		123938	1945	9215	315	15829	360

项目 县份	烧毁房（间）	抢烧粮（小米、石）	对敌负担（小米、石）	抢烧被服（件）	抢毁家具及其他财物（元）	商业损失（元）	矿业损失（元）	抢毁衣具（件）	牲口损失（头）	羊损失（只）	猪损失（口）	鸡损失（只）	蜂损失（窝）
太谷	12007	151753	5082140	146556	258852000	145000000		45168	16951	14310	6804	431255	781
寿阳	8855	65613	284300	137921	139406000	116000000		18124	4357	3576	4825	164682	560
祁县	4019	109277	423000	115826	132913000	127000000		41125	2355	12554	852	75641	489
榆社	34585	189180	8200	504928	466332000	149000000		68300	3214	17000	1625	66310	421
榆太祁	25321	723327	5952932	539812	447655000	734000000		70254	2771	7856	12369	289341	570
襄垣	43383	144712	200000	644384	308644000	72000000	4215000000	32500	10729	13479	1024	84250	120
黎城	78056	443520	350000	452376	188232000	45637000		1268725	5166	48303	3400	145742	151
平顺	56611	153223	170000	566115	226446000	35000000		311575	2376	35200	1200	127500	210
潞城	37350	187250	180000	457500	183000000	56000000	1416000000	138230	16216	43900	2680	71500	72
壶关	50090	200060	200000	705500	352200000	49000000	60000000	110200	3471	6761	2100	42100	50
长治	12008	125526	100000	641615	2016726000	93000000	7006000000	105600	9180	138400	27450	121405	245
修武	150840	174105	1092868	234000	675520000	276000000		12800	3280	1389	890	8920	48
沁阳	90000	62500	2880000	132000	398123000	469000000		27231	2598	3800	320	10080	120
博爱	110000	60000	3006160	894000	352000000	632000000		30000	1320	4200	410	25420	398
武陟	60000	62100	2168600	475000	317400000	254000000		22100	3212	891	350	3590	425
温县	200000	50044	1920000	480000	208041000	308000000		43200	2510	910	98	4800	250
修获武	54000	52584	2766832	507800	311000000	140000000		17000	1380	450	105	5670	127

项目\数目\县份	烧毁房(间)	抢烧粮(小米、石)	对敌负担(小米、石)	抢烧被服(件)	抢烧家具及其他财物(元)	商业损失(元)	矿业损失(元)	抢毁衣具(件)	牲口损失(头)	羊损失(只)	猪损失(口)	鸡损失(只)	蜂损失(窝)
陵川	10824	343221	100000	413425	510213000	184000000	8700000	79100	7200	8590	79	25400	70
焦作			870288	250000	112310000	352000000	80000000000	215	485	160	86	4780	45
林县	57864	601130	640000	1443892	206460000	85000000		420000	35000	15429	900	44700	210
辉北	78301	635038	583000	2030644	93348000	7500000		184000	12500	11400	848	24744	105
新辉	20864	102050	496000	2138641	37067000	15000000		70000	2500	13429	874	34722	50
汲淇	34680	108034	638000	356561	153081000	13000000		96000	4600	15458	760	45000	70
汤阴	25433	105680	423000	217481	168605000	28000000		80000	4100	11000	988	35022	265
辉嘉	18022	145001	450000	426638	62410000	21000000		340000	18000	15829	910	51004	180
武西	10856	280843		980504	612400000	54000000		415000	5725	5200	407	27142	210
偏城	7148	35751		321551	227320000	8885864		59395	1352	1690	654	8121	25
林北	93381	677450		1401338	559940000	21000000		36020	4805	5914	855	24430	150
安阳	3100	167460	2785141	352409	205599000	18000000		31200	2540	640	746	951	120
磁县	10850	682550	2294400	3120044	850140000	275800000	2031000000	61025	6755	2542	1055	30889	98
涉县	94620	513024		1456058	450991603	68540000		67200	8154	9344	960	31099	70
武安	505		2697008	200553	928740000	78000000	415000000	22310	2789	3210	741	18740	101
合计	2262688	12056101	49387962	30275145	17990079603	8544662864	10962458000	5587303	279774	684009	105815	2652607	11030

（山西省档案馆馆藏档案，档案号：A128-2-7-1）

太行第一专区各县农业上损失统计表

1946. 3

数目别＼县别	牲口			农具			其他
	原有数	损失数	比较	原有数	损失数	比较	
沙河		17182 头					
邢台		819 头			2833 件		
邢西		10322 头			267196 件		
邢台市							
内邱		1761 头			340933 件		
临城		4279 头			209525		
高邑		361 头					
元氏		2144 头			373393 件		
赞皇							
获鹿							
井陉		1067 头			40333 件		
平东							
合计							
说明							

（山西省档案馆馆藏档案，档案号：A128-2-7-10）

太行第六专区各县农业上损失统计表

1946.3

项目\数别\县别	牲口			农具			其他
	原有数	损失数	比较	原有数	损失数	比较	
安阳							
林北							
磁县							
涉县		10193 头			1111572 件		
偏城							
武安							
武西							
合计							
说明							

（山西省档案馆馆藏档案，档案号：A128-2-7-10）

太行第一专区各类损失统计表

类别	数量	单价	合价
房屋	311760（间）	（每间）8000 元	2494080000 元
粮食（小米）	2383113 石	960 元	2287788480 元
对敌负担（小米）	5230000 石	960	5020800000 元
被服	3652511 件	600	2191506600 元
家俱及其他一切物资			3459663000 元
农具	452359 件	500	226179500 元
牲畜	36364 头	10000	363640000 元
羊	66751 只	700	46725700 元
猪	5335 口	6000	32010000 元
鸡	267898 只	100	26789800 元
蜂	1761 窝	600	1056600 元
商业损失			2607000000 元
矿产			1407500000 元
合计			3283223968O 元

（山西省档案馆馆藏档案，档案号：A128-2-7-10)

太行第六专区各类损失统计表

类别	数量	单价	合价
房屋	220460 间	8000 元	1763680000 元
粮食（小米）	2357078 石	960 元	2262794880 元
对敌负担（小米）	7776549 石	960 元	7465487040 元
被服	7832257 件	600 元	4699354200 元
家俱及其他一切物资			3835130603 元
农具	338650 件	500 元	169325000 元
牲畜	23120 头	10000 元	321200000 元
羊	28540 只	700 元	19978000 元
猪	5418 口	6000 元	32508000 元
鸡	141372 只	100 元	14137200 元
蜂	774 窝	600 元	464400 元
商业损失			440525864 元
矿产			2446000000 元
合计			23470585187 元

（山西省档案馆馆藏档案，档案号：A128-2-7-10）

全太行区各类损失统计表

类别	数量	单价	合价
房屋	2262688 间	8000 元	18101504000 元
粮食（小米）	12056101 石	960	11573856960 元
对敌负担（小米）	49387962 石	960	47412443520 元
被服	30275145 件	600	18165087000 元
家俱及其他一切物资			17990079603 元
农具	5134944 件	500	2793515000 元
牲畜	279774 头	10000	2797740000 元
羊	684009 只	700	478806300 元
猪	105815 口	6000	634890000 元
鸡	2652607 只	100	265260700 元
蜂	11030 窝	600 元	6618000 元
商业损失			8544662864 元
矿产			109624538000 元
合计			23858923447①元
			合法币 11929461922235②元

合法币，档案号：A128-2-7-10）

每人平均冀钞 44897 元，折法币 224485 元

（山西省档案馆馆藏档案，

① 应为 23838900194 7。
② 应为 11919450097 35。

太行第一专区各县对敌负担统计

1946.3

数量 \ 项目 \ 县别	劳力	粮食 产粮	粮食 损失	款项	轻工业原料掠夺	其它
沙河	1750000 工					
邢台	892050 工		29260 石（小米）	20178811 元		
邢西				382812 元		
邢台市	710034 工					
内邱	13043522 工		31506 石（小米）	38778314 元		
临城	6510938		1039099	187523281		
高邑	2447612 工			48639166 元		
元氏	11280499 工		111861 石（小米）	32733262 元		
赞皇	1317000 工					
获鹿	860000 工					
井陉	3329000 工					
平东	1625000 工					
合计						
说明						

（山西省档案馆馆藏档案，档案号：A128-2-7-10）

太行第一专区各县工业商业矿业损失统计表

1946.3

数 项 目 县 目 别	工业		商业		矿业		其他
	原产值	损失	原产值	损失	原产值	损失	
沙河							
邢台							
邢西							
邢台市							
内邱							
临城		3000000 元		200000000 元		100000000000 元	
高邑							
元氏							
赞皇							
获鹿							
井陉							
平东							
合计							
说明							

（山西省档案馆馆藏档案，档案号：A128-2-7-10）

23. 冀热辽区敌灾天灾损失统计（一）①

省区别 / 项目			冀东	热河	辽西	全区合计
衣服资财损失	被抢衣服（件数）		3200000	5000000	1100000	9300000
	被抢粮食（担）		351048755	96050000	35250000	1664048755②
	被抢手③饰财物等（估计法币）		3355651203000	33147303240000	不详	66703815270000（辽西除外）
被毁房屋	折合一方丈宽的间数		225000	2459304	22548	2921840④
抢夺或损坏耕畜农具	耕畜（马牛驴骡头）		86694	267115	8911	362720
	农具家具		3683250	12943570	1174600	18367420⑤
农林牧畜及农家副业	农田水利损失	被破坏及因受旱面荒芜之耕地 亩数	6500000	14161552	100000	20761552
		减产折价	9360000000000元	1109631240000元	1400000000元	
		农场被破坏损失 场数	21	19	不详	40处
		折价	4400000000	980000000	不详	

① 原件未署时间。
② 应为482348755。
③ 应为首。原文如此。
④ 应为2706852。
⑤ 17801420。

省别\区别 项目			冀东	热河	辽西	全区合计
农田水利损失		被敌破坏水利损失估计	117040000			
		小计	941170140000	1110611240000	10000000	206518186400000①
农林牧畜及农家副业	被抢家畜 家畜	羊（只）	200000	2752040	12101	2964141
		猪（只）	1000000	265845	12281	1278126
	皮毛	羊毛（斤）	不详	11058601	55299	11118900②
		羊皮（张）	不详	4375060	24880	4400940③
		牛皮（张）	不详	146765	3832	150597
	家禽皮毛损失	家禽（鸡鸭鹅）	17200000	23600000	7800000	40600000④
		小计股价				9919099500 元
各项	毁坏林 牧	损失场数			不详	
	场	损失估价（法币元）		648000000 元	不详	
	果	损失棵数	2700000 株		不详	2700000 株

① 应为 2051791380000。
② 应为 11113900。
③ 应为 4399940。
④ 应为 48600000。

续表

项　省区别			冀东	热河	辽西	全区合计（辽西除外）
各项	被破坏之园林数场损失	园 减产估价	8640000000 元		不详	
		树 损失株数	3000000 株	247000 株	不详	3247000
		林 损失估价	3000000000 元	494000000 元	不详	
		小计 估价			不详	12782000000 元
	被破坏之粮食副业	蜂场 损失窝数	50000		不详	50000 窝
		蜂场 损失及减产折价	72000000		不详	72000000
		药 减产担数		3900	不详	3900 担
		药 减产折价		39000000000 元	不详	39000000000 元
渔盐业损失	渔业损失	减产斤数	486880000 斤		不详	不详
		减产折价	14606400000 元		不详	14606400000 元
	盐业损失	被夺及减产盐斤（担）	37300000 担		不详	37300000 担
		折价	29840000000 元		不详	29840000000 元

续表

项 \ 省区别			冀东	热河	辽西	全区合计
工业损失	手工作坊	被迫倒闭房数	3750	243	不详	3993
		损失估价	1445000000 元	703938600	不详	2148938600 元
	现代工厂	被迫倒闭或破坏厂数	85	4	不详	89
		估价	5978000000 元	51500000000 元	不详	57478000000 元
因破坏与强占所造成矿业损失	煤	损失矿数	4	26	不详	30
		损失折价	3073430	47343024 元	不详	
	金属	损失矿数	15	16	不详	31
		损失折价	5829486048	3835850000	不详	
	非金属	损失矿数		8	不详	8
		损失折价		84000000	不详	
估计小计			58301579478 元	38492843024 元		96794422502 元

（河北省档案馆馆藏档案，档案号：213-1-8-15）

· 263 ·

24. 冀热辽区敌灾天灾损失统计（二）①

项目			冀东	热河	辽西	全区合计
商业资币损失	商业损失	战前百万以上资金商号损失 倒闭家数	150	800	不详	950（辽西除外）
		损失资金	34500000000 元	187605000000 元	不详	222105000000 元②
		中小商号损失 倒闭家数	60000	5000	不详	110000 家
		损失资金	120000000000 元	100000000000 元	不详	220000000000 元
	发行伪币损失	发行票额	500000000（伪联币）元	1000000000（伪满币）元	400000000（伪满币）	（伪满币）
		折合法币价格	50000000000 元	10000000000 元	4000000000 元	19000000000000 元
交通	铁路	损失机车（台）	—	58 台	不详	58 台（辽西）
		破坏路基（公里）	—	462	不详	462 公里
		破坏桥梁（座）	—	1	不详	1 座
		破坏枕木（根）	—	28600	不详	28600 根
	公路	损失车辆（辆）	80		不详	224 辆
		破坏里数（公里）	500	150	不详	650 公里
		破坏桥梁（座）	365	37	不详	402 座（除外）
		破坏修理厂（所）	2	8	不详	10 所

① 原件未署时间。
② 应为 222105000000 元。

续表

项　目　　省区别	冀东	热河	辽西	全区合计（辽西除外）
交通　民用车船　胶皮大车（辆）	4000	1025	不详	4025辆
铁轮大车（辆）	16000	15000	不详	31000辆
独轮车（辆）	800	600	不详	1400辆
脚踏车（辆）	9214	1500	不详	10714辆
木板船（只）	30300	500	不详	30800只
邮电业损失　电报电话　毁坏局所	26	11	不详	37所
毁坏线路（公里）	350	300	不详	650公里
无线电报机损失（52到200）		25	不详	25部
自动电话机损失		800	不详	800座
手摇电话机损失	300	800	不详	1100座
电报电话修理工具损失	20	20	不详	40套电报电话
邮政　毁坏局所	26	11	不详	37所
损失邮车（辆）	4	3	不详	7辆
损失收音机（部）	30	50	不详	80部
损失自行车（辆）	200	300	不详	500辆
损失无线发信机（部）	2	2	不详	4部

续表

项目 \ 省区别			冀东	热河	辽西	全区合计
电灯厂损失			热河被破坏100Y8kg直流发电机8台1000KYA高压变电8台100KYA壁电机16台其他装置设备损坏甚巨恢复原状所需器材经费另有材料			
事业损失 医药卫生损失	医院	倒闭医院	30	54	不详	87
		损失床位数	140	245	不详	385
	诊疗所	损失所数	10	12	不详	22
		损失床位数	不详	10	不详	10
	防疫所及检查所	倒闭所数	不详	2	不详	2
		损失床位数	不详	50	不详	50
社会福利 儿童福利损失	孤儿院	倒闭院数	不详	15	不详	15
		损失估计	不详	60885900元	不详	60885900元（冀东辽西除外）
	育婴院	倒闭堂数	不详	10堂	不详	10堂
		损失估计	不详	106475000元	不详	106475000元

（河北省档案馆馆藏档案，档案号：213-1-8-15）

25. 上坂胜①的笔供

(1955 年 5 月)

侵略作战中的罪行：

（一）关于"冀中侵略作战"方面的情况

"冀中侵略作战"系于 1942 年 5 月下旬，在河北省安平县安平北方滹沱河和潴龙河的中间地区，根据北支方面军的计划，按照第一一零师团师团长饭沼守中将的指挥和命令而实施的。

师团命令的要旨"本师团扫荡安平北方滹沱河和潴龙河中间一带的地区，以覆灭八路军之根据地。步兵第一六三联队用一部兵力由定县出发，以主力部队由保定至徐水间地区出发，同向上述地区进入，进入的日期定于 X+1 日中午。该作战中，各部队尽量寻找机会，在地道战斗中使用赤筒和绿筒（译注：赤筒是喷嚏性毒气，绿筒是催泪性毒气），试验使用方法，作战结束后，必须提出所见的情况，发给各联队赤筒和绿筒若干个。"（译注：X 日：是指行动开始之日而言）

依照以上之命令，我以联队长的身份调动了联队本部，通讯班，第一、二、三大队，步兵炮中队等约 1500 名的兵力参加了这次的侵略作战。

根据师团的命令，第一大队由定县出发，主力（第二、三大队）由保定至徐水间地区经高阳、肃宁附近向安平北方滹沱河和潴龙河中间地区进行侵略攻击。出发前发给各大队赤筒、绿筒毒气，命其在侵略作战中进行地道战斗时，尽量寻找机会使用之，试验其使用方法，在侵略作战结束后，必须提出所见到的情况。又命令联队本部所属军医坂东大尉支援某大队来实施并命其提出所见。

第一大队方面：第一大队于 5 月 27 日早晨，由定县出发，在侵略前进中在该地东南方约 22 公里的地点，遭遇八路军，大队立即展开主力来包围攻击之，不仅是给予八路军战士歼灭性打击，并杀害了大批的和平居民。大队在此战斗中，使用了赤筒和绿筒的毒气，受到机枪扫射的不只是八路军战士，而逃跑路途的居民也被射杀了。又在村庄里进行了扫荡，向逃入很多居民的地道里掷入赤筒和绿筒的毒气，以致窒息，或者是对感到痛苦而逃出的居民即施以射杀、刺杀、斩杀等残酷行为。在此战斗中，我指使第一大队杀害了八路军战士、居民约达 800 人以上。此外并掠夺了大批的武器、物资等。以上是第一大队长大

---

① 上坂胜系日本战犯。

江少佐的报告。

联队主力方面：联队进到滹沱河北岸时，接到了师团的命令："上坂部队务必由某村至某村间进行肃正扫荡，并在该地区修筑炮楼。"我以联队长的身份向部下发出如下的命令："各大队务必在其担任地区进行肃正扫荡，并修筑炮楼，各大队担任地区之警戒线如下（省略之）"（但第一大队恢复原警备状态）。该扫荡战中，对地道战使用了赤筒和绿筒毒气，就是以逃入地道的八路军战士、居民，将地道两面的入口封闭，掷入毒气弹，给予中国人民莫大之灾害，其杀人数约300人，推测在居民中有很多八路军战士混在里面。以上是根据各大队和军医坂东大尉报告来推定的。

该侵略作战的结果，给予中国人民的损害是：杀人约1100名，破坏房屋10栋，烧毁房屋3栋，把450栋的房屋掠夺使用了10天的时间，并酷使中国人民240名修筑8个炮楼（约10日间）。

（中央档案馆馆藏档案，档案号：119-2-3-1-5）

（二）文献资料

1. 梅花镇惨案纪念碑碑文

碑额：血海深仇

碑阳：梅花惨案纪念碑

    ——吕正操敬题一九八七年九月

碑阴：公元一九三七年七月七日卢沟桥事变，日本侵略军沿平汉铁路线南下，我中华民族陷于水深火热之中。于十月十日傍晚进驻梅花镇的原东北军五十三军六九一团爱国官兵，在团长吕正操率领下奋起阻击日军，从十日晚激战至十一日下午，一举歼灭敌军八百余名。打破了日军不可战胜的神话。

十一日傍晚，吕部突围转移，并动员群众撤出。翌日拂晓日军纠集五千余人闯入梅花镇进行报复，疯狂屠杀我无辜同胞，制造了惨绝人寰的梅花惨案。时为农历丁丑年九月九日，故称"九九惨案"。

日寇在梅花大屠杀持续四天三夜，枪杀、刀砍、肢解、挖眼、怀孕妇女被开膛，婴儿刺死挂在树上。尸陈满街，血淌成河，惨不忍睹。日寇杀人地点十八处之多，现尚存四处：辘轳把水坑，有五百九十七人丧生；三十六口坟，二百多名妇女、儿童惨死于此；水坑，六十三人遇难；血井，四十五名同胞饮恨黄泉。日本侵略军在梅花镇共杀死我同胞一千五百四十七人，杀绝四十六户，烧毁房屋六百多间。这骇人听闻的惨案给梅花镇造成了深重的灾难，却也激发了广大人民奋起杀敌的怒潮。

前事不忘，后事之师。团结奋斗，致力四化，富国强兵，维护和平。在我同胞遇难五十周年之际，为了激励人民，教育后世子孙，立碑为志。

藁城县梅花镇一九八七年农历九月九日立。

        （中共石家庄市藁城区委党史研究室提供）

2. 日军在大曹庄战斗中使用毒气

1938 年 11、12 月，日军对冀中两次围攻被粉碎后，于 1939 年 1 月 25 日又集中 7000 余兵力，对冀中根据地中心区的河间、献县、任丘、肃宁等地发动了第三次围攻。为协助冀中部队巩固平原根据地，八路军 120 师奉命由晋西北挺进冀中，立即投入战斗。2 月 4 日，日军第 27 师团 1000 余人向大曹村进犯，遭到 120 师 716 团重创后，遂由炮兵发射毒气弹，由步兵施放毒气筒。在滚滚毒烟中，716 团官兵用毛巾浸水、浸尿，或帽子包上积雪，敷紧口鼻，继续坚持战斗。2 月 14 日，左权致电各兵团首长通报说："贺师 6 团 4 日在任丘大曹庄战斗，敌施放喷嚏性、窒息性混合毒气。放法以炮弹、瓦斯筒或瓦斯罐置于工事前，待我攻击时即燃烧毒气弹。爆炸声小（如打洋铁筒），有一种剧药味，灰白带蓝色，我中毒后即感鼻孔发热而且痛，流泪、鼻流血、喷嚏、咳嗽、胸胃压痛、呕吐，重者咳痰带血，轻者经半小时后即愈。防毒简法以手巾浸水或尿，帽子装雪或土，敷紧鼻口，即觉呼吸清快；或喝凉水、（食）大蒜均有效。如在房子内中毒则更重。"

（谢忠厚主编：《日本侵略华北罪行史稿》，社会科学文献出版社 2005 年版，第 228 页）

3. 日军在齐会战斗中使用毒气

　　1939年4月23日晨，河间城日军第27师团吉田大队800余人进攻齐会村，将120师第716团第3营包围于村内。第3营顽强抗击，打退日军多次冲击，日军遂施放毒气。但第3营官兵早有准备，或将大蒜嚼烂塞入鼻孔，或用毛巾沾水、浸尿捂严口鼻，冒着毒烟，沉着应战，给日军以重创。为全歼该敌，贺龙师长亲赴前线指挥，令716团第1、2营在冀中部队配合下将日军包围，于20时全团发起反击。激战中，吉田命令炮兵向716团阵地和第120师驻地大小朱村，猛烈发射毒气炮弹。贺龙师长和司令部机关20余人中毒。贺仍坚持指挥战斗。在内外夹击下，日军大部死伤，残部于24日拂晓向南逃窜。复又被包围于南留路村和找子营村，除30余人逃回河间城外，全部被歼。至此，120师与冀中部队并肩作战，巩固了冀中平原根据地。4月29日，朱德司令致电蒋介石、何应钦等称：是役经3昼夜连续战斗，毙伤敌700余，生俘日兵7名，缴获步枪200余支，防毒面具70余个，毒瓦斯10余筒等。此次敌大施毒攻，贺龙及以下官兵中毒者500余名。

　　（谢忠厚主编：《日本侵略华北罪行史稿》，社会科学文献出版社2005年版，第229页）

4. 内藤一男的口供

（1954年）

问：谈一谈你第二次到中国犯的罪行。

答：第二次来中国是在1939年4月25日到华北的张家口的独立混成第二旅团，至翌年7月为止，任兵器系将校（即负责武器管理）。在那里任兵器系将校时，将国际法禁止使用的瓦斯武器供给了旅团内的各部队，促进了残忍的战斗。其发给的数量，对张家口、蔚县、涞源、怀来、宣化的这五个步兵大队，每月经常供给瓦斯筒30个，通过我的职务在16个月共发了2400个瓦斯筒；对张家口通信队、工兵队、炮兵队、宣化速射炮队及张北的步兵部队，每月供给20个瓦斯筒，计1600个瓦斯筒。作为增加部队的，给涞源附近战斗2回，怀来附近战斗2回，每回300个，共计900个。总计发了瓦斯筒4900个。增加补给瓦斯弹，每次作战50个，共计发给了150个。这是在国际法上、在人道上不能容许的罪行。

[中央档案馆馆藏档案，档案号：119-2-455-2-9，刊于谢忠厚主编：《日本侵略华北罪行档案》（6），河北人民出版社2005年版，第86页]

5. 冀东潘家峪大惨案

朱靖

《晋察冀日报》编者按：敌寇在冀东潘家峪屠杀我千余同胞的空前大惨案，至今时逾一年，由于敌寇之封锁，交通之隔绝，我们直到现在才接到这个鲜血淋漓的通讯。这个空前大屠杀的惨剧，发生在敌寇号称"王道乐土"的冀东，应该引起我全国同胞，特别是华北沦陷区广大同胞的严重警惕。目前敌寇正狂呼"治安强化"，我华北人民与敌占区同胞从潘家峪的大惨案中也正可以洞悉敌寇所谓"治安强化"究为何物了！我们痛悼潘家峪千余死难的同胞，更望我华北及全国各沦陷区的同胞一致奋起，反抗敌寇榨取、劫掠与屠杀的"治安强化运动"，为死难的同胞复仇，更为了自己救自己！

1941 年 1 月 25 日（旧历除夕的前夜），在敌寇所宣扬的冀东"王道乐土"上，丰润县的潘家峪村，发生了一件令人悲愤的敌寇屠杀我同胞的大惨案。全村被敌寇惨杀者 1035 人（其中儿童妇女有 658 名），负重伤者 84 人，活着和下落不明者只剩 303 人。全家惨死者 30 余家。烧毁房屋 1100 间，剩下的，只有 135 间未坍塌的焦房了。

惨案发生的经过是这样的：

那天，敌寇调集了迁安、滦县、卢龙、遵化、丰润等 5 县的敌伪军，天明后不久就包围了潘家峪。敌寇怀着最残暴的狼心，要把全村的人民都杀尽，要把这悲惨的血案，去镇压全冀东人民抗日的决心，迫使全冀东的人民，服服帖帖地受他宰割。因之，敌寇是极力要把这次大屠杀，造成最残忍的场面。

乡长的全家先被敌寇屠杀了。全村 1000 多的村民也被鞭打着，赶到村西头的"西坑"去。

"西坑"是一个一亩多大的大水池，现在干涸了，人们满满地挤着。

人们哪里会知道，日寇正在布置着一个残酷的大屠杀场呢？

在庄头的石轿边，潘惠林家——惠老爷的大院前，是一堵非常坚固的洋灰门墙，院里的空地上，柴火、玉蜀黍、茅草、松木板、各式各样能着火的东西，渐渐地越堆越多了。在这个大院里的平屋顶，站满了敌兵，还架了两挺机关枪，墙头上也有敌兵，拿着手榴弹伏着。敌寇就用这样的布置，来对付我们手无寸铁的同胞。

"西坑"上，敌寇守备队长讲话了，他在宣布乡长的"罪状"，口沫喷射着，用指挥刀敲着地。一群野兽般的敌伪军，就把人们驱赶着，赶进那所大院里，关上了大门。机关枪就嘟嘟的向密集的人群扫射起来，人整排整排地都倒下去了。墙外的兽军，还把未赶进去的小孩提起来往院里扔，往石头上摔。用硫磺弹把这座院子烧着了。到下午 7 点钟，全村的房屋都着火了，漫天的火烟，熊熊的燃烧着，轰隆轰隆的房屋倒塌的声音〈夹〉杂着悲惨的嚎哭声，几里外都能听见。

当我们的滦迁（联合）县政府派人去调查这次惨案实情的时候，一个负伤的妇人——潘李氏，叙述她遭难的经过说："我娘儿三个跳进猪圈里躲着，火炭直往跟前落，我抱着 4 岁的四头说：'孩子，有妈在，就有你在！'鬼子的机枪把锁头的左胳膊打了两个透眼。墙外的鬼子还把烧着的玉蜀秸子直往里扔，锁头赶紧踩着一捆未点着的玉蜀秸子，爬墙逃出去了。一直到天上出星星，我才抱着被烧得要死的四头冲出火堆。"

潘喜宝 13 岁的闺女金东子，也在枪弹密集射击的时候，背着 3 岁的小兄弟在火堆里、人堆里躲来躲去。不幸一颗子弹把她的小兄弟打死了，鬼子还要追她，她丢了弟弟就跑，一颗子弹又打中她的腿骨子，她终于倒下去，爬行着。她说，当她逃出火坑的时候，"鬼哭狼嚎的声音听不见了，只看见通红的炭火烧着人肉！"当我们县政府的人员慰问她的时候，她的亲戚告诉说："这孩子从白天到黑夜，只睁着眼睛，不休的叫唤着，因为她的伤口太痛了。"

在这次的大烧杀中，人民为了反抗敌寇的暴行，孩子们曾用石头反击着。一个 50 多岁的老头潘国生，他抱着孩子向敌人机关枪阵地冲过去，负了伤倒下了，挣扎起来又向敌人扑去，但他终于怀着仇恨，挟在火堆中死去了。

当敌寇骑着潘家峪的牲口，吃着潘家峪的葡萄，抢了潘家峪人民的财物走了以后，附近的村民都含着无限的悲愤，来抢救潘家峪。但是火焰熊熊地烧，浓烈的臭腥味散放着。他们再没有办法找出一个活的人来。只有在东面的平房里，救出了三四十人。这三四十人是当敌人放枪放火的时候，他们披着水浸湿的褂子，逃进了这间平房，用米罐抵住门，拿着一切家具，要和他们拼。鬼子来推门，没有推开，就把门锁起来，要把他们都烧死。幸喜火没有把这间房子烧着。这些抢救的人就凿了墙壁，把他们救出来了。

潘贵的全家都死了，只剩下一个 7 岁的女孩子——炳子。她是在第二天人们认尸的时候，才把她从爸爸的尸首下翻出来，满脸是血，现在夜里净是说梦话："爸爸呵！别压着我！"啊！多么可怜的孩子啊！

关于人们被屠杀后的惨景，我想不用多写了。日寇屠杀中国人民，残杀中国妇女和儿童兽行，是一年比一年演得更野蛮了。据一个去认尸的人说：烧杀后的第二天，这一亩多大的院子里，是死尸盖着死尸，满满的。火苗还旺，烧着人肉吱吱地叫着。尸堆中，有一个孩子只有上半（截）身子；还有一个小孩，头、四肢、肚肠、心脏，什么都被烧光了，只剩下了一块约1尺长、4寸宽的灰色的肩背。人们认尸也认不清了，有的尸体拿起来，骨肉都酥酥落落地折断了。

敌寇屠杀了我潘家峪1000多同胞，全冀东党政军民各界，无不悲愤。八路军的战士们，为了给他们报仇，他们在滦河岸边，曾经对敌人进行过无数次激烈的战斗，政治部还捐出了3000元的医药费，派出医生去救治那些负伤的同胞。

当丰滦迁（联合）县政府派人去慰问救济与主持公葬的时候，人民抗日的情绪激昂到了极点。

300多的难民，回到潘家峪了，那村子是多么荒凉啊！只剩下大南街的壁上还有"日本军告民众书"的大字布告，还有伪新民会："排共彻底"、"亲日和平"、"庆祝华北明朗化"的标语。人们含着愤怒走过了大南街，出了村，在山坡上挖了两个大坑，东坑埋男尸，西坑埋女尸，公葬了自己的父母妻子。公葬的祭礼是在庄严悲愤的夜里举行，没有唱一支挽歌，也没有用葡萄和花酒，人们只用一颗愤怒痛悼的心，在西北风的怒吼中默默地站着。不过几天，附近不少村庄的青年，都参加到八路军里去了。

敌人没有把冀东人民的抗日决心镇压下去，而且也永远不会镇压下去，敌人的暴行，是只有更加深人民的仇恨啊！

（作者朱靖，系晋察冀日报记者雷烨的笔名；原文载《晋察冀日报》，1942年4月9日）

6. 潘家峪惨案碑文

群山环抱、溪水长流中间，有广阔平地，宜于五谷，山坡有无数果园，特产葡萄。在这天然胜境中的村庄，就是潘家峪。村中居民二百二十户，男女一千七百口，男耕女织，一向勤劳生产，安居乐业，真是和平气象。自从日寇侵华，群众本爱国热情，大批参加抗日战争，致使日寇与我为仇，几次围攻都被我们粉碎计划。不幸，在一九四一年一月间，正是旧历腊月二十八日，是旧年节前一天，日寇趁着群众回家过年，突然围庄，男女老幼被赶进村西街头大坑里。这时，敌人在宽阔大院里铺满了干柴，由大坑里把群众赶入大院，惨无人道的敌人用火焚烧，开枪扫射。当时，火光触天，哭声震地，虽有向外冲者，也都英勇死于枪弹之下。敌人去后，村民有先远避得生者回视，只见尸横遍地，血流成渠，被烧杀者须发不存，难视亲疏尊卑，手足成灰面不全，有的只剩肠胃一堆，有的竟是焦炭一块，有的孕妇腹崩流出胎儿，惨害情形，令人落泪。总计死者一千二百三十名。幸得邻村热情资助，辨别男女尸身，用芦席裹尸，合葬四座坟墓。由南往北，男二座，女一座，小孩一座。这一惨案发生后，潘家峪的人民把仇恨变成力量，同时，被惨杀后剩余的青壮年组织复仇团，一致拿起武器，血债一定要日寇用血来还。日寇投降后，美帝重新武装日本。这时，我们不但仇视美帝，决不能使日本鬼子再来屠杀中国人民。潘家峪人民组织起来，坚决反对外国帝国主义对中国的侵略。一九五一年，全国展开抗美援朝运动，唐山市政府同志们捐资合筑祠堂，并建塔立碑表示追悼，谨铭此碑。

公元一九五二年七月五日立

（潘家峪惨案纪念馆提供）

7. 日本关东军在冀东丰润、玉田等县施放毒气

1941 年，日本关东军派遣独立守备队 4 个大队，协同独立第 27 师团，进行"冀号"作战，多次对无辜民众进行集体审讯、毒杀。据小川政夫笔供：关东军司令官曾"命令各大队要携带毒瓦斯和防毒面具"，他所在的独立守备步兵第 7 大队各中队携带红筒 5 个、绿筒 100 个、绿棒 100 个、发烟筒 100 个及防毒面具 50 个。此外，大队武器委员还携带各种毒气筒 200 个。他供认：在"冀号"作战期间，他指挥的独立守备步兵第 7 大队第 4 中队，于 1941 年 6 月中旬，在河北丰润县城北方约 12 公里的某村，将 7 名农民置于房内，使用毒气拷问。1941 年 7 月中旬，独立守备步兵第 7 大队 400 多人，在河北省玉田东南母庄，为搜查兵器，将村民 150 人赶到村东北路旁洼地里，命令士兵四周监视，点燃了小型绿筒 1 个、绿棒 5 个、发烟筒 2 个，凶狠地进行集体拷问。孩子们哭喊，流泪，拿草塞鼻子，头往土里钻；抱着幼儿的母亲用自己衣服裹孩子，拼命地保护着孩子。其中不堪痛苦折磨而爬上土堤想逃走的人，被日军踢下土堤。村民被置于这种悲惨的境遇里达 30 分钟以上，呼吸器官受到严重伤害，有半数呕吐，不能走路的十几人，还有 3 名幼儿因被母亲的衣服包得过紧窒息而死。

（日本战犯小川政夫 1954 年 8 月 22 日及 8 月 10 日笔供，刊于谢忠厚主编：《日本侵略华北罪行史稿》，社会科学文献出版社 2005 年版，第 251—252 页）

8. 冀热辽行署关于热南、冀东集家并村（人圈）惨状的调查报告

敌寇制造"无人区"（无住〈禁作〉地带）

热南冀东 42000 平方里的土地灭绝人烟

敌寇对中国人民的残杀、统治是无奇不有，无所不为的，但是中国人民的英勇斗争决不会因此而压制下去，相反的时刻打击着敌人，特别是分散在各个山沟的人民，凭借着山地的有利条件开展着对敌的周旋，因此敌人认为最美妙的也就是对中国人民最残暴的做法——制造"无人区"！

民国31年（1942年）的春天，敌寇在我冀热辽区从古北口到山海关，长约700余里的长城两侧，包括承德、密云、迁安、兴隆、平泉、青龙、滦平、遵化、凌源等县，长城以北40里，以南20里，均不让有一个中国人存在，开始了残酷的集家并村办法：第一阶段，先把三家五家太分散的零散户，集中到村庄里。这是"命令"，不去就是烧杀抢。但老百姓不是那样温驯的，除开展"非法"斗争外，还利用一些"合法"的斗争，拖延时间。31年（1942年）开始了集家的第二期，不只零散户要集中，而且要把所有的小村子都集中在离长城40里以外山沟口较大村里名之曰"部落"，亦名"人圈"。但中国人民能够服从这个"命令"么？绝对不能，因此"杀光、抢光、烧光"的三光政策，残暴的施行在这块辽阔的土地上。敌寇的兽群每天在山沟里山〔顶〕上进行"扫荡"与搜索，见人就杀，见房子就烧，就是一所茅草窝铺也难免灰烬的命运，牲口和财物抢掠一空，就是不通人事的鸡犬也难逃活命。这样的搜索"扫荡"一个村至少在几次以上，在马尾沟竟烧杀了14次。不甘屈服的中国人民，第一次被烧了房子，他们又搭起茅屋来，但是狠心的敌人又来个二次放火。经过数次"搭"与"烧"的斗争，群众的力量使尽了，只得隐蔽在水〔山〕沟里、大树下、土谷里，以减少目标，略避风寒。但是敌人还有更残酷的办法，在每个山头上分布着碉堡，监视着人们的动静，只要发现人影，必追逐杀死而后已。因此，躲在山谷里的人们连火都不敢生，恐怕烟火暴露了消息。母亲抱着小孩，时刻不敢让他离开奶头，恐怕孩子的哭声把敌人引来。有的孩子在止不住哭泣时，可怜的让他母亲长久的用奶头塞死。马尾沟只4个小村，70户人家，竟被杀死50余人。好多村庄被杀在半数以上，全家被杀的也为数不少。有42000平方里的土地上成为人烟罕见的一片凄凉了！

住在部落附近的人们不得已跑在"人圈"里，都过着非人类的生活（部落都在千户以上）。"人圈"里有严密的特务组织，规定有"思想犯""政治犯""运输犯""秘输犯"等犯罪条款，谁要表现任何一点活动，或是看见那个人不顺眼时，就加上〔之〕予某一罪名结束了他的生命。从到"人圈"的一天，再不能与外面发生任何关系，就是相隔咫尺的村庄也不准互相来往。10 里以外的土地即不让种，凡是一个能拿动枪的男人，都要编为自卫团，每晚巡查不能睡觉，白天才能抽点时间休息，但是如何休息得下呢！因为他们又都是"勤劳奉公"队的队员，每月都要抽出 15 天到 20 天的工夫"勤劳奉公"，不是修"人圈"外的壕沟就是修山头堡垒；不是修汽车路，就是修火车道；不是到附近县做工，就是到东北矿厂，他们的劳役没有服完的时候，以至于死。"人圈"里的生活完全是配给制，白面大米根本不让吃。其他用品的配给，着实可怜，每人每年的布匹配给，至多不过 3 尺；他们所打的粮食还不够交税，如住宿捐每户每年 80 元，军需捐每人每季 7 元，飞机献金每人 7 元，每人还定交"钢钝" 5 个，如没有交款，每个折 5 元，一年一次募捐每亩地 17 元，还有附加捐等等。这仅仅是所知的数种，总计每年每亩地至少负担 80 斤粮食，他们穿什么吃什么即可想而知了。"人圈"里的女人们，一般定有两种制度，一种是"跑人圈"，在每天的早晨，所有的青年妇女，掷下她的可爱的小孩子先到"人圈"外跑一个圈，然后才能回家做饭奶孩子，不然就要犯罪。第二种是"跑山"，每礼拜一次，把妇女们集中在一个山麓下，发号赛跑。但山头早已暗藏着一些丧尽良心的狗腿警察，在妇女快到山顶时，砰砰……的枪声，把女人们吓个抖擞而后快，这就是那〔所〕谓"锻炼"，谁要不去，马上定个思想不良的罪名成为刀下鬼，"人圈"的妇女们被敌人的奸淫污辱已成为"公开合法"，因为抗拒，被处通匪者不是少数。"人圈"的生活此仅一二，实难尽述。

在这块地区里，以 9 个县计，其中最重要者 4 县，有 600 万亩土地在敌人践踏下荒芜了，每亩以产粮 3 大斗计，以 4 年计算，共减收粮食 720 万大石。1000 余村庄的房舍片瓦无存；牲畜不见一头，衣服不能遮体，目前有将近 50 万的人们受着衣食住无法解决而死亡的威胁，此种嗷嗷待哺的惨象，令人心寒！

中华民国三十五年

（中共河北省委党史研究室编：《长城线上千里无人区》第二卷，中央编译出版社 2005 年版，第 84—86 页）

9. 日军在无极县等地施放毒气

1942 年 5 月 23 日至 6 月 12 日，仅 20 天内，日军就在无极县、定县之间赵户村，灵寿县朱食村和朱骇村，定县北疃村，唐县岳烟村及拒马河，无极县黑贵子村，深泽县白庄和宋庄，及冀南威县掌史村等地，施毒 10 余次。如上坂胜联队，于 5 月 27 日在定县北疃村，向地道中使用赤筒、绿筒，致使在地道中躲避的北疃及附近 10 余村群众，包括老弱妇孺，共 800 余人全部被毒死，制造了骇人听闻的大惨案。

（谢忠厚主编：《日本侵略华北罪行史稿》，社会科学文献出版社 2005 年版，第 242 页）

10. 陈玉芝控诉书

（1956 年 12 月 25 日）

我叫陈玉芝，今年四十五岁，现住河北省承德县乌龙机乡乌龙机村白家沟。我控诉伪满汉奸强迫我集家和杀害我丈夫的血腥罪行。

伪康德九年旧历十一月间，我家在伪警察署警尉王泽民等人的强迫下，拆毁了自己的六间住房。从伪康德十年春开始，被迫修建大围墙，建立部落，不让我们去种庄稼，结果不仅荒了土地，而使我家里的生活也受到极大影响。

集家到部落后，伪康德十年旧历六月二十八日，我丈夫杨忠田回白家沟锄地，被伪汉奸发现，以私通八路的罪名，当即被逮捕。并将他带到下板城去，用灌凉水、煤油、过电等手段，进行了四天刑讯拷问。更为残忍的是当众用军刀砍头，并乱刀将他杀害。我丈夫被杀害后，不过二十天，由于生活困难，我仅有一个三岁的孩子也被饿死。此后，我本人也经常受到伪满警察、部落长、牌长的欺压敲诈，不得已只好到外投亲去。总之，伪满给我迫害是说不尽的，请政府为我申冤报仇。

（中共河北省委党史研究室编：《长城线上千里无人区》第四卷，中央编译出版社 2005 年版，第 300 页）

11. 王礼等12人证明书

（1956 年 2 月 3 日）

我们是河北省兴隆半壁山区孤山子村的居民，可以证明阴历一九四二年十二月初六，日本宪兵特务抓捕迫害我村居民的罪行。当天早晨，天还没亮的时候，日本宪兵特务包围了我们村子，挨户搜查，说是要召集大家去开会，分片把各处住的成年男人赶到一起，叫大家排好队伍，伸出手来，检查大家的手掌。最后提出了我们村茨梅花峪的贾万胜、贾万明、贾重、贾祥、彭占久、王祥、王凤臣、王祥林、梁万库、李文清、贾万全，孤山子的刘悦亭、徐永和、吕文财、方哲、刘济川、刘云亭，磨石沟的高连山、李真，小正北峪的杜连生、张悦福，白枣峪的吴从正，三岔口的陈宝善等人，把他们抓捕，带到兴隆县佛爷来的伪警察署。这些人除贾万全和吴从正跑了回来，刘济川和刘云亭在佛爷来被放了回来，其余人和从其他地方抓捕来的共约一百四五十人，一起装进三辆大卡车，送往兴隆伪警察署拘留所，由日本宪兵审问他们。审问时还用凉水浇、开水烫，棍子打等酷刑，逼他们的口供。过了十来天，又把王祥林、梁万库、贾万胜、李文清、李真、杜连生放了回来，其余的人都被送到伪承德监狱，伪司法机关在那里判了他们的徒刑，除刘悦亭、徐永和、陈宝善被放回来外，其余的人都在服刑期间被虐待死了。

兴隆县半壁山区孤山子等村被害人名单：

陈宝善，被判处徒刑十年；刘悦亭，被判处徒刑十五年；方哲，被判处徒刑十五年；徐永和，被判处徒刑十三年；吕文财，被判处徒刑十五年；王祥，被判处徒刑二十五年；彭占久，被判处徒刑十五年；贾仲，被判处徒刑二十年。贾万明、贾万胜、贾祥、王凤臣、王祥林、李文清、贾万全、梁万库、高连山、李真、杜连生、张悦福、刘广志、刘济川、吴从正被放回。（12 名控诉人是王礼、贾万仓、贾万玉、王凤文、贾长顺、贾万来、贾万林、彭占存、王忠、贾万山、王凤兰、均业农）

（中共河北省委党史研究室编：《长城线上千里无人区》第四卷，中央编译出版社 2005 年版，第 299 页）

12. 杨文斌控诉书

（1954 年 9 月 18 日）

我叫杨文斌，今年五十三岁，务农，家住热河省承德县第四区南双庙村黄旗湾子屯。

伪满康德九年腊月二十七日早晨，有日本人和上板城铁路警察及讨伐队来我村，把我村包围。以开会为名，将村里人叫到河套里，问和八路军开过几次会，送过多少鞋袜等。当时我也被叫去，我没说，他们把我放了。但是把我父亲杨贵亭、我弟弟杨文礼、杨文智和村里的李景泉、王连合、王福义、孙连升、孙连春、孙宏、杨桐、于永林、张九存、张永恒、张彦勋、李占永、李永、李占奎、刘永岚、孙连举及八路军蔡队长等二十人，除将蔡队长打死在九庙外，其余的都送到上板城，后又送到承德监狱。我三兄弟杨文礼送到安东，日本投降后解放回来的。我四弟文智死在本溪。我父亲押在承德监狱，因病花了四千多块的伪满币才保回来，保回后因在那受累过重，请医生治疗两年未愈而死。李景泉被绞死在承德，张永恒被刀砍死，杨桐被烙死在监狱。孙宏、孙连举、于永林、孙连春、张九存、李永、张彦勋等被送到抚顺、安东、哈尔滨、承德监狱，也都死在狱里。李占奎由阜新放回，王福义、孙连升、刘永岚由上板城押了六七天后才放回来。我父亲被押，我二弟、五弟在承德做商当经理，为营救我父东借西贷，借了四千多块钱，直到解放才还清债务，害得我家生活万分困难。张连春被押死在监狱，其妻无法生活，另嫁他人，该户由此家破人亡。

以上是日本鬼子杀害我父和弟及同胞的罪行，请求人民政府严惩那些万恶的杀人刽子手，讨还我们的血债。

（中共河北省委党史研究室编：《长城线上千里无人区》第四卷，中央编译出版社 2005 年版，第 300—301 页）

13. 高和控诉书

（1954 年 9 月 24 日）

我叫高和，今年三十九岁，现住（承德县）南双庙村。在伪满康德九年旧历十二月二十七晚上，有承德来的宪兵、警察、特务好几十个人到我家，把我抓到新杖子宪兵队押在拘留所。第二天，有两个日本人和一个翻译来过我的堂，把我的衣服脱光后，叫我跪在炭火上问我："是八路军的什么干部？给八路军送过信没有？给八路军做过多少鞋？送过多少米？"等。我回答说"没有"，那个日本人就拿铁钩子打我，然后又把钩子放到火炉里烧红了烙我的手指缝，伸到我鼻孔里烧，还把铁铲子烧红了烙我的脸和鼻子等处，烙得满脸稀烂，十多个月才好。到康德十年旧历正月初二，又把我们送到承德监狱，到承德后仍是照样的过堂和拷打。正月二十八日，就以"国事犯"的罪名把我判了七年徒刑。二月初二，又将我们一百个人送到安东，在那里又押了一年多，才把我们放到"守备团"给做刺刀、用具等，直到康德十一年旧历十二月二十七才把我们放出来。我记得这次同我一起被抓去的，有我村肖汉生、郭万银、刘永田，被判了无期徒刑；肖汉臣、肖广、肖臣、肖汉江、肖庆荣、肖文、王忠、王桂、王仲、王有、王福新、王明、李耀、李相、刘永惠、王福旺、刘福、刘珍、刘禄、刘贵、刘自洪、刘永兴、刘永隆、刘永善、刘允、刘永九、郭万库、郭万才、傅连山、李显、刘永刚、刘永山、王殿清、王俊有、傅连贵、傅连玉、冯治、冯德、王祥、孟宪忠、李林、王桂、刘永等都被判了十五年、七年、五年不等的徒刑；肖汉新、肖玉、肖汉忠、李廷富、李春茂、李万有、李鄂、李纪良、肖堂等人，均在新杖子宪兵队被押了几天，经刑讯拷问后释放了。李玉、石国恩、刘世宽、傅连明、王福生、冯顺等人，都被送承德经严刑拷打后，才释放回家了。黄旗湾屯有杨贵廷、杨文礼、杨文治、王连和、王富义、孙来生、孙连春、孙文洪、孙连举、杨桐、于永林、张九存、张永衡、张年勋、李占勇、李勇、李占奎、地下工作人员花卿、区小队的蔡某（名字记不清了）以及鹰手营子村的郭振邦、李森、姚兴、谭祥、谭生、尹义信、尹德良、刘占山、赵王、石臣、孙景芳、孙景祥、孙景新、刘兆森、李景山、董广德、李芝、郭刚、郭荣、李荣、王文杰、李九更、李九泽、王景珠、李金、钟玉明等人。我记得有刘树、刘永田、刘永霖、罗旺贵、王富、李申、肖汉存七人被判了死刑，在承德就被杀害了。肖广、肖汉兴、肖汉江、刘贵、刘珍、傅连山、刘永山、刘永刚、傅连玉、傅连贵、郭文库、王殿清、王有、王俊有、郭万才、李显、冯治、冯德、李香、李耀、刘永新、刘永隆、刘永善、刘长代、刘永九、刘福、王柱、王仲、王忠、王福新、石国息、孟显忠、王祥等人都死在承德、安东等监狱中。还有高勤、肖庆生、李印喜、肖廷良、肖庆琢、王福五、刘永堂、刘志忠、石国臣、兰明、王福林、张永思、傅连全也被抓到新杖子，经刑讯拷打后放回家。待我被释放回家后听说，冯顺、傅连明、张羽、肖文、肖臣、刘禄等人都因受酷刑成疾，回家不久就死了。还有王殿清、王俊有、冯顺、冯治、冯德、王祥、张永恩、李耀、刘永惠、刘珍、王忠、刘永霖、刘永田、刘永顺、刘永善、王富等人都因被抓，家庭生活没人维持，都被弄得妻离子散，家破人亡。

　　我要求人民政府，严厉惩办这些日本帝国主义的罪魁祸首、屠杀和迫害我们中国人民的刽子手，为我们所有被害的无辜人民申冤报仇，讨还这笔血债。

　　（中共河北省委党史研究室编：《长城线上千里无人区》第四卷，中央编译出版社 2005 年版，第 303—304 页）

14. 伪中华民国新民会河北总会呈第一四七二号

（1943 年 12 月 25 日）

窃本县地居冀东长城以南，形势扼要……迨至去岁国历十月□［皇］军方为剿匪便利，顺长城东西沿线一百五十里，南北宽约十余里构成无住地带，掘成东西遮断深壕，将人民彻底逐出，所有房屋一律焚烧拆毁，片瓦无存，尽成废墟。当时因时间迫促，所有用具粮食衣服器皿农具完全未能携出，火焰涨天，哭声震野，其中以无法生活而投河觅井悬梁毕命及身投火窟者难以数计。至县境之内若干地区又复划为无住村落，一般居民被逐失业，转徙流离，形同乞丐。本年春虽蒙治安总署督办齐赐以赈济，但车薪杯水难救饥黎。今岁盛夏长城无住地带治安早已好转，其他各县皆得耕种，惟遵化因特种关系未得耕种，使五万余亩膏田变成荒野，一年以来灾民生活只能求亲靠友或乞讨为生。今秋既无生产来年实为可虑。

（中共河北省委党史研究室编：《长城线上千里无人区》第一卷，中央编译出版社 2005 年版，第 149 页）

15. 冀东李政委关于关外敌制造"无人区"及
"人圈"统治概况的报告（节选）

（1944 年 10 月 26 日）

冀东概况：

关外：工作开始于 1941 年，先派工作人员熟悉人情地理，继以小部队进行活动，对该区人民不给予负担，且解决该区人民的痛苦，如火柴、油、盐等都带去。因此，群众对我影响〔印象〕甚好（如半壁山）。由于以后工作方式未能适应时机转变，冀东"扫荡"时，部队转到口外活动，给敌人刺激甚大，于是实行集家。

1942 春即计划实行大规模的集家并村（"人圈"），建立集团部落。实行步骤：（一）调查地区（我工作深入程度）人情，选择集团部落的位置，随即进行宣传，如集团部落的美满生活。（二）集中后，进行思想上的统治，肃清抗日思想，将所谓思想不良及不能解决生活问题者向东北实行劳工移民。

反集家斗争：在开始时，领导人民不给敌修"人圈"，并宣传到集团部落后就不能种地，到"人圈"后就会被抓去当兵。这样，敌和平集家失败，即实行武装集家，在广大山地进行"扫荡"、烧杀，将群众拉到集团部落，把家具也搬去，山地中群众因此起分化动摇，但基本上是不愿去。到"人圈"去的大部系上层的。同时，敌尽力使"人圈"内的人与山地的人对立起来，如"扫荡"时使"人圈"的人抢夺山地人民的东西；另又对山地人民实行诱惑，如配给（1942 年冬、1943 年春）。此时，我没有掌握和解决"人圈"与山地人民之矛盾和对立，相反的，拆"人圈"时山地人民又去抢他们的，使矛盾日深。

敌集家基本上成功。敌利用这个矛盾，在"人圈"中实行武装自卫，由此，"人圈"与山地更为疏远，并宣传八路军被消灭，人民情绪很低。1941 年以来，更对山地实行割青（主要是大川），企图断绝山地人民生活。今年（1944 年）敌又实行引诱。我使山地人民都变成民兵，但缺枪支、物资，生活甚苦。

敌对"人圈"统治情形：

设部落长一，负行政事务责。下设甲长牌长。另有协和会组织，领导地方武装（自卫团、巡防队）和公开、秘密的特务。自卫团 50 人。另组青年、老年、妇女、儿童集队，并组织挺身队（选青壮年中积极的）配合对我"扫荡"，使乡团任巡逻、放哨。

经常实行"检举"，使人民与伪组织建立关系，且保生命财产的安全，因此，群众抗日情绪甚低。

在"人圈"内并设一小"人圈"，将在思想上有嫌疑的分子放在内面监视着。

在山地中如发现我部队踪迹即大烧杀，并对山地老百姓说："我们因为八路军到此，我们才到此烧杀。"同时，每次必作假战果。

原"人圈"人民与刚到"人圈"人民不融洽，并采取监视态度，水、碾子、火柴均甚困难，原"人圈"人民可以随意欺负新来的人，外出亦不能随意，否则会被指为"通八路"。

整个"人圈"人民对敌伪同样是矛盾的。敌伪甚残暴，花销甚大，每日每家即须化〔花〕费2元。

山沟人民情形（"无人区"）：

滦河以西：南天门、神仙胡洞、王宝窑及五指山周围区有1500余户，因山势崎岖，树木丛多，兴隆以西亦有人。

滦河以东人民不敢见敌，亦不敢见我们。长城以外"无人区"人民一律与敌无关系，惟人口已甚稀少，否则可以成为根据地（原在我统计区域内者五六十万，到"人圈"已达90%，多集于兴蓟公路至承德、兴隆以西之公路，半壁山、沙〔撒〕河川等向东流之河流）。

"人圈"多与我们有关系，如喜峰口至平泉路以东。"人圈"地区多系产粮地区。敌人兵力配备沿长城线较强，敌人较多，在纵深则差，愈往内愈差。沿第一线无坚固工事。据点最近者10余里，最远几十里〔此件由冀东（十三）军分区政治委员、冀热辽区党委书记李运昌提供并审定〕。

（中共河北省委党史研究室编：《长城线上千里无人区》第二卷，中央编译出版社2005年版，第58—59页）

16. 制造"无人地带"
铃木启久

一

这里一带的道路旁，排列着整齐的青青的杨柳，几层高高的烟囱吐出黑色的浓烟。3 架卷扬机不断地发出一阵阵运转声响。离开卷扬机不远的地方，有两三座金字塔形的高耸的煤山。煤块中冒起的自然发火的火烟升向天空。山下，是一片葱茏的树林。广阔的树林中间，有一幢精巧的豪华的房屋，那是开滦煤矿所有人的宅邸。

这里是开滦煤矿的中心地——唐山。

开滦煤矿公司的大门前，站着穿着漂亮制服的警察，这是"开滦矿特别警备队"派出的警卫。

根据日军步兵团司令部的命令，开滦煤矿必须每天产煤 11 万吨。为了完成日军的任务，煤矿当局下令全矿日夜三班制不停开工采煤，名义上每班是 8 小时工作时间，实际上由于强迫规定的采煤数量太大，每个矿工每班要在坑道内连续做 10 小时以上的苦工。矿工们仅仅有很微量的粗麦面果腹，日夜受到敲骨吸髓般的剥削。矿工穿的衣服积满了煤炭、脏物和尘垢，变成了纯黑色，闪闪发光，仅仅是腋下和膝盖极小部分还看到一点点原来的蓝布颜色。在衣服的屁股和膝盖部分，缝满了大大小小的补丁，仍然难免露出了肌肤。矿工们一年四季也无法洗澡，脸、手都积满一片片黑色的污垢。只有牙齿是白色的。他们用眼睛瞟着矿警，小声地说："今年中秋节听说又不放假啦!"

一眼能望到这些情景的，是从步兵团司令部的一幢砖造的两层楼房屋，从这里的窗户外望，令人心胸豁达。

在这间房间中，我（铃木）和冈村方面军司令官面对面坐着。冈村是在街上一切行人都禁止通行的严密戒备中来到这里开会的。只见他悠然地吸着香烟，坐在沙发中沉思。步兵团司令部的周围显现出异常的气氛。大量的上了刺刀的日本兵在周围警戒。

冈村有他的一套使用人的本领，有统驭人的能力，轻易不得罪人，但是总是把部队的功绩归于他自己。这时冈村对我说：

"今年 4 月的扫荡战，你的部队粉碎了鲁家峪的八路军秘密阵地，获得了很大的战果。这个地区的治安大大改良。你辛苦了，希望你进一步奋斗，好好地干。"

"不，这不过是偶然的机会罢了。"当时受到冈村的奖励，我心里也不禁有点高兴。

"这个地区的治安确实是好起来了。"

"只是表面上好，实际上恐怕还没有到那个程度。"

"那究竟是怎么一回事呢？大体上鲁家峪的阵地是八路军冀东地区重大的根据地，这个地区的阵地若有损失，就对根据地有影响吧！"

"我军占领鲁家峪，使八路军确受到巨大打击，但是他们放弃这处阵地，并不表明八路军减弱了。他们往往放弃一处阵地，又进入另一处山区。另一方面他们对地下工作非常努力，可以说这是增加他们的实力。前几天，从丰润到唐山的重要公路上，1辆日军的联络军车白昼被袭击，1名联络兵被打死，军用联络书信也被抢走了。玉田到丰润的公路上，也发生同样事故。在汽车公路上还发现埋了不少地雷。虽然这个地区表面上看来，八路军不像以前那样活跃了，像是一处白色的地区，但是只要剥开一层表皮就发现红色的土地。那么八路军的根据地在什么地方呢。我只能回答说，在'山区'，因此我们必须对'山区'彻底的打击不可。"我向冈村司令官说出了心底里的本意。

"那么说，你对此事有什么打算呢？"冈村问。

"在我的兵力掩护下，可以进行一次彻底的清剿，首先把凡是与八路军有任何关系的人一律杀无赦，彻底破坏他们的地下组织。第二，要使治安区居民同八路军完全隔开，这是绝对必要的。"

"你的意见可以作为一个方案加以考虑。"冈村的话似乎不是十分赞成我的意见。不过他又说：

"总而言之，这个冀东地区对于日本大陆政策是十分重要的地方，必须进一步在治安上加强不可。"

"在这长城附近的山地，有相当多的中国居民，这里虽然不完全是八路军的根据地，但他们隐藏八路军确是事实。在这方面，我们必须干一下。"我继续发表了我的意见。

经过大约1小时的会谈之后，冈村回到宿舍休息去了。

这一天的黄昏，各条十字路口和小路、要冲附近都有武装士兵严密警戒。不一会，两辆车头架着机关枪，满载日军武装士兵的军用卡车一前一后护送着一辆小汽车驶到了K饭店的门前，冈村司令官从车上下来，后边跟着的是副官。冈村把帽子和军刀交给副官，在艺妓们的引导下进入一间精致的房间。在房间里，受今天晚上冈村邀宴的高级将校已经到场并开始闹哄哄的高谈阔论了。

不久，有大量艺妓陪酒的酒宴开始。随着酒过数巡，场面也越来越乱，许多军官轮流跑到冈村处敬酒。每一次冈村都夸奖这些将校的功劳，勉励他们。每一个将校也都大事阿谀吹捧这个长官一番。冈村说："男人在外面胡闹不算什么坏事"，他首先就乘酒兴对艺妓们胡闹起来。

这时突然有个电话找我听，我离席一会回来，向冈村报告：

"刚才接到丰润打来的电话，日军一小队在走出某村时被八路军伏击。我方损失为战死 1 人，轻伤 1 人，没有什么大事。"

冈村镇静地说："哦！是吗？"像是若无其事地走开，经过两三个军官的酒席后来到我面前，说："来，再干一杯！"

接着他又说：

"近来治安军（日军走卒伪华北自治政府军）怎么样了？无论如何他们总是中国人，要充分了解利用中国人的心理和习惯。这点非常重要。好好利用中国人的心理习惯，如不能好好利用，即使花尽了气力也是达不到效果的。这方面的诀窍你要好好注意。"

冈村讲完这番话后，又同艺妓、酒女们胡闹去了。在饭馆的外面，荷枪实弹的士兵严密地警戒，"保护"长官们在酒馆里狂欢。

二

这里是天津的所谓"日本租界"。在一幢二层楼的房屋门前，两名日本兵在守卫。屋里是西洋式和日本式的混合布置。这是日军的一个师团长的住处。在宽敞的客厅里，壁上挂着西洋式的风景和花卉的大油画。天花板上吊着 3 盏西洋式的大吊灯，把室内照耀得灯火辉煌。

原田师团长坐在沙发里面，装模作样地吸着香烟，他叫侍者拿一杯咖啡在我面前。

"今天请你来，实际上是听听你的意见，又向你传达一些做法，昨天冈村方面军司令官找我去北平谈了谈。据军司令官说，你管辖的地区，八路军的势力表面上似乎看来平静，实际上一揭开表皮就露出红色的实质，是吗？如果照你的意见，这个地区是不能任其自然发展的。因此，你再说说今后要怎样做才好？"

"一个办法是，把八路军的地下组织从根本上加以破坏。要做到这点，必须全面的，特别是对山区方面进行彻底的搜查和清剿，凡是和八路军有丝毫联系的，统统要处决掉，不能赦免。"

"噢！据方面军的想法是，为了彻底粉碎八路军，从长城起2至4公里内划为'无人地带'，在这块地区内，不准有人居住，不准耕作，一切人的活动统统禁止，交通限制也要大大加强。我们师团准备执行这一计划，你的意下如何？"

"方面军和师部有这样的意图，我是一定赞同的。不过，我想执行这个计划时，如果在两公里之内划为无人地带，恐怕极不容易做得彻底，因为长城线两公里以内，大体上没有居民。居民少的地方，作为八路军根据地的价值也少。4公里以内，有相当多的村庄，那是相当有潜力的根据地，如果只划两公里，那么两公里之外仍是八路军的根据地，这就恐怕做得不够。"

"那么就4公里吧！"

"什么时候要完成这一任务？"

"最迟到下月半，因为南方战事相当激烈。说不定什么时候要调军队到南方去，所以要快点。"

三

在步兵师团司令部一间宽敞的会客室中，桌上放着上等香烟、点心、水果、咖啡等。我在听取部下联队长（相当于团长）田浦和小野的报告，接着我对他们说："听到你们的报告，你们每天都在各方面加强搜查，今天说逮捕了多少八路军通讯员，明天又说处分了多少为八路军工作的人员，好像八路军的组织一个一个都被破坏了，各个部队都建立了治安区。但是，有些部队刚刚说肃清了敌人，几天后又说发现了八路军，照理说那些联络站已被破坏，可是许多地区连地雷、通讯器材也被运了进来。"

"依我的判断，可以说治安情形比过去更坏了。我查了查我的管区内的实际情况，第一联队方面，不久前发生了在丰润县日本军车被伏击事件。这里是治安最好的地区，它接近铁路线林西的北侧，换句话说，是日军警备部队的耳目之前的地带，居然发生了军车被袭击，死伤日军各1名。又在玉田街，一夜之间公路被挖成寸断。在遵化县的山区，日军不止一次中地雷埋伏，不仅小分队的日军，甚至整个中队的日军也受到骚扰性射击。第三联队方面，第三中队在抚宁以南遭受伏击，接着又在东昌附近的某村，日军一小队遭受袭击，都受到相当的损害。4月下旬日军在丰润地区的扫荡战，最近对王官营和鲁家峪都展开扫荡，确实取得了战果。但是仅仅两个月后的7月，在同一丰润地区，出现了比 4 月扫荡时更多的八路军和游击队。为了追剿这股部队，日军先后在玉田遭受伏击，损害不轻。"

我对部下说："从 7 月以后，八路军的大部队一直难以发现，综合军管区的情况看来，你们认为治安已趋好转的判断是错误的。特别是最近八路军的大部队一直未能找到，是由于你们的粗心和麻痹造成的。因此你们各部队进行的搜剿，几乎是形式上的。"

"另一方面，你们只是放纵下级去干，自己对工作不检查，不到第一线严格地监督。这样多的被袭事故，怎能使日军获得战果！照这样的情形下去，将使日本的'大陆政策'规定我们所负担的重要任务地区不能达成目的。过去我们干的方法证明都没有收到效果。这次我们要用最厉害的方法彻底消灭八路军。当然，现在不能说到处是八路军的根据地，但是近长城线的山区，却是危险的地方。这一带同满洲方面有联络，有居民就有八路。遵化、迁安两县接近长城。我们决定从长城线起将 4 公里以内的居民统统赶走。你们快点回去通知县顾问，把这个决定贯彻下去。"

我说完了这番话，就直接传达了步兵师团的命令。这道命令就是命部属从 9 月某日开始，在 20 天内将这一带居民赶出去。在限期内所有中国居民的房屋一律焚毁。20 天之后不论任何理由，绝对不准中国居民在无人地带进出和耕作。凡在禁区内通过的一律须持有军部发的特别许可证，如果有人反抗，定予严惩不贷。

听我下达命令之后，两个联队长急忙回队去了，我立刻将县的日本顾问叫来，把命令递交给他，并且要他将步兵团的命令向伪政权仔细传达，并强调"这一命令将严格执行"。

四

数天之后我把田浦和小野两个联队长召来，问他们关于"无人地带"的工作情况。两个联队长报告说："山里面居民比想像的要多，工作大体上做完。"

小野报告说：

"在我的管区内，有一座娘娘庙，因为拜佛的人非常多，庙主又说：'这里绝对没有八路军。'我就允许他们不拆了。"

"正是这样的建筑物，游击队才会利用，你快点把它放火烧掉。你们今后工作更加要仔细，这样粗心是不行的。你们事后去检查了没有？"我怒气冲冲地教训他们。

"还没有去检查！"

"你们太糊涂了，做事情样样都要命令，不命令就做得不彻底。不彻底的事情等于没有做，有时反而有害。你们马上给我去检查，检查一遍还不行，以后要继续不断地搜查有没有逃回来的人。那天，我到第一线去视察，看到大路小路满是背着行李的人群，一眼望去连续不断，没有想到山里面住着这么多的人。把那个地方彻底整顿一下，八路军就无法作根据地。今年7月玉田遭袭击的事件就不会发生。你们马上回去给我仔细检查，一个老百姓也不准居住，统统将他们赶走。"

几天之后，第一线的部属把检查报告交了上来，这些报告是：

"农民1名偷偷回来拾取割剩下的粟米和高粱，将他赶走后，放火烧掉了高粱和粟米田。"

"某某村山谷中发现炊烟，前往检查时发现一家5口人并未撤出无人地带。立刻将其房屋烧毁，1名青年男子反抗，立予枪杀，其他4人赶走。"

"同村以北的山谷有3幢房屋，疑有人居住，经向各方面搜索不见人影，将3幢房屋烧光。"

"马兰峪的南方，发现1名青年男子没有通行证，经扣留刑讯，据称什么也不知道，因形迹可疑，已将他带到迁安继续审查。"

"某村附近发现三四人向山上逃跑，经开枪后，确信击毙1人；其他3人经追缉后不见踪影，决定明天在这一带继续全面搜查。"

……

我见到这样多的报告，认为执行这个赶尽杀绝的制造无人区的计划已经发生效果，心中窃然自喜。第二天，又接到来自第一线各联队的报告，这些报告越来越多，不断向我这个步兵师团司令部送呈。但是这些报告都和以前的报告大同小异，即这里赶绝了村民后，那里又发现了小茅屋重新搭盖起来。我发现有些村民仍然分布在这一带。照这样下去，设置"无人地带"的目的是达不成的。

我亲自向各个联队长下令，命他们在各地区务必严密的搜查。

之后，每一天都有一大叠的报告送上来。我的办公桌上堆满了这样的报告。我读了这些杀人放火的报告，很满足于自己的"功绩"。但是实际上，这些报告每一份都加深了我的侵略罪行。报告书堆得像一座小山，我的罪孽也就像是一座大山。

五

我以各个联队长的报告为基础，将实施制造无人地带的情况向原田师团长交了一份报告书，我并且当面向原田推荐我的经验：

"为了彻底制造无人地带，不仅要从地面上视察，还要从空中视察，如发现有不彻底处随时纠正。我建议给我飞机去无人地带上空去看看。"

"对，这办法很好，我同你一起去看看。"原田师团长马上表示欣赏我的建议。

第二天，我就同原田一起坐飞机从天津出发向唐山的方面飞去。途中飞机向偏南飞行，从塘沽上空向下俯瞰，只见无数的白色小丘陵散在各处。

"那是塘沽的盐，每年大约有600万吨运日本作为日本的工业原料。"原田告诉我这些白色山丘的来由。

我一面听他说，一面俯瞰飞机沿着地面的铁路线向北飞行。地面上的汽车看来就像是火柴匣子一般，频繁地不断向北和向南驶行。机头稍稍向东转去，看见了浩渺的渤海海岸。这一带附近是一片非常广袤的碱地。

"这一带地区是日本大陆政策的重要中心，大陆政策一旦实施，日本的移民将大量地移居到这里来。"

原田以露骨的侵略者的心情说出这番话。

飞机向北飞行，眼睛下面出现了极其广大、肥沃的农田，大小农村散处其间，这里便是著名的冀东平原。平原的偏东面，看到了发源自热河群山之中，蕴藏有丰富的水力和电力资源的滦河，河流一会儿广阔，一会又细如游丝，向东蜿蜒曲折流去，宛如一条条的白布，伸向渤海。

飞机从山海关上空附近起机首折向西边，进入大片森林和山岳的地带。山顶上的万里长城有如一条巨大白色的百足虫，蜿蜒盘旋在群山之上。飞机沿着长城线向西飞行再折向南边，不久就飞到迁安县北部地区上空。这里原来青色的森林出现了一块块的红色和黑色的烧毁和烧焦的痕迹。我想："到了，从这里起就是我所制造的无人地带了。"我打开地图察看时，飞机已到了遵化县的上空。

看看下方，只见森林中出现无数个烧成红色和黑色的大火后的灾迹。许多处显然是整个村庄焚烧后，大火蔓延烧向山林形成更大的山火，这些灾迹有的呈长方形，有的呈椭圆形，非常之多。一根根光秃秃的烧成黑色的树干，杂乱地林立在山头。

"这里原来有许多的村庄，但现在只剩下烧光的残迹，一户完整的房屋也看不到，证明计划成功！"我一面这样想一面仔细观察地面，突然从森林中看到有些淡紫色和白色的烟雾冒了出来。我想："还是有人，搜查得还是不够严密。"我参照地图确定了它的位置，划下了记号。

机头转向南面，沿着冀东平原中央南下，很快就掠过开滦煤矿的上空。

"无人地带大体上是成功的。只要这一带无法住人，无法生存，八路军就不能建立根据地。"

原田师团长用满意的语调说出这番话。我心里不由得感到一阵阵的喜悦。不久飞机又回到天津降陆了。

第二天，我立刻将各联队长召集到我的办公室，对他们说：

"昨天我同原田师团长坐飞机到无人地带上空视察过了。大致上已成为无人地带，但是你们的搜查还是不充分，我就看到还有人残留在无人区。"

我把地图上的位置告诉联队长，然后下令说：

"你们务必要加强严厉地斩根烧绝，彻底地清出一条无人地区。"

我下命令时，表情严肃，声色俱厉。联队长们连声唯唯退下去了。

之后，各个联队更加每一天都严密地执行搜查和烧光、杀绝、赶绝的政策，把所有遗留的家宅村庄，一栋不剩地烧光毁光，反抗者一律屠杀，把不能反抗的老百姓一律押送到满洲，让他们供给关东军充当劳役和做苦工。

六

原来是一片葱茏翠绿的森林、田畴，现在是一片焦土和荒凉、恐怖的无人秃山，没有一点生机和人的气息，到处是焦黑的枯木，杂乱的散处在山间。原来有成群的飞鸟现在消失了，悦耳的雀鸟的鸣声再也听不到了。

农家一户也不剩了。原来是和平、宁静，一片美丽风光的村落，如今找不到一户完整的人家。到处是烧焦的木头，变黑的断垣和颓壁。它们像是满怀仇恨，寂寞地孤立在荒芜的山野。

每个村庄的中间和周围的池塘小河中，飘满了烧焦的木头、破衣、碎片、破烂的家具杂物和枯木碎叶，废物堵塞了溪流。和平的村镇变成了鬼域。溪流的声音似乎也在喃喃地诅咒着日本鬼子的罪行。

那些年年开花结果的大量果树，都成了一株株的焦炭，其中残存的少数果树，本能地保卫着自己的生命，被熏成黑色的树叶和幼枝在秋风中摇摇曳曳。

在田地里，到底〔处〕是被烧毁的高粱，粟子散乱在地面。1丈多高的高粱，结满了红色的果实折断倒伏在田地上，被弃置不顾。

老百姓一个也没有，整片土地变成寂无人声的地狱。原来那样多的家畜，连一头小猪也寻找不到。天亮时的鸡叫声也听不到了。

这片沉寂无声的土地，充满了对日本帝国主义的愤恨。

这是步兵师团下令制造"无人地带"以来，仅仅20天就把冀东地区糟蹋成这种样子。

在这个期间内，日军强夺了约640平方公里的中国老百姓的土地。十几万中国老百姓被迫挨着冻饿流走到他处。一万数千户老百姓的房屋被日军烧成了灰烬，约200多名中国农民仅仅因为用愤怒的眼光投向日军而被枪杀。

我的一纸命令就忠实地执行了日本军国主义的侵略战争政策，仅仅在20天内制造了一大片地狱。是啊！仅仅是20天。

我是这样一次又一次地犯下了极其惨无人道的战争罪行。但是，中国人民并没有屈服。一个通讯员被逮捕，两个通讯员马上递补。两个抗日工作人员被日军处决，四个新的工作人员又出现。日军在这里镇压，反抗就在那里出现。日军到那里镇压，反抗在这里出现。中国人民不屈不挠的斗争，使我感到非常的头痛。我用加倍的，更彻底的残酷的镇压，更加加倍的反抗必然会接踵而来。

日军制造"无人地带"原来是要扑灭八路军的根据地，抑制八路军的抗日活动，但是我们不仅没有达到目的，反而促使以八路军为中心的中国人民的抗日组织和它的力量更加增强。

我虽然眼睛看不到，但是却很能感觉到中国人民无法阻挠的强大的威力，正在加强抵抗着日军的残暴镇压。这一股强大的威力，正是中国人民不屈不挠，任何力量也不能抑止的人民的意志和力量，它是中国人民打倒日本帝国主义的力量，是人民的军队八路军的伟大的力量。

日本帝国主义军队不论使用任何手段和方法，不仅不能扭转历史进展的方向，甚至连一瞬间停止历史的进展也办不到。

日本帝国主义军队无论采用什么残酷的手段破坏中国人民抗日组织，但是在中国人民的力量面前，是不发生什么效果的，相反，被破坏的却是日本帝国主义的组织。

日本帝国主义军队力图消灭八路军的根据地，但是被消灭的不是八路军的根据地，而是日本帝国主义军队的盘踞地。

日本帝国主义军队不能制造中国人民的"无人地带"，中国人民反而建起了充满和平，更加幸福和容纳更多人安居乐业的乐土。今天的山岭又恢复了翠绿的青春，美丽的小河和溪流重新奏出和平的乐曲。但是不少日本帝国主义侵略者却永远埋葬在中国的土地上。中国人民的力量，使帝国主义者无处可以安身。

现在，帝国主义在中国连影子也不见了。当年帝国主义者制造的"无人地带"，现在成了中国劳动人民的乐园——中华人民共和国诞生了。

（中共河北省委党史研究室编：《长城线上千里无人区》第四卷，中央编译出版社 2005 年版，第 187—195 页）

17. 千古奇劫　一代恨史

——简介兴隆县"无人区"

佟靖功

打开伪满"国境"的大门

兴隆县北亘雾灵山脉，南环万里长城，隔一带雄关，与迁西、遵化、蓟县、平谷、密云五县接壤，是联接冀东、热南的战略要地之一。1933 年日寇侵占后，即派关东军第八师团第三十一联队一个大队沿长城固守。1934 年划为伪满"西南国境"。

兴隆县南部地区是清东陵的"后龙风水"禁地，清王朝覆灭后，方圆二百里河山被十几家大地主跑马占川而瓜分。土地高度集中，冀东的穷苦农民大批大批地聚居在这里。最大的一家地主曾雇五百多名长工。因而，这里佃户多、异乡人多、避难人多；财产少、牵挂少、出路更少。兴隆人民与冀东人民有着千丝万缕的血缘关系，深受冀东革命思想、文化的影响。20 世纪 20 年代，就几次爆发反抗地主压迫的农民武装暴动。所以，日本侵略军统治不久，1933 年 12 月，便爆发了以民族英雄孙永勤为首的抗日暴动，组成"抗日救国军"达 5000 人，转战长城内外 6 县地域，与日伪血战一年半之久。

1938 年 6 月，宋（时轮）邓（华）纵队（即八路军第四纵队），遵照中共中央关于以雾灵山为中心创建冀热边根据地的指示挺进冀东，插入雾灵山，攻打兴隆县城，配合冀东地方党组织发动 20 万人参加的抗日大暴动。暴动胜利后，大部队西撤整训，留下的第二、第三支队在兴隆县境内开辟了三片游击区。

1941 年 8 月，冀东区党分委决定全力开辟热河。八路军十二团、十三团和长城工作团深入兴隆。党、政、军许多主要负责人到五指山、黑河川、黄花川一带。冀东军分区司令部移进迁（安）遵（化）兴（隆）县第十区滦河西岸，并从陕北、冀中、冀东调来许多优秀党员干部充实兴隆县、区级骨干力量。到 1941 年底，在兴隆县内建立"两面政权"的面积达全县总面积的三分之二，在 200 多个自然村里选派了办事员、武装班长，开始建立党组织，发动民兵数千人，抗日运动形成高潮。

日伪的准备与血腥尝试

冀热边抗日根据地迅速扩大，使日伪深感忧虑和惊恐，说什么"延安触角伸进满洲国"、"八路军扰乱满洲秩序"等等。1940 年，日伪当局总务厅下达文件，指令试行"西南国境治安肃正政策"（即制造"无人区"，推行"三光"政策）。日伪做了多方面准备，在锦州成立了"西南防卫司令部"，拟定了《西南地区肃正工作实施纲要》。并将在"东满"推行"治安肃正"的汉奸姜全我和日本要人岸谷隆一郎、皆川、户仓胜人等调到热河，充任伪省长、副省长、警务厅长、协和会会长等职。伪热河省警务厅保安科长葛冀以警正衔充任了伪兴隆县长。葛冀到兴隆后迅速充实、成立和调入 15 个县辖警察讨伐队，约 5000 人，与日、伪军配合进行讨伐，烧毁深山区民房，强迫居民移住附近大村，宣布兴隆县进入"非常时期"。

日伪经过一年多的准备，进行多次搞小集家和局部大集家的尝试，深感兵力不足。1941 年秋至 1942 年，除原驻的日军"八八一"部队（1000 余人）外，又调来日军"山田"队（300 多人）。从热河第五军管区调来伪满军第三十四团、十二团，由吉林第三军管区调来伪步兵第八团，由奉天第一军管区调来伪步兵第三团，由佳木斯第二军管区调来伪步兵第二十四团。伪军约 8000 人。又从伪通化省抽来围剿杨靖宇将军的省属警察讨伐大队 10 个，约 4500 人。加上兴隆县的警察，日伪共集中了 2 万余人。

1942 年 4 月，伪满当局命令在兴隆推行"治安肃正"。为了"明朗""部落"地带，敌人于 1942 年 1 月下旬，即农历腊月二十五以后，在大川各村，进行了第一次全县规模的"大检举"。几天之内，逮捕 2000 多人。在各地就地屠杀了 400 多人，其中在兴隆街南土门山沟集体屠杀 200 多人。其余均运至东北各地充当劳工，极少有活着回来的。正月二十四，日伪又在茅山、果园、东峪、老营盘等地搜捕，就地用酷刑致死致残十几个，死在外地 60 个。茅山东坡 20 户，被抓去 28 人，成了"寡妇庄"。

1942 年春，日伪秘密策划"无住禁作地带"（即"无人区"）和"集团部落"（老乡叫"人圈"）所在地。1942 年秋，日、伪军警进行了空前的大"扫荡"，与八路军、游击队激烈战斗，并推行集家，强迫居民搬进大村。如若不搬，即烧毁房屋，并以"通八路"治罪。入冬后，日、伪军多次到"无人区""扫荡"，见着居民杀光，见着房子烧光，见着财物抢光。前干涧村，有 19 名居民被围住，日寇将他们全身扒个精光，用木棍乱打，打得一个个血肉淋漓，然后又把他（她）们赶进萝卜窖里，燃着干柴，将 19 人熏死。小黄崖川，仅小孩被刺刀扎死的就有 48 人。全县被惨杀的群众数千人。1942 年，共牺牲抗日干部 100 多人，党员 200 多人，战士 1000 多人。八路军冀东军分区副司令员包森率部在沙坡峪长城两侧与敌人激战时英勇牺牲，西部地委书记田野（即赵观民）在石门台村突围时流尽了最后一滴血。为了掩护在小西天上被日、伪军追堵的部队突围，八路军第十三团五连王强等三名战士弹尽跳崖，壮烈殉国。

1943年2月初，日、伪军在大川各村进行了第二次全县规模的"大检举"，逮捕约5000人。在县内屠杀数百名，其余全部送往东北各地充当劳工。2月7日（正月初三）夜，日、伪军将溦河川的大莫峪村包围。大莫峪村67户，被逮捕73人，他们被捆到兰旗营"人圈"（警察讨伐队队部和警察分驻所所在地）过堂审讯，有的被火烧，有的被刀砍。农民司俊雨被吊打时挣断了绳子，抓起劈柴把敌记录官打懵，在越墙时被日、伪军赶上用刺刀挑死。日、伪军用刑时，梁哑巴怒打敌人，曹清、靳志三人大骂日寇，当场都被刺死。2月12日，被集体屠杀30多人。大莫峪这次死在兰旗营及外地的计69人，也成了"寡妇庄"。楸木林是一个55户的小村庄，被杀死和抓走41人，又成了"寡妇庄"。高台子、灰窑峪是临近龙井关的两个小自然村。检举前，警察分驻所所长杨文宏来通知：某日，"皇军渡边队长来村训话，全村人开会准备欢迎。"届日，群众集合，日、伪军突然包围了会场，两村的青壮男人70多人全部被抓走，均未生还。

11万人入"地狱"

1943年4月至6月，日、伪军倾巢而出，疯狂地搞了四个月全县大集家。村村皆黄，无处不兵，杀人放火，烧房拆屋，白天百里烟，黑夜千山火。将全县40%以上的面积划为"无人区"，16万多亩耕地禁止耕种（全县耕地约40万亩），毁了2000多座村庄，将111825人（占全县人口的81%），赶进199个"人圈"。

日寇设置的"人圈"，就是在公路旁的平地上，划上一个大圈子，强迫被扫荡下山的人民在指定的圈子里盖简易房子居住。也强迫平川的居民全部搬进"人圈"，命令"人圈"里十岁以上的男女居民一律先修"人圈"墙和炮楼。人圈墙宽五尺，高一丈二。围墙设四门，有警察站岗放哨，白天开门，晚上关门。围墙四角设四座炮楼。围墙外设有大壕沟和铁丝网。围墙内，沿着围墙根有一圈巡逻道。"人圈"中有正街一条，纵横交错许多八尺宽的小胡同。每户居民均给三间小房的盖房处，房子宽不准超过1.5丈，院子宽只有8尺。家家都是厕所、猪圈紧挨着正屋窗棂。

每个"人圈"常驻10名至50名警察。还把"人圈"居民编成"自卫团"

或叫"灭共义勇队"，发给每个 18 岁至 35 岁的男子大枪一支、子弹 50 发，发给每个 36 岁至 50 岁的男子火枪 1 支、火药 2 斤，发给每个青壮妇女扎枪 1 支。在警察监督下，也让居民们站岗放哨，配合夜间巡逻。夜间，恐巡逻农民睡觉，让手敲木梆，此敲彼应，彻夜不绝。

"人圈"修成后，农民只能凭"居住证明书"在规定时间内出部落门，在租种附近地主、富农的土地上做活。如赶集、串亲迟归者，必须请假挂号。情况稍紧张，就几天不开大门。居民没有一点自由，连夜间都不准关门。警察、特务每夜都挨门清查户口，见着年轻妇女就强奸，见着财物就掠夺，见着猪鸡抓去吃掉。

"人圈"里居民的生活用品，日伪美其名曰"配给"。每年每户洋布 7 尺半，每年每人白面 1.8 斤，每人每月盐 7 两半，每户每月洋火 1 盒，每人每年豆油 4 两。此外，还配给不足挂齿的碱、糖、大米等。这些配给品，经过县、村、甲、牌层层剥皮，发到居民手里连塞牙缝也不够。以后，就这点配给还一减再减。农民没有火柴用，只好用火石打火和保存火种。没有灯油，就用松柴照明，叫油松明子，熏的人们鼻子、眼睛都成了黑窟窿。许多居民，全家只能穿一条裤子出门。抗日工作人员化装进入"人圈"，见到妇女同胞常常是在炕上围被而坐或蹲在屋角的坑里，只有 1 个妇女给做饭烧水。原来是 9 口人只有一条裤子、一条被子。当时流传着这样的民谣："大好山河敌侵占，烧杀抢掠修'人圈'，死走逃亡家破产，十七八的姑娘没裤穿！"

人们暗暗地从心底发出这样激愤的呼号："'人圈'里的穷人没法熬，租税重、利息高，苛捐赛牛毛，逼死穷人的三把刀！"日本侵略者无法解脱日益加重的经济危机，便残酷地压榨"人圈"里的农民。

首先，粮食租税，全年 6 项：

1. 粮谷出荷粮。每亩上地缴粮 1 斗，每亩下地缴粮 0.77 升（每斗 30 斤）；

2. 民生集谷粮。每亩地缴 1 斗，1943 年每亩缴 1.2 斗；

3. 义仓粮，每亩地缴 1 升；

4. 米谷株式会社粮，每亩地缴 2 升；

5. 地亩捐粮，每亩缴 2 斤；

6. 地亩附加粮，每亩缴 1 斤。

合计每亩地缴粮 78 斤。当时，贫农、中农生活无路，耕作粗放，又遭自然灾害，平均亩产粮食只 80 斤。缴了苛捐，就无隔夜粮了。为了求生，不得不向地主、富农借债。

其次，纳正项税：

1. 民生税，每亩地 2 角 4 分；

2. 地亩税，每亩地 5 角；

3. 地亩附加税，每亩地 2 角 5 分；

4. 门牌税，每户 1 元；

5. 协和会税，每个成年人 2 元；

6. 牲口费，每头驴 4 元，每只羊 7 角 5 分，牛马骡每头 5 元；

7. 出生费和死亡费各 2 角；

8. 宰杀费，每口猪 4 元，每只羊 2 元；

9. 材料费，每亩地 2 角；

10. 兴农合作社股金每户 1 元；

11. 义款每户 6 角；

再次，杂项税，主要是"慰劳"日、伪军、伪官吏的：

1. 送菜，每甲三天一次，每次 50 斤至 100 斤；

2. 送柴，每甲三天一次，每次 500 斤；

3. 送猪，每甲每月 3 至 10 口，每口猪至少杀肉 80 斤；

4. 送鸡，每甲每月 5 至 20 只；

5. 送礼，宪兵队长结婚、寿辰，每甲 70 元；警察中队长以上官员，每甲 30 元；

6. 团员费，每甲经常派 2 名"自卫团员"到村公所听差，每月需 150 元至 200 元；

7. 棍团费，每甲抽 10 人专门受训，每月需 100 元；

8. 劳工费，每甲每月抽 10—300 人，需 200 元；

9. 村甲职员费，给每人每月 100—150 元。

"人圈"里的居民，很快出现了"四多"现象。即讨饭的多，病死的多，吃糠咽菜的多，披麻片、光肩膀、露乳房的多。

在"人圈"里，警察、特务时时监视居民，巧立罪名，任意抓人入狱。第一，见到两三人结伙闲谈或夜间点灯唠嗑、家中有茶缸、小铁锅、灰色和草绿色衣服、衣服超过五个扣子、布鞋超过两双、出外做农活日落后归圈等现象，皆以"通八路"罪名列为思想犯抓去入狱；第二，家中存有中华民国书籍、书写的抗日语句、搜出无证明书的人、枪支弹药、八路军粮票等，皆以共产党员列为政治犯逮捕入狱；第三，家中存有大米、白面、纸烟、手电等物品，皆列为经济犯入狱。

抓进监狱，日伪制造出许多惨绝的酷刑：

①"断食空腹"。几天内不给饭吃；

②"倒栽莲花"。头朝下活埋"犯人"，日、伪军看着被埋人两腿露在外面乱挣乱踹，就拍手大笑；

③"军犬舞蹈"。让一群军犬一纵一跳地反复扑上去，将人活活咬死；

④"滚绣球"。把人衣服脱光塞进一个钉满钉子的木笼里，把人滚死；

⑤"电磨粉身"。用特制的一种电磨，把人磨成肉酱；

⑥"枪戳沙袋"。把人放在口袋里，叫新兵用刺刀扎，说是练武试胆；

⑦"虾公见龙王"。把人头脚绑在一起蜷曲着，投河里或池里淹死；

⑧"开膛取心"。双庙据点的日军中川曾吃了50多个人心；

⑨"钢针绣骨"。用大铁丝往手指头上或头顶上扎，扎进5寸至1尺深。

此外，还有"皮鞭沾水""辣水涨肚""熏烧活人"等等毒刑。抗日政府做过一次统计，1942年1月至1943年12月，全县被日寇"检举"入狱死亡的达1.2万多人。1943年"人圈"里普遍发生了伤寒病等瘟疫，死亡6000多人。厂沟"人圈"700人，两年死亡265口，占总人口的28%。真是"无村不戴孝，处处有哭声"。

"无人区"里星火燎原

日伪妄图通过制造"无人区"，割断八路军、游击队与人民群众的血肉联系，进而消灭抗日武装力量。岂知，压迫越深，反抗越烈。

1943年7月，冀东地委改为冀热边区特委。八路军第十一团、十二团、十三团和扩建的7个地区队，在长城内外激烈地展开反集家战斗。在兴隆县"无人区"内工作的特委、行署、地委、专署的许多负责人指导承青遵、蓟遵兴、承兴密、平三密等县、区、村干部和游击队、民兵密切联系群众，发动群众，烧了草房搭窝铺，烧了窝铺住砬洞，搜剿山洞就围山转，与日伪展开游击战。围绕着层峦叠嶂、高山峻岭，有26238人始终没有下山。根据地民兵仍达6000多人。人们用大树叶当碗，用日军的钢盔当锅，"铺着地，盖着天，星星月亮伴着眠"。驴儿叫村的共产党员冯胜、窦永旺，房子被敌人烧了22次。共产党员张振久，全家12口人，被敌人杀死8口，为了报仇，他多次给区小队作向导袭击敌人，毙俘日、伪军40多人。1943年8月，朱家沟的李秀峰、王玉祥、杨长起3名民兵埋伏在要隘峭壁上的一个隐蔽的山洞里，阻击日、伪军"山下队"

200人半天一夜，子弹打光了，用石头砸，石头砸光了，将攀上来的日、伪军端下去，打死砸死日、伪军18人，还击毙若干伪警察。恼羞成怒的鬼子包围山洞一夜。次日，当鬼子搭人梯攀上洞口时，洞中竟空无一人，3名民兵早已离去。朱家沟民兵中队还打了许多胜仗，1944年春，第一地区委奖给朱家沟中心村民兵队一面红旗。

不久，抗日工作深入到"人圈"之内，就连敌人夸耀的"模范部落"里也有抗日的地下党员在活动。澹河、横河川50多个"人圈"，有一半的"人圈"秘密向外运粮供应山上的抗日军民。冀东各县和唐山、开滦等地党组织，都曾及时地向兴隆"无人区"支援过各种急需的物资。表达了民族同胞患难与共的深情厚意。

1943年，一家伪机关报社论说："中共的特点是各种各样，而最本质的特点就是他们的民众武装。如果近代战争的特点是国民总力战的话，那么，中共战斗的特点，是最彻底的近代战争。"这番话，不是日伪喜欢人民武装，而恰恰暴露了日寇最害怕中国人民武装起来。

渡过了黎明前的黑暗

1944年，德、意法西斯战争失利，日本侵略者在东方战场也陷入被动局面，于是加紧了对"满洲"的控制，首当其冲的是在西南国境线上彻底摧毁"无人区"里的抗日根据地。为了控制199座"人圈"，半年内，日伪策划了两次"大检举"。

1944年2月，日寇嗅到在"人圈"内并未切断广大人民群众与八路军、游击队的联系，兴隆日本宪兵队曾向锦州"西南防卫"司令官呈报情况说：澹河流域一带（即迁遵兴县八区）居民"完全当八路匪、通八路匪，没有好人"。因而，伪锦州军事特别法庭人员于旧历正月初二，秘密到达澹河川。初二夜，大批日、伪军警在全县的"人圈"里逮捕2000多人。在县内各地屠杀几百人，其余全部送往东北充当劳工。

1944年6月间，日、伪军警将所有"人圈"内的八路军和地方抗日干部的家属，不分男女老幼全部逮捕，据统计约500人左右。经过野蛮地拷打和污辱后，又全部运往东北充当劳工。

从1944年1月开始，日伪以1万多兵力"扫荡"五指山区、横河和驴儿叫根据地，又以5000兵力"扫荡"大、小黄崖根据地。日、伪军带着帐篷，住在山上，搞"铁壁合围"，扬言要把"无人区"的每块石头都翻过来。由于敌我力量过于悬殊，虽然抗日军民英勇抗击，仍牺牲 300 多人、冻饿死亡 1000 多人。中田村被围攻 11 昼夜，被屠杀 274 人。1944 年 1 月 21 日（农历腊月二十六），日军率李国、朱盛林讨伐队"围剿"成功村，将被围群众剥光衣服，有的剜心挖眼而死，有的剜去生殖器。李存隆妻被破腹剥去胎儿，贾成富被一块一块地割去身上的皮肉，再让洋狗撕裂，活活地被折磨而死。全村被惨遭杀害者共 31 人。成功村人民化悲痛为力量，誓死为同胞们雪恨。他们先后炸死炸伤日、伪军 50 多人，打死打伤 60 多人。党支部组织委员、18 岁的共产党员傅春抢救了 60 多名乡亲的生命。当最后自己被敌人围住时，拉开手榴弹炸开自己的胸膛。黄土坡村孙连举妻，为了不暴露集体目标，将怀里哭叫的小儿毅然掐死。仅在三个区里就有 11 位母亲为了大义舍了儿女的生命。黑河川有一位怀孕的妇女，为了不影响集体行动自己躲进深山密林，在冰地上降生一个婴儿，自己接生后起名叫"冰儿"，借以铭记奇苦浩劫，揭露日本侵略者的残暴罪行。日、伪军围山时，如果捉到年轻妇女，即抓回去奸污，她们宁可战斗而死，也不愿屈辱偷生，全县守节而死的青年妇女不下千人。

1944 年夏季，日、伪军再次对"无人区"实行"割青""扫荡"。山区人民用大量的地雷、石雷保护庄稼，与敌人展开夺粮斗争。当时，人民生活极其困难，缺衣少粮，上级党委和抗日队伍，随时发放救济衣物，帮助山区人民坚持一边战斗，一边生产。兴隆人民是坚强不屈的，这一年"无人区"里仍然平均亩产粮食 50 多斤。

怀柔阴谋的破产

日本侵略者的全套"治安肃正政策"，除"大讨伐"、"大集家"、"大扫荡"、"大检举"外，还施以"下山自首"等阴谋。

这个"下山自首"政策，是日伪运用"以华治华"的怀柔策略，主要由伪协和会施行。

1944 年上半年，伪协和会组织 22 个"青年行动队"约 350 人（其中有 200 名特务），在"人圈"里了解抗日干部和坚持山地农民的社会关系，威胁抗日干部、山地斗争农民的重要亲属，限期将抗日干部、山地农民找到"人圈"里"自首"。欺骗、利诱、威胁兼施，宣扬什么"自首"者不仅不治罪，进入"部落"后一切优待，推荐职业，可以做官。否则，限期不投，不仅抓住杀头，亲属也连坐同罪。

一次敌人"扫荡"时，将中田村民政委员张忠政的妻和 5 岁的儿子抓入

"人圈"作人质,让张忠政妻和住在"人圈"的张福廷的姐姐(张福廷同志是抗日村政权的财粮委员),一起上山劝张忠政、张福廷"下山自首"。条件是:如果"下山自首"可以给官做,把孩子放还。张忠政气愤地回答:"宁可不要孩子也不归'人圈',至死不投降!"区政府干部给想出个智斗的办法,将张忠政妻留下继续坚持山地,让张福廷的姐姐回"人圈"回话,说他们已经转移,没有找到,留下张忠政的妻继续寻找呢。与此同时,抗日政府也将计就计,乘机派出地下党员打进"人圈"做群众工作。到1944年夏季,全县下山的仅仅约600人左右。日伪的"下山自首"阴谋可耻失败!

中华民族是不可辱的。到1944年后半年,在中国共产党的坚强领导下,兴隆抗日根据地进一步扩大。到1945年转入大反攻时,根据地发展到全县总面积的70%以上。日伪制造"无人区"的企图彻底破产。

日寇在兴隆大肆制造"无人区"的3年,共屠杀15400人,抓走1.5万人,其中除在本县集体屠杀约1000人外,其余全部被送往东北和日本内地充当劳工,几乎全部死在外地。3年间,被烧毁民房7万多间,抢走大、小牲畜3万多头。全县1941年统计有16万余人,日寇投降后统计只剩10万余人,合计被杀害、抓走、监禁、疫病、冻饿等非正常死亡5万余人,占全县总人口的三分之一。

兴隆人民用热血撰写了一代非凡的历史,让我们后来人永远从中汲取血的教训。

(中共河北省委党史研究室编:《长城线上千里无人区》第三卷,中央编译出版社2005年版,第20—27页)

（三）口述资料

1. 承德市承德县仓子乡河南村张才、李银的证言

1934 年日本鬼子刚到我们这，一个鬼子喝多了酒，骑个马追孙发媳妇，李春茂要给日本人牵马，被日本人一枪打死后，又在身上扎了七刀。孙申去遵化买布的路上，被日本人看见，说他是八路军探子。用枪打死了。张宝清、王森和他儿子捡到日本人扔下的炸弹玩，不小心弄响炸弹，3 人当场被炸死。吕长金的爷爷去东北当劳工，被冻掉双脚脚趾。吕宾站岗晚了一点，被日本人用八尺竿子打伤，躺了 80 天。

集家时，部落死亡 60 多人（儿童 15 人）。

采访时间：2006 年 9 月 11 日

采访地点：承德市承德县仓子乡河南村

采访人：吕长余　郭学磊　唐志民

被采访人：张才　李银

（张才：男，1929 年 10 月 15 日出生，家住承德市承德县仓子乡河南村，身份证号 13082119291015□□□□①；

李银：男，1923 年 12 月 13 日出生，家住承德市承德县仓子乡河南村，身份证号 13082119231213□□□□）

（原件存承德县档案史志局）

---

① 身份证号隐去后四位数，以"□"号替代。下同，不再一一注明。

2. 王镜全关于青县流河惨案的证言

我叫王镜全，是河北省沧州市青县流河镇流河村人。流河惨案发生时我在村里没有逃走，亲眼看到了日本鬼子屠杀俺村群众，这个仇这个恨，俺永世也不会忘记。

七七事变那年农历七月，日军沿津浦铁路向南进攻。八月初五，国民党二十九军在流河村和日军打了一仗后就撤走了。八月初六早晨，天刚蒙蒙亮，日军的飞机就"嗡嗡"飞过来，接着就响起了枪声和炸弹声，俺村成为一片火海。

我和几个没来得及逃走的邻居（有张殿元、任柱）躲在我家里。到九点钟敌机不轰炸了，枪声也逐渐稀落了，我们几个隔着窗户向街外看，只见房屋倒塌，炸弹坑到处都是，个个都像井口那么大，死尸东躺西卧，惨极了。紧接着成群的日本兵闯进了流河街。他们进村后，见人就杀，见东西就抢。我们几个人合计着赶快跑。从房上到后邻居张家，遇到张码爷和人和镇的王某，我们本打算把被塌房砸在下面的刘庆林扒出来一起走，但走不成了，外面已经有鬼子。我们6人赶紧藏在张家院西南角一间小破磨屋里。刚进去，鬼子兵两三人就进了院子，首先发现了刘庆林，一枪就把他给打死了（当时50多岁）。第二枪又打死了人和镇的王某。第三枪打中张码爷，鬼子又补了两枪，张码爷倒在我身上，血染红了我的衣服。这时候因枪声的震动，屋里尘土、塌灰遮住了鬼子视线，我们3人（我，任柱、张殿元）才没遭杀害。鬼子走后，我们觉得这里不安全就躲到东邻姓刘的牲口棚里秫秸后面，直到天黑以后。我们3个心里还是感到不踏实，又转移到另外一个地方藏了一天。到初七晚上，我们已经两天两夜没吃东西，没喝一口水。天黑以后我们准备出村逃走，出门后见北面有鬼子提着马灯和被抓来当差的马夫，我们就悄悄向西北方向走。由于下涝雨，坡下全是水，我们尽量走水浅地方，我们互相搀扶着过了战壕，经过小郝庄、小黄洼来到大黄洼村。这一带比较安全。到大黄洼住在我舅舅家。

从此，我们全家7口人在外东投西靠，过着流浪的生活，一个多月后才回家。刚到村口，就能闻到死尸的味道。进村以后，到处是骷髅，房屋大部倒塌，没倒的也东斜西歪，我们家前邻居刘家四间新瓦房，全部让炸弹炸飞。

经过这次血腥屠杀，流河街500来户人家，不到2000人中，就有186人死在鬼子的枪炮和刺刀下，有六户人家被杀绝。还有一些人至今下落不明。我三叔王殿甲，全家5口人，于农历七月二十日逃到空城村避难，三叔在八月二十日从空城坐船经大邵庄、蔡庄想回家看看，在蔡庄亲家大伯处露了一面没住下，就说是回流河村家来，哪知他到现在也没回来，死活不清。俺三婶带着3个孩子无法度日，整天哭，把双眼都哭瞎了。当时流河街几乎家家穿白戴孝，有的家破人亡，有的背井离乡，村里一片荒凉，这是日本帝国主义犯下的罪孽！

  采访地点：沧州市青县流河镇流河村

  采访时间：2006年7月26日

  采访人：苏树林 刘茂才

  被采访人：王镜全

（原件存中共青县县委党史研究室）

3. 幸存者鲁全成关于梅花镇惨案的证言

（1984 年 7 月 7 日）

我叫鲁全成，今年75岁。我27岁那年，发生的梅花镇惨案。惨案开始那天，是农历九月初九。我姥姥、母亲、媳妇和三个孩子，一家六口人，惨遭日本鬼子的杀害！这是我终生难忘的、家破人亡的天塌横祸呀！

那一年世道大乱了。国民党的军队整天往南逃，从村里过就抢东西，县官和财主们都拉家带小的往南跑了。我们这些老百姓们也不知道是怎么回事，大家都很害怕！

农历九月初八那天晚上，镇上打了一夜的枪。第二天早晨起来，我想到街上看看发生了什么事，出去一看，街里有很多穿黄衣裳的兵，有的鼻子底下有一撮小黑胡子，他们端着枪在街上乱跑。我第一次见这样的军队，心想这也许就是人们所说的鬼子兵。一个鬼子指指划划，哇啦哇啦地怪叫，我也听不懂说的什么。我赶快回家，闩上大门。告诉同院的人说：日本兵进村了。院里住着20多口人，大家都慌乱起来。不一会儿，有撞门声，我去开门。进来三四个鬼子兵，气势汹汹地把同院屋里的人，全赶到院子里。让都蹲下。鬼子兵拿出绳子，把大人、小孩都绑起来。我正年轻，把我拉到大街上，往真武庙那里押。刚出大门，听到家里大人、孩子乱哭。走不多远，又听到枪响。心想，家里一定死人了！

在真武庙前，一直跪到下午四五点钟，心里惦念家里，不知道发生了什么事情，急得没办法。天快黑了，把人们又往村西辘轳把水坑那里赶。把我们押到辘轳把水坑，那里已有许多被鬼子残杀的人。那年雨水大，坑里水很深。满坑的水都成红色的了。靠近我的那位老人叫马洛近，他和我小声说："这是让咱们死哩！"我想让鬼子打死，不如跳进坑里，自己淹死。趁鬼子兵不注意，我就跳进水坑。我不会浮水，一下去就喝了许多血污水。迷迷糊糊晕过去了。

后来，我也想不起来是怎样被坑里人推挤到坑西北角的。我一睁眼，看到身边有我一个舅舅叫张洛东，他抱起我，让我跑，我不能动，就躺在成堆的死尸里边，只露着脸的上半部。光听到机枪响，人们乱哭乱叫的声音。过了一阵子，没有什么动静了。我略微睁了一下眼，见到不远处有两个黑影活动，听到"嗯！嗯！"的两声，又有两个老百姓，被鬼子刺倒在水坑里了。几个日本鬼子兵端着枪，就往南边走了。

天黑得已经看不清楚周围的东西。我动了一下，睁开眼一看，远处有个黑影，正弯着腰往西北方向跑。我一急，心想跑了吧！爬出水坑，身子贴着地皮，看准两边没有鬼子兵，南边远处，鬼子兵正围着大火堆烤火。那时，我身体壮，起来就往北跑。先跑进不远的一家粉坊大院，见到一个人被绑着，他小声在叫："解开我！""解开我！"我也看不清他是谁，慌慌张张地把他解开。把那个人解开后，我就跑到寨墙边。因为紧张，往上爬了三次，都摔了下来，稍微停了一下，又往上爬，才爬上了寨墙，溜下墙外寨沟，顺道一气跑到木连城的亲戚家。才保住我的一条命。

采访整理：梁海江

（原件存石家庄市藁城区梅花镇梅花惨案纪念馆）

4. 张黑妮对正定惨案的证言

（1985 年 10 月）

我叫张黑妮，男，今年76岁。1937年10月6日至10日，日寇在我村（岸下）屠杀无辜百姓，真是凶残至极。我只说说我亲眼见到的情况。

那年10月6日，因我娘有病，我正给她做饭，几个日本鬼子闯了进来，把我抓走，出门后碰到了黄五保给鬼子拉着几匹马。鬼子叫着，让我给他们喂马。喂上马后，趁鬼子不注意，我溜进了一个茅房。一个鬼子跟到了茅房口，我在茅房一直等到那个鬼子走后，才回了家。

第二天，我在我家柜底下藏了一天。第三天，10月8日早饭后，我娘让我到村西头看看情况。我一出门，就看到街里一片惨景：张五妮、张小鸡、张窝狗被杀，尸体横在街头。我赶忙回家又在柜底下躲起来。鬼子到我家搜查几次，未被发现。快到中午了，我想：光在家里藏着，迟早会出事。于是，我背着我娘往北逃走，看到张秋奎被杀在王家道口，那里还躺着四个人，学堂门口也有一具死尸。走到十字街，看到远处有五个鬼子，他们叫我。我急忙钻了胡同，拐弯抹角地到了张喜成家藏起来。下午，天凉了，我回家给娘取棉袄，走到官井那里，被鬼子抓住，鬼子撕了我的衣服，把我绑起来。他们叫喊着，不知问我什么，我没答话，就按我的头碰地。这时，一个翻译问我："你家有没有姑娘，你老婆哪里去了？"我说没有。这伙强盗才放了我。

10月9、10日这两天，鬼子抓民夫去铁路上扛枕木，我也被抓去，扛枕木往三角村送。

10月11日，我找张洛灰、张秋成商量：村里死了这么多人，四五天了，无人收尸，狼吃狗啃，实在不忍看，如何办？我们商定，找人们掩埋。我们约集了半天，才集合了老小五六十个人。我们分头掩埋死难者的尸体，先把张凤鸣埋了，又到村南口，被杀死在张振中家地里有30多人，武术教师张辰也死在那里。真是尸横遍地，触目惊心啊！掩埋好这些人后，又到张香保家，见黄小河死在张家门口，张香保父子三个都死在他家的山药窖子里。村北徐二改家一口水井内有跳下去的28个妇女和6个小孩，我们只救活了10个妇女，其中于黑仁的叔伯奶奶丁竹姐现在还活着。

为了使死者的家属能认领尸体，我们埋人时，在坟头上用草棍或砖头标上了记号。

这场惨案，我村有 365 人被惨杀；250 户的村庄，被杀绝的就有 55 户。这笔血债，我们永远不会忘记。（刘永辰、封贵元采访整理）

（中央档案馆、中国第二历史档案馆、吉林省社会科学院合编：《日本帝国主义侵华档案资料选编·华北历次大惨案》，中华书局 1995 年版，第 91—92 页）

5. 宋学良、菅志生关于保定市清苑县北大冉村惨案的证言

北大冉村村民张老婆，男，31 岁，农民。1938 年 5 月的一天，驻保定的日军，追捕抗日武装部队，来到北大冉村，在北大冉村村外碰到了正在地里干活的张老婆，日本人通过翻译问他是不是看见抗日武装从这里经过，张老婆因为早已经被日本人吓坏，也不知道说什么，就回答不知道。日本人见他说不知道，就又问他村里有没有抗日分子、八路等，张老婆因为害怕答非所问，一个劲儿地回答不知道。日本人为此非常生气，就把张老婆活埋在地里。

采访时间：2006 年 11 月 22 日

采访地点：保定市清苑县北大冉村

采访人：刘立会　王树申

被采访人：宋学良　菅志生

（原件存中共清苑县委党史研究室）

6. 刘连贵关于保定市清苑县小庄村"七·二九"惨案的证言

1938年7月29日，我八路军十八团一部根据情报，伏击讨伐途经我村的日军，日军先头部队到我村后，因我村一老汉对埋伏他家房顶上的八路军不明真相，认为是土匪绑票，大喊大叫，惊动了日军。八路军不得不提前开火，虽未达到预定目的，但是日军受到伤亡，八路军迅速撤离后，日军恼羞成怒，将我村13人有的当场杀死，有的带走后杀害。分别是：田老玉、田老玉女儿、田小玉（女）、苏旦子、冯刘氏（女）、刘老锅、李福田、刘占启、刘小俊（女）、王女氏（女）、刘老毅、刘倩女（女）、刘章尔。

采访时间：2006年11月6日

采访地点：保定市清苑县小庄村

采访人：孙志学

被采访人：刘连贵

（原件存中共清苑县委党史研究室）

7. 王连起关于香河县店子务惨案的证言

我叫王连起，男，今年86岁，1920年5月1日生于香河县渠口镇店子务村。

1938年7月，由于冀热辽边区特委发动冀东抗日大暴动，李雅斋（安头屯乡孙营庄村人，为八路军十三总队队长）部准备在店子务村后的公路两侧伏击日军。7月30日夜，李雅斋部从安头屯出发，准备借道店子务去伏击日、伪军。店子务地主武装保卫团长蔡庆仪不答应，令团丁紧闭寨门，不让抗日救国军进村，李雅斋只好改道。

31日深夜，香河城内日军守备队队长石川带领200多名日、伪军从城内出发"扫荡"，妄图寻剿李雅斋的抗日救国军。当夜，日、伪军行至店子务村外，一个日本兵站在村北五帝庙的平台上，向村里窥探，被团丁发现，开枪打死。石川当即命令士兵架起机枪向村里射击。团丁们也猛烈还击。打到天亮，蔡庆仪发现打的是"皇军"，赶忙命令团丁停止射击，准备迎接日本人。

在村口，石川一见蔡庆仪，大骂一声，拔出战刀就朝蔡砍去。蔡躲得快，还是被削掉一块头皮。

早晨5点钟，日、伪军闯进村子，挨门挨户搜查抓人。在拳打脚踢和叫骂声中，日军用绳子把男的三五成群地捆绑起来，押到崔旭章的大院。一百多名男人都集中在大门西侧的南墙根下，日、伪军用刺刀逼着我们朝北跪着。一百多名妇女和孩子被赶到一个碾棚里，由日军看守着。

11点钟左右，村东突然响起枪声，原来是李雅斋的抗日救国军打过来了，日、伪军忙集中火力进行阻击，双方展开激战。由于伪军拼死抵抗，李部被阻在村外。

石川见情况不妙，急令日兵用步枪和机枪向我们进行射击。顿时，院内血流成河，一颗子弹从背后穿透我的左臂，就晕过去了，幸而捡了一条命。几分钟后，日军停止屠杀，唯恐抗日救国军攻进来，仓皇逃跑了。

这次大屠杀，有67人被打死，40人受伤，崔宝起的爷爷和宝山爷爷被打死了，老孙家一家人被打死了。

采访地点：廊坊市香河县店子务村

采访时间：2006年8月31日

采访人：夏亦飞　何静

被采访人：王连起

（王连起：男，1920 年 5 月 1 日出生，家住廊坊市香河县渠口镇店子务村，身份证号 13282320050□□□□）

（原件存中共香河县委党史研究室）

8. 史玉池关于郭起玉等人被杀情况的证言

我叫史玉池，男，1923 年 11 月 5 日出生，沧州市海兴县郭桥村人。

关于郭起玉等人被杀情况详细经过是这样：郭起玉是 1939 年，郭桥村第一次日军来时被杀害的，日军进村后，就抢东西，用棍子打捉郭起玉家的鸡，他看到后，从家里拿起挑水的扁担就打鬼子，被鬼子用刺刀挑死在村南自家大门口。

郭建峰（小名"六"）、王明龙之死经过：有一个霍菜园村人，某天夜里来郭桥村被日军逮住，问他来干什么？他说来找老六，日军从他身上翻出一张纸条，纸条上写着王明龙（时任八路军村长，家住郭桥村东北角）通知人员参加破坏交通沟，日军先抓住老六，又抓了王明龙。日军问抓住的霍菜园来人，是谁让他送的，他说是霍菜园党某，日军带着三个人去霍菜园村，在郭桥西北角看到给郭胜甫放羊的羊倌穿着一件红毛衣，认为可疑，就抓了起来，到霍菜园抓了党某，问其派人送通知是怎么回事，党某说是潘家庵齐某让送的，日军带着他们五个人又去潘家庵抓人，共抓 6 个人，回泊头据点，途经板桥村，在板桥村西北将六人用刺刀挑死。

采访地点：海兴县郭桥村

采访时间：2006 年 11 月 25 日

采访人：郭占庄

被采访人：史玉池

（原件存中共海兴县委党史研究室）

9. 刘东江、王凤瑞关于保定市清苑县
西臧村惨案的证言

1940年2月15日（农历）晚8点钟左右，大位村村民王大算在驻保定日军的新民工作队（特务队）威逼下，带日军及特务队从河堤营村搜捕区干部，被吓坏的王大算不知什么原因，把日军及特务队带到了西臧村，到村里以后恰好碰到开会的村民（农村地主雇人开工会）和串门的人群，一边抓人，一边用刺刀挑，一枪没放。用刺刀挑死在村中的有：李大生、张老传、张八斤、张老货、王××（外村的）、王恩、刘长福祖父，在村西边挑死的：段落尔、王恩尔，还有被刺刀挑伤的傻宝合（李大岗）、段浩、段大友、刘云祥。杀完人后，日军特务们向白庙村而去。

采访时间：2006年8月30日

采访地点：保定市清苑县西臧村

采访人：刘欣永 卢占良

被采访人：刘东江 王凤瑞

（原件存中共清苑县委党史研究室）

10. 魏连、沈岐关于唐山市滦县沈官营13人惨案的证言

1941年农历七月，秋收即将来临。从迁安来的日军，讨伐来到沈官营，还带着从北边抓来的人。

顾家庄的张泽几天前就到柏店子亲戚家躲避，还是被抓住了。日军将他反绑双手，推上汽车。车上已经有4人被反绑着双手，有韩寨子的、杨家院的，还有康各庄的。车到半路，一个人跳车逃跑，被日军用枪打死。

到了沈官营西马路上，有9个人反绑着双手，日军用刺刀逼着他们。临近中午，日军用刺刀逼着沈官营200多人来到庄西马路边。日军逼着被反绑双手的13个人跪着排成一行。日军说他们是八路军，要统统杀掉。几个日军撕去他们的衣服，只见一个脖子后头长着一缕白毛的日军士兵瞪圆了眼睛，手起刀落一颗血淋淋的人头滚落到地上。

张泽是第七个被砍的人。他的前后各有6个人都死在日军的屠刀下。日军见他趴在地上还有一口气，又在他的背后狠狠地戳了一刺刀，直透前胸。也不知昏过去多长时间，醒来后他爬回自己家（离村2里路）。

张泽老人今年83岁，他三处伤疤是日军杀害中国人的铁证。

这次惨案被杀害的13人，除张泽外，都是从外地抓来的，无人知道他们的姓名。

采访地点：滦县滦州镇沈官营村

采访时间：2006年10月

采访人：骆宗明　何汝民

被采访人：魏连　沈岐

（原件存中共滦县县委党史研究室）

11. 保定市清苑县清凉城村李聚臣、李连友的证言

1941 年 9 月 17 日，张登村据点的日本鬼子到清凉城村"扫荡"，把全村包围，只有村东北角有一个路口能够逃路。该村李凤仙跑出去后又回家去拿衣服，刚出来就被日本人抓住，用刺刀挑死后扔到李子祥家井中。翟凤吾的伯父也向东北角跑，在路上被日军发现开枪打死在路上。该村有一个住在张化平家大门洞里打铁的，因为他掩在门洞里探头向外张望，被日军用枪击中头部死亡。李连池的妻子在向村外逃跑的途中被日军打死，其妻妹被打伤膝盖，左腿致残。李树生的母亲胸部被枪击中受伤几个月不能行动。村民李树生原是九分区特务营敌工科工作者，在此次逃亡中被枪击中胸部后转至县卫生队抢救，两个月后康复，导致右臂不能抬高。

采访时间：2006 年 10 月 23 日

采访地点：保定市清苑县清凉城村

采访人：米立波　李景锁

被采访人：李聚臣　李连友

（原件存中共清苑县委党史研究室）

12. 刘生义关于平山县沙洼村 1941 年瘟疫情况的证言

1941 年秋，日军从杀虎方向进犯沙洼村，开展大"扫荡"。那一年除张双红、刘万昌被敌人杀害，全村 460 多口人都逃到山里躲藏。农历八月，全村有一半以上人发病，烧起来要命，烧过后又冷得要命，就是盖上五床被子也不管用，当时人也不知道是什么病，根本没法医治，到九月、十月死亡开始达到高峰，全村 260 人，病死 4 人。人死后或塞进山洞，或用破席片卷卷埋掉。我家共 7 口人，那一年，我、我爹、我娘和我爷爷四人都发病，我爹和我爷爷死亡。白河小家五口人，有 3 口人发病，后来靠晋察冀边区卫生所赠送的"奎宁"药物治疗，才挺过来。躲在山里的群众发病的更多，没有症状的好人伺候生病的，不敢点火做饭，挨饿受冻吃尽了苦头。敌人"扫荡"后，这种病才慢慢消失。

抗战八年期间，沙洼村被日军杀害和得瘟疫死的，全村人口总也上不了500 人，升上去就要往下降。

采访地点：平山县营里乡沙洼村

采访时间：2006 年 10 月 5 日

采访人：刘加妮　刘占林　白计兵　闫书怀

被采访人：刘生义

（原件存中共平山县委党史研究室）

13. 承德市承德县挂兰峪镇挂兰峪村张张氏的证言

我叫张张氏，河北省兴隆县挂兰峪镇挂兰峪村人，农民，1909 年 1 月 4 日出生。

我 33 岁那年（1942 年）春天的一天，我丈夫去干活，我在家看两个孩子。那时我长得在本村算是漂亮的，所以怕日军欺负，出门前将脸总是抹上黑烟子。这天三个日本兵进了院，我一看跑不了了，就马上把脸又抹黑了，藏在里屋，盖上破棉被，可是还是让这三个日本兵轮奸了。后来，我觉得无脸见丈夫，就吞胭脂想自杀，但没有死成。那时，我正怀孕 4 个多月，那个孩子生下来就死了。

那年我们村有 4 个妇女被强奸、轮奸过，其中上仗子姓田的妻子，被日军轮奸后，是被抬回来的，不到 4 个月就死了。

我非常痛恨那些该天杀的小日本，也十分希望中国政府出面能为中国受害妇女讨个公道。

采访时间：2006 年 10 月 24 日

采访地点：承德市兴隆县挂兰峪镇挂兰峪村

采访人：郭书文

被采访人：张张氏

（张张氏：女，1909 年 1 月 4 日出生，家住承德市兴隆县挂兰峪镇挂兰峪村，身份证号 13262309010□□□□）

（原件存兴隆县档案史志局）

14. 王永兵、王有有关于平山县北冶乡南冶村细菌战的证言

1942 年春，南冶村村民王起到西岸村走亲戚，被传染瘟疫病。回村后，其同学罗玉林听说后，便去看望他，于是也被传染。随即全村 100 多口人大部分都被传染。得此病后，使人感到忽冷忽热，难以忍受。当时村里每天都要死好几口人，因村内得此病的人甚多，使得邻村的百姓都不敢从我村路过。我村因瘟病死亡的有：罗玉林、罗玉华、要红妮、罗花聚、一个不满一周的小孩、王起、王青秀、王先堂、王玉山、王荣、王玉林、杨三刀、杨王氏、崔刁妮、关多妮、王元小、王侯楼、高王氏、罗高氏、高常林、高罗氏、高达、高星、杨二白、杨光文、王黑娥、王晶、王根拄、王双秀等 140 余人。

证明人：王永兵（男 82 岁）王有有（男 80 岁）

调查人：杨来成　姚士国　李志琴

调查时间：2006 年 9 月 25 日

地点：北冶乡南冶村

（原件存中共平山县委党史研究室）

15. 巩柱民、李长旭关于遵化鲁家峪毒气惨案的证言

我叫巩柱民，男，生于 1942 年 4 月，今年 64 岁，遵化市北头镇鲁家峪村村民。我所讲述的是我父母讲给我的关于我的爷爷、59 岁的巩会文和奶奶、60 岁的巩张氏被瓦斯熏死的事。

1942 年 1 月，日、伪军又一次来到我村进行围剿，我爷爷奶奶听说后赶忙往山上跑，山上有许多的山洞可以躲避。日、伪军到村子里一看几乎没有人了，十分的生气，于是开始搜山，因为都知道山上可以躲起来。当他们搜到爷爷奶奶躲的那个山洞口，大叫里面的人出来。爷爷奶奶吓得不敢出声，日、伪军也不敢进去，于是向洞里投瓦斯。爷爷奶奶看到一股黄烟冒起后，就感到头晕恶心，胸闷气短，被熏死在了洞里。我还听说亲戚巩鹏飞媳妇也在那天躲在西峪的一个山洞里，最后也被熏死在了洞里。

我叫李长旭，男，生于 1953 年 12 月 15 日，今年 53 岁，遵化市北头镇鲁家峪村村民。我要讲的是我父亲李有让被日军毒气熏死里逃生的事。

1942 年 1 月，我父亲 19 岁。大家听说日军又到我村进行围剿纷纷躲藏起来，我父亲也往北峪的山洞里跑。日军搜了村子后又往北峪一带的山洞排查。我父亲躲在一个十几个人的小山洞里，一会儿就听到日军叫里面的人出来，大家都不出声，日军也不敢进去，于是向洞里投瓦斯。我父亲看到一股黄烟冒起后，就感到头晕恶心，胸闷气短，他赶忙用土法捂住鼻子，但是仍然浑身难受。有人受不了就往外跑可是立马听到枪声，我父亲就咬着牙忍着，直到外面没有一点动静，他就赶快爬出来躺在地上缓了好久，后来遇到人获救了，洞里的人就我父亲出来了，其他人都被熏死在了洞里。虽然我父亲的命保住了，但是全身都有病一直遭受病痛的折磨。

采访地点：鲁家峪村

时间：2006 年 7 月 24 日

采访人：刘超

被采访人：巩柱民　李长旭

（原件存中共遵化市委党史研究室）

16. 吴平定等关于涉县寨上村惨案的证言

1942年5月底（小麦将成熟时期），日军在我村共杀害36人制造了寨上惨案，其中有我村3名。刘庆文、刘广金、刘中威被杀死在刘广文家里。其余33名均为邻村（庄上、茨村、南庄、北关等），姓名不详，都是白天从附近村征集来，从县城老城墙背墙砖到虎头山顶盖炮楼的民工，这些民工劳累一天后，傍晚被日军在村里杀害。有的被杀死在麦地里，麦地被压倒一大片，说明被害人反抗后被杀。当时村里已没有人，过后回村发现到处是死尸，尸体已腐烂。

在1939年—1942年期间，寨上村被抓被征、外逃人员多名，至今，仍有12名无下落。

在1944年春夏，日军再次进驻我村，全村百姓预先得到消息后，都逃到外进山，大部分跑到韩王山上。十余天后，日军撤走时，实行三光政策。放火烧毁我村大部分房屋，经座谈回忆、统计共烧毁房屋392间，其中瓦房254间，楼房69间（折138间），百姓家中家具、财物被烧，被抢一空，价值无法计算，老人们说，当时在东山上看村里一片火海，狼烟四起，另外还看到台村、下庄方向也是冒起黑烟。

采访地点：涉县涉城乡寨上村

采访时间：2006年9月4日

采访人：薛军喜　冯淑芬

被采访人：吴平定　刘国安　刘向元　张鸿庆

（吴平定，家住涉县涉城镇寨上村人，今年82岁，身份证号13213225091□□□□；

刘国安，家住涉县涉城镇寨上村人，今年65岁，身份证号13213243090□□□□；

刘向元，家住涉县涉城镇寨上村人，身份证号13213249112□□□□；

张鸿庆，家住涉县涉城镇寨上村人，今年79岁，身份证号13213228100□□□□）

（原件存中共涉县县委党史研究室）

17. 魏新志被抓当劳工的口述证言

我叫魏新志，1942年6月4日，我和八路军总政治部印刷厂的同志突破日、伪军的包围后在一个名为北爱堡的村子里休息。但是半夜时，再次遭到敌人的包围，我和另外四名同志在突围时与日、伪军遭遇，最后被迫跳下了一条山沟。另外四名同志被摔死了，而我被散开的行军包挂在树上，掉到谷底摔成重伤，第二天被搜谷的日军抓获。

日军将我抬出谷后就用毛驴驮到长治，6月10日，又用闷罐车拉到太原集中营，编号60231。集中营是阎锡山的兵营。由于战俘太多，只有在操场上搭席棚。当时天气正热，操场上挤的密密麻麻。每天的伙食是半生不熟的小米饭。生熟小米混在一起很快就酸掉了，根本不能吃。可如果吃不完的话就遭到日本人的毒打，所以我们只能偷偷的将米饭团成团，趁上厕所时扔掉。集中营每天病饿死的人很多，日本人就每一百人为一队，每四人一组不停往外抬尸体，丢到集中营外东北角的一片空地上草草掩埋，后来由于天气太热尸体腐烂，其臭难闻，就用汽车把尸体拉到较远的地方再埋。1942年8月2日，我被装上闷罐车拉到了辽宁阜新一座露天煤矿干活。由于押到这里做工的全是战俘，所以被日军严密监视。平时上下班都让我们排成一列纵队，两边有端着刺刀的日军监视，后面也有同样的日军驱赶。我因为个头小，最初分配去打炮眼，一个月之后又被分配和另一名同志去烧锅炉抬煤。干活时，日本人认为谁干活不出力就对其进行毒打。长期的被虐待和营养不良，我们去的500人到最后幸存下来的只有100余人。1943年初，由于不堪忍受日军的残酷虐待，煤矿上爆发了一次工人暴动，最后逃出去的没几个，大多被电网电死了。

当时我们在煤矿党组织领导下进行消极怠工，破坏日军的机器设备。后来随着太平洋战场的爆发，日军兵力不足，就从矿上抽调矿警。煤矿便因人手不够，看管的不那么严密了。1943年8月，党组织为我们搞到了满洲采探株式会的证明，我们凭此证明逃出了煤矿，几经周折于1943年底回到了巨鹿联系到了组织。

采访地点：巨鹿县党史研究室

采访时间：2006年8月1日

采访人：樊存格　刘国青

采访对象：魏新志

（原件存中共巨鹿县委党史研究室）

18. 韩有才关于滦县县城西门外67人惨案的证言

1942年农历七月十二日，日军和特务围住油榨村，把村民驱赶到村西头空地上，声言要抓共产党的办事员。特务走进人群，口中却说今天看谁倒霉。当即从人群中搜出6人（其中1名白佛院道士，1名王者家的长工，系高各庄人），折腾半天，把这6人押往县城。日军将从油榨抓来的无辜村民集体关押在县城东街路北老县衙院内，从油榨抓来的这6人被关在西屋。当时东街有一家柏店子人开的饭馆，他往院里送饭。被抓家属韩近臣（韩近树兄）、王者（杨东的东家）也来到滦县县城里打探风声，我这时正好住在县城玉石井街二哥家，他们叫我一起跟着送饭去，因为里边有4位姓韩的本家，我也胆大，跟着柏店子送饭人就进去了。到西屋一个方形小窗口前叫油榨来的领饭，见满屋子关的都是人，都不能坐，全部站着。日军对他们已动刑，韩近树的胳膊被打折，韩泽的满口牙被打掉，有的人被开水烫掉头皮，不像人样，惨不忍睹。

时隔不久，日军将抓来的69人装上汽车，武装押解，拉往西门外法场。车从东街开到西街，日军翻译叫车停下，从车上放下一个青年，说不叫他去送死了，车遂开走，青年又求情，说他父亲还在车上，翻译官又让车停下，叫青年认出他的父亲，这父子幸免于难。其余67人，出西门，过西关，再出小西门，到哑巴河沙滩法场，日军将这67人从车上推下来，一字排开，全部把头砍下来。

死难者中从油榨抓来的有：韩近树、韩泽、韩应龙、杨东、刘季生。

采访地点：滦县油榨村

采访时间：2006年10月

采访人：李国忠

被采访人：韩有才

（原件存中共滦县县委党史研究室）

19. 承德市兴隆县安子岭乡双炉台村伊桂花的证言

我叫伊桂花，河北省兴隆县安子岭乡双炉台村人，农民，1927 年 10 月 8 日出生。

我的娘家在安子岭乡老虎沟村，1942 年冬天，那时我 16 岁，集家并村时，划老虎沟村为"无人区"，强制人们进部落，我们村的人就东躲西藏，有一天日军偷偷进我们村"扫荡"，村里人大部分没来得及躲藏，我家一只狗被日军开枪打死，才惊动了人们。我们 19 人没跑出去，日军抓我们聚到我们村东北峪北石场上，向我们 19 人开枪，子弹穿过我的乳房，穿透胳膊，被打了四个洞，当时流血过多，晕了过去，躺在死人堆里，日军走后，在别处藏身的哥哥，将我救起，算是捡了一条命，那 18 个人全都死了。

还有一次，伊俊江的父亲等 12 口，在天桥峪沟门的山洞里藏着时被日军发现，于是向洞口开枪，当时打死 9 人，有 3 人压在死人堆下面，幸免于难。

采访时间：2006 年 11 月 20 日

采访地点：承德市兴隆县安子岭乡双炉台村

采访人：赵建辉　陈彦海　邓青玲　王向东　贾立秋

被采访人：伊桂花

（伊桂花：女，1927 年 10 月 8 日出生，家住承德市兴隆县安子岭乡双炉台村，身份证号 13262327100□□□□）

（原件存兴隆县档案史志局）

20. 承德市兴隆县挂兰峪镇六拨子村李福来的证言

我叫李福来，河北省兴隆县挂兰峪镇六拨子村人，农民，1929 年 6 月 8 日生人。

在我们村的小土岭有一座巨大的坟，坟前立着一块碑，碑上写着里面埋的是让日军在此地一次屠杀的我们这块的当地群众 57 人。日军 1942 年冬季进行大"扫荡"，日军从 1943 年的农历正月十七，出动 500 余人的干警和讨伐大队，包围我们这一带，正月十九，将我村 9 人扔进菜窖活活熏死，正月二十将从我村和邻村抓来的群众拴成串，每串 14 人，押到小土岭，逼着住在部落里的张五挑来一挑凉水，强迫那些群众面朝东跪下，日军灭绝人性的屠杀。每刺一刀，蘸一次凉水。只有我村见德才挣脱绳子，猛跑逃了活命，其他人都死在此地。第二天日军又来到小土岭，用柴禾烧焦了尸体。日军走后，当地群众暗中将被杀的和被刑讯时杀的共 57 具尸体垛起来，四周用石头垒上，砌成了一个巨大的肉丘坟。

采访时间：2006 年 9 月 30 日

采访地点：兴隆县挂兰峪镇六拨子村

采访人：郭书文　王海　瞿德才

被采访人：李福来

（李福来：男，1929 年 6 月 8 日出生，家住承德市兴隆县挂兰峪镇六拨子村，身份证号 13262329060□□□□）

（原件存兴隆县档案史志局）

21. 承德市兴隆县半壁山镇靳杖子村张连弟的证言

我叫张连弟，河北省兴隆县半壁山镇靳杖子村人，农民，1919 年 10 月 3 日出生。

我 25 岁（1943 年）那年正月初五，因半壁山警察署长叫常大伦接到讨伐队报告，说夜间巡逻时，发现靳杖子村有人往北山上运粮食。日本特务（松山义雄）认为靳杖子有人私通八路军，便组织正在当地"扫荡"的刘其昌讨伐队和武装警察讨伐大队 200 多人，包围了靳杖子部落。跟大伙说 18 岁以上的男人都去小学院内照相，发居民证件，结果是进院一个，捆绑一个，共计抓走了196 人，将这些人押到半壁山警察署院里，用木棒打，灌凉水等，逼问八路军的去向，挨个审讯，最后将年迈的老人放回来 86 人，110 人有的在承德监狱被杀，有的被送到东北当劳工，日本投降后，仅有 4 人活着回来了。

采访时间：2006 年 10 月

采访地点：承德市兴隆县半壁山镇靳杖子村

采访人：王影

被采访人：张连弟

（张连弟：男，1919 年 10 月 3 日出生，家住承德市兴隆县半壁山镇靳杖子村，身份证号 13262319100□□□□）

（原件存兴隆县档案史志局）

22. 樊进忠关于巨鹿县1943年大灾荒口述的证言

1943年巨鹿大旱，再加上日军的"扫荡"庄稼没有长好就闹起了灾荒。粮食吃完了就吃棉籽、豆饼、草籽。把草籽从地里扫出来碾成面吃可是一点也不顶饿。麦子还没熟的时候就什么吃的也没有了，于是把刚泛黄的麦子也抓来吃了，而且那一年还闹蝗虫，把地里除了豆子以外的粮食都啃了，用我们经过那个时候的人的话说：经过淹，经过旱，经过蚂蚱滚成蛋，经过地球打颤颤。伴随着蝗灾还有霍乱，我们村是一个共有七八十户的小村子，最多的时候曾经一天死了8个人。我本家的樊庆环、樊庆稳兄弟俩也是得了霍乱，在短短几天里就死了。那时候人得了霍乱没有人敢埋怕被传染，我本家俩兄弟还是在长辈的吩咐下才找了几个年轻人抬出去，草草埋了。

日、伪军常到村子里"扫荡"找八路，有一次鬼子进了村，把村子里的人集中到村西的大坑沿上，然后问村长有没有八路，村长说没有，他们就把村长扔到架好的火堆上烧，后来又用凉水浇，折腾了半天看实在找不到什么就走了。还有一次鬼子进了村，挨家挨户的搜，我和奶奶、大娘就躺在炕上，装成病快快的样子，又在屋地上洒了一些饭汤装成呕吐物，假装我们得了霍乱，才骗过了进来搜查的日军。

不仅如此，日军还在现今的邢德线（当时叫邢南线）北侧沿公路修了一串炮楼，每隔两三里一个。在公路南侧挖隔离沟，有两三丈深，四五丈宽，阻碍八路军和游击队的活动。当时我只有十二三岁，因为家里大人怕在干活时被日军抓壮丁，就让我去支应。一次是在郝鲁修公路，一次是在宋庄修据点。在郝鲁修公路时，监工嫌我人小干活慢，走到我面前冲我脑袋上就是一棍子。在宋庄修据点我也挨了一顿打。日军不仅平常要劳力，而且还抓劳力，我村的岳宝通和岳原珍叔侄俩就被抓到了井陉煤矿，后来只回来了一个。

采访地点：巨鹿县党史研究室

采访时间：2006年8月9日

采访人：樊存格　刘国青

采访对象：樊进忠

（原件存中共巨鹿县委党史研究室）

23. 李军用、陈士奎、李近涛关于曲周县东王堡村霍乱的证言

李军用、陈士奎、李近涛我们三个今年都已经是70多岁的人了，是曲周县东王堡村人。下面是我们三个关于我们村1943年霍乱那场可怕灾难的共同回忆。

1943年我们村的那场霍乱所引起的瘟疫对我们村是一个毁灭性的灾难，在这场灾难中，村里由1800余人的村子最后到霍乱得到控制时，仅剩下300多人。这其中即便除去外出逃命的人外，还至少有几百人死于这场瘟疫。我们三人在互相提醒中，相继回忆出以下这些人的名字，他们当然不是全部，而只是死者中很小的一部分。之所以能记起他们是因为与他们关系的熟悉。

徐大宝，男，40多岁，在1943年发生霍乱后，他和他的弟弟徐二宝，他的儿子徐二磨相继死去。他的大儿子徐臭屎在全家人都死于霍乱后，被迫一个人背井离乡，后到广西柳州参军才幸存下来。

朱更申，男，23岁；他的两个弟弟朱明友（22岁）与朱老和（21岁），以及其母亲（死时56岁）均在这次霍乱中死亡。

朱留保，19岁，他的父母得了霍乱病死后，他在埋葬父母的路上受传染而死。

李万保，男，他的妻子和儿子一家三口人，以及他的哥哥李万用、嫂嫂、侄子全家人全部死于霍乱。

李五喜，男，50岁左右，死于霍乱，他的两个儿子李金良和李五栓都是20多岁，在霍乱发生后。被日军抓去做劳工，至今没有消息，他的小儿子李春，12岁左右，因年幼，在患霍乱病后不久死去。

高金为，男，50岁左右，在霍乱中死于家中，他的妻子及父母一家四口人全死于那次霍乱，而他的儿子则失踪了。还有郭大明一家，他的父母、妻子、弟弟郭二明也都死于霍乱中。

李延得，男，在1943年染上霍乱并由于饥饿，死于家中。他的儿子李金铃在父亲死后，母亲改嫁，走时又将家里的唯一一口锅带走了，而他被卖于别人。他的女儿李小多是个哑巴，由于没有人愿意买，他的妻子最后用棉花堵住女孩的嘴闷死了。

黑老申和他的妻子在双双得病之后，其儿子路章保，当时8岁，一个人经常在锅底下过冬，最后竟幸存下来。路章保的哥哥在父母死后离家去参军了，一直没有回来。

采访地点：东王堡村村委会

采访时间：2006 年 8 月 10 日

采访人：方合丰　李海军

被采访人：李军用　陈士奎　李近涛

（原件存中共曲周县委党史研究室）

24. 王保玉关于杨占来被日军抓劳工的证言

日军占领山海关时期，杨占来为当时桥梁厂的工人，在日军控制下的桥梁厂，给中国工人的待遇是差到了极点。配给中国工人的粮食是橡子面，需放入缸中用水浸泡，晾干以后才能食用，味道和黄连差不多。1943 年，因为生活的贫困，杨占来在厂内的垃圾堆里捡了一截旧风带，想回家给孩子订鞋底，下班出厂时被看门的日本兵发现，直接把他抓进警务段。日本宪兵严词逼问他"谁指使你偷的"、"偷了多少回"、"偷回去卖给谁"、"谁是你的同伙"，杨占来只承认是从垃圾堆里捡出来的，没有同伙，更没有偷东西卖过。日本宪兵见他不招供，施以各种刑具折磨，最后将头朝下吊在房梁上，往鼻子里灌辣椒水，把他折磨得不省人事。几天以后，在早晨上工的时候，日本宪兵把杨占来拉到大门口，对工人们说他私通八路，要严厉处置，两个日本宪兵抡起皮鞭劈头盖脸地将他打了一阵，然后把他扔进囚车，押往东北的抚顺煤矿做劳工。在做劳工的现场，为防止劳工逃跑，日军在外围加了十三层环绕的电网，里面有持枪士兵看守。被抓的劳工每天天没亮就出工，天黑了还在干活。每天的劳动强度非常大，饮食却极差，吃的全是粗粮。劳工们居住在工房里，条件也是非常的恶劣。晚上休息时，每个工房都有日本兵持枪把守，外面还有流动的日军巡逻。由于实在忍受不了日军的残酷和繁重的体力劳动，杨占来和其他两名工友利用晚上去厕所的机会，带着绝缘工具，将电网剪断，途中经历各种险阻，跑坏了四双鞋，才从东北做劳工地方得以返回家乡山海关。

采访地点：秦皇岛市山海关区西街办事处西关社区

采访时间：2006 年 9 月 13 日

采访人：刘檬

被采访人：王保玉

（王保玉：男，家住秦皇岛市牛样子 5 号）

（原件存中共秦皇岛市山海关区委党史研究室）

25. 范根羊、薄朋朋、范全宝关于老虎洞惨案的证言

1943年农历九月十七（10月15日），日寇2000余人在顽伪军配合下，分14路对我路北抗日根据地进行了特殊的大"扫荡"。日寇以黑水坪村为集结点，7天中，搜遍了所有的山沟、村舍，见人就杀，见车辆就抢，见牲畜就宰。仅在胡仁村老虎洞内，就有150余人在毒瓦斯下丧命。

老虎洞位于井陉胡仁村西的北柴沟。这里山势险峻，人迹罕至。方圆约90华里的大山中，有许多隐蔽的山龛、山洞，老虎洞是其中最大的一个。

14日前，驻胡仁村的抗日部队——县支队第四连就得到日寇将"扫荡"的情报，即向群众做了布置，要求坚壁清野分散隐蔽。好在那时全村群众警惕性都很高，坚壁工作很快做好，民兵游击队在离村的最后，在路上埋设了地雷。

14日夜，部队转移。15日凌晨，群众即向北柴沟隐蔽，其中大部分群众就藏在老虎洞内。

15日上午，日寇首先扑进胡仁村，开始了他们的血腥屠杀，他们杀人的手段是极其残忍、极其野蛮的。

有的是用火烧，范锁柱夫妇因年老，又有病，藏在村里，被敌人抓住后，敌人迫使他带路去挖粮食、找人，范锁柱只是带领敌人往村东走去，并诱使敌人踏响了地雷。敌人没抓到人和找到粮食，就把范锁柱夫妇毒打一顿后放火烧死了。在北柴沟，范来毛夫妇及儿子3人都是60岁以上的老人了，因连日颠沛，走不动了，便藏在一间草屋内，被鬼子点着草屋一起烧死。"扫荡"过后，人们收拾残骸，还见他们一个个往门口方向爬的挣扎样子。有一个妇女被鬼子抓住后进行轮奸，然后在地里围起一堆草放火烧死了她。

有的是往山崖下推，在北柴沟，被鬼子推下山崖摔死的人不少。范来来一家妇幼11口在一山崖上碰见鬼子，当时只有8岁的范石保当即跑脱，仅留范来来一人为鬼子牵马，其余9口都被推到山崖下，摔死4人，伤残5人。其中，范来来4岁的儿子因被摔伤，其母亲又摔死，无人照顾，后来给了人家。范全宝的女儿才4个月，母亲摔死后，无人喂奶，范全宝把她藏在老虎洞内，女孩啼哭，哄不下来，人们又怕哭声引来鬼子，范全宝不得已，狠心将女孩的嘴捂住卡死。范来来为鬼子牵马走不多远，也被推到山崖下摔死，和他死在一处的还有范铁锁，也是被摔死的。

凡是距离远，鬼子抓不着的，他们都用枪打。范来锁之妻在一个山崖上未来及隐藏，被鬼子一枪打死。临死时，她怀里还揣着一只老母鸡，唯恐被鬼子

捉去。范××藏在一个山龛里，被敌人发现后去抓他，他使用石头还击鬼子，被鬼子用枪打死。

那时，鬼子把杀人真当儿戏一样，兽性大发。他把抓来的壮年为他们牵马，扛行李，踏雷。在一路口上，两个鬼子比试刀，其中一个随手用刺刀削去菩萨崖村一个群众的前额，又顺手抓下范原英戴着的孝帽擦血，其他鬼子围观大笑。由于鬼子连日搜山，群众到处逃散。饥饿、疾病的折磨，迫使不少人弃子抛婴。晚上在往北柴沟去的一条山路上，一个约有3岁的小女孩被扔，手里拿着草根儿。逃难的人见她坐在地上哭，张着两手撵人，叫人见了，万分揪心。但那时人人难以自保，又怕其生母来找，抱她走了一段后又将小孩放回了原处。小孩好像知道了她的后果一样，大声啼哭，叫人听了万分刺心。结果这个小孩被冻死在路旁。人们还见有一个妇女带着两个孩子逃难，大的才八九岁，小的才五六岁，在往一个山崖上爬时，实在无力带两个孩子上了，便扔了两个孩子。好久，人们还听见两个孩子哭喊："奶啊，带我上去吧，我以后不哭了！""扫荡"过后，这个妇女到处托人找孩子，结果下落不明。

几天来，藏在北柴沟的几百名群众，白天隐藏，晚上出来找东西吃。人们走的多了，于是老虎洞外原来叶草茂密的山坡便走出两条明显的路来。敌人顺路摸到老虎洞洞口。为敌人带路的有米汤崖村冯叔牛，胡仁村的范录祥（都被镇压）等。敌人到洞外来撵人，群众硬不出洞。敌人便拿了几条群众的棉被，堆在洞口点火熏，当天，熏死5岁小孩一名，群众一个也没出来。

20日夜，藏在洞内的群众自知老虎洞已不安全，便结对向桃林坪（当时的敌占区）转移，但因过不了敌人的围墙，不得已天亮前又返回北柴沟。除一部分群众另找藏身地方外，其余约150多名群众又钻入老虎洞中。21日，鬼子20多人，由冯叔牛带路，带毒瓦斯毒气弹到老虎洞口，点燃后立即走开。洞内群众在毒瓦斯窒息下一个劲地往里钻，大部分死于洞内。事过后，人们进洞找尸体，那还能认出来。但见一个个赤身裸体，尸骨相压。可想见当时的惨死之状。当时藏在老虎洞内的有十几个人中了瓦斯毒后跑了出来。鬼子见了也不开枪。这群跑出来的群众现在只有一个健在，他叫范羊羔，其余的人不过几天就都死去。范羊羔跑出洞口后，觉的口渴，胸憋。恰好找到一片锅里有一点熬过的萝卜片的泥水（是前天晚上人们出来做饭后留下的）。当时，那还顾什么死不死，范羊羔喝了下去后，就大吐几口，把肚内的毒气都带了出来，这样，他才得救。

22日，鬼子停止搜山，转移到平山、盂县一带。群众陆续回村，估计鬼子这次"扫荡"，仅在胡仁、黑水坪一带杀人400多名。抢走粮食、财物，宰杀牲畜无数。胡仁村 400 多口人，被杀者 78 口，绝 3 户。大落水村 100 多口人，被杀者 60 多口，黑水坪村内，被杀的群众尸体填满了 3 口水井，两个猪圈……

（据胡仁村范根羊、薄朋朋、范全宝等口述）

（原件存中共井陉县委党史县志办公室）

26. 平山县孟家庄村瘟疫调查证言

日军侵华战争期间，多次进入孟家庄镇，进行大规模"扫荡"。孟家庄镇下属的孟家庄村也受到伤害。日军不仅掠夺粮食、牲畜等各种物资，杀害这里的农民，还撒播各种致命的病毒细菌，其造成的人员伤亡和财产损失是巨大的，绝不亚于直接的杀戮。

在1944年日军"扫荡"完后，孟家庄村民便无缘无故地得了一种怪病。这种病俗称"发摆子"，症状为发病者浑身出虚汗，并感觉到一会冷，一会热。冷时盖几床被子都不管用，热时躺在地上都觉得热。发病过后，浑身无力。持续的时间大约为两个小时，并且周期性复发，以一天为一个周期。除了能吃饭外，不能进行任何其他的活动。由于此病传染性极强，一两天之内便传遍了全村，得病率为100%。这种病持续了约2年。造成封翠翠（女，当时才16岁）等15人死亡，500亩地因无人耕种而完全荒芜。全村人由于庄稼颗粒无收而几乎饿死，损失巨大。

日军对孟家庄人民造成的伤害是极其惨重的，孟家庄人民永远也不会忘记日军犯下的这一罪行。

采访地点：孟家庄村

采访时间：2006 年 10 月 25 日下午

采访人：韩利荣　韩会会　白立涛　唐进会

被采访人：王国兵　王凤明　赵永海　刘瑞唐　赵江合

（原件存中共平山县委党史研究室）

27. 承德市承德县六沟镇旗杆沟村范宝臣等三人的证言

1945年春，日本人向我村要劳工5人，其中范希忠（男）死在阜新煤矿。这一年全县去900多人，死在煤矿200多人。

日本人来后，向我村摊派大烟杆任务，我村范宝安、陈福因交不上任务，被伪警察抓去灌辣椒水，吊打致病后时间不长死亡。

采访时间：2006年10月9日

采访地点：承德市承德县六沟镇旗杆村

采访人：郝素云　罗玉　唐志民

被采访人：范宝臣　陈文海　陈合

（范宝臣：男，1923年7月19日出生，家住承德市承德县六沟镇旗杆沟村，身份证号13082123071□□□□；

陈文海：男，1929年6月24日出生，家住承德市承德县六沟镇旗杆沟村，身份证号13082129062□□□□；

陈合：女，1929年11月28日出生，家住承德市承德县六沟镇旗杆沟村，身份证号13082129112□□□□）

（原件存承德县档案史志局）

四、大事记

1933 年

1月1日　日本宪兵向驻守榆关（今山海关）的中国军队东北军发起挑衅，迫使中国哨兵退入城内。翌日，日军大举增兵，进攻山海关，开始侵入华北。同时，东北军何柱国部第 626 团奋起反击，拉开了长城抗战的序幕。1 月 3 日，榆关失守。据统计，榆关城内外死于炮火的群众达 4000 人。

3月4日　日本侵略军侵占承德，将避暑山庄辟为兵营。不久，日军放火烧毁了山庄内具有 179 年历史的卷阿胜境殿，他们拆毁古建筑，任意砍伐树木，建造日式房屋，在如意湖上架桥，在山峦区挖交通壕，把莹心殿作马厩，严重破坏了山庄的自然景观和人文景观。其后，日军又填平山庄内的西湖修建靶场，拆毁了具有 199 年历史的宗镜阁铜殿，将该殿 500 余部件装入 26 个大箱又 30 抬（捆）掠走。据统计，日军抢掠承德文物还包括山庄和外八庙各式镀金、镀银和铜铸佛像 143 尊，殿内装饰品 120 件，《大藏经》一部，用金粉书写、珍珠装饰，由汉满蒙藏四种文字组成的《丹珠经》、《甘珠经》两部，《古今图书集成》一部。

同年　日军侵占热河省（热河省位于河北东北部，包括辽宁、内蒙古部分地区，1956 年 1 月撤销），管辖承德市和滦平、丰宁、围场、隆化、平泉、青龙、兴隆等 20 个县和 3 个设治局。当年，日伪政府指定境内 60 万亩土地种植罂粟，实际种植了 31 万亩。

同年　围场县（今围场满族蒙古族自治县）种植罂粟 45158.4 亩，年产量 1806320 两，每两 1.8 元（满洲币，下同），总价值 3251376 元。罂粟种植面积占耕地面积 1467692.6 亩的 3.08%。每亩交纳烟税 5 元，总计 225793.5 元。种植罂粟的农户 16727 户，占全县总户数的 44.6%，每户参与种植者平均 6.6 人次，延及人员 110398 人，推定占全县人口的 15%。

1934 年

10 月　满铁公司一批日本人到河北秦皇岛石门寨矿区开展调查。翌年 3 月，将柳江煤矿全部财产强行占领，成立"中日合办秦记公司"，大肆掠夺柳江煤矿的原煤。

同年　丰宁县（今丰宁满族自治县）种植罂粟 38267.3 亩（382.673 顷），推定产量 688811 两，应征税额 191336.50 元（满洲币，下同），日伪政府已征 168367.95 元，未征 22968.55 元，提成金额 16836.75 元，提奖金额 21768.02 元，栽培户数 22355 户，鸦片实收纳量 191486 两（191.486 顷）。

同年　围场县（今围场满族自治县）有居民 43858 户，人口 183324 人。种植罂粟 78477.2 亩，年产量约为 1569544 两，价值 2825179.2 元（满洲币，下同），每亩烟税 5 元，日伪政府共收烟税 392386 元。

同年　隆化县被日伪政府强迫种植罂粟 24028 亩，仅次于谷子、高粱、玉米的种植面积，吸毒成瘾的不下 3 万人。

1935 年

5 月 24 日　民族志士孙永勤率领的抗日救国军在河北遵化县秋花峪村的茅山被日、伪军包围。日军少将旅团长川岸文秀指挥 1.5 万步兵，借助飞机、大炮向抗日救国军阵地发起攻击，双方激战。酣战至午，孙永勤率部掩护张福义、年焕兴、李连贵、何广永（何子桥）等二三百人突出重围返回热河，孙永勤、赵四川、关元有、王殿臣等 700 多名官兵壮烈牺牲，并有数百人伤后被捕。

同年　丰宁县（今丰宁满族自治县）种植罂粟 26552.3 亩（265.523 顷），推定产量 477941 两，应征税额 132761.50 元（满洲币，下同），日伪政府已征 130177.50 元，未征 2584.00 元，提成金额 4500.00 元，栽培户数 15006 户，鸦片实收纳量 268992 两（268.992 顷）。

1936 年

4 月　日、伪军收买承德北票煤矿股份有限公司，改名为北票矿业所，各项事务完全由日本人控制。

5月 据统计，因日军毒化政策导致河北省2700万农民中，吸食鸦片者达500万人以上。

春 为适应不断扩大的战争的需要，日伪政府强迫隆化县种植罂粟的亩数从2.4万亩增至3.2万亩。

同年 丰宁县种植罂粟29239.5亩（292.395顷），推定产量526331两，应征税额146197.50元（满洲币，下同），日伪政府已征145419.00元，未征778.50元，提成金额14541.90元，提奖金额451.80元，栽培户数27958户，鸦片实收纳量594762两（594.762顷）。

1937年

4月 日本人在隆化县太平庄的马栅子强行开采金矿，雇工150人，年产金矿石2130吨，共生产8年，计掠夺金矿石17040吨。之后，又在杨树沟、马架子、大乌苏沟、小乌苏沟、两房南沟等6处开采金矿石，采期3—8年，年产矿石5970万吨，总产量43500万吨。

8月17日—9月上旬 日军制造万全惨案。8月17—21日，日军飞机轰炸万全县城，许多居民被炸死炸伤，房屋被炸毁。27日日军占领万全县城后，疯狂屠杀百姓，致使这座仅有3000多居民的小城被炸死、枪杀、砍杀及强奸致死者达300多人，占总人口的十分之一。其中，73名群众被集体枪杀在城北狼山沟。

9月1日 驻怀安县任家窑的两名日军到附近王家窑企图强奸妇女，遭到村民反抗。下午，日军10余人全副武装前来报复。他们在王家窑杀人放火、强奸妇女，把34名妇女儿童推入山药窖后，填入柴火烧。惨案导致29人遇害，2人自杀。

9月4日—22日 日军侵入大城县，沿途在八方村、八里庄、黄庄子、邢庄子、崔庄、任庄子、赵固献等村杀害800余人。

9月7日 日军侵占尚义县南壕堑，对手无寸铁的平民进行大搜捕、大屠杀。在持续5个多小时的大屠杀中，先后杀害百姓230余人。

9月10日 日军在沧州青县制造流河惨案。日军派飞机对流河镇狂轰滥炸，对没来得及逃走的村民疯狂扫射，在不足500户的村镇，屠杀群众186人，烧毁民房700余间。

9月13日　日军侵入涞源县城，残杀群众50多人。

9月14日—17日　日军侵入永清县境内，先后在石家营、徐官营、瓦屋辛庄、王庄、仙人桥、白垡、老君堂、西下七村制造数十起惨案，共杀害村民840余人。

9月14日—18日　日军侵入固安县境内，从14日至18日，先后在辛务村、西玉村、东杨村、中公由村、辛仓村、马申庄村、南赵各庄、辛立村、北流邵等村庄制造了29起暴行，杀害925人。

9月16日—月底　日军制造保定惨案。9月16日，日军飞机轰炸保定，炸死200多名市民，炸毁大片房屋和店铺。23日，日军占领保定北郊，24日占领保定市，开始疯狂屠杀百姓，先后杀害3000余人（由于当时没有确切记录，实际死难同胞大大超过3000人），毁于战火的房屋1000余间。

9月16日—18日　日军一路追杀国民党军第53军攻入涿县（今涿州市），之后开始对平民展开屠杀，先后在太和庄杀害34人，在柳河营杀害70人，烧毁房屋260多间，在练庄杀害37人，在东阳屯杀害98人，在泽畔村杀害46人及20多名伤兵，烧毁200多间房屋。

9月17日　日军侵入霸县姜家营，杀害138名村民，并洗劫了全村的财物。

9月20日　上千名日军在涞水县南义安村屠杀村民120余人，其中南义安村民71人，北义安、下庄、松林、泽畔等村来南义安避难的村民50余人。

9月21日　日军在沧县制造张辛庄惨案。日军在张辛庄杀人放火，奸淫抢掠。在杀害部分村民后，又将120多人赶往一个大院内，残暴的日军向院内扔手榴弹、射击，致使村民骨肉横飞，血溅墙壁。一天之内，日军在张辛庄共杀害村民138人，烧毁房屋130余间，杀掉牲畜100余头。

9月21日—22日　日军占领徐水县城后迅速向农村进犯，在小公村杀害45人，在胡家营杀害83人，在高各庄杀害104人。在于坊村实施"三光"政策，杀害群众330余人，烧毁房屋300多间，杀死和抢走大牲畜70余头，猪130多口，鸡鸭几乎被捕杀一空。在王官营杀害群众48人。

9月23日　日军占领满城西黄村之后，开始对村内没有逃走的群众进行屠杀，至24日，共杀害群众124人，烧房290多间，粮食家具被毁坏不计其数。

9月26日　日军飞机轰炸、扫射景县县城。当时由于正逢大集，因此造成300余人伤亡，其中死亡110余人，伤190余人。

同日　日军制造沧县捷地惨案。当天，日军在沧县捷地村抓走在清真寺避难的回族群众30人，将21人挑死后扔进运河。之后三天内，共有114名村民惨遭杀戮。

9月27日　日军制造十二里口、七里口惨案。9月27日，日军在南皮县十二里口遭到国民党29军零星部队的袭击，日军遂开始报复十二里口及附近七里口村村民，先后杀害两村村民93人，并烧毁房屋300多间。

9月　日军在武强县小范镇临滏村与国民党32军商震部队发生战斗。为图报复，日军杀害该村百姓142人。

10月4日　日军清水部队一部沿滏阳河南侵至衡水县（今桃城区）城外时，在四架飞机的掩护下，向城内开炮，当场炸死平民5人，炸伤3人。随后，日军用机枪向位于滏阳河岸的陈家村一带扫射，打死7人。日军进入县城后，又在东隆庆街和阜丰街各杀害一人。当日，日军共杀害无辜平民14人。

10月5日—11日　日军飞机连续轰炸、扫射辛集县城、旧城，共炸死群众23人，炸伤数人。

10月6日　日军在武强东辛庄村杀死居民29人，并放火烧毁全村大部分房屋。

10月6日—10日　日军在正定城郊之岸下、永安、北关、城内的北门里、焦安角、小十字街、府城东街、南仓街、东门里，城东北的西上泽，城东的朱河村、里屯、小临济等村实施一系列屠杀。几日内，残杀中国居民1506人，打伤103人，烧毁房屋106间，抢走大牲畜80余头。

10月7日—15日　日军飞机在赵县城内轰炸，日军到赵县宋村、常洋村、豆腐庄、官庄、北解家疃、大李庄、小李庄等地共屠杀群众910余人，重伤致残239人，房屋粮食等毁坏难以计数。

10月12日　由于遭到东北军吕正操部的抵抗，5000多名日军闯进藁城县（今石家庄市藁城区）梅花镇进行报复，连续烧杀了4天3夜。全镇被杀害1547人，杀绝46户，100多名妇女遭到强奸和残害。烧毁房屋600多间，粮食财物被抢劫一空。

同日　日军400多人进犯宁晋县周家庄，由于11日在周家庄遭到国民党军第63军冯占海部队抵抗，日军便对东周家庄群众进行疯狂报复，杀害104名群众，烧毁房屋72间，损坏树木103棵，抢走牲畜20头、粮食20600斤、服饰175件、大车16辆。

10月13日　日军进犯柏乡县王家庄村，遭到国民党32军一部的抵抗。国军撤离后，日军开始疯狂屠杀王家庄村民，共杀害村民38人，并烧毁数百间房屋。

同日　日军飞机在任县大东吴村及台南、固城、刘力、双蓬头、邢家湾等村上空狂轰滥炸，炸死村民 100 余人，炸毁房屋 500 多间，其中大东吴村群众被炸死 45 人，房屋被炸毁上百间。

10 月 14 日—11 月 6 日　日军沿井陉至山西的公路向山西进攻，由于遭到国民党军第 29 军抵抗，日军遂在公路沿线村庄烧杀抢掠，制造了数起惨案，杀害群众 800 余人，烧毁房屋千余间，抢掠或毁坏大量粮食及其他财物。其中北横口村杀害 56 人，烧毁 300 余间房屋；在长生口村杀害 250 余人，烧毁 200 余间房屋；在核桃园杀害 300 余人；在小龙窝杀害 47 人，烧毁 400 余间房屋，抢走大牲畜 120 余头；在大龙窝杀害 22 人，烧毁房屋 36 间，抢走牲口 10 头；在乏驴岭杀害 23 人；在郝家台、朱家疃等村杀害数十人。

10 月 17 日　日军以"察南自治政府"的名义强占了张家口龙烟铁矿，致使该矿由日本的金融资本"兴中公司"完全垄断。到 12 月，运往日本国内的铁矿石达 60 万吨。八年间，日军共掠夺龙烟铁矿矿石 300 万吨以上。

10 月 21 日　定兴、北河、固城等地日军数百人包围定兴县阎台村，对村民实行血腥屠杀，共杀害村民 40 余人，烧房 30 多间，烧毁大量粮食财物。

10 月 22 日　日军高桥部队西进山西时，夜宿河北获鹿县（今鹿泉区）郄庄村外。半夜有两名日本兵进到枣林村强奸妇女，被村民打死一个、打跑一个。第二天凌晨，日军进村报复，抓到没来得及撤离的 37 名群众，残忍地杀害 35 人，打伤 2 人，烧毁房屋 100 多间。

10 月 24 日　日军在邢台县洛村杀害 53 名群众，烧毁 100 多间房屋。

10 月 24 日—12 月初　日军制造成安惨案。10 月 24 日，日军 500 多人进攻成安县城，守城的民军奋起自卫，杀伤日军 400 多人。傍晚，驻邯郸日军前来增援，用重炮轰开城门。25 日晨，日军开始了大屠杀，一个多月时间，5200 余人被杀害。22 户被杀绝，房屋被烧毁 1200 余间，损失粮食 48.46 万余斤和大量生活用品。

11 月 8 日—15 日　日军自邯郸向东进攻，遭到撤退至广平县的国民党军第 29 军抵抗。日军沿途杀人报复，制造了广平 1937 年惨案，共杀害 302 人，还打伤许多人。11 月 8 日，先在焦庄杀害 23 人，在孟固村杀害 36 人，在上坡村杀害 40 人，打伤多人；11 月 12 日，在军营村杀害 71 人；11 月 13 日，在南韩村杀害 13 人，射伤 1 人，在袁村、李庄、周固寨分别杀害 2 人、4 人、3 人；11 月 14—15 日，在南小刘村杀害 110 人，炸毁 500 多间民房。

11 月 11 日　日军出动 30 多架飞机，轰炸束鹿县（今辛集市）辛集镇。这天正值辛集镇大集，赶集的群众非常多，因此造成 50 多人被炸死，30 多人被炸伤。

同日 日军从邢台向南和县大举进犯，在河郭、豆村、贾宋一带受到国民党军第 29 军第 134 师、第 119 师的猛烈阻击和英勇抵抗。激战三昼夜，双方伤亡惨重。13 日，29 军向南撤退，日军趁机扑向河郭镇，进行了大屠杀。同时郄庄也遭日军大屠杀。日军共屠杀河郭镇、郄庄的村民 257 人，40 多户被杀绝，烧毁房屋 1000 多间。

11 月 12 日 驻宁晋县东周家庄的日军遭到国民党军第 63 军一部的袭击。作为报复，日军疯狂屠杀东周家庄村民 104 人（包括 18 名外地人）。

11 月 12 日—13 日 日军制造粮斗庄惨案。粮斗庄位于磁县境内，1937 年10 月 17 日日军占领磁县后，在粮斗庄驻扎了一支给养部队。11 月 11 日，国民党军庞炳勋部趁日军大部分部队去送给养袭击了粮斗庄。12 日凌晨，盘踞在磁县城内的日军闯入粮斗庄烧杀抢掠。13 日，运送给养回来的日军再次烧杀粮斗庄，共计 69 名青壮年被杀害。

11 月 15 日 日军制造邱城惨案。由于在邱县遭到国民党第 29 军的抵抗，11 月 15 日，日军闯入邱县县城残杀无辜，血洗街巷。计杀死 808 人，烧毁房屋385 间，抢掠大牲畜 158 头，家禽 3600 只。

11 月 15 日 日军制造曲沟惨案。14 日，太行抗日根据地游击队以曲沟为立足点袭击了日军磁县光录车站。15 日，日军疯狂报复曲沟村，先后杀害 41人，烧毁房屋 80 余间。

11 月 23 日 日军飞机轰炸广平县城，约有 50 人被炸死。

12 月 9 日 日军包围定县（今定州市）大王耨、西王耨、董家庄 3 个村庄，进行烧、杀、抢掠，制造了王耨惨案。大王耨村 100 多名群众被杀害，30多人被打伤，60 多间房屋被烧，有 5 户被杀绝。小王耨村 76 名群众被杀害，重伤十几人，30 多间房屋被烧，有 10 户被杀绝。董家庄 27 名群众被杀害，重伤十几人，120 多间房屋被烧，2 户被杀绝。另外，在敌人的包围圈内，齐家庄村被打死 16 人，重伤 5 人，打死 3 头牛和 1 匹骡子；佛店村 5 人被打死；东留春和李亲顾两个村各有 1 人被杀害。综上，日军共杀害 220 多人，重伤 50 多人，烧房 200 多间，杀绝 17 户。

12 月 19 日 驻高邑县城火车站的几名日军到东塔影村强奸妇女，其中两个日军被村民打死。之后许多村民离开村子躲避。当晚，日军进村抓走 6 人（其中一人半路逃走），于第二天晚上将 5 人活埋。20 日早晨，日军又包围了村子，在汉奸的带领下到处抓人追问那两个被打死的日军下落。后来日军找到那两个日军的尸体后开始疯狂杀人，共杀害群众42人，烧毁房屋500多间。

12月29日　日军制造高阳县博士庄、辛立庄惨案。本月，河北游击军第六军300余人驻在博士庄。29日清晨，得到情报的日、伪军500余人包围了博士庄。由于缺乏警惕，许多游击军战士在睡梦中被杀。后一部分战士突围出去，日军便开始屠杀群众。据不完全统计，160多名群众和20多名河北游击军战士被杀害，90多人受伤，20多间房屋被烧毁。同日，日军在崔家庄村打死群众20多人，打伤数十人，烧毁民房700多间。

同年　日本开始从张家口龙烟、庞家堡掠夺铁矿石，至1942年，共掠夺2094591吨。

同年　日伪政府强迫围场全县种植罂粟155125亩，年产量1872000两，价值3650400元（满洲币，下同），每亩产烟干12.07两，每两价格1.95元。占当年围场耕地面积的12.75%。

1938年

1月22日　日军制造辛庄惨案。1月21日，盘踞井陉的日、伪军100多人进犯平山县，企图消灭平山洪子店抗日政权。日军行至西凉山时遭到八路军伏击，伤亡惨重。当大批日军前来增援时，八路军撤出战斗。日军找不到八路军，便对附近的辛庄及北庄、东沟等村展开大屠杀。先后杀害村民108人，烧毁房屋193间，粮食、财物被毁无数。

2月6日　为了阻止日军南犯，国民党军一部和霸县抗日群众一起火烧了大清河上的苑口和中亭河上的栲栳圈村的两座桥。日军到来后看到桥被烧毁，气急败坏地闯入栲栳圈村杀害村民，强迫村民修桥，并拆卸村民大批的门板用于修桥。日军还窜行到牛伙庄、善来营骚扰杀人。一天时间，三个村被杀害村民47人，被毁民房230多间。

2月13日　驻行唐县和灵寿县的日军300余人直奔上碑镇袭击李树林部。李树林部撤离后，日军进村疯狂杀人，先后杀害群众51人，打伤14人，烧毁房屋234间。

同日　日军出动300余人，放火焚烧完县（今顺平县）城和北关，打死百姓35人，烧毁民房500余间。

同日　由于日军铁路遭到破坏，致使火车在定县（今定州市）西不落岗村

（现叫西岗村）出轨，日军在西不落岗村杀害平民43人，打伤4人，烧毁房屋500多间。

2月15日　日军制造南堼子惨案。南堼子位于望都县平汉铁路附近。全国抗战爆发后，在共产党的组织下，南堼子村民经常破坏日军的铁路线，引起日军仇恨。2月15日，日军100多人包围了南堼子村，杀害群众84人，烧毁房屋500多间。

2月18日　日军"扫荡"到迁西县新庄子乡大峪村大平台时，看见一座庙宇，便蜂拥而进，抢走庙内摆设、存放的285件文物，临走又放火将9间庙殿全部焚毁。造成损失价值达41000银元。

2月20日　日军在汉奸王经尔的带领下，到唐县东高昌村和小孤山寻衅，杀害寺院长老道净和尚及村民多人，烧了孤山上的奶奶庙和东高昌村房子10余间，而后"围剿"淑间村，屠杀淑间村群众151人，烧毁民房300余间，损坏大量家具、农具。同时，还有八路军战士80余人在掩护群众的战斗中光荣牺牲。

同日　从定县（今定州市）向曲阳进犯的日军，由于在曲阳县七里庄一带遭八路军伏击死伤30余人，于是疯狂向七里庄村群众报复，杀害群众21人，重伤2人，烧毁房屋200多间。

2月23日　驻望都县日军400余人进攻完县（今顺平县）尧城和下叔两村，并放火烧村。大火烧至下午。据调查，尧城被烧房屋600余间，烧伤人员50余名。下叔共被烧房屋1400多间，烧伤人员110多人。

2月25日　日军500余人包围唐县口底村，凶残报复在24日夜破坏日军电话线的游击队和群众，大肆进行烧杀抢掠，共杀害群众46人，打伤10人，烧房671间。

2月26日　驻望都县日军出动10辆汽车，运载重兵血洗完县（今顺平县）常庄，烧毁469间民房，造成抗日军民200余人伤亡（含103名群众、70多名八路军战士），8人伤残，数十人受伤。

2月27日　日军制造高阳县莘桥惨案，烧毁房屋1600多间，杀害群众130多人，毒打群众40多人，抢劫大量货币、粮物。

3月8日　日军"扫荡"阜平县王快至城厢10个村，打死群众542人，烧房5012间，抢走牛驴603头，粮食1万余石。

3月17日　日军制造井陉上庄、三峪惨案。3月15日，日军纠集驻井陉、平山、获鹿（今鹿泉区）的兵力奔袭井陉上庄、三峪村，企图消灭在这一带活动的国民党金岳鹏部，沿途遭到晋察冀四分区地方武装的袭扰，金岳鹏部趁机逃走。日军疯狂报复上庄、三峪村民，杀害村民 91 人，烧毁房屋上千间。

3 月 22 日　驻保定、徐水、固城日军 1000 多人在安新县三台镇与八路军激战。由于伤亡惨重，日军随后在三台镇的山西村、申明亭、狮子村、店上、大北头、辛克庄 6 个村子逢人就杀，见房就烧，杀害百姓 210 余人，打伤数十人，奸污妇女数人，烧毁房屋 2000 多间。

3 月 24 日　日军与八路军交战时，在涞源县二道河村的山上发现了逃难的村民，遂用机枪射杀 28 人。

3 月 29 日　驻邢台和高邑县的日军 300 多人扑向隆尧大干言村，企图消灭刚刚成立的尧山县抗日委员会。日军进到大干言村时，遭到大干言、大市口两地红枪会的抵抗。日军开始疯狂杀人报复，共打死打伤两村 70 余人，烧房 800 余间。

4 月 9 日　日军制造大韩村惨案。大韩村处于新城县、固安县交界处，现属高碑店市。抗日战争时期，大韩村抗日活动非常活跃。4 月 9 日，日军发现大韩村村民伪装的大陷坑，非常恼火，进村后对村民进行了大屠杀，杀害 39 人，打伤 4 人。

4 月 10 日　日军制造涉县中原惨案。当天，日军向涉县城西"扫荡"，将中原、南原包围，残杀村民 179 人，打伤村民 30 余人，烧毁房屋 300 多间。

4 月 11 日　驻邢台、沙河县日军华北方面军第一军第 108 师团进犯沙河县左村、孔庄和峪里村。日、伪军在村外架起机枪，另一部进村挨户搜查。未来得及逃走的男人被捆绑殴打，女人遭凌辱强奸，稍有反抗，即被杀死。先后共杀害 355 人，抢走 55 万斤粮食、198 头大牲畜及大量财物，4440 间房屋被烧成灰烬。

4 月 13 日　日、伪军 1200 人闯入安次县（今廊坊市安次区）码头镇，残杀村民 200 余人，烧毁房屋 1620 间。

同日　日军制造前河岔惨案。前河岔村位于邢台县境内。4 月 13 日，围攻太行根据地的日军 400 多人来到前河岔村"扫荡"，遭到村里"红学"（真武道，一种会道门）组织的抵抗。日军杀害村民 48 人，重伤 7 人，烧毁房屋 910 多间。

4 月 21 日　盘踞在王安坨村的日军纠集 500 余兵力前往廊坊安次县葛渔城（现属于廊坊市），企图消灭葛渔城镇的抗日武装。因受到抗日武装的打击，日军冲进镇子后见人就杀，见房就烧，见东西就抢。到晚上，日军共杀害平民 76

人，烧毁房屋 200 多间。

4 月 22 日　日军制造邯郸百家村惨案。因邯郸县百家村（今属邯郸市复兴区）村民打死两名到村奸淫抢掠的日军，遭到日军报复。日军杀死村民王守敬、田振江、李金顺、张生、张宝身等 128 人。全村损失棉花 38320 斤、房屋 1254 间、粮食 69870 斤、被子 882 条、衣服 2715 件、家具 1052 件、工具 945 件，其他物品 2483 件。

4 月 30 日　日军制造韩村惨案。韩村位于永清县境内，是个比较大的镇子。4 月 29 日，驻廊坊的伪军前来抢掠，遭到人民自卫军的痛击。第二天，日、伪军前来报复，因为自卫军和大部分群众已经撤离，日军便对村里留守的部分村民展开大屠杀，一天时间，杀害群众 68 人，烧毁房屋 320 间。

5 月 17 日　盘踞在景县连镇车站的日军因前一天遭到游击队袭击，为了报复，他们出动 200 多人，直奔景县李辉桥村，先是用机枪和大炮向村里狂轰滥炸，之后进村疯狂杀人，杀死 35 人，打伤 10 余人，烧毁房屋 80 余间、大车 4 辆以及许多其他财物。

6 月 8 日　日军制造四合村惨案。四合村（包括徐庄、台庄、宣庄、于道四个村子）位于孟村回族自治县境内，是敌后抗日根据地，村里组织了抗日救国军。1938 年 6 月 8 日凌晨，驻盐山的日军由于在 6 日的货物被劫，前来寻衅报复。日军先是炮击四合村，然后进村行凶。先后杀害 37 名群众。

6 月 9 日　日军"扫荡"清苑县南乡村，途经南蛮营时枪杀群众 24 人。

7 月 27 日　日军"扫荡"安次县（今廊坊市安次区）东沽港村，并以飞机轰炸，共计烧毁房屋 1400 多间，打死无辜老百姓 110 人，奸淫妇女 23 人，打死或抢走牲畜 710 头。事隔 6 天，日军再次"扫荡"该村，又杀害村民 18 人，奸污 23 名妇女。

7 月 28 日　日军制造南焦村惨案。本月 27 日，驻栾城县方村炮楼的伪军到南焦村（今属石家庄市）村长家要吃喝，正碰上从塔冢村（今属石家庄市）来南焦村要吃喝的三个日本兵，双方发生矛盾，伪军在村外打死两个日军，抓走一个日军。南焦村村民怕日军报复，纷纷出村躲避，村里只剩少数人看门守户。28 日，塔冢的日军冲进南焦村疯狂杀人报复，杀害群众 47 人，打伤 20 多人。

9 月 25 日　日军开始秋季"扫荡"。此后一个月的时间，日军东自曲阳县、西从五台两路汇合于阜平龙泉关，在沿路"扫荡"中，抢走牛驴骡马 799 头，掠走粮食 67200 余石，烧毁房屋 16479 间，杀害百姓 430 人。

10 月 4 日　日军用飞机轰炸和用机枪扫射丰润县（今丰润区）沙流河的集

市。当时临近中秋，集市上人非常密集。因此伤亡100余人。

10月20日 日、伪军与河北抗日民众自卫军在定兴县杨村发生激战，日军冲进杨村后，对群众展开大屠杀，先后杀害村民40余人，烧毁房屋600多间。

11月18日 驻临清县日军数百名，分乘16辆汽车、4辆装甲车扑向尖庄村。村民刘本明抱着不满两岁的儿子被日军打死在河边，赵继太的母亲也在河边被日军挑死，陈维新等6人在河坡里被追来的日军打死。日军见人就杀，逢房就烧，不长时间整个村庄就浓烟滚滚，大火冲天。这次惨案日军共杀害群众367人，打伤致残7人，烧毁房屋2100余间，烧毁或抢走牲畜50多头，家禽1300余只，生活生产用具2700多件，生活物品3万件。

11月19日 日军制造王庄子惨案。这天，日军到霸县王庄子村屠杀村民46人，烧毁房屋400多间。

12月22日 驻曲阳县东口南、灵山的日军100多人包围了贾庄村，杀害群众30余人，烧毁房屋396间、粮食3万余斤。

同年 日军在华北铁路、公路沿线村镇水井投放霍乱、伤寒菌。8月份一个月死亡4万人至5万人。

同年 日本侵略者从隆化县掠走粮食203193石。

同年 围场全县种植罂粟面积为119730亩，占耕地的9.8%。亩产烟干17两，合鸦片2035410两，价值4274361元（满洲币，下同）。交鸦片特税每亩5元，共计598650元。种烟割烟工本费234万元，农民仅剩45%，合1923462.45元。

同年 自本年始至日军投降，日本侵略者截留秦皇岛海关关税2489万元（币种不详）。

同年 日商在滦县雷庄石矿所属甲山、尖山、凤凰山开采矿石，自本年始至日军投降，7年间累计掠走矿石约112.8万吨。

同年 日本侵略者在唐山古冶成立"长城矿业株式会社古冶出张所"，后改名"华北矾土公司冀东矿业所"，年产矾土约2万吨，全部运销日本。自本年始至日军投降，共计有14万吨矾土运销日本。

1939年

1月1日 驻灵寿县城和行唐县的约800余名日、伪军到慈峪镇"扫荡"。慈峪镇是灵寿县人民抗日政府驻地，许多党政军机关也驻这里。得到消息的抗日党政军机关事先转移，日军没有抓到人就开始疯狂报复慈峪镇人民，杀害慈峪镇群众74人，打伤30余人，烧毁房屋1000余间。

1月16日　日军制造任村惨案。任村位于隆尧县境内，1月15日，驻任村的40多名日军遭到冀南军区特务营的袭击，日军狼狈逃窜。16日，日军300余人包围任村，对村民进行血腥屠杀，共杀害村民44人，抓走11人当劳工，烧毁房屋30余间。

1月24日　日军带领驻获鹿县（今石家庄市鹿泉区）路南、寺家庄、山尹村的皇协军将南龙贵村包围，制造了南龙贵惨案，共杀死147名群众，烧毁房屋400间。

1月25日　由于在肃宁县遭到八路军袭击，日军追击八路军到达肃宁付佐村后，开始疯狂屠杀付佐村村民，共杀害群众40多人，打伤12人，打死牲口11匹，还抢走了一批牲口。

1月26日　日、伪军包围了八路军政治干校驻地——阜平东庄村，扑空后即开始搜山杀害群众，共屠杀群众27人，打伤7人，烧毁房屋300余间。

2月26日　驻宁晋县日军在宁晋北鱼村遭到一股地方武装的袭击，日军遂进入北鱼村屠杀群众，先后杀害60余人，烧毁房屋300多间，并抢走大量粮食和生活用品。

3月15日　日军兵分三路在飞机大炮配合下围攻安新县关城村，企图消灭在此集训的中共安新县委干部。战斗中，县大队和区小队共伤亡106人。夜晚日军进村后，杀害村民13人。次日，又将140余老弱妇孺关进两间小屋施放毒气，当场毒杀4人，并烧毁房屋100间。

3月22日　日军300余人将冀县路家庄包围，先后杀死民军和村民237人，烧毁房屋700多间。

3月25日　日军300多人在安新县端村进行"扫荡"，杀害百姓80人，其中妇女18人，小孩6人，烧毁民房5000间，生活用品被抢掠一空。

4月7日　日军在高阳雷庄附近与游击队激战。进入雷庄村的日军杀死了31名村民（含外村村民2人，外地商贩1人）。

4月20日　日、伪军300余人从望都出发"扫荡"完县（今顺平县）大李各庄、齐各庄、河口、下邑等村，打死打伤百姓100余人，烧房1000多间。

6月11日　驻安国县日军"扫荡"焦庄，杀害村民34人。

6月17日　盘踞冀县的日、伪军进攻东兴村，360户人家有148人被日军杀害，53人致伤致残，13户全部罹难，26户老人失去子女，8户人家剩下了12

名孤儿，耕牛损失 38 头，500 多间房屋被烧毁。

6 月 25 日　驻白沟的日军和伪军各一个中队包围高碑店西芦村，日军先是往村内施放毒气弹，导致许多群众中毒。之后，日军进村开始大屠杀，共杀害群众 36 人。

7 月上旬　日军趁夏季河水暴涨，在滹沱河、沙河、潴龙河上决堤放水，致使安国县城以南房屋、田地全部被淹，30 万亩庄稼绝收。水中漂流的难民又遭到日军扫射，死伤无数。

7 月 11 日　日军扒开深泽县内的磁河和木刀沟河堤，全县大部分村庄被洪水淹过，94 个村受灾，25.3 万亩土地被淹，73170 人成为灾民，大量房屋因被淹倒塌。

7 月　日军乘连日阴雨、河水猛涨之机，扒开滹沱河、潴龙河等堤防 128 处，博野等 60 多个县 2250 万亩良田被淹没，500 万人流离失所。

8 月 12 日　日军 600 余人包围了易县田岗村，抓捕八路军和抗日村干部。田岗村曾是大龙华战斗的指挥部，因此日军对田岗村非常痛恨，进村后的日军把群众驱赶到村里戏楼前，一个一个审问。由于群众拒不说出八路军和抗日村干部去向，日军于第二天开始屠杀村民，共杀害 35 人，重伤 2 人，烧毁房屋 600 多间。

8 月 13 日　日、伪军 500 余人包围安国中阳村，逼问群众谁是干部，谁是八路军。由于群众拒绝说出，便残忍杀害村民 28 人。

8 月 28 日—30 日　日军制造大曹村惨案。本月 27 日，从河间前往肃宁运送给养的日军在肃宁大曹村一带休息时，几名日军进入大曹村、马家铺、白家村、刘家前头村等几个村子骚扰和侮辱妇女，5 名日军被村民活捉。第二天，日军前来报复，到 30 日，日军先后杀害村民 73 人，烧毁房屋 2300 多间。

8 月　日军趁华北地区阴雨连绵，河水暴涨之机，将永定河、子牙河、滹沱河、滏阳河、运河扒口 180 多处，淹没良田 17 万顷，有 30 个县受灾，200 万人无家可归。

9 月 26 日　吴桥县边东村一带的"红枪会"组织 30 多名会员到牟家庵一带袭击日军。由于寡不敌众，"红枪会"会员 28 人被杀害，4 人重伤。

9 月 28 日　日军将迁安县参加冀东抗日大暴动的首领唐义臣杀害于迁安县黄台山，同时遇难的还有其他参加抗日暴动的 200 多名队员和抗日群众。

10 月 24 日　日军制造王辛庄惨案。王辛庄位于蠡县保蠡公路东侧，全国抗战爆发后，王辛庄人民在共产党的领导下，经常破坏保蠡公路，这让日军怀恨在心。当日，日军包围王辛庄，把没来得及跑出村子的村民集中到一个大院子里，将70多名男性村民塞到一间房子后施放毒瓦斯，致使54人遇难。

10月31日　博野、安国、望都及张登据点的日、伪军趁夜色包围了在望都薛庄村宿营的清苑县第十大队。从下午到11月1日，日、伪军对村民和八路军战士进行了血腥屠杀，共杀害230余人，其中群众39人，烧房77间，几乎抢光烧光了村里的牲畜车辆。

10月　对北岳区进行疯狂"扫荡"的日军侵入曲阳县武家湾一带（武家湾辖32个行政村，42个自然村），对该地实行"三光"政策，几天之内，杀害抗日干部群众49人，烧毁20多个村的大部分房屋。

11月22日　日军20余架飞机对新城（今高碑店市）汤加营冀中五分区指挥部狂轰滥炸，其中4架飞机低空轰炸北平景镇，炸死村民27人，炸伤31人，房屋毁坏数间。

12月15日　日军200余人突然包围容城王家营，枪杀群众16人，烧毁房屋50多间，上百名群众被吊打致伤致残。

12月24日　驻河间县小店据点的日、伪军100多人突袭翟生村，抓走72人拷打审问。25日，日军将其中26人活埋。

12月28日　日军制造梁神堂、佐各庄、孤庄头惨案。本月下旬，日军纠集6000余兵力，对冀中五分区进行残酷的冬季大"扫荡"。由于遭到八路军沉重打击，疯狂的日军于28日扑向雄县梁神堂、佐各庄、孤庄头三个村，杀害群众76人，并烧毁许多房屋。

1940 年

2月4日　日、伪军2000余人对隆尧县北阎庄进行了6个小时的屠杀，共杀害群众155人，有10余户被烧光杀绝，全村2800多间房屋有90%被烧毁，接着，日军又进入白家寨村烧杀抢掠，杀害村民30多人，烧毁房屋58间。

2月29日　日军到广平县平固店"扫荡"，烧毁民房1858间，使2000多名老百姓无家可归。同时，还烧毁了古建筑崇福寺，炸毁了具有极高文物价值的凌霄古塔。

3月22日　日军经营的井陉煤矿新井发生瓦斯爆炸，瞬即引起煤尘大爆炸。日本矿长强迫矿工封闭巷道和井口，致使矿工高喜子、焦珍小、王二明、焦连成、焦二铁、王三瑞、张锁成、高没看、高三唤、李连顺等800余人伤亡，其中死 357 人，伤 480 余人。

3 月 25 日　井陉煤矿正丰矿发生水灾，淹死工人 100 余人。

4 月 7 日　日、伪军 300 多人包围了望都县柳陀村，企图抓捕前一天夜里在此开会的望都县五区区委工作人员。趁着夜色，部分五区工作人员和部分群众冲出了敌人包围圈。日军进村开始杀人，先后杀死了 59 名村民。

4 月 12 日　日军制造耿虔寺惨案。4 月 11 日，冀南一地委准备在辛集耿虔寺村召开大会。由于叛徒告密，傍晚，新城、南智邱、四芝兰、罗口、码头李等据点日、伪军近千人合围耿虔寺村。经过激烈战斗，一地委大部分人员转移。12 日早上，日、伪军便对耿虔寺村村民进行报复屠杀。他们挨门挨户抓人、杀人、抢劫，致使村民 50 多人被杀害，10 多人被打伤，5 名妇女遭到轮奸，300 多间房屋被烧毁，两万余元财物被抢走。

4 月 24 日　日、伪军 1000 余人"清剿"隆尧县良村，杀害村民 70 余人，烧毁房屋 500 余间，抢走、毁坏的粮食、牲口、农具难以计数。

4 月 25 日　日军 2000 余人奔袭驻扎在博野县白塔村的九分区 33 团和津南自卫军的一个连。双方激战，均损失惨重。八路军因弹药用尽撤退后，日军进入白塔村杀害了村内 58 名青壮年。

4 月 29 日　驻晋县（今晋州市）的 100 多名日、伪军在汉奸带领下到南田村抓捕八路军和抗日干部。部分抗日干部突围出去，另一部分干部和群众则由被包围。日军进村后挨家挨户搜查，见人就抓，见东西就抢，遇到反抗的就杀人，制造了南田惨案。这次惨案日军共杀害抗日干部群众 35 人，打伤 250 多人，烧毁房屋 53 间。

5 月 2 日　驻藁城的一队日、伪军"扫荡"滹沱河北时在无极县牛辛庄与八路军激战。中午，藁城、晋县等地日、伪军 300 多人前来增援，八路军撤出战斗。日军冲进牛辛庄杀人放火，无恶不作。先后杀害村民 49 人，烧毁房屋 300 多间，抢掠财物难以计数。

5 月 20 日　日军制造寺儿沟惨案。驻蔚县日军和从张家口调集的 1000 名日、伪军，包围了蔚县东北山抗日游击区的寺儿沟，集中炮火轰炸，随后进村杀人放火，施放毒气。在这次惨案中，日军在东寺儿沟杀害 19 人，西寺儿沟杀害 33 人（其中妇女 15 人，儿童 22 人），还打伤 50 人。22 日，日军再次突袭寺儿沟，烧毁房屋 583 间，烧毁粮食 17000 公斤，抢走粮食 5100 公斤，烧死大牲畜 25 头，抢走 39 头，猪、羊，鸡除被抢走外，余者全部被烧死，日军同时枪杀邻村武家嘴、南梁逃难群众 23 人。

6月24日　日军制造北白塔惨案。北白塔村位于沧县境内，抗日战争时期常有八路军在此活动，多次袭击日、伪军。6月24日，日、伪军近千人包围北白塔村，企图一举消灭八路军。进村后，日军严刑拷打村民，追问八路军去处。由于得不到想要的情报，日军便开始屠杀村民，先后杀害27人，打伤30余人，烧毁房屋420多间。

7月6日　驻安国、博野、蠡县、定县、曲阳5县的日军、特务、汉奸共500余人联合行动，包围了翟城村，把村民200多人驱赶到村东学校内审讯，由于村民拒不说出抗日干部下落，日军便杀害群众38名。

7月14日　日军制造北都惨案。北都村位于安国县（今安国市）境内，抗日战争时期，安国抗日政府曾转移到北都，这一带人民抗日热情高涨，这让日军恨之入骨。本月13日，安国抗日县委、县政府在北都开会后，一些干部就住在北都村，日军得到消息后，于14日凌晨纠集1000多日、伪军包围了北都，打死1人，打伤21人，抓走干部村民41人，抢走大牲畜72头，宰杀畜禽上千只，糟蹋粮食财物不计其数。被抓走的人中有34人被杀害。

8月4日　从晋县（今晋州市）出发"扫荡"的200多名日军在返回县城路上，遇到八路军游击队三区小队的袭扰。区小队袭击日军后经宿生村转移离开。日军追进宿生村后开始杀人报复。先后杀死群众46人（包括14名外村人）。

8月11日　因一名军人失踪，日军把迁西县大寨村所有18岁以上男性村民驱赶到郭桂芝后院，因无人说出失踪日军军人下落，日军就施放毒瓦斯折磨群众。这次施放毒瓦斯共伤害村民102名。

8月12日　日军制造辛庄惨案。辛庄位于安国境内，抗日战争时期是安国县抗日中心地带，人民抗日活动非常活跃。当日夜，驻安国日军纠集700多人将辛庄包围，天亮之后，日军将村民驱赶到村学校内，拷打审问一些青少年谁是青抗先。由于大家都不说，日军便杀害了40名青少年。

8月15日　驻灵寿县城的日、伪军到正定县塔底村抓夫修路，并对塔底村基层抗日骨干进行了一场血腥屠杀，共杀害12名村干部，并抓走许多村民去修路。

夏日本侵略者在承德双滦区实行"集家并村"，三岔口"集家"点暴发了伤寒病，约有10多人死亡；应营子村得瘟疫死300多人；八里庄、大龙庙两处也引发了瘟疫，再加上其它原因，死的有300多人；住在滦河镇曹家大院的有4家、共30多人全部因病死亡。

9 月初 日军拉网式"围剿"蠡县北陈村，杀害 41 名村民，制造了北陈村惨案。

10 月 12 日 日军制造李虎村惨案。李虎村位于献县西城乡，全国抗战以来是抗战堡垒村，日军多次在此遭到打击。当日，日、伪军 200 多人袭击李虎村，由于事先得到消息，大部分村民已经撤离。日军进村后，对尚未撤离的群众展开血腥屠杀，共杀害群众 57 人，房屋烧毁 670 多间，破坏财产不计其数。

10 月 15 日—16 日 日军制造北留营惨案。北留营村位于曲阳境内，是曲阳县大队经常活动的地点。10 月 14 日，县大队驻在北留营村，由于汉奸告密，数百日、伪军连夜奔袭北留营村，15 日凌晨 4 点，日、伪军包围北留营。县大队在与敌人兵力悬殊情况下，突围转移。进村后日军对北留营村民进行报复，两天内杀害村民 38 人，重伤 7 人，打死、抢走牲口 12 头，烧毁粮食 3000 余斤。

10 月 26 日—28 日 日军制造涉县 1940 年惨案。26 日，日军到涉县东寨村"扫荡"，杀死村民 106 人，杀伤 30 多人。东寨全村共 167 户人家，其中 164 户被烧，全村被烧毁房屋 1088 间，被烧毁粮食 1949 石 8 斗，损失牲畜 27 头，损失衣服 1877 件，损失被褥 374 条，损失土布、毛毡家什等物甚多。27 日，日军杀害井店村群众 316 人，致伤致残群众 104 人，掳走百姓 15 人，烧毁房屋 738 间。同日，在下庄村杀害 37 人。28 日，日军到更乐村"扫荡"，烧毁民房 1000 余间，杀死带去的外村民夫和本村村民 36 人。同日，在西岗村杀害 47 人，烧毁房屋 1000 多间，抢走大牲畜 100 余头，全村粮食被抢走、烧毁一空。此次惨案，日军共杀害群众 676 人，烧毁房屋 3000 多间。

10 月 27 日 日军在赵县郭家庄杀害村民 200 余人，制造了郭家庄惨案。

11 月 8 日 新乐县（今新乐市）沙井村被日军包围，110 人被日军杀死，其中干部 90 余人，村民 13 人，伤 50 余人，抓走 90 多人，损失枪支近百支，毁房 300 余间，抢走大牲畜 70 余头，衣服细软及其他财物损失严重。

1941 年

1 月 7 日 日军飞机 9 架轰炸平西抗日根据地领导机关驻地——涞水县蓬头村，共炸死抗日军民 34 人（其中战士 5 人），炸伤 40 多人，炸毁民房 50 多间。

1 月 25 日 当日拂晓，日、伪军 3000 多人包围丰润县（今丰润区）潘家峪村，集中杀害了潘万春、潘魁、潘春元等村民 1301 人，烧毁房屋 1100 多间，抢走骡马 27 匹，驴 267 头，牛 256 头，羊 2560 只，猪 464 口，烧毁林木 3300 亩，粮食 60 余万斤，干鲜果品 70 余万斤，农具、家具、衣物、财物等全部被烧光。

1 月　井陉县日伪合作社下令给全县各村，要每户交 1 斤碎钢、25 斤大麻子，并严禁群众食用大麻子。此间，日伪合作社共在井陉县搜刮碎钢 8 万余斤、铜 1000 余斤、棉花 20000 斤，全部供给日军。

2 月 2 日　日军出动汽车 14 辆、步兵 300 余人向辛集东里庄、巨家庄、王山口、吕厢、北里厢、大转、杜合庄、袁庄、北郭、马疃、吴王、王下、双井等村"扫荡"，沿途烧杀抢掠，残害群众。共计杀害群众 10 多人，烧毁房屋 90 多间，抢走粮食 33000 余斤，衣服 15000 余件，农具、家具 8 万余件，杀死牲口 20 多头。

2 月 11 日　为搜捕周治国游击队，伪青龙县警务科长、绰号"屠夫"的铃木（日本人）纠集喜峰口、董家口、三道关、孤山子等日、伪军 300 多人，对大屯（今属宽城县）实行血腥大屠杀，一个 140 户、460 多口人的村庄被杀 187 人。

2 月　日本关东军在密云、烟路、挂甲峪一带搞"检举"活动，抓进承德监狱 200 多人，刑讯后未判刑，并分 8 次在夜间拉到水泉沟杀害。

3 月 20 日　日军在平山县残杀被抓来的 33 名民夫。1941 年春，日军强征数百名民夫在平山西回舍一带修筑堡垒。由于遭到民兵的袭击，日军认定是屯头、河西的民夫私通八路军，于是残忍杀害两个村的 33 名民夫。

5 月 4 日　凌晨，日、伪军 1000 余人包围易县第四区、第五区抗日政府的经常驻地——易县东娄山村，疯狂向村内打枪打炮。部分抗日队伍突围后，日军进村开始疯狂屠杀群众和抗日政府工作人员。共杀害 73 人，抓走 13 人。

5 月 7 日　日军制造白堡惨案。白堡位于满城县城北 30 华里，抗日战争时期曾是晋察冀边区一分区第三区队的驻地。白堡村人民抗日热情很高，经常趁夜间破坏敌人的碉堡和公路。日军对白堡村恨之入骨，伺机报复。当日，日、伪军近千人突袭白堡村，烧杀抢掠了一天，杀害村民 42 人，打死牲畜数十头，烧毁房屋 400 余间。

5 月　井陉县汉奸贾凤岗带领日军到庄子头村一带抓捕党员、干部、群众 200 余人，大部分被送往井陉矿、伪满洲国当劳工，一部分死于煤矿。

6 月 18 日　1000 多名日、伪军合击定兴县抗日游击区内的南南蔡村和中蔡村，对两村群众实行大逮捕，大屠杀，杀害群众 43 人，烧毁房屋 100 多间，烧毁粮食 3000 余斤。

6 月 25 日 深夜，约 150 余名日、伪军突然包围了宽城县艾峪口、河西、东沟等 5 个自然村，并会同艾峪口日、伪军，抓捕诸成平、刘成海等 18 人，押往青龙日本宪兵队刑讯。之后，又在不到一个月的时间里，先后将艾峪口等 5 个自然村 18 至 45 岁的男子抓捕。其中刘明、刘贺祥、周俊、吴永栋、刘桐、赵振方、赵振明、秦贵、张力、刘万、刘海全、赵连举等 210 余人先后被杀害，制造了艾峪口惨案。

6 月 日军出兵"扫荡"束（束鹿，今辛集市）北一带的张古庄、北口营、吕厢口，杀害群众 12 人。

7 月 日军在井陉煤矿抓了 100 多名矿工和农民，后押往日本国内三京北美矿下煤窑，到日本投降时几乎没有生还者。

8 月 6 日 驻曲阳县灵山据点日、伪军 150 余人黎明时分突然包围野北村，杀害抗日干部、群众 164 人，其中男 80 人，女 84 人，儿童 71 人，有 10 户被杀绝。烧毁房屋 107 间，制造了野北惨案。

8 月 15 日—20 日 日军制造辛集束北大惨案。本月 14 日，日军第 33 师团、独立混成第八旅、第九旅各一部共 3000 余人分九路对沧石公路以北，重点是束北地区进行了 7 昼夜的拉网式大"扫荡"。"扫荡"期间，共杀害东枣营村、杜合庄、袁村、韩陈庄、清官店、百福村、东柳科、西柳科、西朗月、宿王宋、吴王村、小冯村、耿家营、西枣营等村群众 500 余人，烧毁房屋 2000 多间，并大肆强奸、轮奸妇女。

8 月 23 日—10 月 日、伪军 6500 多人，在空军的配合下，分六路对灵寿县境内的丘陵和山区进行长达 57 天的秋季大"扫荡"，杀死平民 539 人，致伤残 308 人，抓走 5270 人，拉走牲畜 1200 多头，烧毁房屋 20215 间，焚掠粮食 39794 石，还抢走大量家具和衣物。

8 月 23 日—9 月 14 日 日军分六路分进合击平山县，日军见人就杀，见房就烧，在驴山、东黄泥镇等 20 余个村庄制造惨案，屠杀群众 1300 多人，被打伤者无数。

8 月 日军到平山县大坪乡搜山。搜山后六七天，这一地区开始流行疾病。疾病来势迅猛，症状是高烧、鼻出血、四肢无力、大小便失禁、昏迷。大坪乡共 7 个行政村，280 户无一户幸免，1387 人，人人得病，病死 290 人，占总人口的 21.5%。九里铺村最严重，全村 41 户，206 人，病死 76 人，占总人口数的 36.9%。大坪村因为人人得病，以致于病死的人无人埋葬。

8月—9月　此后两个月，日伪政府多次掠夺以制皮为业的唐山市"唯一"工厂等11家商店，并肆意殴打侮辱会员。其中7家商号皮革损失情况分列如下：8月，日军掠去华丰制革厂皮革340斤（240尺），价值589600元（法币，下同）；8月，日军掠去善厚德皮革厂皮革651斤，价值863200元；9月，日军掠去庆盛号皮革厂皮革221斤，价值350100元；8月，日军掠去永利制革厂皮革11753斤，价值19130300元。9月21日，日军掠去德昌制革厂皮革4963斤，价值7761400元；9月，日军掠去广茂皮革厂皮革544斤，价值870000元；9月，日军掠去庆盛制革厂皮革8379斤，价值12389400元；以上厂家共被日军掠去皮革26824斤，总价值为41954000元。9月22日驻扎在行唐县的日军到曲阳县沟里镇杀害干部群众83人，致残70人，奸污妇女20人，烧毁房屋300间。

9月28日　日、伪军对井陉县南北芦庄、大王邦、前头庄、掩驾沟、南北孤台、柿庄、三罗峪等村庄进行"扫荡"。"扫荡"中，有4000多群众被俘，350多人被杀害。基本被烧光的村庄有南北芦庄、大王邦、前头庄、掩驾沟、南北孤台等几个村，造成了宽10里、长30余里的"无人区"。

9月29日　日、伪军包围交河县（今泊头市）段鲁道村，将参加教育培训的教师从地道中搜出，8名教师被害（后有一名教师被救活），两名村民被活活烧死，1名村民被杀。

9月　日军在涞水县板城区20个村子"圈来"青壮年6036人，押送往东北和日本国内。据统计，在东北被打、杀、饿、病死901人，押送往日本的全部下落不明。

同月灵寿县发生病疫，死801人，在日军"扫荡"过的丘陵区尤为严重。

10月4日　自本日始，伪满洲国和伪华北自治政府联合对平北抗日根据地进行为期两个月的万人大"扫荡"。仅在丰宁、滦平（今丰宁满族自治县、滦平县）两个地区，就抓捕群众1500余人，其中200余人被处死，1000余人被投入监狱。

同日日军制造小山（今属海兴县）惨案。从10月4日始，日军派飞机5日内三次轰炸小山集市、小山村，炸死130人，炸伤140多人。

10月31日　驻滦平县于营子的日军60多人直奔天桥沟，企图消灭那里的游击队。由于游击队及时转移，日、伪军便对群众下了毒手。天桥村仅有27人，被日军杀害25人，打伤1人，同时遇害的还有外地人4名和因掩护群众掉队的3名游击队员。

秋　驻交河县（今泊头市）泊镇口、伪军在泊镇附近抓捕四五百名青壮年，押至东北和日本做劳工。

　　秋　日军对涞水三、四、五、六区的 45 个村庄进行反复拉网式"扫荡"，抓走 806 名青壮年当劳工，并抢走大牲口 1627 头，粮食 96 万斤，烧房 376 间。

　　11 月　日军在青龙县（今青龙满族自治县）龙王庙乡起河村建的"人圈"中瘟疫流行，造成 140 多人死亡。

　　12 月 8 日　日军采取"和平接收"方式占领唐山开滦煤矿，开滦矿务总局改称"日本军管理开滦炭矿"。日本侵略者对开滦实行了强制性开采，资源破坏严重。在日本军管理开滦煤矿三年零九个月的时间里，共掠走煤炭 2260 多万吨。

　　同日　围场伪满政府加剧对围场县（今围场满族蒙古族自治县）的经济掠夺，强令农民扩大罂粟的种植面积，每亩地平均收缴烟干 20 两，年收缴烟干总数为 160 万—200 万两，许多农民交不上烟干被施以吊打、灌凉水等酷刑，同时强行"出荷"粮谷、大麻等，实行一系列物资统制。

　　12 月 26 日　日军对清河县东部抗日根据地进行"扫荡"，县粮秣科干部张清银和第八抗日高小教师武秀波被捕，西张古村 500 多名群众被抓走，大部分被押往东北本溪煤矿当劳工。

　　12 月 28 日　夜，唐县四专区组织 500 多名民兵参加平沟（平毁日军封锁沟）战斗，其中到岗北村西平沟的民兵突然遭到日军的袭击，65 名民兵遇难。

　　同年　日军在赞皇县施放霍乱病菌，致使当地平民 60 人死亡。

1942 年

　　1 月 3 日　日军给养部队在威县苏家林遭到八路军伏击，于是各据点日、伪军 200 多人包围苏家林，杀害 7 名群众，打伤 74 人，抓走 2 人，烧毁村里全部 1450 间房屋，使苏家林化为灰烬。

　　1 月 18 日　驻安国县日军黑田部队突然包围望都县尧庄抓捕共产党员、村干部，杀害村民 2 人，重伤致残 30 多人。

　　1 月　兴隆县公署与日本宪兵司令部、日本关东军 881 夏道联队、县警务科联合，出动日、伪军 3000 多人，实行大"检举"活动。在全县抓捕所谓"抗日嫌疑分子"和深山群众 2000 多人。其中，日军在当地零散屠杀了 400 余人，将 200 多人以"政治犯"、"国事犯"、"思想犯"等罪名在南土门"万人坑"枪杀，其余人送往黑龙江修筑"国防工程"或到煤矿当劳工，绝大多数死于他乡。

同月 丰宁县（今丰宁满族自治县）49 处矿区被日伪开采，面积 15273 陌 208 阿。具体种类、处数、面积是：金矿 28 处，8536 陌 104 阿；金银矿 6 处，2056 陌 40 阿；金银铜铅矿 5 处，1700 陌；金银铅矿 1 处，400 陌；金铜矿 1 处，200 陌；云母矿 6 处，1561 陌 64 阿；油母页岩矿 1 处，620 陌；石棉矿 1 处，200 陌。

2 月 15 日 驻任丘县（今任丘市）12 个岗楼的日、伪军 3000 余人，连续 4 天对平大路以东，古洋河以西地区进行了两次拉网式大"扫荡"，数以千计的群众、地方干部被包围，300 余名抗日军民被杀害。

2 月 25 日 日军在巨鹿全县进行大"清剿"，先后包围了大陆、孟村、北无尘等百余村镇，抓走共产党员和群众 1000 多人。

3 月 1 日 日军在沧县东留肖村杀害村民 12 人，抢粮 10 多万斤。

3 月 6 日 日、伪军"扫荡"丰润县（今丰润区）杨家屯等 15 个村，抓捕村民 15000 多人，其中 1200 余人被押往伪满洲国充当劳工。

同日 日军制造杨石桥（今属孟村回族自治县）惨案。抗战时期杨石桥属于沧县，在八路军支持下发展起一支渤海道民团抗日义军，一直被日军视为心腹大患。1942 年 3 月 6 日拂晓，千余名日军包围杨石桥后，杀死村民王成福、杨福庆、马玉洲、王巨、马葫芦、王声、马骏图、王丑等 8 人，杨丑的妹妹被吓疯，重伤 500 多人，烧毁两座清真寺和 1000 多间房屋。

3 月 10 日 驻灵寿县北狗台碉堡的日、伪军 40 多人包围封锁沟以西的北城东村，将 100 多名村民抓到北狗台，同时把整个村子烧毁。被抓的群众当天被打死 27 人，打伤 17 人，不久又有 8 名伤者不治身亡。

同日 日军进入完县（今顺平县）东下叔村"扫荡"，杀死村民 72 人，烧死 100 多人，另打死游击队员 30 多人，烧房 300 多户，被抢其他财物，家禽家畜难以计数。

3 月 18 日 驻广宗县和周边各县的 4500 名日、伪军，对广宗县四、五、六区的 33 个村庄实施拉网式"清剿"，抓捕共产党员、抗日干部和群众 10000 余人，并押往县城据点，查出抗日干部 342 人。这些抗日干部遭到日本宪兵队的严刑拷打，23 人被杀害，102 人被抓做劳工，210 人经营救被赎回，日伪勒索赎金 40 多万元。

3 月 19 日 日军在内邱县柳林以东地区 52 个村庄捕捉壮丁 500 余名，其中 482 人被分别送到井陉、北平及日本等地做劳工。

3月26日　驻平乡、巨鹿、广宗三县日、伪军对平乡县70多个村庄进行大"扫荡"，屠杀群众200多人，抓走劳工2066人去东北挖煤。由于生产条件恶劣，一次事故就死亡了400多人。

4月12日　驻滦县榛子镇杨柳庄、王店子、古冶的日、伪军数千人，对东至太平庄，西至老新庄，南至葛庄，北至风山口一带村庄实施大包围，历时7天，49村遭难，大片土地被毁，600余名青壮年被抓往东北做苦工。

4月15日　驻玉田县日、伪军在县城东门外二郎庙后设会场，召开有3万余人参加的"大会"，将从全县抓捕来的3000名共产党员、抗日干部和抗日积极分子用红、蓝、白三色布条加以区分，押进会场。会上，日军宪兵队长米谷带领刽子手闯入会场，见佩带红布条的挥刀就杀。几分钟后，近百名共产党员和抗日干部惨遭杀害。此后不久，日军又在县城附近的彭桥村观水桥下、五里桥下、田水园村南的英家坟地等地集体屠杀了117名群众。

4月16日—5月初　日军第27师团步兵团长、北部防区司令官铃木启久亲率日军第一联队和伪治安军4000余人，对遵化县鲁家峪围攻洗劫半月之久。将鲁家峪及其周围的北峪、东峪、芦子峪、阎王峪、龙宝峪等山村房屋全部烧毁，对作为坚壁物资、隐藏伤病员及群众的所有山洞，逐个用射击、火烧、灌水、石堵、爆破及施放毒气等惨无人道的手段进行破坏，有527名军政人员、伤病员及群众惨遭杀害。冀东军分区设置在这里的卫生处、供给处、修械所、炸弹厂、被服厂等均遭到破坏。

4月29日　日、伪军在飞机、大炮、坦克配合下对冀南抗日根据地进行残酷大"扫荡"。在故城县霍庄村，冀南八路军和日、伪军展开激战，在伤亡300余人的情况下，大部分部队和抗日干部突围，部分伤员、妇女干部和文工团员仍被困在霍庄。霍庄群众主动把这些人隐藏起来。日军进村后，开始寻找八路军和抗日干部，逼问拷打群众。见无人出卖八路军和抗日干部，日军开始疯狂屠杀群众，霍庄村130多人被杀害。

4月　日军加强"治安肃正"，在宽城县境内实行"大检举"，从榆木岭至唐杖子24个村，抓捕422人，其中342人被杀害（仅唐杖子一处就杀害100余人），80多人被判刑。

4月　为了消灭共产党，配合日军到大转、二道沟一带进行大"检举"、大逮捕，伪军特务杨少山、徐耀庭带领伪大地警察署全体警员"扫荡"二道沟。以"私通八路"的罪名，从大转到崔丈子，共抓捕群众42人，送往承德伪警察监狱，其中一部分死在承德，大部分送往安东做劳工。42人中最终仅有李万有

1 人生还。

同月　日军两个大队、伪治安军 3 个团约 4000 人对玉田县一带进行 20 多天的"讨伐"作战，仅在彭家洼、五里桥和城内就集体杀害共产党员和抗日干部 200 余人。为制造白色恐怖恫吓人民，伪县公署曾在县城召开万人大会，日军当众屠杀抗日干部和群众 100 余人。

春　由于日军的疯狂"扫荡"，加之灾荒，大批群众流离失所，逃荒要饭。据安新县端村、东田庄、王家寨、圈头 12 个村统计，2100 户出外逃荒，卖儿卖女。490 户妻离子散，有 393 人被活活饿死。

春　清苑县温仁村 300 多群众被抓到日本北海道当劳工。

5 月 2 日　日军在易县狼牙山一带"扫荡"时包围菜园村，杀害村民 30 余人，打伤 100 多人，烧毁房屋 200 多间。

5 月 9 日　下午 3 点钟，驻丰润县（今丰润区）日、伪军在甸子村南边的一个大坑边上，用机枪扫射从丰润全县逮捕的抗日干部和群众，共杀害 201 人。

5 月 12 日　日军在迁西县制造马蹄峪惨案。当日，日军将马蹄峪全村群众赶到村中的河沟内集合，逼问八路军和秘密地洞在何处。群众无一开口。日军便开始拷打全村 400 多名群众，有 200 多人被打。第二天，日军将抢得的物资装满了 12 辆胶皮轱辘大车运走，同时将该村 33 名壮劳力关押到新集监狱，除李百川、李永信等 4 人乘机逃回外，其余 29 人，连同其他村的共 133 人，被日军送到东北挖煤，李长贵、李长合死在了煤矿。

5 月 16 日　驻深县中绿村的日军，抓捕群众 1000 余人，400 多名群众被毒打致残，300 多名青壮年被押往东北当劳工，许多人惨死外乡。

5 月 21 日—6 月初　日军制造大寨山惨案。5 月初，日军对太行根据地进行"铁壁合围"大"扫荡"。5 月 21 日，日军"扫荡"到太行根据地腹心地区的邢台县大寨山地区。日军反复搜山，杀害被抓到的群众。10 余天时间杀害打伤群众 70 多人，其中杀害 42 人，被日军推下山摔伤致残 20 多人，19 人被抓劳工，不少妇女遭到侮辱。

5 月 24 日　伪军"扫荡"涉县偏城区，屠杀群众 155 人，烧毁房屋 2000 间。

5 月 25 日　保定、满城、大王店的日、伪军共 700 多人，对魏庄村进行"扫荡"。两架飞机在魏庄村上空投炸弹，用机枪扫射逃跑的群众，并抓走 200 多名青壮年，押往太平庄村。由于叛徒出卖，敌人得到了缪继胜、杨凤春、苑林山、杨老甫等 36 名党员、干部的名单，他们将现场的 26 名干部和 10 名群众一起押往界安村。走到菜园村的时候，将18名干部群众投入井内用石头砸死。29日，从各村抓来的干部群众共100多人，都被日寇挑死在界安村外的大坑里。

同日 由于日军"围剿"，滦县孟店子村8人遭日、伪军杀害，王店子镇92人被杀害。仅在孟店子村南大坑被杀害的就有26人。

5月25日—26日 日军制造南就水惨案。南就水位于邢台县境内，是太行根据地的腹心地区，建有八路军兵工厂。5月，日军对太行抗日根据地进行"铁壁合围"大"扫荡"，5月25日—26日在南就水村杀害46人，抓走2人当劳工，烧毁房屋218间。

5月27日 日军包围定县（今定州市）北疃村，实行"三光"政策，对钻入地道的群众，用施放毒气、烧、杀等手段，残杀800余人，轮奸妇女35人，制造了北疃大惨案。

5月 以劳国华为经理的唐山宝顺兴五金电料商行被日本宪兵队、日本铃木部队以所谓"通匪"罪予以查封，没收了该商行的全部货物，并将劳国华等人押送伪满洲国充当劳工。该商行损失货物300余种，总价值3640万元法币。

同月 日军强夺位于唐山粮市街44号的德华书局的财产，价值1972万元法币；强夺位于马家屯东后街甲5号的万盛号的财产，价值3120万元法币。

5月 日军在五一大"扫荡"中，以军事控制经济，对冀中的人力物力大肆掠夺，仅在定县（今定州市）就抓捕青壮年2000名。在高阳抢去小麦38万斤。日军还强行按人口征粮，规定每人每月交10斤至20斤，不给即行抢劫。还强行按村要钱，仅博野一个村6个月即被榨取边币78万元之多，相当于该县1941年统一累进税总征收额。

6月2日 日军对冀南抗日根据地进行"铁壁合围"，河北阜城县的日、伪军四五百人包围了阜城县前宋庄，企图消灭6月1日在此驻扎的回民支队。进村后，日军发现回民支队已经转移，于是开始屠杀群众。共计杀害群众20人，烧伤、打伤30多人，烧毁房屋几十间，并抢走大批财物。

6月3日 日军制造永年县柳村惨案。驻永年县高岳村炮楼的日、伪军到柳村要粮未果，与村民发生冲突，伪军被打死打伤。撤退途中，伪军将日军村野打死，诬告为柳村村民打死。很快，日、伪军500人袭击柳村进行报复，打死村民97人，烧毁房屋数百间。

6月24日 定县（今定州市）东车寄据点的黑田大队，联合从石家庄、定县南、安国、伍仁桥（今属安国）等地调来的3500多日、伪军从6月21日开始对沙河两岸地区进行拉网式大"扫荡"。6月24日至27日，在东车寄等32个村庄，共杀死烧伤群众118人，绑去群众2000余人。

6月 伪大城县县长吕玉林为日、伪军强征小麦920吨，杂粮2600吨。

8月4日 日军火烧丰润县（今丰润区）石各庄，大火烧了7天7夜，烧毁房屋1800多间，树木2000多棵，各类禽畜5000多只，粮食100000多公斤，各类服饰10000多件，生产工具2500多件，生活用品10000多件，1000余名群众被迫逃离家园。

8月11日 凌晨，驻文安县和永清县的日、伪军100多人向文安叩岗村发动突然袭击，搜捕八路军家属。日军把全村的群众驱赶到村南的大场里，把42名男性青壮年赶进一个小屋，然后施放毒气，当场毒死一人，毒晕41人。之后日军把醒来的41人押往徐黄甫据点，期间陆续又有20人死亡。

8月 日、伪军到乐亭县新寨香道村"清乡"，拆毁村内庙宇后，将37樽铜佛一并掠走。其中两樽高60公分，四樽高37公分，其余高35公分。铜佛或立或坐，或躺或卧，姿态各异，有极高的研究价值和艺术价值。

夏 日本关东军881联队调集500多兵力从兴隆县半壁山、白马川两路合击上庄村，抓捕群众80多名，被当成活靶全部射杀。躲在炭窑内的吴凤燕等5人，被日军活活烧死。

9月10日 日军驻迁安县（今迁安市）守备队"扫荡"东密坞、西密坞、小崔庄、提铃寨、坎新庄等村，将抓捕来的干部群众300多人押到大杨官营村西北的老牛圈进行集体屠杀，制造了大杨官营惨案。

12日 日军指挥官庄上带领日军第41师团"扫荡"枣南东部地区，将大批群众围赶到王均村大肆进行残酷屠杀。日军在王均肆虐6天，共残杀群众330人，72人受伤，648人被打，众多妇女被侮辱。日军还烧毁房屋394间，抢光、吃光所有的鸡、鸭、猪、羊，并抓走大批壮丁送往东北和日本充当劳工，制造了王均大惨案。

同月 日军在遵化县境内长城沿线288平方公里制造"无人区"，共包括151个自然村，6680户，3.1万多口人。在实行"三光"政策中，全县"无人区"被杀害1200多人，烧毁房屋20000多间。

同月 滦南数万民工在日军监视下到榛子镇、上五岭和长城一线挖沟、修碉堡。

10 月 3 日　日军制造耿庄惨案。耿庄位于滹沱河南岸的晋县（今晋州市）、深泽县交界处，属于深泽县。抗战时期，耿庄建立了各种抗日组织。10 月 2 日，前来抢粮的伪军遭到八路军伏击，粮食被全部缴获。第二天，日军前来报复，由于大部分群众已经撤离，少数留下来的群众就成了日军报复对象。先后有 48 名群众遭到杀害。

10 月 13 日—14 日　日军制造后洼惨案。后洼位于青县境内，抗战时期是抗日模范村。1942 年 10 月 13 日，驻大城伪军到后洼抓捕 3 名抗日干部毒打后带走。第二天，大城日、伪军再次到后洼，烧死群众 13 人，打死 5 人，烧伤 22 人。

10 月 15 日—1943 年 1 月　日军在宽城县实行大"检举"、大屠杀。10 月 15 日、11 月 3 日、11 月 15 日，驻宽城、青龙、平泉、喜峰口等地的日本宪兵及讨伐队对青龙至宽城、喜峰口至宽城公路两侧的地下抗日组织和当地居民实行了三次大"检举"、大屠杀，抓走无数民众严刑拷打，共杀害群众 162 人。

10 月 16 日　驻南皮县的日、伪军 1000 多人包围南皮金庄村，企图消灭在此宿营的冀鲁边区一专署部分工作人员和武装部队。在战斗中，八路军牺牲 5 人，日军打死村民 25 人，重伤 6 人，并烧毁了 77 户村民的房屋。

10 月 26 日　驻遵化县日、伪军对城南新店子、三官庙、复兴村"扫荡"、"清乡"，残杀村民 105 人。

10 月 26 日—29 日　日军制造泗河村惨案。泗河村位于三河县境内，抗日战争时期这里的群众抗日热情很高，经常有抗日队伍来此宿营。10 月 25 日，蓟县、宝坻、三河联合县委的一些抗日干部在此宿营，不料走漏了消息。26 日凌晨，日、伪军 500 多人包围了村子。抗日干部们分散隐蔽，日军进村后一边找八路军，一边抓捕审问群众。抗日干部突围时与日军发生激战，日军便把怒气撒到群众身上。从 26 日至 29 日，先后杀害群众 48 人，打伤 120 多人，烧毁房屋 150 多间。

10 月　日军"围剿"丰润县（今丰润区）下水路村，高国林、熊瑞贺、余百顺等 11 名群众被日军杀害，王福禄、高凤秀、王连山等 6 人被日军打伤，750 间房屋被拆毁，1750 人被迫流亡他乡。

同月　日、伪军在冀东实行"集家并村"，仅丰润县（今唐山市丰润区）火石营一带就被强行拆毁民房 3256 间，有 700 多户被迫迁到附近 68 个村庄，使火石营一带成为"无人区"，3100 多人无家可归。

同月　日、伪军出动 5000 人，抢掠文安洼稻谷 3000 多万斤，杂粮 1000 多万斤，并宣布：凡有反抗或食用大米者，一律枪毙。

同月 日军在平山县杨家桥村施放了三个炸弹（疑是细菌炸弹），有3人被炸死，之后村民66人得病死亡。66人死亡前症状为发热、大小便失禁，抽搐，一般得病3天左右死亡，少数人可达15天至一个月死亡。

秋 日军极力推行其"挖沟修垒"计划，从路南侉城（今属滦南县）一带强征民夫约10万人次，大车2000余辆，牲畜2000多头。

11月1日—2日 日军制造辰时惨案。10月31日，驻深县（今为深州市）辰时据点的日军联合附近20多个据点、岗楼的日、伪军到深县东部"扫荡"，抓走抗日军政干部和群众620多人，分别带往辰时据点和南史村、中绿村据点进行审讯，其中200多名有"八路嫌疑"的人被集中关押在辰时据点。11月1日，辰时据点日军开始对关押的200多人进行严刑拷打，残忍杀害38名他们认为是"八路的嫌疑人"。

11月14日 日军制造魏县张辉屯惨案。驻邯郸、大名、魏县等地日、伪军2000多人在魏县张辉屯村与中国军队发生战斗。随后，日军冲进张辉屯血洗该村。杀死村民150多人，抓走村民137人，烧毁房屋200多间。

11月19日—20日 驻丰润县（今丰润区）日军中队长佐佐木带队，在遵化县（今遵化市）大官屯、上马家峪、黄土岭、小河、小营等村残杀群众118人。在前毛庄、东小寨、东草厂、长老峪、芦各寨、小营头村残杀群众95人。

11月25日 驻承德、青龙日本宪兵队抓捕青龙县抗日政府人员和群众600多人，杀害150多人。

12月5日 为镇压群众抗日，日军第27步兵团长铃木启久指令驻滦县张各庄的骑兵队长铃木信制造了滦县潘家戴庄（今属滦南县）惨案，刀砍、火烧、枪杀群众1280人，其中有30名婴儿被摔死，60名孕妇被剖腹，全村有27户被杀绝，31户只剩孤儿寡母，烧毁房屋1030间。

12月24日—26日 日军在内邱县所谓的"爱护村"西张村杀害15人，打伤17人；在柳林沟村杀害10人，抓走5人；在西庞村杀害5人；在东瓷窑沟杀害6人，打伤60多人；在西岭村杀害11人，重伤2人。几天之内，日军在"爱护村"共打死166人。

同月 日军在长城沿线"集家并村"，将长城以南桃林口至刘皮庄封锁沟北部地区80多个村宣布为"无人区"，长城南侧8华里内为"无住禁作地带"。在长城内侧的刘皮庄、王古庄、五重安等十几个村修筑了"人圈"。将滦河西的王家湾子、水峪、贯头山等70余个村庄宣布为"暂时无人村"。日、伪军将划入"无人区"村庄的群众强行赶入"人圈",野蛮杀害干部和群众400余人,被摧残致病残者近千人,烧毁房屋6400余间。其中,白羊峪村先后8次被烧。住进"人圈"的群众,饥寒交迫,过着非人的生活,许多人病饿而死。当时800口人的小关村,病饿而死300多人。许多妇女,包括幼女和老太太都被奸淫。

同月 日军在永年县抓劳工二三百名,押送日本北海道下煤窑。自此到1944年,永年全县共被日军抓劳工2000余人,大部分人死在日本。

同年 霸县(今霸州市)147个村霍乱流行,死亡3666人。

同年 围场全县种植罂粟122002.5亩,亩产烟干27两,年产量为3294067.5两,每两2.4元,总价值7905762元(满洲币),种植面积占耕地的10.36%。

同年 日军在青龙县(今青龙满族自治县)全境实行"集家并村"修"人圈",将都山、老岭周围和长城沿线划为"无人区"。此后两年内,全县1686个大小村庄中有300多个被划为"无住"地带,有900多个村庄被划"无住禁作"地带,全县共建"人圈"433个。为强制实行集家并村制造"无人区",日伪当局实行了残酷的"三光"政策。全县被烧毁房屋87096间,杀害群众7234人,抢走牲畜12.2万头,"禁作"地带和"无住"地带荒芜耕地98450亩。

同年 日军在兴隆县制造"无人区",此后三年内,计抓走15000多人,除集体屠杀1000多人外,其余全部押到东北和日本当劳工,几乎全部客死他乡。

1943 年

1月12日 日军"扫荡"定县(今定州市)黄金裕村,打死村民17人,强奸妇女8人,拆毁、烧毁房屋248间,抢走粮食13000斤,毁坏枣树17000棵。

1月 兴隆县中田、上庄、大小黄岩等9个自然村,一个月内就被日、伪军杀死723人。

1月—5月 驻宽城县的日本宪兵纠集宽城各据点的讨伐队对柏木塘、王长沟、九虎岭等抗日活跃地区实行为期100多天的大"扫荡"、大"检举"、大逮捕、大屠杀。日、伪军利用汉奸提供的地图和名单逐山逐洞搜查,被抓到的人遭受严刑拷打,之后有的遇害,有的被送走当劳工。100多天时间,共有238

人遇害，500 多间房屋被烧，2000 多只羊、40 多头牛等被抢走或烧死。

2 月 1 日　日本承德宪兵队本部特高科长木村光明，调集承德日伪宪兵分队、下板城日军天野大队和伪满承德县警务科警察大队，先后在承德县鹰手营子、东涝洼、胖和尚沟、新杖子、西大庙等 14 个村庄实行"大检举"和"一齐逮捕"活动，共抓捕男性群众 1000 余人。将其中 376 人投入承德监狱，其中 254 人先后被杀害，其余皆被充做劳工，致使南双庙、东涝洼、鹰手营子成了远近闻名的"寡妇村"。

同日曲阳县城内的日军将 1 月 8 日和 9 日从寺南庄、刘家村等 24 个村里抓来的 29 名抗日干部群众枪杀、刀砍或活埋于城北门外的大坑内。

2 月 5 日—10 日　正值春节期间，日、伪军 5000 余人对兴隆县山区进行第二次大规模"检举"。在澉河川的南北山地抓捕男性村民 5000 多人。10 日就地屠杀 400 余人。其他人除一部分押送往承德、锦州监狱外，大部分押送往东北当劳工，生还者甚少。

2 月 14 日　日军 200 多人血洗兴隆县小水泉村，抓捕小水泉、冷嘴头、大安口、草场等村无辜群众 300 多人，仅小水泉就被抓捕 108 人，当场杀害 90 多人。其中，将在黄花峪抓捕的 70 多人塞进菜窖里活活熏死。其中有付老五的妻子、张体才的母亲、妹妹（6 岁）、黄海峰的母亲、哥哥（13 岁）、妹妹（7 岁）等 9 人。还将一名孕妇用绳索捆住放进棺材里，剖开腹腔取出胎儿，将 4 名群众当场用刺刀开膛剥下心脏。

2 月 19 日　日军制造南彦寺惨案。2 月 19 日，日、伪军 500 余人将馆陶县南彦寺村包围，除少数村民逃出村外，其余全部被围在村内。这次惨案，有 53 人被杀害，6 人致残，41 人被抓走，25 名妇女被强奸。

3 月 28 日　日军包围安平县张刘乡村，搜捕抗日干部，并疯狂屠杀群众。共杀害抗日干部和群众 25 人，打伤 24 人。

同月位于遵化县的马兰峪之西面的新立"人圈"，自春以来发生流行性瘟疫，死亡 500 多人。集家并村的遵化县城以东的鸡鸣村、傅家城村分别病死 50 人和 70 人。

5 月 1 日—8 日　日、伪军 7000 余人"清剿"完县（今顺平县）、唐县，此后 7 天内屠杀、打伤群众 800 余人。其中在完县贾西庄屠杀妇女儿童 50 余人。5 月 7 日，在完县野场村杀害 118 人，打伤 75 人。

5 月 3 日　日军纠集 1000 多人对完县（今顺平县）山区进行"扫荡"，在寨坡东北山峪中一个叫寨南的小村子驻扎 7 天，对村民实行大屠杀，杀害村民

81 人，烧毁房屋 300 多间，粮食、财物被抢光。

5 月 5 日　永年县何营遭 200 余日军突然袭击，群众被杀害 169 人，房屋被烧毁 1400 间，村子被洗劫一空。当时正是何营庙会，仅看戏的群众就被杀害 110 人。同日，日军还到马到固、西张固、大小龙马、南护驾等村进行烧杀，烧毁民房数千间，杀害群众数十人。两天的屠杀共计杀害群众 209 人。

5 月 14 日　日、伪军在易县狼牙山一带，残杀村民 300 多名，伤 200 余名，烧毁房屋 7000 间，抢走牲口 500 余头。

5 月中旬　驻承德的日、伪军 700 余人向宽城塌山一带进犯，将三岔口、塌山、榆树底下、西南山、小东山等 7 个自然村团团围住，逼迫各村藏在马棚、茅草棚中的人们到塌山一片开阔地上集中。由于群众拒绝说出八路军的给养藏在哪里，日军便开始大屠杀，仅在这一个地方就杀害了 93 名群众，加上日、伪军在附近村子里的屠杀，这次持续一天一夜的屠杀共杀害村民 134 人。

5 月　日军"扫荡"完县（今顺平县）抗日政府驻地二区，贾各庄全村的百姓纷纷到寨南沟躲避，不料被日军发现，杀害 32 人，烧毁民房 60 多间、牲畜 300 多头（只），粮食损失 12000 多斤，被服、生产工具损失难以计数。

6 月 18 日　日军制造永年县小北汪村惨案。6 月 18 日日军在永年县小北汪村，杀害 279 名无辜村民，烧毁 800 多间房屋，杀死、抢走 400 多头牲口，鸡鸭猪羊几乎被杀光，财物粮食被抢劫一空。在此前后 10 余日，日军还集中几千兵力对永年县展开大"扫荡"，有 1000 多名群众被杀。

6 月 24 日　日军包围定县（今定州市）丁村、东城、王耨、齐家庄等 43 个村，划为"剿决圈"，实行为期 7 天的驻屯"清剿"。每天在七八个村驻屯，梳箆拉网，搜捕干部和游击队。据 32 个村的统计，抓捕群众 3000 人，被毒打的 1189 人，被打致残者 568 人，被杀害数十人。

7 月　龙关县（今赤城县龙关镇）日军杀害监狱内 26 名抗日志士。

8 月 26 日—9 月 2 日　热河省警务厅在日本关东军西南防卫司令官安藤忠一郎及承德日本宪兵本部特高课长木村光明策划部署下，纠集承德上谷宪兵队、宽城孤山子的于友三讨伐队，龙须门朱盛林讨伐队，孟子岭、喜峰口日本守备队、兴隆日本宪兵队 3000 多人，对王厂沟 9 个自然村及沿途十几个村庄实行拔根断源式、灭绝人性的 8 天"割青扫荡"和大屠杀，庄稼逐块割，山林逐片烧，猫山守土抗战的居民逐洞被杀。8 天时间，共杀害王厂沟及附近村子村民 362 人，割青 10000 多亩。

8 月 28 日　日军在馆陶县施放霍乱细菌。日军第 59 师团第 53 旅团 44 大队三中队第一小队 30 余人,在馆陶县南馆陶至北馆陶之间的社里堡扒开卫河大堤,并施放霍乱细菌,淹没 160 个村庄,使霍乱流行,造成 4500 多人死亡。

8 月 邱县连降 7 天大雨,河水暴涨,日军乘机决开卫河大堤散布霍乱细菌,致使霍乱流行。邱县人民因得霍乱死亡 15201 人,灾民 29799 人,邱县人口由灾前 88000 人,降到灾后 43000 人。

夏 兴隆县流行瘟疫,全县"部落"中因瘟疫而死 6100 多人。其中大水泉"部落"死亡 300 多人,靳杖子"部落"一天就死 40 多人。

夏 青龙县龙王庙乡陈庄村(今祖山镇龙王庙村)"人圈"发生瘟疫,死亡 140 人。

9 月 15 日 日军在阜平县制造平阳惨案。从 9 月 15 日起,日军在平阳一带,对四周近百个村庄和山岭沟壑反复"扫荡"、"围剿"。实施烧光、杀光、抢光,许多村庄变成了废墟,百姓惨遭杀戮。日军 87 天的"扫荡",共残杀群众 832 人,焚烧房屋 500 余间。

9 月 16 日—12 月 5 日 日军开始秋季大"扫荡",在平山县境内制造焦家庄惨案、奶奶庙惨案、三家店惨案、上柳村惨案、石人梁惨案、柏叶沟惨案、岗南惨案、苏家庄惨案等数十起惨案,共计杀害群众 2966 人,还有无数群众被毒打、无数妇女被侮辱。

9 月 16 日—12 月 日、伪军展开秋季大"扫荡"。三个月的"扫荡",给完县(今顺平县)造成巨大的破坏和损失。据不完全统计,被烧房屋 14763 间,损失牲畜 6193 头,损失粮食 8510358 斤,牺牲人员 1074 人。

9 月 16 日—12 月 日军开始对北岳区残酷"扫荡",3 个月内,行唐县牺牲县区干部 13 人,村干部 79 人,有 300 多名群众被杀,10581 间房屋被烧毁,1446 匹大牲畜被枪杀,365 只羊、1753 口猪、11000 余只鸡被枪杀,15675 石粮食被烧毁,1315 亩粮田被糟蹋,17800 余件衣服、5000 余床棉被、16600 件家具、6570 余件农具被抢烧损毁,给人民生命财产以及群众生活造成很大困难。

9 月 17 日—12 月 日军对北岳区进行残酷"扫荡"。三个多月的时间杀害灵寿境内群众 300 多人。

9 月 18 日 为摧毁青龙县花厂峪抗日根据地,5000 多名日、伪军分十路合围花厂峪,企图把凌(源)青(龙)绥(中)联合县党政军机关一举消灭。日、伪军像用篦子篦头发那样在村庄、山林中搜查,历时 17 个昼夜。留下来负责掩藏物资和组织群众转移的办事处教育科长马玉五(化名马菲文)和 20 名群众不幸牺牲。为了不因孩子的哭声暴露藏在山里的群众和抗日工作人员,一些妇女不得不用乳头把孩子的口、鼻堵住，或压在身底下，致使 22 个幼小的孩子窒息身亡。日、伪军撤走时，烧毁了所有的房屋，宰杀和抢走了所有的畜禽，砸毁了所有的碾磨，填死了所有的水井，据统计共拆除和烧毁房屋约 673 间，抢掠牲畜约 3654 只、粮食 27845 斤。

9 月 30 日　日军把丰润县（今丰润区）火石营村强行拆毁，共计拆毁房屋 2935 间，损失驴、骡、马 300 头，牛 50 头，猪 5030 口，羊 20 头，鸡 20150 只，粮食 1850 石，车 30 辆，树木 4000 棵，填毁水井 10 眼，三座宋代的古庙也被拆毁。

10 月 4 日—6 日　日军制造赤岳惨案。10 月 3 日，盘踞在唐县稻园据点的日军在"扫荡"途经赤岳一带时被游击队地雷炸伤，于是开始搜山并杀害搜出来的百姓。4 日、6 日两天时间杀害赤岳村群众 31 人。

10 月 6 日　驻迁安县日军及驻迁安伪治安军以及长城沿线伪满军共 5000 余人，兵分数路将迁西县长河川抗日根据地包围。夜间，驻在根据地内的党政军机关平安转移，群众也藏进山上密林。次日晨，敌人闯进根据地，见到的全是一个个空村，于是便开始对根据内的东水峪、西水峪、黄槐峪、三家湾、十八盘、塔子山、湾子崖、大牛峪、总府、金龙口、馄屯峪、龙湾、鹿过寨等 13 个行政村（含 40 余个自然村）。进行历时 21 天的抢掠烧杀。日、伪军一沟、一岔、一坡、一梁地搜山，诱骗群众下山后残杀。日军还焚掠粮食，烧毁房屋，破坏生产生活工具。21 天时间，日军共屠杀 245 人，烧房 2800 余间，焚、掠秋粮 140 余万斤，抢掠板栗 73 万余斤、水果近 100 万斤，屠、掠家禽 11000 多头（只）。惨案过后，许多群众被冻饿而死。

10 月 13 日　日军 300 余人进攻涞源县神仙山深处的桦木沟村，企图全部消灭在此养伤的部分八路军。战斗中，一部分轻伤员及部分群众突围转移，部分重伤员及群众 40 余人被杀害，40 余人受重伤。

10 月 16 日—1944 年初　日军在高阳县、任丘县要求群众背诵"反共誓约"，并检举共产党、八路军，违背者被打死打伤。5 个月的时间，共杀害两县群众 853 人，打伤致残 1900 多人，毁坏民房 4300 多间。

10 月 30 日　日、伪军对广平县东北部、中部进行大"扫荡"，各村遭到空前洗劫。日、伪军进村烧、杀、抢、砸，奸淫妇女。仅南阳堡就被烧房屋 200 余间，被抢走牲口 11 头，被抓走群众 17 名，被杀群众 8 名。王庄村被烧房屋 50 间，被抢走粮食 4600 余斤，被抓走群众 36 名。同时，日、伪军还在南关村挖地道、放毒气，致使我抗日干部、战士 16 人牺牲于地道内。各村被日、伪军抓走的群众有几百名，大部分被押到日本做劳工。

10 月　在连续遭受严重的旱灾、蝗灾、水灾、雹灾之后，日军又施放霍乱疫苗，使霍乱病在冀南各区普遍流行。馆陶县儒林、来村、法寺等村，10 天内就病死 370 余人，仅卫西几个区饿死、病死就达 2 万余人。日军占领区内的一些村庄成为"无人区"，许多人纷纷到山东省阳谷、范县一带逃荒。

同月　日军在大名县、元城县（今属大名县）一带实施细菌战。大名县、元城霍乱病流行，病死大量军民。

10 月—1944 年　春日军从无极、藁城县（今石家庄市藁城区）、赵县、栾城县（今石家庄市栾城区）、获鹿县（今石家庄市鹿泉区）等地抓来四五千民夫及平山县大批百姓，押往平山县樊土沟、冷泉、湾子一线修建封锁线。被抓来的民夫、百姓在零下十五六度的隆冬被日军用刺刀逼着筑堡修路。天寒衣单，肚内无食，干活稍有怠慢，即遭毒打，轻者皮开肉绽，重者气绝身亡。逃跑追不及者乱枪打死。抓回来者，刀劈或用铁丝穿锁骨，穿脚后跟大筋，折磨致死或推下山崖摔成"烂柿子"。封锁线建成后，冷泉、湾子、樊土沟一带村里村外，山上山下，尸横遍野。许多地方死尸成堆，任凭狼吃雀啄，其状之惨不堪入目。据不完全统计，为修建这三组堡垒群，日军共残杀民夫、百姓 1800多人。

秋　自日军"扫荡"以来，唐县全县遭受巨大损失，计破坏村庄 71 个，杀害无辜群众 371 人，致伤百姓 46 人，抓捕群众 1380 人，抢走大牲畜 1113 头、粮食 118 万多斤，烧毁房屋 4000 多间，毁坏农具 4400 多件、家具 18000 多件。

11 月 9 日　日军在易县制造寨头惨案。日军"扫荡"唐县桥家河、坡仓、良岗一带，将抓捕的 7 名八路军伤病员、15 名地方干部和游击队员、95 名无辜群众带到易县寨头村，有的被砍头，有的被刺死，有的被奸淫后用石头砸死，有的被割掉乳房后刺死，111 名同胞被残杀后埋在 8 个杀人坑。日军还烧毁房屋 300 多间，抢走牲畜 1000 多头。

11 月 14 日　日、伪军 4000 余名对以井陉县黑水坪、米汤崖为中心的井陉县（路北）抗日根据地进行"扫荡"，连续搜山 7 天，残杀群众 1000 余名。仅在黑水坪村被杀群众就达 400 余人，在胡仁村西北柴沟老虎洞燃放毒气弹杀害群众有 149 人。

11 月 15 日　日、伪军到东光县大高台村抓捕了两名抗日干部，并烧死和杀害群众 36 人，打伤 8 人。

11 月　日、伪军奔袭阜平羊道村，企图破坏军区修械所。日军残忍杀害群众及修械所工作人员 72 人，并烧毁村里所有房屋。

12 月 4 日 日、伪军万余人分别从兴隆县半壁山、蓝旗营、蘑菇峪、车河堡、石庙子等 6 路对兴隆县五指山抗日根据地羊羔峪、马架沟、厂沟等十几个村进行为期 14 个昼夜的大"扫荡"。敌人带着帐篷，吃住在山上，见人就杀。仅羊羔峪村就被杀死群众 247 人。其中小天桥峪一个山洞里被杀死 12 人，小黄木沟一个炭窑里被烧死 11 人。五指山根据地被冻死、烧死、狼狗咬死、刺刀挑死的群众达 1000 多人。

12 月 7 日 日军在曲阳县贾家口村及附近村子"扫荡"，对手无寸铁的群众进行了大屠杀，杀害百姓 120 多人，烧毁房屋 800 多间，砍伐树木 5000 多棵，抢走 1200 多亩地的秋季收成。

12 月 10 日 日、伪军千余人包围南皮县前罗寨村，进村后到处杀人，还在发现的几个地道口处向地道内释放毒气，一直折腾到第二天。日军走后，大家从地道里抬出许多乡亲的尸体。此次惨案，前罗寨村共有 45 人遇难（包括一专署两名干部）。

12 月 19 日 伪蒙军两个师以"追剿"土匪为名，到张北县南滩村一带骚扰，遭到村民抵抗。伪蒙军攻进村子之后杀害村民 38 人，重伤 7 人，抢走 24 匹马、10000 多斤粮食和 150 多件衣被。

同月 伪军在沽源县小厂、长梁、丰元店搞"集家并村"，推行"固边"政策，104 个村被合并成 41 个村，拆毁民房 3279 间，修土围子 41 个，用工 12800 个，荒芜土地 3900 多亩，抢走粮食 35000 多公斤、猪羊 400 多只、鸡 1800 多只。

冬 兴隆全县"无人区"内因冻饿而死的百姓达 2000 多人。其中，厂沟"部落"在两年内冻死 265 人。

同年 日、伪军在滦平县"集家并村"，共划出"无人区"面积达 230 平方公里，占全县总面积 5000 平方公里的 5%；强迫"集家"25648 户，128240 人，分别占总户数、人数的 61% 和 52%，共修建"部落"543 个。

1944 年

1 月 日本关东军 881 夏道联队及武装警察"讨伐"大队 1000 多人，在兴隆县澈河川数十个"人圈"里抓捕 2000 多名群众。这些群众在蓝旗营遭受严刑拷打后被杀死 400 多人，其余被押往兴隆县城、承德市，有的转送到东北各地，投入监狱或强迫当劳工，生还者很少。

3月15日 200余名"扫荡"的日、伪军骑兵把乐亭县王滩镇邓滩村张绍恒家的贵重物品洗劫一空。张绍恒之父曾任热河省检察院院长，家中贵重物品颇多。其中有一棵玉白菜价值连城。该玉白菜高约25cm、叶处直径20cm，用玉细腻，质地无瑕，做工精细，尤其是附着菜心处的一只玉制蝈蝈更是惟妙惟肖，活灵活现，令人称奇，堪称玉制品中罕见的艺术珍品。

3月16日 日军1000多人，从太原、陕西、张家口方向分三路向平山县陈家峪的晋察冀军区司令部袭击。在途经孟家庄时，制造了孟家庄惨案和柳树沟惨案。两起惨案共造成315人死亡。

4月23日 日、伪军在兴隆县城的南土门"万人坑"先后屠杀半壁山、大灰窑两地坚持不进"人圈"的95名群众。

7月 日本关东军881夏道联队长夏道、兴隆县伪县长于文英、县警务科长于佩山、县协和会长佐佐小春等人召集会议，部署各讨伐队开展"投匪家族"大检举活动。在这次大"检举"中，兴隆全县被抓500多人，仅庙岭和驴儿叫两村被抓捕八路军和抗日政府工作人员家属30人，均惨遭杀害。

8月11日 驻石门桥据点的200多名日、伪军包围任丘县马家村，抓捕前几天袭击日军的民兵。日军进村后放火烧房，杀害未来得及转入地道的村民32名。

8月18日 日军在武邑县审坡村制造惨案，审坡村80余人遭到日军毒打，1人被打死，2人落下终身残疾，63人被抓走，其中40人被押往日本当劳工，23人死于日本。

8月23日 日军在肃宁县制造丰乐堡惨案。自抗战以来，丰乐堡一直是抗日堡垒村，日军对丰乐堡又怕又恨。本月20日，抗日军民在丰乐堡附近全歼180名由河间返肃宁的日、伪军，这使得肃宁城市日、伪军恐慌异常，紧急向河间、高阳日军求援。21日，高阳日、伪军300余人前来袭击肃宁抗日军民。23日到达并包围丰乐堡，开始屠杀群众。烧死、杀死、打死87人，烧毁房屋710间，烧死牲口37头，抢走牲口36头，衣、被、粮等物33车。

8月 驻灵寿县石坎、慈峪、寨里炮楼的日、伪军杀死抗日干部、群众679人，强奸妇女142人，烧民房8000余间，掠粮食7300余石，屠掠大牲畜825头。

8月 驻赤城县日军对赤城监狱的抗日志士实行清狱，共杀害37人。

9月10日 据统计显示，唐山伪满蒙株式会社及伪市政府特务科日军联络部 1820 部队掠夺以下 5 家工厂商品的情况为：4 月掠夺广茂厂皮革 2996 尺，价值 5686000 元（法币，下同）；8 月掠夺同聚福厂皮革 1424 斤，价值 1363800 元；同月掠夺新华制革厂皮革 1180 斤，价值 17777200 元；同月掠夺张鹏越厂皮革 885 斤，价值 334000 元；9 月掠夺唯一工厂皮毛 5368 件，价值 23344100 元。总计 258505100 元。

同年　在日军制造的"献铁运动"中，逼迫拆毁石家庄大兴纱厂纱锭 11536 枚，分别为本厂和替天津日商公大纱厂献铁，使大兴纱厂纱锭由原来的 3 万枚减少到不足 5000 枚，钢丝车由原来的 120 台减少到 50 台。

1945 年

1 月　兴隆县半壁山伪警察署长刘伟、日本关东军队长冢冈、讨伐大队长王江东率领 200 多人对冷嘴头、牛圈子一带深山区进行"围剿"，抓捕群众 100 多人，后转至承德、兴隆、锦州等地，均予以杀害。

2 月 1 日　驻阜城县的日、伪军 400 余人到王派庄抢劫，进村后就杀害两名群众，打伤多人。很多村民急忙钻进地道，但由于来不及掩盖，被日军发现了 5 个地道口。日军往地道里施放毒气，毒昏了 80 余人，其中 16 人中毒而死。

2 月 8 日—9 日　日军制造禅阁惨案。禅阁村位于河间县境内，抗日时期是著名的抗日模范村。8 日，300 多名日、伪军开到禅阁村抓捕在此养伤的抗日干部。由于群众没有准备，钻入地道后没有伪装好地道口，日军发现后施放毒气，一些人中毒身亡，一些人被迫钻出地道。一昼夜时间，日军杀害村民 27 人，抓走 17 人。

3 月 30 日　驻定县（今定州市）城的日、伪军几百人包围了小近同村，村民发现日、伪军后都钻入了地道，但由于汉奸出卖，日军得到了小近同村的地道分布图，于是找到地道中心口施放毒气，致使 33 名干部群众被毒死。

4 月 18 日　日军到迁安县（今迁安市）彭店子乡南丘村讨伐，大肆放火烧房，共烧毁房屋 300 多间，拉走牲畜 100 头，抢走鸡、鸭禽类 480 只，粮食 130000 多斤，服饰 3200 多件，生产工具 100 多套，生活用品 500 多件，砍、烧树木 600 多棵。此次日军烧杀时，张玉喜父亲因病未能逃走，被大火烧死在家中。

4 月　日、伪军蒙古骑兵队大举"扫荡"乐亭县北部地区徐家店、北双庙、北董庄等村，并夜宿上述村庄。是夜，敌人强暴妇女 181 人。

同月 隆化全县因种植罂粟损失粮食 48000000 多公斤。隆化全县当年在册吸烟人达 8000 多人，总数达 30000 多人，致使许多家庭妻离子散，家破人亡。据不完全统计，近期因吸食鸦片致死 25 人，因交缴不上烟干被折磨致死 25 人、折磨致伤残 263 人，失踪 110 人。

5 月 3 日 日军在交河县（今泊头市）制造军屯村惨案。300 多名日、伪军为寻找丢失的日本兵，包围军屯村，抓走群众 200 多名（中间 60 多人逃走）押往淮镇。日、伪军不让群众吃饭、喝水，并严刑拷打，将群众活埋于淮镇村西南的 3 个大坑内，造成 143 人遇难，其中成年人 85 名，儿童、婴儿 58 名。

5 月 17 日 日、伪军蒙古骑兵队及驻乐亭县闫各庄、马头营据点的日、伪军 900 多人包围乐亭县王滩镇高各庄村。他们对该村妇女疯狂实施性暴力。当时，全村 213 户 921 人中有 85 名妇女被糟蹋。其中，40 名妇女遭到轮奸。

5 月 26 日 驻南和县日军包围南和县三召村，制造了三召惨案，打死打伤村民 38 人。

5 月 26 日—6 月 2 日 日军制造米家务惨案。米家务位于雄县境内，抗战时期是冀中十分区党政机关经常的驻地。5 月 23 日，日、伪军 3000 余人对米家务进行"梳篦拉网"合围。26 日，日军攻入米家务，开始屠杀群众。8 天时间，残害群众 93 人，烧毁房屋 5464 间，掠走大牲畜 72 头、大车 45 辆，抢走粮食 514965 石，其他财物难以计数。

6 月 13 日 日、伪军将定（县）易（县）涞（源）县五区石象、北七两村包围，民兵和群众被迫转入地道。随即，日、伪军对地道放火熏烟，被熏死 70 余人、残杀 12 人、抓走 15 人，制造了北七惨案。

（河北省委党史研究室抗战损失课题调研组）

后 记

《河北省抗日战争时期人口伤亡和财产损失》是中共中央党史研究室主持开展的抗日战争时期中国人口伤亡和财产损失课题调研系列成果之一。本书的编纂出版，是河北省各级党史部门通力协作的结果，是参与抗战损失课题调研工作的全体同志辛苦付出的心血结晶，更是河北抗战损失课题调研的重要成果。

2006年，在中央党史研究室的有力指导和河北省抗战损失调研工作领导小组的直接领导下，河北省11个市、170余个县（市、区）抗日战争时期人口伤亡和财产损失课题调研工作全面铺开。参与调研的全省党史工作者，以强烈的历史责任感，深入城市、乡村广泛开展入户调查，奔波于省市县档案馆、图书馆，搜集整理大量的档案资料和图书报刊资料，汇聚成河北抗战损失课题研究的庞大资料库。在此基础上，河北省抗战损失调研工作课题调研组经过认真甄别、筛选分析，三次上报、十易其稿，最后编纂整理成《河北省抗日战争时期人口伤亡和财产损失》调研成果。

由于河北省抗战损失调研工作任务重，历时长，河北省委党史研究室原主任陈建辉、安树彦、胡庆胜曾先后领导了此项工作，副主任李殿京也曾直接指导此项工作。河北省各市的党史研究室主任范文昭（石家庄市）、刘长年（承德市）、杨红彬（张家口市）、高红弟（秦皇岛市）、孟祥林（唐山市）、郑书君（廊坊市）、朱赤（保定市）、王国新（沧州市，2006年7月至10月）、杜玉杰（沧州市）、高彦龙（衡水市）、杨兰芳（邢台市）、张清瑞（邯郸市），也都直接领导了本市的抗战损失调研工作。

本书在资料征集和编纂过程中，得到了全国兄弟省市和全省各级党史部门、档案部门、图书馆的大力帮助和配合，得到了中共中央党史研究室副主任李忠杰，以及李蓉、姚金果、霍海丹等专家学者的热情指导和支持，在此一并表示感谢。

本书的编纂出版，是河北省抗战损失课题研究取得的阶段性成果，为继续深入研究河北抗战史将起到重要的推动作用。我们相信，今后必将会有更多的这方面的研究成果出版。

《河北省抗日战争时期人口
伤亡和财产损失》编委会
2017 年 9 月

总 后 记

　　历时多年的《抗日战争时期中国人口伤亡和财产损失调研丛书》终于问世了。参加这套丛书编纂工作的，主要是承担《抗日战争时期中国人口伤亡和财产损失》课题调研任务的各省、自治区、直辖市及其下属市、县的领导同志和课题组成员，以及部分著名专家。他们以高度的责任心和使命感，竭尽全力，攻坚克难，终于完成了各自承担的任务，并按统一要求，形成了调研成果的 A 系列书稿。同时，有关省、自治区、直辖市还从实际情况出发，编纂了主要反映市、县调研成果的 B 系列书稿。由于各地情况不尽相同及其他原因，呈现在读者面前的丛书，将分批陆续完成和出版。

　　为了保证质量，我们对本丛书中由各省、自治区、直辖市完成的 A 系列书稿（即省级调研成果）实行了四级验收制，即：所有的省级调研成果，先由有关省（自治区、直辖市）课题领导小组及其聘请的省级专家验收组分别审读通过、写出书面意见；然后提交到中共中央党史研究室课题组。中共中央党史研究室课题组审读后，再聘请国内知名专家审读书稿，提出书面意见。对每次审读提出的意见，各省、自治区、直辖市课题组都认真研究落实，对书稿进行反复修改，或是说明相关情况，直到符合要求。由一批专家完成的 A 系列书稿（即带全局性的专门课题调研成果），也通过类似的办法验收。主要反映市、县调研成果的 B 系列书稿，则由有关省、自治区、直辖市党史研究室组织验收。各种调研成果验收修改的过程，同时也是调研的深化过程、提高过程。经过反复修改补充的成果，在质量上都有明显提高。

该课题的调研和编辑出版工作分两个阶段：

第一阶段从 2004 年启动到 2010 年部分成果出版。在这一阶段，中共中央党史研究室课题组在中共中央党史研究室室委会和分管室副主任的具体领导下开展工作。中共中央党史研究室几任主要领导同志即孙英、李景田、欧阳淞主任，非常关心和重视本课题调研工作的开展，室副主任李忠杰同志分管这项工作，第一研究部承担具体工作，各地同志和有关专家同中共中央党史研究室课题组保持密切联系，对中共中央党史研究室课题组的工作给予了积极配合和支持。

第二阶段从 2014 年 1 月重新启动此课题至今。2014 年 1 月，中央领导同志对"抗损"工作作出重要批示，要求我室重新启动"抗损"课题。在此前后，曲青山主任主持全室工作，并直接分管第一研究部的工作，尽管李忠杰副主任已不再担任副主任职务，室委会仍全权委托李忠杰同志对《抗日战争时期中国人口伤亡和财产损失调研丛书》的宣传出版负总责。室委会高永中副主任、冯俊副主任对此工作也给予积极的指导和帮助。

在曲青山主任的关心指导下，在李忠杰同志的领导和具体部署下，在一部主要负责同志蒋建农的主持下，课题组自 2014 年年初起，围绕进一步提高书稿质量和尽快全部推出该套丛书，全力以赴，做了多方面的努力。

2015 年年底，曲青山主任口头明确由张树军副主任代表室委会负责主持"抗损"书稿的编辑修订出版等后续工作。2016 年 3 月 2 日，室委会正式明确由张树军副主任代表室委会全权负责"抗损"课题出版工作。

中共中央党史研究室课题组由李忠杰、霍海丹、李蓉、姚金果、李颖、王志刚、王树林、杨凯同志组成。先后担任中共中央党史研究室第一研究部领导职务的黄修荣、刘益涛同志参与了课题调研部分工作。中共中央党史研究室科研管理部、办公厅的部分同志也参与了有关工作。特别是在北京市和山东省召开的两次全国性会议，中共中央党史研究室科研管理部、办公厅的有关同志自始至终参与了繁忙的会务工作，付出了大量心血和辛勤劳动。

中共中央党史研究室课题组承担了组织指导与协调推进各地课题调研和联系有关专家完成全局性专题调研的繁重任务。在人手十分有限的条件下，课题组同志们近十年如一日，以对民族负责、对历史负责的自觉精神，克服困难，埋头苦干，为圆满完成任务做了大量工作。计先后编发213期达60多万字的《工作简报》，同各省、自治区、直辖市的同志和有关专家进行了数以千万次的电话联系及当面沟通，先后到10多个省、自治区、直辖市实地调查、参加会议，了解情况，当面指导，协助各地完成调研工作，或邀请有关地方的同志到北京进行座谈；还组织22个省、自治区、直辖市课题组编纂《抗日战争时期全国重大惨案》，同中央档案馆联合编辑《抗日战争时期解放区人口伤亡和财产损失档案选编》，同中国第二历史档案馆、中国人民解放军档案馆联合编辑其馆藏的相关档案资料，撰写有关专题报告，等等。将近10年来，课题组成员虽有变动，但工作始终如一，没有延误和懈怠。

需要说明的是，《抗日战争时期中国人口伤亡和财产损失》课题，有时也简称为抗战损失课题或抗损课题。虽然有学者认为"抗战损失"或"抗损"通常只能反映抗日战争中财产方面的损失，人口伤亡不能称作损失，但考虑到当年国民政府习惯采用"抗战损失汇报"或"抗战中人口与财产所受损失统计"等表述，所以本课题参照前例，以"抗战损失"或"抗损"作为课题简称。

2014年初，根据中央领导同志的指示精神和中共中央党史研究室室委会关于做好出版和对外宣传全国抗战损失课题调研成果准备工作的要求，我们组织部分省、自治区、直辖市的分管领导和课题组成员对已经印出样本的 A 系列书稿再次进行复审和互审，并邀请部分承担了抗战损失专题调研任务的专家参加审稿工作。这次集中复审和互审的主要任务是：审核已经印出样本的 A 系列书稿，对相关数据、史实严格把关，保证课题调研结论的真实性，保证书稿没有重大差错。中共中央党史研究室主要领导同志和分管领导同志也提出要求：把工作做得再深入、再扎实一些，统一规范，责任到人，把问题消灭在书稿正式出版之前。

在复审和互审过程中，地方同志和邀请的专家以多种形式及时沟通，围绕审稿发现的问题研究讨论，和中共中央党史研究室分管领导进行交流，对一些重要的共性问题达成一致。经过复审和互审，对有关的 A 系列书稿做出进一步修改。在此基础上，中共中央党史研究室课题组同志又对拟第一批出版的每一部 A 系列书稿进行多环节的审读、检查、修改、校对，严格审核把关，尽可能如实、客观地反映调研情况和成果。

中共中央党史研究室的其他同志及一些外聘同志、从地方党史部门借调的同志，如徐玉凤、谢忠厚、杨延力、郭明泉、戴思厚、王俊云、梁亿新、宋河星、毛立红、王莹莹、茅永怀、庚新顺、李蕙芬同志等，满腔热情地参加了本课题调研的部分工作。不论是调研选题的讨论、同有关各方的联络，还是资料的整理、归类、建档等，他们都付出了辛勤的劳动。还有不少领导和同志对课题调研给予了关心和帮助。

这里，还要特别感谢国家社会科学基金规划办公室、国家新闻出版广电总局有关领导和同志对本课题调研工作的支持和帮助，感谢有关部门对丛书出版经费的支持和保证。中共党史出版社的领导汪晓军以及陈海平、姚建萍等同志，也为这套丛书的出版花费了很多心血。

我们相信，本丛书 A 系列和 B 系列各卷的陆续公开出版，必将大大有助于抗战损失课题调研成果的推广利用，有利于固化历史，更好地发挥以史为鉴、资政育人的作用。但是，我们也深知，本课题调研迄今所取得的成果，还只是阶段性的、部分的、不完全的成果。在已经取得的来之不易的成果的基础上，今后，这一课题的调研工作还要深入不懈地继续进行下去。

中共中央党史研究室课题组
2016 年 8 月 19 日